相続・遺言・遺産分割書式体系

梶村太市・石井久美子・貴島慶四郎

[編]

青林書院

はしがき

　本書，梶村太市＝石井久美子＝貴島慶四郎編『相続・遺言・遺産分割書式体系』は，これらの実務を担当してその書式に詳しい家庭裁判所関係者等が，相続・遺言・遺産分割の問題を解決しようとされる当事者のために，審判や調停の各種申立書をはじめ，それらの制度利用に必要な文書作成のノウハウをわかりやすく解説したものである。

　まず相続関係では，失踪宣告の審判申立書や死亡報告書がある。相続の承認や放棄の関係では，熟慮期間の伸長，限定承認関係，相続放棄関係など書式は多い。財産分離では第一種と第二種の審判申立書がある。相続人の不存在関係では，相続財産管理人選任の申立てから始まって，相続財産の管理や清算あるいは相続人の捜索等があり，その後に肝心の特別縁故者に対する相続財産の分与がある。この手続の完了には時間を要することが多いので，迅速処理が要請される。そのほか，相続関係では相続財産請求権の行使が重要であり，相続類似の制度では，祭祀財産の承継をめぐる紛争が増えており，これにも精通していなければならない。

　遺言関係では，遺言書の作成に関しては他書に譲ることとし，ここでは，遺言の確認や遺言書の検認，遺贈放棄の申述書など審判関係を対象とする。最近は，遺留分減殺関係の書類作成の必要性が増しているようである。

　遺産分割関係では，まず相続人の範囲に絡むもの，相続欠格や推定相続人の廃除関係がある。遺産分割を自ら行う行為能力や手続行為能力の関係では，未成年者・成年後見人・被保佐人・被補助人などの法定後見の場合の各種申立書のほか，任意後見関係の書式も重要である。未成年者や被後見人がいる場合の本人と法定代理人との利益相反の場合の特別代理人の選任も，細かな注意が必要である。最近は相続人に不在者がいる場合が増え，その場合の法定代理人が問題となる。相続分関係の書式も多い。遺産分割は，当事者間の協議あるいは家事調停，ひいては家事審判で解決されることになるが，その場合の書式に関しては，手続ごとに問題点を予め把握しておく必要がある。家事事件手続法によって遺産分割にも調停に代わる審判が可能になったので，その書式を掲げておく。その他，遺産分割に関連する事件についても，必要な書式を掲げる。最近は，遺産分割事件を本案とする保全処分の申立ても多

くなり，その書式に関する知見は欠かせない。

　本書は，このように実務的観点から見て必要と思われる相続・遺言・遺産分割関係の審判・調停の申立書を中心に，それに関連する書式を網羅的に掲げているので，この分野の業務を担当される弁護士や司法書士・行政書士の皆さん，あるいは自ら手続をされる当事者の皆さん，そのほか各種法律相談の担当者にも参考にしていただけるものと確信する。多くの皆さんに利用され，それによって迅速な実務の運営にも寄与できることを期待したい。いつものことながら，各執筆者の皆さんにはもちろんのこと，青林書院編集部の宮根茂樹氏に大変お世話になった。お礼を申し上げたい。

　2016年6月

編集者
梶　村　太　市
石　井　久美子
貴　島　慶四郎

凡　例

I　法令の引用表記

(1) カッコ内を除く地の文における法令名の表記は，原則として，正式名称によった。

(2) カッコ内における法令条項の引用は，原則として次のように行った。

　(a) 同一法令の場合は「・」で，異なる法令の場合は「,」で併記した。それぞれ条・項・号を付し，「第」の文字は省略した。

　(b) 主要な法令名については，次の略語を用いた。

■法令名略語例

略語	正式名称
一般法人	一般社団法人及び一般財団法人に関する法律
会	会社法
家手	家事事件手続法
家手規	家事事件手続規則
旧家審	(旧)家事審判法
旧家審規	(旧)家事審判規則
戸	戸籍法
戸規	戸籍法施行規則
後見登記	後見登記等に関する法律
厚年	厚生年金保険法
国健保	国民健康保険法
国年	国民年金法
国公	国家公務員法
裁	裁判所法
児福	児童福祉法
借地借家	借地借家法
所税	所得税法
人訴	人事訴訟法
信託	信託法
生活保護	生活保護法
精保	精神保健及び精神障害者福祉に関する法律
臓器移植	臓器の移植に関する法律
地公	地方公務員法

iv 凡　例

知障	知的障害者福祉法
任意後見	任意後見契約に関する法律
破	破産法
不登	不動産登記法
不登令	不動産登記令
保険	保険法
民	民法
民執	民事執行法
民訴	民事訴訟法
民訴規	民事訴訟規則
民訴費	民事訴訟費用等に関する法律
老福	老人福祉法

II　判例・文献の引用表記

(1) 判例の引用は次の〔例〕のように表記し，略語は「判例等略語例」によった。

〔例〕昭和62年9月2日，最高裁判所大法廷判決，最高裁判所民事判例集41巻6号1423頁　──────→　最〔大〕判昭62・9・2民集41巻6号1423頁

(2) 文献の引用に際し，一部の雑誌については「判例等略語例」の略語を用いた。

■判例等略語例

大	大審院
最	最高裁判所
高	高等裁判所
控	控訴院
地	地方裁判所
家	家庭裁判所
支	支部
判	判決
決	決定
審	審判
民録	大審院民事判決録
民集	最高裁判所（大審院）民事判例集

裁判集民事	最高裁判所裁判集民事
東高民時報	東京高等裁判所民事判決時報
高民集	高等裁判所民事判例集
下民集	下級裁判所民事裁判例集
裁時	裁判所時報
家月	家庭裁判月報
家裁資料	家庭裁判資料
金判	金融・商事判例
金法	金融法務事情
最判解説	最高裁判所判例解説
新聞	法律新聞
全集	法律〔学説判例〕評論全集
曹時	法曹時報
判時	判例時報
判タ	判例タイムズ

編集者・執筆者一覧

■編集者

梶村　太市（常葉大学法学部教授・弁護士）

石井久美子（元横浜家庭裁判所川崎支部上席主任書記官）

貴島慶四郎（元東京高等裁判所主任書記官）

■執筆者（執筆順）

石井久美子（上　掲）

長瀬　武照（横浜地方裁判所主任書記官）

飯島　圭一（横浜地方裁判所川崎支部訟廷事件係長兼記録係長）

竹ノ内幸治（横浜家庭裁判所書記官）

貴島慶四郎（上　掲）

中村　彰朗（東京地方裁判所立川支部主任書記官）

芝口　祥史（弁護士）

峰野　哲（東京簡易裁判所主任書記官）

梶村　太市（上　掲）

佐川　英輔（新潟地方裁判所高田支部書記官）

野地　一雄（横浜地方裁判所小田原支部主任書記官）

植田　智洋（横浜地方裁判所書記官）

橋本成一郎（最高裁判所事務総局総務局第一課課長補佐）

石倉　航（最高裁判所事務総局家庭局第二課調査員）

西山　正一（最高裁判所事務総局情報政策課主任事務官）

今村　和彦（弁護士）

目 次

はしがき
凡　例
編集者・執筆者一覧

第1編　相　続

第1章　相続の開始……………………………………〔石井　久美子〕……　3
　第1　死亡・認定死亡・失踪宣告………………………〔石井　久美子〕……　4
　　【書式1】失踪宣告(1)——普通失踪(7)
　　【書式2】失踪宣告(2)——危難失踪(9)
　　【書式3】死亡報告書(11)
第2章　相続の承認・放棄の選択………………………………………………　12
　第1　熟慮期間の伸長……………………………………〔長瀬　武照〕……　12
　　【書式4】相続の承認・放棄の期間伸長申立書(16)
　第2　熟慮期間中の相続財産の保存・管理処分…………〔飯島　圭一〕……　18
　　【書式5】相続財産の保存・管理処分審判申立書(20)
　第3　限定承認……………………………………………〔飯島　圭一〕……　21
　　【書式6】限定承認の申述書(44)
　　【書式7】財産目録(45)
　　【書式8】限定承認公告(46)
　　【書式9】知れたる債権者に対する催告書(46)
　　【書式10】債権申出書(47)
　　【書式11】鑑定人の審判申立書(1)——限定承認における条件付債権評価の場合(48)
　　【書式12】鑑定人の審判申立書(2)——限定承認における相続財産評価の場合(49)
　　【書式13】限定承認の取消申述書(50)
　第4　相続放棄……………………………………………〔長瀬　武照〕……　51
　　【書式14】相続放棄申述書(60)
　　【書式15】相続放棄申述書の訂正申立書(62)
　　【書式16】相続放棄申述受理証明書の交付申請用紙(63)
　　【書式17】相続放棄申述受理証明書(64)
　　【書式18】相続放棄申述の追認申述書(65)
　　【書式19】相続財産の管理人選任申立書（相続人による遺産の管理が困難な場合）(66)
　　【書式20】相続放棄取消申述書(68)
　　【書式21】相続放棄を承認する申述書(70)
　　【書式22】相続の限定承認・放棄の申述の有無についての照会書(72)
第3章　相続財産に関する費用…………………………………………………　75
　第1　相続財産に関する費用……………………………〔竹ノ内　幸治〕……　75

第4章 財産分離 〔石井 久美子〕 79

【書式23】立替費用償還請求の調停申立書(78)

第1 第一種財産分離（相続債権者又は受遺者の請求による財産分離）
　　　　　　　　　　　　　　　　　　　　　　　〔石井 久美子〕 80

【書式24】第一種財産分離審判申立書(84)
【書式25】第一種財産分離公告(86)

第2 第二種財産分離（相続人の債権者の請求による財産分離）
　　　　　　　　　　　　　　　　　　　　　　　〔石井 久美子〕 87

【書式26】第二種財産分離審判申立書(89)
【書式27】第二種財産分離公告(91)

第5章 相続人の不存在 92

第1 相続人の不存在 〔貴島 慶四郎＝中村 彰朗〕 92
第2 相続財産管理人関連事件のフローチャート
　　　　　　　　　　　　　　　　　〔貴島 慶四郎＝中村 彰朗〕 94
第3 相続財産管理人の選任 〔貴島 慶四郎＝中村 彰朗〕 95

【書式28】相続財産管理人選任申立書(100)
【書式29】相続財産管理人選任公告（官報の「公告」欄への掲載例）(102)

第4 相続財産管理人選任後の相続財産の管理業務 〔芝口 祥史〕 103

【書式30】財産目録(107)
【書式31】相続財産法人への登記申請書(108)
【書式32】相続財産管理人の金融機関に対する通知書(109)
【書式33】相続財産管理人の地主に対する通知書(110)
【書式34】相続財産管理人の債務者に対する通知書(111)
【書式35】相続財産管理人の相続を放棄した相続人に対する通知書(112)
【書式36】管理報告書(113)

第5 相続財産の清算手続 〔貴島 慶四郎＝中村 彰朗〕 115

【書式37】相続債権者・受遺者に対する請求申出催告の公告(119)
【書式38】知れたる債権者に対する個別の申出催告書(119)
【書式39】存続期間の不確定な債権の評価のための鑑定人選任申立書(120)
【書式40】配当表(121)
【書式41】財産管理人の管理報告書（配当弁済計画について）(122)
【書式42】配当通知に対する相続債権者の回答書(122)
【書式43】配当終了通知書(123)

第6 相続人捜索の公告 〔峰野 哲〕 124

【書式44】相続人捜索の公告を求める申立書(126)

第7 相続財産管理人の権限外行為許可 〔峰野 哲〕 127

【書式45】相続財産管理人の権限外行為許可を求める審判申立書(128)

第8 特別縁故者に対する相続財産の分与 〔梶村 太市〕 129

【書式46】特別縁故者に対する相続財産の分与審判申立書(131)

第9 相続財産管理人に対する報酬付与 〔峰野 哲〕 132

【書式47】相続財産管理人に対する報酬付与審判申立書(133)
【書式48】相続財産管理人の管理報告書(134)

第10　相続財産の管理終了……………………〔貴島　慶四郎＝中村　彰朗〕……　135
　　　【書式49】特別縁故者への財産引継ぎによる管理終了報告書(136)
　　　【書式50】国庫引継ぎによる管理終了報告書(136)
第6章　相続の回復……………………………………………………………………　137
　　　第1　相続回復請求権……………………………〔峰野　哲＝貴島　慶四郎〕……　137
　　　【書式51】相続回復請求の調停申立書(145)
　　　【書式52】相続回復請求書(146)
　　　【書式53】相続回復請求に対する回答書(147)
第7章　祭祀財産の承継………………………………………………………………　148
　　　第1　祭祀財産の承継………………………………………〔梶村　太市〕……　148
　　　【書式54】祭祀承継者指定調停申立書(151)
　　　【書式55】祭祀承継者指定審判申立書(152)
　　　第2　祭祀を巡る紛争類型…………………………………〔梶村　太市〕……　153
　　　【書式56】遺骨の引渡しを求める調停申立書(154)

第2編　遺　言

第8章　遺　言…………………………………………………………………………　157
　　　第1　遺言の確認…………………………………〔佐川　英輔＝野地　一雄〕……　157
　　　【書式57】遺言の確認審判申立書(160)
　　　第2　遺言書の検認………………………………〔佐川　英輔＝野地　一雄〕……　162
　　　【書式58】遺言書の検認申立書(166)
　　　【書式59】遺言書の検認済証明申請書(168)
　　　【書式60】遺言書の隠匿者に対する提示請求書(168)
　　　第3　遺贈の放棄…………………………………〔佐川　英輔＝野地　一雄〕……　169
　　　【書式61】包括遺贈放棄の申述書(172)
　　　【書式62】特定遺贈の放棄書(174)
　　　第4　遺言が遺留分を侵害する場合…………………………〔佐川　英輔〕……　175
　　　【書式63】遺留分減殺通知書(180)
　　　【書式64】遺留分減殺請求による物件返還請求調停申立書──遺留分権利者の申立て(181)
　　　【書式65】遺留分減殺請求による価額弁償額の確定を求める調停申立書──遺留分義務者の申立て(182)
　　　第5　遺言に関する紛争………………………………………〔芝口　祥史〕……　183
　　　【書式66】遺言無効確認調停申立書(187)
　　　第6　遺言の執行……………………………………………〔貴島　慶四郎〕……　189
　　　【書式67】遺言できる事項と遺言執行の要否一覧表(208)

第3編　遺産分割

第9章　相続人・相続欠格・推定相続人の廃除……………………………………　213
　　　第1　相続人の範囲………………………………………〔竹ノ内　幸治〕……　213
　　　【書式68】養子縁組無効調停申立書(226)
　　　【書式69】認知調停申立書(227)

　　　　【書式70】認知無効調停申立書(228)
　　　　【書式71】親子関係不存在確認調停申立書(229)
　　　　【書式72】親子関係存在確認調停申立書(230)
　　第2　相続欠格……………………………………………〔竹ノ内　幸治〕……　231
　　　　【書式73】相続欠格事由のあることの証明書(234)
　　第3　推定相続人の廃除…………………………………〔竹ノ内　幸治〕……　235
　　　　【書式74】推定相続人廃除審判申立書(1)——生前の申立ての場合(242)
　　　　【書式75】推定相続人廃除審判申立書(2)——遺言の場合(243)
　　　　【書式76】推定相続人廃除取消審判申立書(1)——生前の申立ての場合(244)
　　　　【書式77】推定相続人廃除取消審判申立書(2)——遺言の場合(245)
第10章　遺産分割の行為能力・手続行為能力等………………………………　246
　　第1　親権者のいない未成年者の法定代理人……………〔植田　智洋〕……　248
　　　　【書式78】親権者指定審判申立書(251)
　　　　【書式79】親権者変更審判申立書——親権者死亡後の非親権者への変更(253)
　　　　【書式80】未成年後見人選任の審判申立書(255)
　　第2　成年後見開始常況の者の法定代理人………………〔植田　智洋〕……　258
　　　　【書式81】成年後見開始の審判申立書(260)
　　　　【書式82】成年後見人選任の審判申立書——成年後見人の欠員の場合(263)
　　第3　事理を弁識する能力が著しく不十分な相続人の場合
　　　　　…………………………………………………………〔橋本　成一郎〕……　265
　　　　【書式83】保佐開始審判申立書(268)
　　　　【書式84】保佐開始及び代理権付与申立書(271)
　　　　【書式85】保佐人に対する代理権付与の審判申立書(275)
　　　　【書式86】臨時保佐人選任審判申立書(278)
　　第4　事理を弁識する能力が不十分な相続人の場合………〔橋本　成一郎〕……　280
　　　　【書式87】補助開始審判申立て及び同意権付与審判申立書(284)
　　　　【書式88】補助開始審判申立て及び代理権付与審判申立書(288)
　　　　【書式89】臨時補助人の選任審判申立書(292)
　　第5　事理を弁識する能力が不十分な相続人が相続に関し任意後見人に代理権を付与する任意後見契約を締結していた場合………………〔石倉　航〕……　294
　　　　【書式90】任意後見監督人選任審判申立書(295)
　　第6　特別代理人等…………………………………………………………　297
　　　〔1〕　親権者と未成年者あるいは同一親権に服する複数の未成年者が共同相続人の場合……………………………………………………〔西山　正一〕……　297
　　　　【書式91】特別代理人選任申立書(1)——親権者と未成年者との間で利益が相反する場合(301)
　　　〔2〕　後見人と本人が共同相続人の場合——特別代理人…〔西山　正一〕……　303
　　　　【書式92】特別代理人選任申立書(2)——後見人と被後見人との間で利益が相反する場合(306)
　　　〔3〕　後見人と本人が共同相続人の場合——後見監督人…〔野地　一雄〕……　308
　　　　【書式93】後見監督人選任審判申立書(310)

〔4〕　家事事件手続法19条による特別代理人の場合……〔西山　正一〕…… *312*
　　　【書式94】特別代理人選任申立書(3)——家事事件手続の遅滞を避ける場合 *(314)*
　　第7　相続人に不在者がいる場合の法定代理人………………〔石倉　　航〕…… *316*
　　　【書式95】不在者財産管理人選任審判申立書*(317)*
　　　【書式96】不在者財産管理人の権限外行為許可審判申立書*(320)*

第11章　遺産分割の対象財産……………………………………………………… *322*
　　第1　遺産分割の対象財産…………………………………〔今村　和彦〕…… *322*
　　第2　遺産の評価……………………………………………〔今村　和彦〕…… *329*

第12章　相　続　分………………………………………………………………… *332*
　　第1　法定相続分と指定相続分……………〔貴島　慶四郎＝中村　彰朗〕…… *332*
　　　【書式97】相続分を指定する遺言*(336)*
　　　【書式98】相続分の指定を委託する遺言*(336)*
　　　【書式99】相続分の指定書*(337)*
　　第2　相続分の譲渡…………………………〔貴島　慶四郎＝中村　彰朗〕…… *338*
　　　【書式100】相続分の譲渡証書*(341)*
　　第3　相続分の放棄…………………………〔貴島　慶四郎＝中村　彰朗〕…… *342*
　　　【書式101】相続分の放棄書*(344)*
　　第4　特別受益の持戻し……………………〔貴島　慶四郎＝中村　彰朗〕…… *345*
　　　【書式102】特別受益の持戻し免除を定める遺言書*(349)*
　　　【書式103】相続分のないことの証明書*(350)*
　　第5　寄与分がある場合の算定方法………〔貴島　慶四郎＝中村　彰朗〕…… *351*
　　　【書式104】寄与分を定める協議書*(352)*
　　　【書式105】寄与分を定める調停（審判）申立書*(353)*

第13章　遺産分割の実行…………………………………………………………… *357*
　　第1　遺産分割の方法を指定する遺言……………………〔芝口　祥史〕…… *357*
　　　【書式106】遺産分割方法を指定する遺言（純粋型）*(361)*
　　　【書式107】遺産分割の方法の指定を委託する遺言*(361)*
　　　【書式108】遺産分割の方法の指定書*(362)*
　　第2　協議による遺産分割…………………………………〔芝口　祥史〕…… *363*
　　　【書式109】遺産分割協議書*(366)*
　　　【書式110】遺産分割協議公正証書*(367)*
　　　【書式111】遺産の一部分割に関する協議書*(369)*
　　第3　調停による遺産分割………………………………………………………… *370*
　　　〔1〕　遺産分割調停申立て……………………………〔野地　一雄〕…… *370*
　　　【書式112】遺産分割調停申立書*(374)*
　　　〔2〕　遺産分割調停の手続のフローチャート………〔貴島　慶四郎〕…… *379*
　　　〔3〕　事件係属中の当事者の死亡や資格喪失その他の事由による手続の受継
　　　　　　………………………………………………………〔貴島　慶四郎〕…… *381*
　　　【書式113】受継申立書(1)——当事者の死亡による相続人の受継*(384)*
　　　【書式114】受継申立書(2)——破産手続開始決定による破産管財人の受継 *(385)*
　　　〔4〕　手続からの排除…………………………………〔貴島　慶四郎〕…… *386*
　　　【書式115】排除の申出書*(388)*

〔5〕 証拠等の申出書……………………………………〔野地　一雄〕…… *389*
　【書式116】調査嘱託申出書(392)
　【書式117】鑑定申出書(393)
　【書式118】証拠説明書(394)
〔6〕 遺産の評価の合意…………………………………〔貴島　慶四郎〕…… *395*
〔7〕 遺産分割の調停成立………………………………〔野地　一雄〕…… *401*
　【書式119】調停成立調書(1)(411)
　【書式120】調停成立調書(2)(415)
〔8〕 調停に代わる審判（家事事件手続法284条審判）〔貴島　慶四郎〕…… *419*
　【書式121】調停に代わる審判に服する旨の共同申出書(422)
　【書式122】調停に代わる審判書──家事事件手続法284条審判（遺産の分割）(423)
第4　審判による遺産分割………………………………〔今村　和彦〕…… *425*
　【書式123】遺産分割を求める審判申立書(431)

第14章　遺産分割の禁止……………………………………………… *433*
第1　遺産分割の禁止……………………………………〔芝口　祥史〕…… *433*
　【書式124】遺産分割を禁止する調停申立書(436)
　【書式125】遺産分割を禁止する審判申立書(438)
　【書式126】遺産分割禁止に対する取消審判申立書(440)

第15章　遺産分割に関連する事件………………………………… *442*
第1　遺産分割調停・審判前の前提問題の紛争…………〔芝口　祥史〕…… *442*
　【書式127】遺産の範囲確定を求める訴状(446)
　【書式128】遺言無効確認を求める訴状(448)
第2　遺産分割後の紛争…………………………………〔芝口　祥史〕…… *451*
　【書式129】遺産分割後の紛争調整を求める調停申立書(458)
　【書式130】共有物分割調停申立書(460)
　【書式131】相続開始後に認知された相続人の価額弁償を求める調停申立書(462)
　【書式132】遺産分割協議の無効確認を求める調停申立書(464)
　【書式133】不当利得返還の調停申立書(466)

第16章　遺産分割事件を本案とする保全処分…………………… *468*
第1　遺産分割事件を本案とする保全処分………………〔梶村　太市〕…… *468*
第2　書式の保全処分の要件等…………………………〔梶村　太市〕…… *469*
　【書式134】財産管理者の選任申立書(471)
　【書式135】財産管理者の権限外許可申立書(472)
　【書式136】審判前の保全処分執行停止申立書(473)
　【書式137】審判前の保全処分取消申立書(474)

書式索引

第1編

相　続

第1章

相続の開始

　相続とは，人の死亡という事実を原因としてその人の財産上の権利・義務（ただし，一身専属に属したものを除く）を相続人に包括的に承継させることである（民896条）。相続される人を被相続人，相続する人を相続人という。

　相続は，人の死亡により開始する（民882条）。自然的死亡のほか，失踪宣告による擬制死亡も含まれる。

　相続法は，相続開始時に相続人が同時存在していることを大原則としている。そのため，相続開始の時期の認定はとても重要である。

【石井　久美子】

第1　死亡・認定死亡・失踪宣告

解　説

(1)　はじめに

相続の開始の原因となる人の「死亡」は，通常「心臓死（自然死）」をいうが，特別の場合には「認定死亡」や「失踪宣告による擬制死亡」を含む。

(2)　死　亡

死亡とは通常「心臓死」をいい，その死亡時は心停止のときである。また，臓器の移植に関する法律（以下「臓器移植法」という）による脳死（臓器移植6条）で，かつ，臓器移植のため臓器の摘出がされる場合に限っては，脳死と判定された時点を人の死亡時（権利能力の終期）とされる。

人が死亡すると同居の親族などの届出の義務者（戸87条）は，死亡診断書又は死体検案書を添付して（添付できないときは，死亡の事実を証すべき書面），死亡の年月日時分及び場所等を記載した死亡届を出さなければならない（戸86条2項）。この届出により死亡事実と死亡時間が確定される。

(3)　認定死亡

(a)　概　要　　水難，火災その他の事変によって死亡したことが確実視される場合に，死体の確認に至らなくても，その取調べをした官庁又は公署は，死亡地の市町村長（外国又は法務省令で定める地域で死亡があったときは，死亡者の本籍地の市町村長）に死亡報告をしなければならない（戸89条）。

これら災害時では死体の確認ができない場合がしばしばあり，また，通常の死亡届の提出を期待するのが困難な場合もあることから，その事故を取り調べた官公署に死亡の報告を義務づけている。この死亡の報告（【書式3】）に基づいて，戸籍に死亡の記載をするのが認定死亡である。

(b)　認定死亡の効果　　認定死亡も相続開始事由である。ただし，認定死亡はあくまでも行政上の便宜的な取扱いであるため，死亡報告による戸籍の記載をした後にその取消通知があった場合，便宜，市町村限りの職権で死亡の記載を消除すべきものとされている（昭21・1・7民特甲第719号通牒，昭24・11・17民甲第2681号通達，昭25・9・22民甲第2605号通達）。また，死亡報告の訂正があったときや再度の報告によって先の報告の錯誤又は遺漏があることが明かな場合は，市町村長限りで職権訂正をすべきものとされている（昭16・4・28民事甲第384号司法省民事局長回答，昭20・7・17民事特甲第228号回答，昭29・4・21

民甲第873号回答）。

なお，生存の証拠があると死亡は当然に効力を失う。

認定死亡に類似した制度として，100歳以上の所在不明の高齢者に対し市町村長が戸籍行政上死亡の職権記載（戸籍事務取扱準則22条）をする高齢者職権消除の制度があるが，これは死亡事実，死亡時点の確認がされているものではないので，その高齢者についての相続開始事由にはならない。死亡の職権記載があっても相続開始をするためには，失踪宣告の手続をする必要がある。

(4) 失踪宣告

(a) 概　要　　従来の住所又は居所を去った者が一定の期間生死不明となった場合は，一定の手続を経たうえで，死亡とみなす制度が失踪宣告である。

失踪宣告の申立ては家事事件手続法別表第1に掲げる審判事項であり（家手別表第1の56項），普通失踪と危難失踪がある。普通失踪の申立ての書式は【書式1】のとおりで，危難失踪の申立ての書式は【書式2】のとおりである。

　(イ) 普通失踪　　普通失踪は，生死が7年間明らかでない行方不明の不在者に対し，利害関係人の請求により家庭裁判所が失踪宣告をするものである（民30条1項）。

　(ロ) 危難失踪　　危難失踪は，戦地に臨んだ者や沈没した船舶の中に在った者，その他死亡の原因となるべき危難に遭遇した者の生死がそれぞれ戦争がやんだ後，船舶が沈没した後又はその他の危難が去った後その生死が1年間明らかでないときは（民30条2項），利害関係人の請求により家庭裁判所が失踪宣告をすることができる。死亡の原因となる危難とは，地震，火災，洪水，雪崩，火山噴火などの一般的事変のほか，断崖からの転落・熊など野獣による襲撃等の個別的遭難も含まれ，そのような危難に遭遇すれば死亡の蓋然性が高い場合を指す（仙台高決平2・9・18判時1390号74頁）。

(b) 失踪宣告の効果　　普通失踪宣告では，7年の期間満了日（例えば，平成10年5月1日以降生死不明の不在者については，平成17年5月1日が満了日），危難失踪では危難が去ったとき（危難が去った年月日時刻が審判書に記載されるが，時刻が明確でない場合時刻は記載されない），死亡したものとみなされる。

失踪宣告がなされると，その結果，不在者は失踪者となり，失踪者の従来

の住所又は居所を中心とする身分上及び財産上の法律関係については死亡した者と同じ扱いがなされ，失踪者につき相続が開始され，婚姻は解消する。失踪者が生存している場合，他所で生活していたことに基づく法律関係，失踪者が従前の住所，居所に帰来しての新たな法律関係には失踪宣告の効果は及ばない。

(5) 同時死亡の推定

数人の者が死亡した場合に，そのうちの１人が他の者の死亡後になお生存していたことが明らかでないときは，これらの者は同時に死亡したものと推定される（民32条の２）。相続に関しては同時死亡と推定された者同士は，相続開始時に互いに存在していないことになり，それぞれの相続に関し相続人にはなり得ない。同時死亡の規定は，同一事故の場合に限らず同じ頃の別の事故による死亡にも適用される。

(6) 失踪宣告の取消し

(a) 概　説　　失踪宣告は推定死亡ではなく擬制死亡であるので，失踪者が生存していたり，失踪宣告で認定した時と異なる時に死亡したことの証明があったときは，反証によって当然覆るのではなく，本人又は利害関係人の請求により家庭裁判所で失踪宣告の取消しの審判がなされなければならない（民32条１項）。

(b) 失踪宣告の取消しの効果　　失踪宣告の取消しにより本人の戸籍は回復され，失踪の宣告によって財産を得た者は，失踪宣告の取消しによって権利を失う。しかし，失踪宣告の取消しは，失踪の宣告後その取消前に善意でなした行為の効力に影響を及ぼさない（民32条１項）。ただし，現に利益を受けている限度においてのみその財産を返還する義務を負う（民32条２項）。

例えば，失踪宣告後，失踪者甲の相続人となった者Ａが甲の土地を相続した場合，失踪宣告が取り消されると失踪者甲に土地を返還しなければならない。Ａが失踪宣告取消前に甲より相続した土地を第三者Ｂに売却処分した場合に，ＡとＢがともに失踪宣告が事実に反することを知らなかった善意者であれば，その売却行為は有効であるので，失踪者甲は第三者Ｂから土地を取り戻すことはできない。その場合，Ａは甲に対し，形を変えて現存する売却代金を現に利益を受けている限度で返還することになる。

【石井　久美子】

第1 死亡・認定死亡・失踪宣告　7

書式1　失踪宣告(1)——普通失踪

受付印	家事審判申立書　事件名（　　失踪宣告　　）
収入印紙　800円 予納郵便切手　　円 予納収入印紙　　円	（この欄に申立手数料として1件について800円分の収入印紙を貼ってください。） （貼った印紙に押印しないでください。） （注意）登記手数料としての収入印紙を納付する場合は，登記手数料としての収入印紙は貼らずにそのまま提出してください。

準口頭　　関連事件番号　平成　　年（家　　）第　　　　号

	○○家庭裁判所 　　　　御中 平成　○○年　○○月　○○日	申立人 （又は法定代理人など） の記名押印	甲　野　花　子　㊞

添付書類	（審理のために必要な場合は，追加書類の提出をお願いすることがあります。） 不在者の戸籍謄本（全部事項証明書）1通，不在者の戸籍附票1通 家出人届出受理証明書1通

申立人	本　籍 （国　籍）	（戸籍の添付が必要とされていない申立ての場合は，記入する必要はありません。） 　　　　都　道 　　　　府　県
	住　所	〒○○○－○○○○　　　　　　　　　　　　電話　×××（×××）×××× 　　　○○県○○市○○町○丁目○番○号　　　　　　　（　　　　方）
	連絡先	〒　　－　　　　　　　　　　　　　　　　　電話　　（　　） 　　　　　　　　　　　　　　　　　　　　　　　　　（　　　　方）
	フリガナ 氏　名	コウ ノ ハナ コ 甲　野　花　子	大正 昭和　○○年○○月○○日生 平成　　（　○○歳）
	職　業	

※ 不在者	本　籍 （国　籍）	（戸籍の添付が必要とされていない申立ての場合は，記入する必要はありません。） ○○　都　道 　　　　府　県　○○市○○町○丁目○番地
	最後の 住　所	〒　　　　　　　　　　　　　　　　　　　　電話　　（　　） 　　　申立人の住所と同じ　　　　　　　　　　　　　（　　　　方）
	連絡先	〒　　－　　　　　　　　　　　　　　　　　電話　　（　　） 　　　　　　　　　　　　　　　　　　　　　　　　　（　　　　方）
	フリガナ 氏　名	コウ ノ タロウ 甲　野　太　郎	大正 昭和　○○年○○月○○日生 平成　　（　○○歳）
	職　業	会社員

(注)　太枠の中だけ記入してください。
※の部分は，申立人，法定代理人，成年被後見人となるべき者，不在者，共同相続人，被相続人等の区別を記入してください。

申　立　て　の　趣　旨
不在者に対し失踪宣告をするとの審判を求める。

申　立　て　の　理　由
1　申立人は不在者の妻です。 2　不在者は，平成○年○月○日，2泊3日の予定で九州に旅行に行くと家を出たまま予定日になっても帰宅しませんでした。申立人は警察に捜索願をするとともに，親戚，知人や友人に照会し，不在者の行方を探しましたが，その所在は今日まで判明しません。 3　不在者が行方不明となって7年以上も経過し，その生死が不明であり，また不在者が申立人の下に帰来する見込みはありませんので，申立ての趣旨のとおりの審判を求めます。

【備考】
1. この申立ては家事事件手続法別表第1の56項に掲げる審判事件である。
2. 申立手続
   (1) 申立権者　　利害関係人（不在者の配偶者，父母，推定相続人，不在者財産管理人，受遺者など失踪宣告を求めるについて重大な法律上の利害関係を有する者）。
   (2) 管轄裁判所　　不在者の従来の住所地又は居所地を管轄する家庭裁判所（家手148条1項）。
   (3) 申立手続費用
      (a) 申立手数料　　収入印紙800円（民訴費3条1項・別表第1の15項）。
      (b) 予納郵便切手　　3060円程度。
      (c) 官報公告料　　4298円（内訳：催告2725円，宣告1573円）。
   (4) 添付書類
      (a) 不在者の戸籍謄本（全部事項証明書）戸籍附票。
      (b) 不在の事実を証する資料（不在者の親族の陳述書，不在者の手紙・日記，警察署長発行の家出人届出受理証明書等）。
      (c) 申立人の利害関係を証する資料（親族であれば，戸籍謄本（全部事項証明書）等）。
3. 公　告
   申立てを相当と認めるときは，家庭裁判所は3ヵ月以上の期間を定め，不在者や不在者の生存を知っている人に対し，その生存の届出をするように裁判所の掲示場に掲示し，官報に公告する（家手148条3項）。また失踪宣告認容の審判が確定したら，遅滞なくその旨を官報に公告する（家手規89条1項）。
4. 即時抗告権者
   認容に対しては，不在者又は利害関係人，却下に対しては申立人（家手148条5項）。即時抗告期間は2週間で，申立人に告知があった日から進行する（家手85条・86条）。

書式2　失踪宣告(2)──危難失踪

家事審判申立書　事件名（失踪宣告（危難失踪））

受付印	

（この欄に申立手数料として1件について800円分の収入印紙を貼ってください。）
（注意）登記手数料としての収入印紙を納付する場合は，（貼った印紙に押印しないでください。）登記手数料としての収入印紙は貼らずにそのまま提出してください。

収入印紙	800円
予納郵便切手	円
予納収入印紙	円

| 準口頭 | 関連事件番号　平成　　年（家　）第　　　　　　号 |

| | ○○家庭裁判所
○○支部御中
平成○○年○○月○○日 | 申立人
（又は法定代理人など）
の記名押印 | 甲　野　花　子　　㊞ |

| 添付書類 | （審理のために必要な場合は，追加書類の提出をお願いすることがあります。）
不在者の戸籍謄本（全部事項証明書）1通，不在者の戸籍附票1通
家出人届出受理証明書1通 |

申立人

本　籍 （国　籍）	（戸籍の添付が必要とされていない申立ての場合は，記入する必要はありません。） 　　　　　都　道 　　　　　府　県
住　所	〒○○○－○○○○　　　　　　　　　　電話　（　　） 　　○○県○○市○○町○丁目○番○号　　　　　　（　　　　方）
連絡先	〒　　－　　　　　　　　　　　　　　　電話　（　　） 　　　　　　　　　　　　　　　　　　　　　　　　（　　　　方）
フリガナ 氏　名	コウ　ノ　ハナ　コ 甲　野　花　子	大正・昭和・平成　○○年○○月○○日 生 （　○○歳）
職　業	

※不在者

本　籍 （国　籍）	（戸籍の添付が必要とされていない申立ての場合は，記入する必要はありません。） 　○○　　都　道 　　　　　府　県　○○市○○町○丁目○番地
最後の住所	〒○○○－○○○○　　　　　　　　　　電話　（　　） 　申立人の住所と同じ　　　　　　　　　　　　　（　　　　方）
連絡先	〒　　－　　　　　　　　　　　　　　　電話　（　　） 　　　　　　　　　　　　　　　　　　　　　　　　（　　　　方）
フリガナ 氏　名	コウ　ノ　タ　ロウ 甲　野　太　郎	大正・昭和・平成　○○年○○月○○日 生 （　○○歳）
職　業	会社員

（注）太枠の中だけ記入してください。
※の部分は，申立人，法定代理人，成年被後見人となるべき者，不在者，共同相続人，被相続人等の区別を記入してください。

申立ての趣旨

不在者に対し失踪宣告をするとの審判を求める。

申立ての理由

1　申立人は，不在者の母です。
2　不在者は，平成○年○月○日長野県○○岳に登山中，同行者2名とともに雪崩に遭遇しました。同行者2名は重傷を負いながらも脱出し救助されましたが，不在者については1年以上経過するも今日まで生死が不明です。
3　申立人は高齢であり，心身ともに健康なうちに相続及び戸籍上の整理をしたく，申立ての趣旨のとおりの審判を求めます。

【備考】
1．申立手続
 (1) 申立権者　　利害関係人（不在者の配偶者，父母，推定相続人，不在者財産管理人，受遺者など失踪宣告を求めるについて法律上の利害関係を有する者をいう。不在者の財産に対する賃借人等のように単なる債権者又は債務者は本申立権者には該当しない）。
 (2) 管轄裁判所　　不在者の従来の住所地又は居所地を管轄する家庭裁判所（家手148条1項）。
 (3) 申立手続費用
  (a) 申立手数料　　収入印紙800円（民訴費3条1項・別表第1の15項）。
  (b) 予納郵便切手　　3060円程度。
  (c) 官報公告料　　4298円（内訳：催告2725円，宣告1573円）。
 (4) 添付書類
  (a) 不在者の戸籍謄本（全部事項証明書）・住民票（戸籍附票）。
  (b) 不在者の危難遭遇を証する資料（新聞記事のコピー，警察の証明書，乗船証明書等）。
  (c) 申立人の利害関係を証する資料（親族であれば，戸籍謄本（全部事項証明書）等）。
2．公　　告
　　家庭裁判所は，審理の結果，裁判所が定めた1ヵ月を下らない期間内に不在者や不在者の生死を知る者に対し，その生死の届出をするように裁判所内に掲示し，官報に掲示する（家手148条3項）。失踪宣告の認容審判が確定したときは，直ちに失踪宣告の審判が確定したことを官報に公告する（家手規89条）。
3．即時抗告権者
　　認容に対しては，不在者又は利害関係人，却下に対しては申立人（家手148条5項）。即時抗告の期間は2週間で，申立人に告知があった日から進行する（家手85条・86条）。

第1　死亡・認定死亡・失踪宣告

書式 3　死亡報告書

死　亡　報　告　書

○○市長　　○○○○殿

平成○○年○月○日届出

(一)	本籍又は国籍	○○県○○市○町○丁○○番地	筆頭者の氏名	甲山　一郎
			日本国籍のない場合はその国籍	
(二)	男女の別及び氏名	① 男　　2 女	氏　　名	甲山　一郎
(三)	出生の年月日	昭和○○年○月○日	出生後三十日以内に死亡した場合はその出生時刻	
(四)	死亡の年月日時　　分	平成○○年○月○日　　午前○○時○○分		
(五)	死亡の場所	○○県○○郡○○町沖太平洋上		
(六)	死亡者の住所	○○県○○市○町○丁目○番○号	世帯主の氏名	甲山　一郎
(七)	配偶関係生存配偶者の出生の年月日	1 未婚 ② 有偶者 3 死別 4 離別	出生の年月日	昭和○○年○月○日
(八)	職　　業	○○汽船　　○○丸船長		
(九)	その他の事項			
(十)	報告者	官庁の所在	○○県○○市○町○丁目○番○号	
		職, 氏名印	○○管区海上保安本部長　　乙野　二郎　　㊞	

【備考】
1. この死亡報告書は，海難による行方不明者の戸籍法89条に基づく認定死亡の報告書である。報告書の記載事項は，戸籍法86条2項，戸籍施行規則58条で定められた死亡届事項をすべて記載することを要する。
2. 海難による行方不明者の認定死亡は，海上保安庁及び各管区海上保安庁本部が報告することになっている（昭27・10・22民甲511号通達，昭33・2・11民甲229号回答）が，海上保安庁の海難による行方不明者の死亡認定の要件は，以下の要件（要旨）のすべての具備を必要としている（昭28・7・7海上保安庁通達17，海上保安庁死亡認定事務取扱規程4条）。
　　①海上保安庁が取り調べた行方不明者であり，行方不明者の親族などから死亡認定の願出があったこと，②行方不明者の被服，携帯品，遭難船舶の破片等や，海難の現認者の証言等から行方不明者の死亡を確認する証拠があり，さらに四囲の状況をも考慮するとき生存の疑いのないものであること（単に消息を絶ち生死が分明でないというだけでは足りない），又は，前記人的物的証拠が得られなくても，行方不明者の乗船した船舶が遭難し，乗船者の死亡が確実であって生存の見込みのないことが認められること（単に消息を絶ち生死が分明でないというだけでは足りない），③海難発生から3月以上が経過したものであること。
3. 行方不明者の認定死亡の報告先は，死亡地の最寄りの市町村長である。死亡地が推定できない場合は，行方不明者の本籍地の市町村長である。

第2章

相続の承認・放棄の選択

第1　熟慮期間の伸長

解説

(1)　はじめに

　相続は，死亡によって開始する（民882条）。相続が開始する場所は，被相続人の住所地である（民883条）。

　相続が開始した場合，被相続人の配偶者は常に相続人となり，被相続人の子（代襲相続の場合は孫，再代襲相続の場合はひ孫，以下繰り返される）や直系尊属や兄弟姉妹（代襲相続の場合は，おい，めいまで）など配偶者以外の相続人がいる場合は，その者と同順位で相続する（民890条）。

　配偶者以外の相続人においては被相続人の子が第一順位となる（民887条1項）。被相続人の子が相続開始以前に死亡したときや民法891条に定める欠格事由に当たる場合や相続廃除によって相続権を失ったときは，その者の子が代襲して相続人となるが，「その者の子」は被相続人の直系卑属である必要がある（民887条2項）。代襲者についてさらに代襲原因がある場合は，その者（代襲者）の子が代襲者となる（民887条3項）。このように同項に該当する場合は，繰り返し代襲相続が行われることとなる。

　第一順位の相続人がいない場合（相続放棄をした場合を含む）は，被相続人の直系尊属が第二順位の相続人となる。親等の異なる直系尊属が複数いる場合は，被相続人に近い親等の者が優先する（民889条1項1号）。例えば被相続人に父母や祖父母がいる場合は，父母が相続人となる。直系尊属には，実方の直系尊属と養方の直系尊属の両方が該当する。

　第一順位及び第二順位の相続人がいない場合（相続放棄をした場合を含む）は，被相続人の兄弟姉妹が第三順位として相続人となる（民889条1項2号）。その

兄弟姉妹が，相続開始以前に死亡したときや民法891条に定める欠格事由に当たる場合はその者の子が代襲して相続人となるが，「その者の子」は被相続人の直系卑属である必要がある（民889条2項・887条2項）。ただし，第三順位の場合，代襲相続は繰り返さず1回だけの代襲相続が行われるため，被相続人のおい，めいまでが相続人となる。民法889条2項において，民法887条2項のみが準用されており，同条3項が準用されていないためである。

相続人は，相続開始の時から，被相続人の財産に属した一切の権利義務を承継することとなるが，被相続人の一身に専属したものは，この限りでないとされる（民896条）。「一身に専属したもの」とは何かという判断においては，本人又は代理人の死亡によって代理関係が消滅する（民111条）ことなど，明文により規定されているもの以外については，個別に判断するしかないとされている。また，系譜，祭具及び墳墓など祭祀に関する権利については，原則として慣習に従って祖先の祭祀を主宰すべき者が承継することとされている（民897条1項）。

(2) 相続開始後の手続選択

相続が開始すると相続人の意思とは関係なく当然に相続の効果が相続人に帰属するが，相続人は自らの意思によって，①無条件に承認するか，②相続によって得た積極財産の限度においてのみ被相続人の債務及び遺贈を弁済するという留保付きで承認するか，③相続による効果の帰属を全面的に拒絶するかの選択を自由になし得るものとしている。①の無条件承認が単純承認（民920条），②の留保付承認が限定承認（民922条），③の全面的拒絶が相続放棄（民939条）である（裁判所職員総合研修所監修『親族法相続法講義案』〔七訂版〕296頁）。

相続人は，相続開始の時から，被相続人の財産に属した一切の権利義務を承継する（民896条本文）とあることから，不動産などのプラスの財産だけでなく，借金などのマイナスの財産も相続の対象となるため，民法は，相続人の自由な意思によって相続の効果における選択権を与えたものである。

限定承認（民922条）を選択した場合の説明については，第1編「相続」第2章「相続の承認・放棄の選択」第3「限定承認」の部分を，相続放棄（民939条）を選択した場合の説明については，第1編「相続」第2章「相続の承認・放棄の選択」第4「相続放棄」の部分を参照されたい。

(3) 熟慮期間

相続人は，自己のために相続の開始があったことを知った時から3ヵ月以内に，相続について，単純若しくは限定の承認又は放棄をしなければならないこととなっている（民915条1項本文）。この期間のことを熟慮期間という。熟慮期間は，同期間内に相続人が単純承認，限定承認，相続放棄のどれかを選択する必要があることから，相続人に対して相続財産の調査等を行う期間を十分に与えて自由な意思に基づいて選択できるように設定された期間である。その一方で相続人を早期に確定させることが相続債権者や後順位相続人などの利益になることから，3ヵ月という期間に限定したものである。

熟慮期間の起算点については，通常，相続人が相続開始の原因たる事実及びこれにより自己が法律上相続人となった事実を知った時からとなるが，「相続人が相続財産は全くないと信じ，かつ，そのように信じたことに相当な理由がある場合などは，熟慮期間を徒過したとしても，例外的に相続財産の全部又は一部の存在を認識したとき又は通常これを認識し得べきときから起算すべきである」（最判昭59・4・27民集38巻6号698頁）との最高裁判所の判例が出された。

熟慮期間は，共同相続人が数人ある場合には，各相続人が自己のために相続の開始があったことを知った時からそれぞれ進行することとなる（最判昭51・7・1裁判集民事118号229頁）ので，3ヵ月の期間計算が別々になることもあるので注意されたい。

(4) 熟慮期間の伸長の申立て

相続人は，民法915条1項本文に定められた3ヵ月以内に単純承認，限定承認，相続放棄の選択を行うこととなるが，相続財産が各地に散らばっていたり，相続人が遠隔地に居住しているなどしてその調査に日数を要して法定期間である3ヵ月を超える可能性がある場合など3ヵ月以内に単純承認，限定承認，相続放棄のどれかを選択することができない特別の事情がある場合には，利害関係人又は検察官の請求によって，家庭裁判所が熟慮期間の伸長をすることができる（民915条1項ただし書）。この利害関係人には相続人や相続債権者などが含まれる。

相続の承認又は放棄の期間伸長は，家事事件手続法別表第1の89項の家事審判事件である。

相続人は，熟慮期間内に限定承認，相続放棄を行わないと単純承認したものとみなされる（民921条2号）ため，相続財産の調査等のために熟慮期間の

伸長を望む場合には，熟慮期間内に家庭裁判所に対して申立書を提出する必要がある。その申立書は【書式4】のようになる。

　申立書の提出先は，相続が開始した地（被相続人の最後の住所地）を管轄する家庭裁判所である（家手201条1項）。申立手数料は，期間伸長の対象となる相続人1人につき，収入印紙800円となる（民訴費3条1項・別表第1の15項）。予納郵便切手は各庁で異なるので，確認する必要がある（通常は82円切手及び10円切手がそれぞれ3～5枚程度である）。その他，期間伸長の申立てに必要な戸籍類については，【書式4】の【備考】を参照されたい。

　申述書の提出時期の3ヵ月の熟慮期間については，通常，初日不参入で計算する（相続の開始を知ったのが1月1日ならば翌1月2日が初日になる）が，その期間が午前零時から始まるときは，初日を算入する（民140条）ので注意されたい。

(5) 熟慮期間の伸長の審判手続

　期間伸長の申立てがあった場合，裁判所は申立書を点検し，補正や追加の書類が必要な場合は申立人に対して補正の連絡を行うこととなる。

　家庭裁判所は，提出された申立書等について総合的に検討し，その結果，期間をどの程度延ばす必要があるのか否かについて判断を行う。伸長する期間については，申立人から出された資料や申立内容等により家庭裁判所が裁量で決めることとなるため，申立ての際に希望した期間のとおりに伸長されることもあれば，申立ての希望期間よりも短くなることもある（当然認められないこともある）。

　期間伸長を認容する審判に対しては，申立人及び期間が伸長された相続人に告知することによって効力を生ずることとなる（家手74条1項・2項）。

　裁判所が前記の検討の結果，期間伸長の申立てを却下した場合は，申立人は却下の審判に対して即時抗告をすることができる（家手201条9項1号）。認容の審判に対しては即時抗告をすることができない。

【長瀬　武照】

書式 4 相続の承認・放棄の期間伸長申立書

受付印	家事審判申立書　事件名（ 相続の承認又は放棄の期間伸長 ）
収入印紙　　800 円 予納郵便切手　　　円 予納収入印紙　　　円	（この欄に申立手数料として1件について800円分の収入印紙を貼ってください。） （貼った印紙に押印しないでください。） （注意）登記手数料としての収入印紙を納付する場合は，登記手数料としての収入印紙は貼らずにそのまま提出してください。

準口頭　　関連事件番号　平成　　年（家　　）第　　　　　　　号

○○家庭裁判所　御中 平成○○年○月○日	申立人 （又は法定代理人など） の記名押印	甲野太郎　㊞

添付書類	（審理のために必要な場合は，追加書類の提出をお願いすることがあります。）

申立人

本籍（国籍）	（戸籍の添付が必要とされていない申立ての場合は，記入する必要はありません。） ○○　都道府県　○○市○○町○番地
住所	〒○○○-○○○○　　　　　　　電話　○○○（○○○○）○○○○ ○○県○○市○○町○丁目○番○号　　　（　　　　方）
連絡先	〒　　-　　　　　　　　　　　　電話　（　　） 　　　　　　　　　　　　　　　　　（　　　　方）
フリガナ 氏名	コウノ　タロウ 甲野太郎	大正・昭和・平成○○年○月○日生 （　○○　歳）
職業	会社員	

※被相続人

本籍（国籍）	（戸籍の添付が必要とされていない申立ての場合は，記入する必要はありません。） ○○　都道府県　○○郡○○町○番地
最後の住所	〒○○○-○○○○　　　　　　　電話　（　　） ○○県○○市○○町○丁目○番○号　　　（　　　　方）
連絡先	〒　　-　　　　　　　　　　　　電話　（　　） 　　　　　　　　　　　　　　　　　（　　　　方）
フリガナ 氏名	コウノ　イチロウ 甲野一郎	大正・昭和・平成○年○月○日生 （　○○　歳）
死亡当時の職業	自営業	

（注）　太枠の中だけ記入してください。
※の部分は，申立人，法定代理人，成年被後見人となるべき者，不在者，共同相続人，被相続人等の区別を記入してください。

申　立　て　の　趣　旨
申立人が，被相続人甲野一郎の相続の承認又は放棄をする期間を平成○○年○○月○○日まで伸長するとの審判を求めます。

申　立　て　の　理　由
1　申立人は被相続人の子（三男）です。 2　被相続人は平成○○年○月○日に死亡し，同日，申立人は，相続が開始したことを知りました。 3　現在，申立人は，被相続人の相続財産の調査をしていますが，相続財産が各地に数多く分散しており，債務も多く存在するなど，その調査のための時間がさらに必要です。そのため，法定期間内に，相続を承認するか放棄するかの判断が難しい状況です。 4　上記の理由により，この期間を○カ月（平成○○年○○月○○日まで）伸長していただきたいので，本件申立てを行います。

【備考】
1．申立人
　　利害関係人又は検察官（民915条1項ただし書）。
2．提出先（管轄裁判所）
　　相続開始地（被相続人の最後の住所地）の家庭裁判所（家手201条1項）。
3．申立手数料
　　期間伸長の対象となる者1人につき，収入印紙800円（民訴費3条1項・別表第1の15項）
4．予納郵便切手
　　各家庭裁判所によって異なるので，提出前に要確認（通常は，82円切手が3～5枚，10円切手が3～5枚程度）。
5．提出期間
　　相続の開始があったことを知った時から3ヵ月以内。
6．添付資料
［共通］
　①　被相続人の住民票除票又は戸籍の附票
　②　利害関係人からの申立ての場合，利害関係を証する資料（親族の場合，戸籍謄本等）
　③　伸長を求める相続人の戸籍謄本
［被相続人の配偶者に関する申立ての場合］
　④　被相続人の死亡の記載のある戸籍（除籍，改製原戸籍）謄本
［被相続人の子又はその代襲者（孫，ひ孫等）（第一順位相続人）に関する申立ての場合］
　④　被相続人の死亡の記載のある戸籍（除籍，改製原戸籍）謄本
　⑤　代襲相続人（孫，ひ孫等）の場合，被代襲者（本来の相続人）の死亡の記載のある戸籍（除籍，改製原戸籍）謄本
［被相続人の父母・祖父母等（直系尊属）（第二順位相続人）に関する申立ての場合］
　④　被相続人の出生時から死亡時までのすべての戸籍（除籍，改製原戸籍）謄本
　⑤　被相続人の子（及びその代襲者）で死亡している者がいる場合，その子（及びその代襲者）の出生時から死亡時までのすべての戸籍（除籍，改製原戸籍）謄本
　⑥　被相続人の直系尊属に死亡している者（相続人より下の代の直系尊属に限る（例：相続人が祖父母の場合，父母））がいる場合，その直系尊属の死亡の記載のある戸籍（除籍，改製原戸籍）謄本
［被相続人の兄弟姉妹及びその代襲者（おい，めい）（第三順位相続人）に関する申立ての場合］
　④　被相続人の出生時から死亡時までのすべての戸籍（除籍，改製原戸籍）謄本
　⑤　被相続人の子（及びその代襲者）で死亡している者がいる場合，その子（及びその代襲者）の出生時から死亡時までのすべての戸籍（除籍，改製原戸籍）謄本
　⑥　被相続人の直系尊属の死亡の記載のある戸籍（除籍，改製原戸籍）謄本
　⑦　代襲相続人（おい，めい）の場合，被代襲者（本来の相続人）の死亡の記載のある戸籍（除籍，改製原戸籍）謄本
（※戸籍等の謄本は，戸籍等の全部事項証明書という名称で呼ばれる場合がある。）

第2　熟慮期間中の相続財産の保存・管理処分

解　説

　被相続人が死亡し，相続人がその相続財産につき放棄や承認（限定承認も含む）するまでの間，いわゆる熟慮期間中に，その相続財産について保存・管理する者がいなければ，その間に相続財産について滅失や毀損を生じてしまうおそれがあり，放棄や限定承認がなされた後，利害関係を有する相続債権者や受遺者は不測の損害を被るおそれがある。

　そこで民法は，被相続人が死亡すると，その相続財産の管理については，相続人が放棄するか承認するまでの間，相続人がその固有財産におけるのと同一の注意をもって相続財産の管理をしなければならないと規定し（民918条1項），その間の相続財産の管理義務を相続人に負わしている。

　しかしながら，これらの事項に反して相続人が相続財産につき適切に管理を行うことができず，また行わなかった場合や，共同相続人間に相続財産の管理等に争いがある場合には，相続財産に対して利害を有する者，すなわち相続債権者や受遺者などの利害関係人又は検察官は，家庭裁判所に対し，相続財産の保存に必要な処分を求めることができる（民918条2項）。保存に必要な処分は，財産目録の作成・提出，財産状況の報告，貴重品の保護預かり，保存不能物の換価処分等の保存に関する処分と相続財産管理人選任，相続財産の処分禁止等の管理に関する処分とがある。この中で最も多いのが，民法918条2項が規定する相続財産管理人の選任の申立てで，選任された相続財産管理人が相続人に替わって相続財産を管理する方法である。

　この民法918条2項の相続財産管理人選任の具体的な方法については，家事審判事件（家手別表第1の90項）として，相続開始地を管轄する家庭裁判所（家手201条1項）に民法918条2項による相続財産管理人選任の申立てを行い（→申立書の記載事項につき，後掲第3「限定承認」(2)(b)(イ)参照），その申立てにより選任された相続財産管理人が相続財産の保存に必要な手続を進め，相続財産を管理することになる。この相続財産管理人の選任審判申立ては，相続開始後相続人が相続を承認又は放棄するまでの間はいつでもすることができる。この申立ての書式は，【書式5】のとおりである。

　民法918条2項の規定に基づいて選任された相続財産管理人には民法27条から29条までの不在者財産管理人の権利義務の規定が準用され（民918条3項），

この中で，民法28条は相続財産管理人について「民法103条に規定する行為」，すなわち，①保存行為（同法1項1号）と，代理の目的である物又は権利の性質を変えない範囲内において，その②利用又は③改良を目的とする行為（同2号）のみの権限を有するとしている。

　したがって，民法918条2項の相続財産管理人が上記①から③に定められた行為以外の行為を行う必要が生じたときは，家庭裁判所の許可を得てその行為を行うこととなる（民28条）。ただし，管理期間が相続開始から相続を放棄するか承認するかの選択までの短期間であるため，家庭裁判所の権限外行為許可を得て処分行為をしなければならない事例は多くはない。また，相続財産管理人は，選任裁判所の監督に服し，財産管理上必要と認める指示，処分に従う（家手201条10項・125条2項～7項）。

　なお，被相続人が死亡してから相続人が放棄，承認するまでの期間のみならず，後に述べる，限定承認の手続期間（限定承認者につき民926条2項，限定承認における相続財産管理人につき民936条3項・926条2項）や相続放棄後の民法940条に該当する期間においては，民法918条2項の相続財産管理人の選任の申立てをすることが可能である。

　　＊　上記で述べたとおり，民法918条2項により選任された相続財産管理人は財産を管理する権限しか有していないため，相続財産の清算行為は，限定承認の手続中の場合など，限定承認者や複数の相続人による場合には家庭裁判所により選任された相続財産管理人が行うこととなる（民929条～932条・936条）。しかしながら，それでもこれらの者が清算行為を行わなかった場合には，民法918条2項により選任された相続財産管理人が家庭裁判所に権限外行為許可の申立てを行い，それに基づき相続財産の清算業務を行わざるを得ないと考えられている。

【飯島　圭一】

書式 5　相続財産の保存・管理処分審判申立書

家　事　審　判　申　立　書

事件名　相続財産管理人の選任申立て

平成〇年〇月〇日

〇〇家庭裁判所　御中

　　　　　　　　申　立　人　　〇〇銀行株式会社
　　　　　　　　　　　　　　　代表者代表取締役　〇〇〇〇　㊞

申　立　人
　　　本　　店　　東京都〇〇区〇〇町・・・
　　　支　　所　　横浜市〇〇区〇〇町・・・
　　　（送達場所）同　所
　　　氏　　名　　〇〇銀行株式会社
　　　　　　　　　代表者代表取締役　〇〇〇〇
　　　　　　　　　電　　話：xxx(xxxx)xxxx
　　　　　　　　　ファックス：xxx(xxxx)xxxx（担当　〇〇）

被 相 続 人
　　　（本　籍）　　横浜市〇〇区〇〇町・・・）
　　　最後の住所　　〇〇市〇〇町・・・
　　　氏　　名　　　甲　野　太　郎

申立ての趣旨
　　被相続人　甲　野　太　郎　の相続財産管理人の選任を求める。

申立ての理由
1. 申立人は，被相続人に対し金1000万円を有する債権者であり，また被相続人の別紙物件目録の土地，建物に抵当権を有するものである。
2. 被相続人甲野太郎は平成〇年〇月〇日に津波により死亡し，その相続人は長男の甲野一郎及び二男の子（孫）の甲野翼（18歳）の二名である。
3. 今回の，債権者（申立人）が抵当権を有する被相続人所有の建物は津波による被害を受けたが，毀損が激しく早急に修繕しなければ担保価値が著しく損なわれるおそれがある。
4. 相続人の甲野翼は18歳の未成年であり，長男甲野一郎も今回の災害で被災し，連絡がつかない状態となっている。
　　よって，申立人は（民法918条2項の）相続財産管理人の選任申立てをする。
　　なお，相続財産管理人の候補者としては
　　　住　所　横浜市〇〇区〇〇・・・弁護士事務所
　　　氏　名　〇　〇　〇　〇
　　　職　業　弁護士
　　　電　話：xxx(xxxx)xxxx　ファックス：xxx(xxxx)xxxx
　　を希望する。

以　上

附属書類
　　除籍謄本（全部事項証明書）1通　戸籍謄本（全部事項証明書）3通　不動産登記簿謄本（登記事項証明書）2通　金銭消費貸借契約書（写し），抵当権設定契約書（写し），商業登記簿謄本（登記事項証明書），物件目録各1通

（※注　別紙物件目録の記載については省略）

第3　限定承認

解　説

(1)　はじめに

　限定承認とは，相続人が被相続人から得た財産の限度においてのみ被相続人の債務及び遺贈を弁済すべきことを留保して相続の承認をするものである（民922条）。その方式は，相続人が民法915条1項の期間内，すなわち，相続人が自己のために相続の開始があったことを知った時から3ヵ月以内に，相続が開始した地を管轄する家庭裁判所（家手201条1項）に相続財産の目録を作成し，限定承認をする旨の申述書を提出してこれを行うものである（民924条，家手別表第1の92項）。

　限定承認は，被相続人の相続財産が多種多様で，債務超過であるのかどうか，相続放棄の申述期間である3ヵ月の間に判断がつかない場合に，この手続を行っておけば，たとえ後の清算手続により相続債務及び遺贈の額が相続財産の額を超過していたことが判明しても，相続人は相続財産の範囲内においてのみ，その債務の弁済をすれば足り，それ以上の債務を負うことがない。したがって，相続人にしてみれば，とても理想的な手続である。

　しかしながら，限定承認の手続は，申立ての際の財産目録の作成だけにとどまらない。限定承認申述受理後も決して安易に進行する手続ではなく，おおまかな流れをいっても，限定承認者又は相続財産管理人は，①「相続財産の管理」，②相続債権者及び受遺者に対する「官報公告の手続」，③知れている債権者・受遺者に対しての「催告の手続」，またそれらの「債権額の確定」の作業，そして④相続財産を「相続債権者に対して弁済」，また場合によっては按分計算による「配当弁済の手続」，さらに相続財産が残っていた場合には「受遺者への弁済の手続」などさまざまな手続を行わなければならない。

　また，限定承認の手続中に，相続財産に金銭以外の動産，不動産，債権などが含まれていることが判明した場合には，金銭だけで全額の弁済が可能でなければ，必要に応じてこれを「形式的競売手続」にかけ，換金する手続もしなければならない。

　そのため，弁護士などの法律の専門家が代理人として関与する場合はともかく，一般市民が個人で限定承認の手続を選択した場合，その後の手続は非常に困難を極めることが予想される。

そこで，被相続人の相続財産が多種多様で，債務超過であるかどうか，申述期間内に明らかでない場合には，限定承認の申立手続を選択する前に，相続人はひとまず相続承認又は放棄の期間の伸長（民915条1項ただし書）の申立てを行い，その間に相続を放棄するかどうか，再度調査検討してみることも一考すべきであろう。

本来，相続財産が債務超過であれば，相続人全員（先順位者の相続放棄により相続人となった後順位相続人を含む）が相続の放棄をした後，相続財産の債務整理を行う必要のある債権者などの利害関係人が，相続人不存在による相続財産管理人の選任申立てを家庭裁判所に行い，この選任された相続財産管理人が相続財産の清算業務を行うものである。

そして，債務超過が明らかになった時点で，すなわち「相続財産をもって相続債権者及び受遺者に対する債務を完済することができないと認めるとき」（破223条）には，この相続財産管理人が破産の申立てをすることが可能となり，最終的には破産管財人がこれら相続財産の清算業務を行うことになる。

　＊　理論的には，この相続人不存在における相続財産管理人による清算手続も，これから述べる限定承認手続における清算手続も，債務超過が判明した時点で，財産管理人から破産の申立てを行うことができ（なお，旧破産法は必要的に「しなければならない」とされていた），その結果，自ら換価や配当の手続をする必要はないと考えられるが，実務上は，債務超過が判明しても，代理人選任の有無，債務超過額の程度や，どの程度厳格な手続によって清算すべきかなどを考慮し，破産の申立てをするかしないかを判断し，結果として破産の申立てをすることなく自ら清算処理をしているケースが多いようである。

これら相続人不存在の場合における相続財産管理人，破産管財人は通常，裁判所が選任した弁護士などが清算手続を行うが，限定承認では相続人の中から相続財産管理人が選ばれるので，その場合，法律の専門家ではないことが大半であろうから，限定承認を考えている相続人は慎重にこの手続を選択すべきである。

以下では，限定承認の申述における実務上の取扱いを，その手続の流れに沿って解説，検討する。

なお，申立ての方法や書式などについては，姉妹書である『家事事件手続書式体系Ⅰ・Ⅱ』（青林書院）にも触れられているのでそちらも参考としてい

ただきたい。
(2) 申述（申立て）について
(a) 申述人（申立人）

(イ) 相続人　限定承認の申述に際して，申述人が相続人1人であるときはその者であり，相続人が複数人あるときは，共同相続人の全員が共同して限定承認の申述（申立て）を行うこととされている（民923条）。

(ロ) 包括受遺者　民法上，包括受遺者は，相続人と同一の権利義務を有すると規定されている（民990条）。したがって，相続人が限定承認の申述を行うに際して，包括受遺者が判明していれば，この者も共同して限定承認の申述（申立て）を行うこととなる。

なお，包括受遺者に関しては問題点が多い。例えば，共同相続人が限定承認の申述を行った後に包括受遺者が判明した場合，包括受遺者は共同相続人と共同して限定承認の申述を行っていないため，その手続は有効であるか否かという問題，また，包括受遺者が限定承認手続に反対した場合にはどのような処理をすればよいのかといった問題が考えられる。これらについては今のところ判例なども見当たらないため，問題点の指摘だけにとどめておく。

(ハ) 相続人中の不在者について　相続人中に行方のわからない相続人，いわゆる不在者が存在する場合には，相続人全員が共同して限定承認の申述を行わなければならないとされていることから，申述（申立て）が行えないこととなる。そこで，このような場合には，限定承認の申述を行おうとしている他の相続人が，利害関係人の立場で，家庭裁判所に当該不在者の不在者財産管理人選任の申立てを行い（民25条），その手続により選任された不在者財産管理人と共同して限定承認の申述を行うこととなる。

不在者財産管理人選任の申立ての詳細については別項に譲るが，不在者財産管理人選任の手続も幾分かの時間を要する可能性があり，申述期間が徒過してしまうおそれがあるため，実務上は，申述人の中で最初に申請期間が到来する者を基準として，念のために相続承認又は放棄の期間の伸長（民915条1項ただし書）の申立てを行って期間を伸長しておくことが無難であろう（後掲(c)「申述期間」における相続人が複数いる場合の起算点を参照）（不在者財産管理人の申述人適格については最高裁判所事務総局『改訂家事執務資料集（上巻の1）』366頁参照）。

(b) 申述の方式（申立ての方式）

(イ)　家事審判申立書の基本的記載事項について　　ここではまず，家事審判申立書の基本的事項から確認をしておきたい。限定承認の申述受理事件は家事事件手続法201条１項（別表第１の92項）により家事審判事件とされている（したがって，家事審判申立事件の一類型に限定承認の申述の申立事件が分類されているため，家事審判の「申立事件」であり，限定承認の「申述事件」である。以下では「申述事件」という）。

【記載事項】

　家事審判事件の申立てを行うには，家事審判申立書を家庭裁判所に提出しなければならない（家手49条１項）。この申立書には，①当事者及び法定代理人（同条２項１号），②申立ての趣旨（同項２号），及び③申立ての理由（申立てを特定するのに必要な事実）（同項２号）を記載しなければならないとされ，また家事事件手続規則37条１項により④「事件の実情」も記載しなければならない。

　さらに，家事審判手続規則１条１項の定めにより，当事者等が裁判所に提出すべき書面には，⑤当事者及び利害関係参加人の氏名又は名称及び住所並びに代理人の氏名及び住所，⑥事件の表示，⑦附属書類の表示，⑧年月日，⑨裁判所の表示も併せて記載しなければならないとされており，これらの事項を記載した上，当事者，利害関係参加人又は代理人が記名押印することが必要とされている。これらが家事審判申立書を作成する際の基本的な記載事項である。

【添付書類】

　家庭裁判所は，家事事件手続規則37条３項により必要な資料を求めることができると規定されている。そこで，申述人は提出を求められた資料があるときにはそれらを添付書類として用意しなければならない。

　必ず提出が求められる資料としては，被相続人の出生から死亡までの除籍や戸籍謄本（全部事項証明書。以下同じ）類及びそこから派生して判明する相続人全員の戸籍謄本などがある。最初の段階で，これらの戸籍謄本を区役所などから取り寄せ，相続人などが漏れないように調査して提出することが求められる（なお，関連する事件の申立てにおいて戸籍謄本などが重複する場合には提出不要の場合もあり，各家庭裁判所の取扱いに従い提出することになる）。

　また，申立ての理由及び事件の実情についての証拠書類があれば，その写しを添付しなければならない（家手規37条１項・２項）。その他にも家庭裁判所

から求められればその資料の提出が必要となる（その他に予納郵便切手や民事訴訟費用等に関する法律により，手数料である所定の収入印紙も必要である）。

　㈹　限定承認の申述における個別の規定について

【個別的記載事項】

　限定承認の申述の受理の審判は，申述人が裁判所に対し意思表示をしたことを裁判所が公証することから，審判の申立てに定められた家事事件手続法49条は適用されず，審判の申立てに準じるものとして個別的に家事事件手続法201条5項，6項により記載事項が規定されている。申述の方式については，相続が開始した地を管轄する家庭裁判所へ申述書を提出する方法によると規定されており（家手201条1項（別表第1の92項）），申述書の記載事項に関しては，①当事者及び法定代理人（家手201条5項1号），②限定承認をする旨（同項2号），③被相続人の氏名及び最後の住所（家手規105条1項1号），④被相続人との続柄（同項2号），⑤相続の開始があったことを知った年月日（同項3号）を記載することとされている。

　ここで，申述書における相続財産管理人の候補者の記載についても補足しておく。これは，家庭裁判所が相続人の中から相続財産管理人を選任しなければならない（民936条1項，家手201条3項）ことから，その際の参考事項として，申述人側から相続財産管理人の候補者を推薦しておく意味合いのものである。候補者を挙げておくことが望ましいが，この候補者に家庭裁判所が拘束されるものではなく，また申述人間で候補者が決まらない場合や，すべての申述人が未成年者であるなど適当な候補者が見当たらない場合には，無理に記載する必要はない。

【個別的添付書類】

　限定承認の申述に関しては，添付書類として個別的に財産目録の提出も求められており，その作成も必要とされている（民924条。後掲(d)「財産目録の作成」参照）。

　以上のことから，上記㈵，㈹の記載事項をすべて（重複している部分を除く）記載した申述書を作成し，財産目録と㈵の添付書類（戸籍謄本類）などを添付して申述を行うこととなる（【書式6】参照）。

　　＊　限定承認においては，添付書類としてさらに，被相続人の最後の住所地を明らかにするため戸籍の附票・住民票や，財産目録に記載された各相続財産の証拠書

類の裏付けとなる資料の提出なども考えられ，各裁判所の取扱いに従うこととなる。

　(ハ)　新法の留意点について　　旧家事審判規則3条においては，家事審判申立事件は書面だけでなく口頭においても申立てが可能であるとされていた。しかし，旧家事審判法が家事事件手続法に改正され，平成25年1月1日から同法の施行により，この日以降の家事審判の申立ては申立書を提出して行うこととされた（家手49条1項）。また，これらと関連して，申立書の記載中，①当事者及び法定代理人（同条2項1号），②申立ての趣旨（同項2号），及び，③申立ての理由（同項2号）の記載箇所に違反があり，裁判長より補正命令が発せられたにもかかわらず，不備を補正しないときには却下されることとされたので（家手49条5項・201条6項），家事審判申立書や本件の限定承認申述書の作成においては注意が必要である。なお，民事訴訟費用等に関する法律に従い家事審判の手数料を納付しない場合も同様である（民訴費4条・5条）。

　なお，この却下の命令に対しては即時抗告が可能であり（家手49条6項），即時抗告期間は審判の告知を受けた日から2週間の不変期間内であり，即時抗告はこの期間に行う必要がある（家手86条1項・2項）。

　(c)　申述期間（申立期間）　　限定承認の申述期間については，相続人が1人の場合（他の相続人が相続放棄を行い申述人が単独の相続人になっている場合も含まれる）は，当該相続人が自己のために相続開始を知った時から3ヵ月以内である（民915条1項）。

　相続人が複数人いる場合の申述期間の起算点については，相続人がそれぞれ自己のために相続の開始があったことを知った時から各別に進行する（最判昭51・7・1裁判集民事118号229頁）との最高裁の判例などもあり解釈が難しい。下級審の中には，相続人の中に考慮期間を徒過している者があっても最後に相続開始を知った相続人を基準に3ヵ月以内であるという裁判例（東京地判昭30・5・6下民集6巻5号927頁）や，最後に熟慮期間が開始した相続人を基準とすべきであるという学説などもある。

　しかしながら，実務上においては，先に述べた不在者財産管理人選任が必要な場合と同様に，慎重を期して最初に申請期間が到来する相続人を基準に考えて，この期間内に申述ができないときには，相続放棄の期間の伸長（民915条1項ただし書）の申立てを行っておくことが無難であろう。

(d) 財産目録の作成　　限定承認手続は家庭裁判所へ申述書を提出して行うが，その際，添付書類として財産目録（【書式7】）を作成しなければならない（民924条）。

財産目録の形式については，特に規定はないが，悪意でこの財産目録中に相続財産を記載しなかったときは単純承認をしたとみなされる場合があり（民921条3号），また少額の債権であっても，取立ての見込みの有無にかかわらず記載を要するとの判例（大判昭3・7・3新聞2881号6頁）もあることから，これらの点に注意して作成する必要がある。

財産目録には，民法896条の被相続人の財産に属した一切の権利義務を承継するという規定との兼ね合いから，本件手続においても相続債務の引受けとなる積極財産，消極財産のそれぞれすべての記載が必要となる。ただし，同法のただし書の規定により，相続開始の時に被相続人に属した一身に専属したものは除かれる。

以下，記載を要すると考えられる財産の例を取り上げる。

【積極財産の例として】

現金類
　　□現金，□預貯金，□外貨，□外貨預金
動産類
　　□貴金属（金・プラチナ等），□宝石類，□絵画，□書画骨董類，□バイク・自動車
　　　＊　動産類は上記だけでなく，剥製や犬・猫（血統書付）などの事例もあり，さまざまなものが考えられるので特に注意が必要である。
不動産類
　　□土地，□建物，□船舶（＊　船舶につきここでは民事執行法189条により不動産に分類している。）
債券類
　　□債権，□投資信託，□株式，□新株予約権，□国債，□社債，□保険金*1，□受取手形，小切手，□売掛金，□過払金返還請求権，□出資金（信用金庫等），□温泉利用権，□金鉱試掘権，□砂金採取権，□ゴルフ会員権*2（預託金返還請求権）
その他の財産権

> □知的所有権（特許権・実用新案権・意匠権・商標権・著作権）

［注］
* ＊1　生命保険については保険契約の内容によるが，死亡時の死亡保険金で受取人の指定のないものなどは相続財産となる可能性もあり，個々に検討が必要である。
* ＊2　ゴルフ会員権についても会則の内容によるが，クラブ会員たる資格は一身専属的なものであり相続されないとの判例（最判昭53・6・16判時897号62頁）もある。ただし，預託金返還請求権につき相続財産になるとの判例などもあり，こちらも個別に検討が必要である。

【消極財産の例として】

> □借金（個人・銀行・信用金庫等），□買掛金，□手形

　ここで，財産目録中に記載が不要であると考えられるものについても若干補足しておく。まず第1に，民法897条に規定する系譜，祭具及び墳墓の所有権に関する財産がある。これらは慣習や被相続人の指定に従って承継人が決まるとされているので，財産目録に記載は不要であると考えられる。第2に，一身専属上の権利に属するものが考えられる。これは，受給権者，すなわち被相続人が死亡したことによりその受給権が消滅するもの，例えば，恩給権（恩給法9条1項1号），年金権（国年29条，厚年45条）などである。第3に，そもそも相続人が被相続人の死亡を原因として法律，規則，契約などから，相続人が固有に取得する財産であり，相続財産に属さないとされているもの，具体的な事例として多いのは，例えば国家公務員退職手当法に規定する死亡退職金や受取人が指定された生命保険金（最判昭40・2・2民集19巻1号1頁），遺族に支払われる遺族給付金などが上げられる（前記注＊1参照）。

　なお，先にも述べたが，単純承認をしたとみなされる場合があるため，一身専属上の権利に属するものかどうか明らかになっていないものや，契約・約款・会則などの内容が不明確もの（例えば，保険金やゴルフ会員権など），金銭的に価値判断がつきにくいものなどは，財産目録にとりあえず記載しておくことが無難であり，また存在についても不明確なものがあれば不明と記載しておくことが必要であろう（**【書式7】**参照）。

(3)　**審判の効力発生時期と管理義務について**

限定承認の申立後，家庭裁判所による調査などがなされ，限定承認申述受理の審判がなされると，単独相続した場合はその限定承認者として相続人自身が，複数の相続人による場合には家庭裁判所により選任された相続財産管理人（民法918条2項の相続財産管理人，民法952条の相続財産管理人と区別するため，以下，断りがなければ限定承認時に選任される相続財産管理人を単に「相続財産管理人」という）が相続財産を管理することとなる。

　相続財産の管理義務が発生する時期については，通常，審判は相当の方法で告知することで効力が発生するが（家手74条），限定承認の場合は特別の定めがあり，家庭裁判所が申述書に受理する旨の記載をした時に効力を生じると規定されている（家手201条7項）ので，この時から限定承認者又は相続財産管理人は相続財産について管理義務を負うことになる。

　なお，これらの者の管理の程度については，民法上「その固有財産におけるのと同一の注意」をもって管理を継続しなければならない（民926条1項）と規定されている（なお，管理の程度について「善良なる管理者の注意義務」をもって管理すべきだとする学説なども存在しているがここでは触れない）。一方，相続人は，被相続人が死亡し限定承認者又は相続財産管理人が定まるまでの間，その相続財産について，「その固有財産におけるのと同一の注意」をもって管理しなければならない（民918条1項）と規定されているので，結局，相続人や相続財産管理人は，相続が開始してから同じ管理の程度をもって相続財産を管理することとなる。

(4) 相続債権者及び受遺者に対する公告・催告

　限定承認申述受理の審判後，限定承認者又は相続財産管理人が速やかに取り掛からなければならない事項に債権者に対する「公告」と「催告」がある。

　(a) 公　　告　　民法上，限定承認者は，限定承認をした後5日以内に，すべての相続債権者及び受遺者に対し，限定承認をしたこと及び一定の期間内にその請求の申出をすべき旨の公告をしなければならないとされている（民927条1項）。一方，また，相続財産管理人は，民法927条1項の「限定承認をした後5日以内」を「相続財産管理人の選任があった後10日以内」と読み替えられていることから（民936条3項），その期間内＊に公告の手続をとることが必要とされる。

　　＊　民法の文言上は，限定承認者は，限定承認をした5日以内，相続財産管理人は選任後10日以内となっているため，官報公告掲載の手続は速やかに行う必要があ

る。しかしながら，この公告には申請から掲載まである程度の日数を要するため，実務上この規定の期間内に公告を行うことはかなり困難であり，その意味でもこの規定は訓示規定であると解さざるを得ない。

　官報公告に記載する「債権申出の期間」については，民法927条1項ただし書により2ヵ月を下回ることができないとされているので，その期間以上の期間を定めて公告することが必要になる。また，公告の記載内容には，相続債権者及び受遺者がその期間内に請求の申出をしないときは，弁済から除斥されるべき旨も付記することが必要となる（民927条2項。記載例【書式8】参照）。

　なお，本件公告の方法については，民法改正（平成18年法律第50号）により必ず「官報公告」にて掲載することと改正されている（民927条4項）ので注意が必要である。

　(b) 催　　告　　限定承認手続の中で弁済の対象となっている債権を有する者が催告の相手方となる。これは民法上，知れている相続債権者及び受遺者のことであり（民927条3項），この中には弁済期に至らない債権をもつ者なども含まれている（民930条。弁済期に至らない債権の査定については後掲参照）。

　催告書の記載事項については特に法律上の規定はないが，弁済の順位や配当割合の計算にも影響するため，提出期限などは明示し，迅速に手続を行う必要がある（記載例【書式9】参照）。

　なお，本手続において権利行使上何ら影響を受けないもの，例えば相続財産の不動産に賃借権や地上権，永小作権，地役権などの権利を有する者に対しては，不利益を与えることはないため催告の必要はないと解されている（大判昭13・10・12民集17巻2132頁。相続人不存在における相続財産管理人手続に同旨判例あり）。

　しかしながら，権利の内容が明らかでない場合などには，これらの者に対しても催告などをして権利内容を確認することなどが必要であろう。

　(5)　**債権額の確定について**

　知れたる相続債権者・受遺者に各別に催告を行い債権の申出があり，また，官報公告により知れていなかった相続債権者・受遺者から債権の申出があると，弁済すべき相続債権者・受遺者が確定し，それぞれの債権額も一応確定する。

　しかしながら，債権の中には，①弁済期に至っていない債権をもつ債権者，

②条件付債権又は存続期間の不確定な債権をもつ債権者，③疑わしい債権の申出をしてくる債権者など，限定承認者や相続財産管理人にとって，その評価や対応に苦慮するものが含まれている場合もある。そのような場合について，以下検討する。

　(a)　弁済期に至っていない債権の取扱いについて　　弁済期に至っていない債権であっても，公告期間満了後には民法929条に従って弁済しなければならない（民930条1項）。本来，弁済期に至っていない債権は弁済期が到来するまで支払義務は生じないが，この規定により弁済の義務が生じる。

　ただ，この規定により，利息を付すべき期間が「契約上の弁済期」までなのか，「実際に弁済をする日」までなのかという問題が生じる。例えば，銀行などから長期に渡って借り受けている住宅ローン（団体信用生命保険に入っていない場合）や，個人事業を営んでいた被相続人が長期に渡り融資を受けていた場合など，将来に渡って多額の利息が発生する場合などが重要な問題となってくる。

　この問題に関し理論的な考え方を示すと，以下のとおりである。債務の履行期は，契約上その定めがあればその時期に弁済すべきものであり，履行期前の弁済は，期限の利益が債務者だけに存在する場合や債権者がこれを放棄した場合には，債務の本旨に従ったものとなる。したがって，これらの場合を除いて期限前の債務の弁済は不完全履行の問題ではないかと考えられる。しかしながら，不完全履行の問題として捉えたとしても，その要件として不完全な履行につき債務者の責めに帰すべき事由の有無を考えると本件では結論が不明である。

　すなわち，債務者側の都合により申し立てられた限定承認の手続であるから債務者の責めに帰すべき事由であると考え，債務者は中間利息を控除せず契約上の弁済期までの利息を付した金額を弁済すべきであると考えるのか，民法930条1項の法定の事由により弁済期を待たずに弁済するものであるから実際に弁済する日までの利息の金額を付して弁済すればよいと考えるのか，判断は難しいということである。

　しかし，実務上においては，どちらかに結論を出して手続を進めなければならない。そこで，方法としては，まずは当該債権者との間で，事前に実際に弁済する日までの利息を付した金額を弁済することを交渉してみることが先決であろう。

ただその際，債権者との間で折り合いがつかないこともあり，そのようなときには，私見であるが，帰責性の有無の議論はさておき，弁済期が長期に渡る場合や債務の金額が大きく他の債権者への影響が多大な場合においては，個別に確認訴訟などを提起して当該債権を確定させざるを得ないと考えられる。ただし，金額的に影響が少ない場合には，実際に弁済をする日までの利息を付して処理すればよいのではないかと考える。なぜならば，契約上の弁済期までの利息を付した金額を弁済した後，実際の弁済期までの利息であるとの判決等がなされると，配当額が少ないにもかかわらず配当や弁済がやり直しとなり，手続が非常に煩雑になるおそれがあるからである（なお，少額ながら当該利息分の損害賠償責任を取らされる可能性は残ることを指摘しておく）。この点については今後の法改正や判例に期待したい。

（b）条件付債権又は存続期間の不確定な債権の取扱いについて　民法上，条件付きの債権又は存続期間の不確定な債権がある場合には，家庭裁判所が選任した鑑定人の評価に従って弁済をしなければならない（民930条2項，相続財産管理人につき民936条3項準用）とされているので，これに従って手続を行えばよいことになる。鑑定人がこれらの債権を評価することにより，当該債権者だけでなく，他の相続債権者や受遺者に対しても公正性が保たれ，限定承認者や相続財産管理人の側にとっても債権の評価に際し迷いが生じないものである。

具体的な手続方法は，限定承認者又は相続財産管理人が，限定承認をした裁判所（家手201条2項）に，「鑑定人選任の審判の申立て」（家手39条別表第1の93項。申立書の記載事項については前掲(2)(b)(イ)参照）を行い，その後，家庭裁判所が選任した鑑定人の評価に従い当該債権の評価確定をすることとなる（記載例【書式11】「鑑定人の審判申立書(1)――限定承認における条件付債権評価の場合」参照）。

（c）疑わしい債権申出の取扱いについて　疑わしい債権申出の取扱いについては，限定承認手続においては，破産法（破115条～133条）で規定されているような，破産管財人による債権調査やその認否，他の債権者からの異議の手続など，厳格な債権確定の手続の規定が存在しない。しかし，厳格な手続が存在しないからといって，限定承認者や相続財産管理人が疑わしい債権の申出を安易に認めてしまうと，他の相続債権者・受遺者に損害を与えてしまう可能性は否めない。また後々，不当な債権を認め弁済をしたとして損害を受けた債権者らから何らかの損害賠償の責任（民法934条1項の責任に当たる

かどうかは不明である）を追及される可能性も考えられる。

　私見であるが，当該債権が公正証書，判決・和解調書などのいわゆる債務名義を有しているのであれば，原則そのままの債権額を認めればよいであろうが（なお，これらも疑義があれば争う余地を否定するものではない），確かな契約書や証拠等もなく，疑義が多い債権の申出がなされた場合には，限定承認者や相続財産管理人は慎重を期し，相手からの訴訟（後掲限定承認手続中に債権者から訴訟提起された場合の判決参照）を待つか，自ら債務額確認訴訟あるいは債務不存在確認訴訟などを提起して債務額の存否を確定させることが必要になるであろう（なお，これらの確定手続に時間を要し，迅速に限定承認手続を進めることができないという問題点は残る）。

(6) **相続財産の換価について**

　限定承認者又は相続財産管理人が，公告（民927条1項，民936条3項準用規定）を行い相続債権者・受遺者から債権の申出があり，また知れている相続債権者・受遺者への催告（民927条3項，民936条3項準用規定）により相続債権と債務額が確定すると，相続財産から相続債権者・受遺者への弁済の目処がおおよそ判明する。

　その際，相続財産中に，金銭などが潤沢にあり，そこから相続債権者・受遺者に対して全額の弁済が可能であれば，これから取り上げる法的換価の手続をする必要はない。

　しかし，金銭類をもって，配当を受けるべき相続債権者・受遺者各人に全額の弁済が可能でない場合（不明な場合も含む）には，金銭類以外の財産は，不当に安い値段で売却がなされ，相続債権者・受遺者の利益を侵害することのないように，何らかの公正，妥当な手続による換価手続が必要となる。

(a)　換価手続

　(ｲ)　形式的競売について　　そこで民法は，金銭以外の財産を換価にするに際し，弁済を実施するについて相続財産を売却する必要があるときは，限定承認者又は相続財産管理人はこれを競売に付さなければならない（民932条，相続財産管理人について民936条3項準用規定）と規定し，動産・不動産・債権・その他の財産権（民事執行法193条「債権その他の財産権についての担保権の実行の要件等」参照）の換価に当たってはいわゆる形式的競売に付すこととしている。

　この規定に基づき，動産，不動産，債権等の換価については，民事執行法

1条「民法，……商法……その他の法律による換価のための競売」及び同法195条の「換価のための競売については，担保権の実行としての競売の例による。」の定めに従って地方裁判所に形式的競売の申立てを行い，換価の手続を進めることとなる。

　　(ロ)　鑑定人の選任　　相続財産の中には，相続人にとって愛着のある品々や形見の品，実際には被相続人の名義であるが長年住み慣れた土地や家屋などが含まれている場合があり，これらの中には売却されては非常に不都合なものも多く含まれていると考えられる。

　そこで，民法は，家庭裁判所が選任した鑑定人の評価に従い，相続財産の全部又は一部の価格を弁済してその競売を止め，当該財産を取得することができる制度を設けている（民932条ただし書）。この手続の申立てが可能な者は，民法932条のただし書上に規定はないものの，本制度の趣旨を考えると限定承認者や相続財産管理人だけに限られず，当該相続財産の取得の必要性がある相続人各人であると解される。

　手続の具体的方法としては，条件付債権評価の場合の鑑定人審判で述べたのと同様に，競売を差し止め当該財産の取得を必要とする相続人や限定承認者，相続財産管理人が，限定承認を行った家庭裁判所（家手201条2項）に対して，「鑑定人選任の審判の申立て」を行い（家手39条別表第1の93項。申立書の記載事項については前掲(2)(b)(イ)参照），その後，家庭裁判所から選任された鑑定人の評価に従って，その金額を弁済することにより，競売を止め当該財産を取得することとなる（記載例【書式12】「鑑定人の審判申立書(2)――限定承認における相続財産評価の場合」参照）。

　なお，相続債権者及び受遺者は，この形式競売手続や鑑定手続などに，自己の費用をもって参加することができるとされている（民933条）。

　　(ハ)　任意売却について　　限定承認の手続においては，上記で述べたとおり，安価な価格で相続財産が任意売却され相続債権者や受遺者の権利が侵害されることがないように，任意売却に関する規定は設けず，裁判所による形式的競売手続を行うことを前提としている。

　しかし，実務上，破産管財事件の際の換価手続などを例に考えると，競売手続による換価などに比べ，任意売却による換価のほうが高価に売却できる場合がほとんどである。また，形式競売に付すまでもなく即座に換金可能な動産や債権（例えば金などの貴金属や国債）なども多く存在していると思われる。

限定承認における換価手続においても，任意売却などの方法により，迅速かつ高価に換価手続を行い，相続財産を増殖させることが，債権者や強いては相続人の利益にも沿うものであると考えられる。しかしながら，現行法の規定に従えば形式的競売に付さざるを得ないと考えられる。

　なお，現行法に違反して任意売却してしまった場合について，これは単に相続財産の換価を必要とする場合の手続違背という意味をもつにとどまるから，既に行われた限定承認それ自体の効力には何らの消長をも及ぼすことはないとした裁判例（東京控判昭15・4・30全集29巻民法545頁）や，競売による換価が任意売却によって不当な廉価で換価されるのを防止する趣旨のものであることなどを考えると売却自体は有効であると解すべきとの裁判例（東京地判昭7・11・29新聞3516号12頁）などがある。

　(b)　債権の回収について

　　(イ)　弁済期の到来していない債権の回収　ここでは，換価に関連して，債権の回収における問題点にも触れておく。先に述べたとおり，弁済期に至っていない債務は民法930条1項の規定により弁済しなければならないが，弁済期の到来していない債権の取扱いについては民法上何の規定もされていないため，その処理方法が問題となる。

　まず，弁済期の到来していない債権については，限定承認者又は相続財産管理人が，当該債権の相手方たる債務者と任意に交渉して回収できれば最も簡便である。しかし，債務者が弁済期に至っていないとして弁済を拒んだ場合には，債権回収をはかることは極めて困難である。

　このような場合の処理方法については，①弁済期の到来をひたすら待って処理する，②限定承認者又は相続財産管理人がいったん当該債務を立て替えて処理する，③破産管財事件で行われる追加配当のように，回収後に追加の配当弁済を行うなどの方法が考えられる。しかしながら，①の方法は非常に長い期間を要する場合があり，②の方法は後に債務者から回収ができるという保証はなく，③の方法は手続がとても煩雑になるといった欠点がそれぞれ存在する。いずれにしても，弁済期がどの程度先なのか，金額がどの程度なのかなど個別事案によりその対応を考えざるを得ないと思われる。

　　(ロ)　任意に支払に応じない債務者　弁済期が到来しているにもかかわらず任意に支払に応じない債務者などが存在する場合には，どのようにして債権の回収を図ればよいか。具体的には売掛金の回収や過払金の回収などの

ケースが考えられるが，このような場合には，限定承認者又は相続財産管理人は，訴訟を提起して債権を回収せざるを得ないであろう。

限定承認申述受理後に相続財産管理人が当事者として訴訟を提起する場合，その訴訟上の地位については諸説があるが，相続財産管理人は相続人全員の法定代理人として訴訟に関与するものであり，相続財産管理人としての資格では当事者適格を有しないとの最高裁の判例（最判昭47・11・9民集26巻9号1566頁）が存在している。したがって，この判決に基づけば，相続財産管理人は相続人全員の「法定代理人」であるから訴訟提起の際は法定代理人として訴訟を提起すればよいこととなる。

以下では，実務上質問の多い，債権回収の訴状を作成する場合における当事者の記載例をまとめておく。

【民法936条の相続財産管理人の記載例】

限定承認申述の手続において，家庭裁判所が数人ある相続人の中から相続財産管理人を選任した場合の原告欄の記載例は，次のとおりである。

```
   横浜市○○区○○町・・・
         原      告      ○ ○ ○ ○
   大阪市○○区○○町・・・
         原      告      ○ ○ ○ ○
   東京都○○区○○町・・・
         原告兼上記2名相続財産管理人    ○ ○ ○ ○
        （上記3名訴訟代理人弁護士    ○ ○ ○ ○）
```

なお，違いを明確にするため，民法918条2項により選任された相続財産管理人の記載例及び民法952条の相続人不存在において選任された相続財産管理人の場合の例も参考として記載しておく。

【民法918条2項の相続財産管理人の記載例】

```
   名古屋市○○区○○町・・・
         原      告     亡○○○○
                  相続財産管理人  ○ ○ ○ ○
```

【民法952条の相続財産管理人の記載例】

```
広島市○○区○○町・・・
       原　　　　告　　　亡○○○○相続財産
       同代表者相続財産管理人　○　　○　　○　　○
```

　このような債権が存在する場合，破産管財事件においては，債務名義を取得するかどうかの判断も含め，最終的に回収不能として処理することや，債権回収会社（いわゆるサービサー）などに債権を任意売却して換価することなども可能である。しかしながら，限定承認後の清算手続においては，回収がかなり困難な債権であっても，それを放棄する規定や方法などは見当たらないため，他の債権者や受遺者への弁済の影響を考えると，とりあえず訴訟などを提起して回収を図らなければならないのであろう。また，これらの手続により判決や和解などの債務名義を取得した後も債務者が弁済をせず，強制執行を試みても回収が不能な場合には，最終的には相続財産の一債権として，先に述べた形式的競売に付して換価処理せざるを得ないのではないかと考えられる。

　　＊　なお，これらの問題ある債権を回収しなくても相続債権者・受遺者などに全額弁済可能であれば，特にこのような問題は発生しない。

(7)　弁済・配当弁済の順位について

　債権者に対する公告・催告が終わり，相続債権者・受遺者及びそれらの総債権額が確定して，相続財産の換価作業も終了すると，あとは弁済又は配当弁済をしなければならないこととなる。この限定承認における弁済又は配当弁済の具体的な方法，手段等については民法929条～931条の3条のみしか規定されておらず，破産手続における配当方法に比してかなり簡素である。

　したがって，具体的にどのように弁済又は配当弁済すべきかは疑問の多いところである（そもそも配当弁済になるケースであれば，厳格な配当手続の行える破産申立てを行うべきではないかとの考え方もある）。そこで以下では，①相続財産からの支弁可能な費用，②税金などの公租公課，③弁済の順位について検討していく。

　(a)　相続財産からの支弁可能な費用

　　(イ)　管理費用　　民法上，相続財産に関する費用はその財産の中から支

弁することとされているので（民885条），相続財産を維持管理する費用は最優先に相続財産の中から支弁することができる。

これら費用としては，相続財産である建物にかかる固定資産税や地震・火災保険などの保険料（なお，相続人が当該物件住んでいれば問題がある）などが考えられる。

　(ロ)　手続費用　　上記管理費用のほかに，相続財産の換価，弁済，その他清算に関する費用も最優先的に相続財産の中から支弁することができるとする裁判例（東京地判昭61・1・28判時1222号79頁）がある。したがって，これら手続の際に要した費用も最優先に相続財産の中から支弁することが可能である。

(b)　公租公課に関する留意点　　被相続人に支払うべき税金，公租公課が存在する場合の支払順序については，次のように規定されている。①国税に関しては，国税徴収法8条に「国税は，納税者の総財産について，（中略）すべての公課その他の債権に先立って徴収する。」，②地方税に関しては，地方税法14条に「地方団体の徴収金は（中略）すべての公課……その他の債権に先だつて徴収する。」とそれぞれ規定され，また，③国税，地方税に次ぐ公課，具体的には国民年金（国年95条・98条），厚生年金（厚年88条），国民健康保険（国健保80条4項）に規定される社会保険料などはそれぞれの規定から上記①，②に次いで支払うべきものとされている。

上記①～③は，後述の一般債権よりも優先され徴収されるので，結論として支払の順序は①～③を支払った後に，一般債権を弁済することとなる（優先権を有する債権者と税金・滞納処分などの関係についてはここでは割愛する）。

なお，余談ではあるが，限定承認手続においては，税法上「贈与等の場合の譲渡所得等の特例」が適用されることにも留意しなければならない。すなわち，居住者の有する山林又は譲渡所得の基因となる資産の移転があった場合には（中略）その事由が生じた時に，その時における価格に相当する金額により，これらの資産の譲渡があったものとみなされ（所税56条1項1号）これにより課税される。したがって，これらの点にも留意して限定承認の手続を選択する必要があろう。

(c)　弁済の順位　　上記(a)，(b)に続いて支払うべき弁済の順位について検討する。

民法上，限定承認の規定によれば，弁済を受けることができる者の順位は，

次のように定められている。すなわち，(i)第1順位は優先権を有する債権者（民929条ただし書），(ii)第2順位は官報公告により請求申出期間に申し出た一般債権者及び知れたる債権者（民929条），(iii)第3順位は受遺者（民931条），(iv)第4順位は民法927条1項の官報に定めた公告の期間に申し出なかった債権者及び受遺者（民935条）である。

　(ｲ)　第1順位　　第1順位は優先権を有する債権者である（民929条ただし書）。具体的には，先取特権（民303条），質権（民342条），抵当権（民369条），根抵当権（民398条の2）などの権利を有する債権者のことである。これらの債権者は，それぞれの優先権に基づいて，その価格の限度において優先弁済を受けることになり，それにより手続処理されることとなる。

　これらの権利のうち対抗要件が必要とされているものは，それを具備しなければならない。例えば抵当権などは，登記が第三者に対する対抗要件であることから，当然相続開始の時までに登記を具備しておかなければならず，また仮登記の場合にもその性質上，生前に仮登記がされていた場合には，相続開始後本登記をすれば，一般の債権者に対抗することができる（最判昭31・6・28民集10巻6号754頁）。これらの場合にも，優先権を有する債権者として優先的に弁済を受けることができることとなる。

　ここで，優先権を有する債権者についての簡易な処理事例を見てみよう。例えば，相続財産の不動産上に債権額1000万円の抵当権を有する場合，その抵当権の実行として当該土地を競売にかけると，そこから優先的に1000万円の債務の弁済を得ることができる。しかし，優先権に基づいて弁済を受けたにもかかわらず，弁済額が債権額の1000万円に満たなかった場合には，残余の債権は他の一般債権者と同じ立場で競合して弁済を受けることになるとする裁判例（名古屋地判昭4・5・15新聞2992号7頁）があり，これに従って処理すると，仮に競売の配当額として弁済額が700万円であったとするならば，残り300万円については以下に述べる第2順位の債権者として配当を受ける権利を有することになる（なお，競売事件の場合は配当表の確定によりその金額が確定する）。

　先取特権（民303条）に関しては，さらにその順位が定められている。すなわち，一般の先取特権が互いに競合する場合には，民法306条各号に掲げる順序に従うもの（民329条1項）とされ，その順序は，①共益の費用，②雇用関係，③葬式の費用，④日用品の供給となる。

したがって，被相続人が雇用していた者の未払給与などが上記①から④に該当するものがあれば，それは他の債権者より先に支払わなければならないこととなる。

なお，一般の先取特権と特別の先取特権が競合する場合には，特別の先取特権が優先することになる（民329条2項本文）。ここに特別の先取特権とは，民法311条に定められた動産の先取特権，及び民法325条に定められた不動産の先取特権のことである。ただし，ここで共益の費用の先取特権は，その利益を受けたすべての債権者に対して優先する効力を有する（民329条2項ただし書）とされているので注意が必要である（なお，不動産の先取特権に関してはさらに登記の関係なども生じるため（民325条～341条）。その順位はさらに細かな検討が必要となる）。

その他にも，実務上見受けられる優先債権の事例としては，「建物の区分所有等に関する法律」7条1項に掲げられる管理費等の先取特権などがある。被相続人が生前，マンションなどの区分所有の建物に住んでおり，管理費等の滞納があった場合には，それらは優先債権となり，同法7条2項により共益費の先取特権とみなされるので，同法の規定に従った処理が必要となる。

　(ロ)　第2順位　　第1順位の弁済がすべて完了し，相続財産に余剰があれば，第2順位の債権者，すなわち官報公告により請求申出期間に申し出た一般債権者及び知れたる債権者に弁済することになる。これらの債権者に全額弁済できないときには，各債権者の債権額に応じて按分比例により配当弁済することとなる。

例えば，債権者A，B，Cの債権額がそれぞれ300万円，200万円，100万円であるとき，弁済可能な相続財産の残りが120万円であったとするならば，A，B，Cに対する各弁済額は，
- ・A→　　120×300／(300＋200＋100)　＝60万円
- ・B→　　120×200／(300＋200＋100)　＝40万円
- ・C→　　120×100／(300＋200＋100)　＝20万円

となる。

　　＊　なお，端数が生じた場合には，「通貨の単位及び貨幣の発行等に関する法律」3条1項により50銭以上1円未満は1円に切り上げ，50銭未満は切り捨てにより処理することとなる。

ところで，限定承認受理後に，被相続人の債務につき，債権者から訴訟が

提起され，判決が確定した場合には，どのように処理をすればよいであろうか。

　裁判所は相続財産の限度において弁済すべき旨の留保を付した判決をすべきとの判例（大判昭7・6・2民集11巻1099頁）があり，この判例に従えば，判決主文は「被告ら（相続人ら）は，原告（債権者）に対し，〇〇〇万円を被告らが〇〇（被相続人）から相続した財産の存する限度において支払え。」との判決主文の記載になると考えられる。この主に従って弁済，あるいは配当弁済すればよいこととなる。

　上記按分配当の事例の債権者Bを例にとると，Bに債権額200万円の債務名義が確定した場合，全額弁済可能であれば全額弁済の必要があるが，全額弁済できないときには「相続した財産の存する限度において」支払えばよいのであるから弁済額は40万円となる（なお，この事例は便宜上元金のみの説明で利息や遅延損害金などは考慮していない）。

　(ハ)　第3順位　　第3順位は受遺者（民931条）である。受遺者のうち包括受遺者は，先に述べたとおり共同して限定承認の申立てをしなければならないので（前述(2)(a)(ロ)参照），ここにいう受遺者とは特定受遺者ということになる。

　特定受遺者に関しては，金銭など不特定物を譲り受ける特定受遺者については問題を生じることは少ないが，不動産などの特定物の遺贈を受ける特定受遺者については問題点が非常に多い。一例を挙げれば，第1順位や第2順位の弁済又は配当弁済に不足するとして遺贈を受けるべき当該不動産を相続財産に組み入れて形式的競売に付し換価売却し，その金額を一般債権者に弁済したが，それでも結果として相続財産に余剰が出てしまった場合などのケースを考えるとわかりやすい。この場合，もはや特定受遺者に対して当該不動産を遺贈することはできないので，一般債権者と当該不動産の遺贈を受ける者との間でどのように調整していくのかといった問題が生じるのである。

　この特定物の受遺者に関する問題点は，その他にも登記や対抗要件も含め複雑多岐に渡り，また種々の学説も存在している。しかし，現在までのところ実務上の判例は見当たらないことから，実際に問題が生じたときには個々の事案に応じて検討していくほかはないと思われる。

　なお，受遺者が複数人おり，全額弁済できない場合には，上記(ロ)で述べた按分配当による弁済になると考えられるが，その中に特定物が含まれている

場合には，その特定物の金銭的価値に見合った金額を按分配当せざるを得ないのであろう。なお，その際，その特定物の査定を誰がどのように定めればよいのかといった問題も生じるので指摘しておく。

　　㈡　第4順位　　第4順位は民法927条1項の官報に定めた公告の期間中に申出をしなかった債権者及び受遺者で，限定承認者や相続財産管理人に知れなかった者である（民935条，相続財産管理人につき民936条3項）。これらの者には，上記(イ)〜(ハ)の弁済を終えてもまだ相続財産に残余がある場合に弁済されることとなる。

　民法935条，936条3項があることから，第3順位の者に弁済が終了した時点で，公告期間中に申出がなされず，遅れて債権の申出をした債権者などが存在した場合には，これらの者に対して弁済しなければならないことは明らかである。

　しかしながら，第3順位の者に弁済終了した時点で，第4順位の者が判明していなかった場合には，この時点で清算終了として，残余財産は相続人の所有となり，第4順位の者に対する弁済義務はなくなると考えてよいのか，あるいは，それぞれの債権が時効により消滅するまでの間は，弁済の義務が生じているのかは不明である。第3順位の者に弁済した後，相続人が任意にこれらの第4順位の債権者に対して支払をすることについて問題は生じないが，仮に支払について拒絶すれば争いが生じる可能性もあり，この点についても今後の法改正や判例など，一定の指針が待たれるところである。

(8)　限定承認の取消しについて

　限定承認については，民法919条2項に該当する事由があるとき，すなわち，民法第1編（総則）及び第4編（親族）の規定に該当する事由があるときは，限定承認の取消しをすることができる。その内容は相続放棄の取消しと重複するためここでは詳しくは触れないが，相続放棄の取消しと異なり，限定承認の場合，相続人は相続財産の範囲内においてのみその債務の弁済をすれば足り，相続財産が負債よりも多ければ相続財産を受けることができるものであるから，一般的には相続人にとって不利益になる手続ではない。したがって，限定承認を申し立てて取り消すケースは非常に稀だと考えられる。

　　(a)　取消事由　　まず，民法総則編に規定されているものを取り上げてみると，①未成年者が親権者又は後見人の同意を得ずにした場合（民5条1項・2項・120条1項），②成年被後見人がなした場合（民9条・120条1項），③被保

佐人が，保佐人の同意を得ないでした場合（民13条1項6号・120条1項），④詐欺又は強迫によった場合（民96条1項・120条1項）であり，次に，民法の親族編に規定されているのは，⑤後見監督人の同意を要する行為にもかかわらず，その後見人又は未成年後見人がその同意を得ていない場合である（民864条・865条）。

（b）取消権者　　取消権者は，限定承認の取消しをしようとする者（民919条4項），すなわち民法120条及び865条に規定する制限行為能力者，その代理人，後見監督得人である。

（c）申述（申立て）の方式　　限定承認の取消しの申述（申立て）は，限定承認の申述と同様，相続が開始した地を管轄する家庭裁判所（家手201条1項）に対し，取消しの申述書を提出する方法によって行う。この申述書の記載事項は，前掲(2)(b)(イ)「家事審判申立書の基本的記載事項」で述べた基本事項①～⑩のほかに，⑪当事者及び法定代理人（家手201条5項1号），⑫限定承認を取り消す旨（同項2号），さらに，⑬被相続人の氏名及び最後の住所（家手規105条1項1号），⑭被相続人との続柄（同項2号），⑮相続の開始があったことを知った年月日（同項3号），⑯限定承認の申述を受理した裁判所及び受理年月日（家手規105条2項1号），⑰限定承認の取消原因（同項2号），⑱追認をすることができるようになった年月日（同項3号）に掲げる事項を記載して申立てを行うこととなる（【書式13】「限定承認の取消申述書」参照）。

（9）　おわりに

　限定承認の手続は，上記で述べてきたとおり手続が非常に煩雑なものである。他方，条文の規定は非常に少なく，判例などもあまり蓄積されていないため実務上，どのように処理すればよいのか非常に苦慮する手続である。そのような点が限定承認手続が利用されていない理由の1つではないかと考えられる。今後の法律，規則の改正や判例の蓄積などにより，簡易・迅速に行える手続に変遷していくことを期待したい。

　ところで，昨今，大震災や津波，洪水など大規模自然災害が頻発している。これら災害の後，犠牲者の方の相続財産が一度に消失し，債務超過であるのかどうか判断がつかない状況に置かれることが多分にあると想定される。このような事態にならないことを祈るばかりであるが，仮にこのような事態に遭遇したとき，限定承認の手続はとても有用な手続であることを述べ締めくくりにしたい。

【飯島　圭一】

書式 6　限定承認の申述書

家　事　審　判　申　立　書

事件名　相続の限定承認申立て

平成○年○月○日

○○家庭裁判所　御中

　　　　　　　　　　申　立　人　　　甲　野　一　郎　㊞
　　　　　　　　　　申　立　人　　　甲　野　　　翼
　　　　　　　　　　上記法定代理人親権者母　甲　野　さくら　㊞

申　述　人
　（本　　籍　　横浜市○○区○○町・・・）
　　住　　所　　横浜市○○区○○町・・・
　　氏　　名　　甲　野　一　郎
　　被相続人との続柄　　　　長男
　　相続の開始があったことを知った年月日　　平成○年○月○日
申　述　人
　（本　　籍　　広島市○○区○○町・・・）
　　住　　所　　広島市○○区○○町・・・
　　氏　　名　　甲　野　　　翼
　　住　　所　　横浜市○○区○○町・・・
　　法定代理人親権者母　　甲　野　さくら
　　被相続人との続柄　　　孫（二男の長男）
　　相続の開始があったことを知った年月日　　平成○年○月○日
被　相　続　人
　（本　　籍　　横浜市○○区○○町・・・）
　　最後の住所　　横浜市○○町・・・
　　氏　　名　　甲　野　太　郎

申立ての趣旨
　　被相続人　甲　野　太　郎　の相続の限定承認をする。
申立ての理由
1．被相続人甲野太郎は平成○年○月○日大震災による津波で負傷し○○市の○○病院にて同日死亡した。
2．申述人甲野一郎は被相続人の長男であり，申述人甲野翼（18歳）は被相続人の二男甲野二郎の長男である。甲野さくらは二男の妻であり申述人甲野翼の法定代理人親権者母である。なお，被相続人の二男，甲野二郎は平成○年○月○日に交通事故ですでに死亡している。
3．申述人の甲野翼について，相続の開始があったことを知った日は法定代理人親権者母さくらが，甲野一郎から電話連絡を受けた平成○年○月○日である。
4．被相続人は別紙財産目録記載のとおり資産が多いものの，生前，漁師をする傍ら，個人事業として，練り物店を営んでいたため，銀行や個人などからの借り入れも多く，また津波で資産の多くが流されたため，資産及び負債内容も明らかにはなっていない。
　　よって，申述人らは相続によって得た積極財産の限度においてのみ債務を弁済すべく相続の限定承認の申述をする。
　　なお，相続財産管理人は被相続人と同居していた，長男である甲野一郎を希望する。

以　上

附属書類
　　除籍謄本（全部事項証明書）1通　戸籍謄本（全部事項証明書）3通
　　財産目録1通　不動産登記簿謄本（登記事項証明書）2通　通帳写し3部

書式 7　財産目録

財　産　目　録

被相続人　甲野　太郎
平成○年○月○日現在

[資産の部]
1　現　金　　75万3500円　　甲野一郎が保管中
2　預　金　　124万3400円　　○○信用金庫○○支店
　　　　　　21万4023円　　○○農業協同組合
3　株　式　　○○商事有限会社　2000株　未公開株　価格不明
　　　　　　○○電力株式会社　300株　54万2300円
　　　　　　　　　　　　　　　　　　　　　（5月1日終値）
4　不動産　　建　物
　　　　　　所　在　横浜市○○区・・・（※添付の不動産登記簿謄本
　　　　　　　　　　　　　　　　　　　（登記事項証明書）のとおり）
　　　　　（※　なお上記土地上の建物は甲野一郎所有）
5　軽自動車2台（別紙車検証書のとおり）
6　鎧　甲　　別添写真のもの　評価額不明（50万円〜200万円程度）
7　船　舶　　津波による流失のため現在捜索中　購入価格285万円
8　金　塊　　500グラム　甲野一郎が自宅金庫にて保管中
9　○○クラブゴルフ会員権　市場取引価格約50万円　会則について調査中
10　過払金債権　○○株式会社　　　　　　約130万円程度
　　　　　　　○○クレジット株式会社　約80万円程度
11　売掛金
　　売掛先　株式会社○○商会　　　　　　約25万円程度
　　　同　　乙川商店こと乙川　二郎　　　約18万2000円
12　・・・
　　　　　　　　　　　　　　　　　　　判明金額2420万円

[負債の部]
番号
　　借入金
1　○○信用金庫○○支店　400万円
2　○○銀行○○支店　　　当初貸付額1500万円（資産の部4の不動
　　　　　　　　　　　　産に抵当権あり）現在残高1000万円
3　丙山　太郎　平成25年頃借入　当初300万円借入れ　残債務不明
　　丁野　二郎　220万円
　　戊川　三郎　345万円
4　労働債権
　・個人事業（練り物屋）の従業員（アルバイト）1ヵ月と10日分の給与
　　約20万円程度の未払分　従業員氏名　己　山　太　郎
5　条件付債権
　　　債権者　　○○○○
　　　債務者　　被相続人
　　　条件内容　債権者○○○○が被相続人の事業から独立し事業を始め
　　　　　　　　たときは，下記財産目録の株式の3分の1に相当する金
　　　　　　　　額を譲り渡す。
　　　株　式　○○商事有限会社　2000株　未公開株　価格不明
　　　　　　　　　　　　　　　　　　　　判明金額2210万円

（＊なお，添付書類・疎明資料についてはここでは省略している。）

書式 8　限定承認公告

本籍　横浜市○○区○○町・・・　最後の住所　神奈川県○○市・・・
　　　　　　被相続人　甲野太郎

　右被相続人は平成○年○月○日死亡し，その相続人は平成○年○月○日○○家庭裁判所に限定承認をしたから，一切の相続債権者及び受遺者は本公告掲載の翌日から2箇月以内に請求の申出をしてください。右期間内に申出がないときは弁済から除斥します。
　　　　平成○年○月○日
　　　　　横浜市○○区○○町・・・
　　　　　　　　相続財産管理人　甲　野　一　郎

【備考】
1．限定承認者の場合は「限定承認者　○○○○」となる。

書式 9　知れたる債権者に対する催告書

　　　相続債権者　殿
　（受　遺　者　殿）
　　　　　　　　　　　　　　　　　　　平成○○年○○月○○日

　　　　　　　　　催　　告　　書

　被相続人○○○○について，平成○○年○○月○○日，○○家庭裁判所において相続の限定承認の申述が受理されました。つきましては，相続財産に関する債権者（受遺者）の方は平成○○年○○月○○日（必着）までに，下記相続財産管理人（限定承認者）まで債権の申立てを提出してください。

　　届出先
　　　郵便番号　○○○-○○○○
　　　　　　　○○県○○市・・・
　　　　　　　　相続財産管理人　　○　○　○　○　　宛
　　　　　　　（限定承認者（相続人）　○　○　○　○）

【備考】
1．上記（公告）期間満了後，被相続人の相続財産の限度において，民法929条〜933条の規定に従い弁済する。相続財産の額，弁済順位により弁済されない場合や，按分弁済になる場合もあるので予め留意する。

書式 10　債権申出書

平成○○年（家）第○○○号　　　　　被相続人　甲野太郎

債　権　申　出　書

平成○年○月○日

相続財産管理人　殿
（限定承認者）

　　　　　　　　住　　所　横浜市○○区○○町・・・
　　　　　　　　届　出　人　○○銀行株式会社
　　　　　　　　　　　　　　代表者代表取締役　○○　○○　㊞
　　　　　　　　電　　話：xxx(xxx)xxxx　FAX：xxx(xxx)xxxx
　　　　　　　　　　　　　　　　　　　　　　　（担当　○○）

上記被相続人につき，下記債権を有しているので申し出る。
記
　種類　貸付金
　　　債権額　　1000万円
　　　貸付日　　平成○年○月○日
　　　弁済期　　平成○年○月○日より平成○年○月○日まで
　　　　　　　　別紙返済表のとおり（※返済表は省略）
　　　年利率　　○パーセント
　　　遅延損害金　年○パーセント
　別除権として抵当権（１番抵当権）
　　　目的物　建物　横浜市○○区・・・
　添付書類
　　貸金契約書兼抵当権設定契約書（写し），不動産登記簿謄本（登記事項証明書）（写し）

【備考】
1．期間後に債権申出書が遅れて届いた場合などには，配当順位が後順位に回されるため，債権者は内容証明や配達証明郵便などを利用し，届出期間内に提出したことを明らかにしておくことが必要であろう。

書式11　鑑定人の審判申立書(1)——限定承認における条件付債権評価の場合

家事審判申立書

事件名　鑑定人の選任申立て

平成〇年〇月〇日

〇〇家庭裁判所　御中

申立人　甲野一郎　㊞

申立人
　（本　籍　　横浜市〇〇区〇〇町・・・）
　　住　所　　横浜市〇〇区〇〇町・・・
　　氏　名　　甲野一郎
被相続人
　（本　籍　　横浜市〇〇区〇〇町・・・）
　　最後の住所　神奈川県〇〇市〇〇町・・・
　　氏　名　　甲野太郎

申立ての趣旨
　別紙財産目録記載の条件付債権を評価する鑑定人の選任を求める。
申立ての理由
1. 申立人は被相続人の長男であり，〇〇家庭裁判所平成〇〇年（家）第〇〇〇号限定承認申立てにより相続財産管理人に選任された者である。
2. 被相続人の相続財産中，別紙財産目録記載の条件付債権があり，債権者に弁済するため，その弁済額の確定が必要である。
　　よって，条件付債権を評価する鑑定人の選任を求める。
　　なお，鑑定人の候補者としては
　　　　住　所　神奈川県横須賀市〇〇・・・公認会計士事務所
　　　　氏　名　〇〇〇〇
　　　　職　業　公認会計士
　　　　電　話：×××(×××)××××　ファックス：×××(×××)××××
　を希望する。

以　上

附属書類
　除籍謄本（全部事項証明書）1通　戸籍謄本（全部事項証明書）3通
　相続財産目録1通　不動産登記簿謄本（登記事項証明書）2通
　通帳写し3部

（別紙）

財　産　目　録

条件付債権
　　債権者　〇〇〇〇
　　債務者　被相続人
　　条件内容　債権者〇〇〇〇が被相続人の事業から独立し事業を始めたときは，下記財産目録の株式の3分の1に相当する金額を譲り渡す。

　　株式　〇〇商事有限会社　2000株　未公開株　価格不明

以　上

書式12 鑑定人の審判申立書(2)——限定承認における相続財産評価の場合

家 事 審 判 申 立 書

事件名　鑑定人の選任申立て
平成○年○月○日
　○○家庭裁判所　御中

　　　　　　　　　　　申　立　人　　　甲野　翼
　　　　　　　　　　　上記法定代理人親権者母　　甲野　さくら　㊞
　申　立　人
　　　（本　　籍　　広島市○○区○○町・・・）
　　　　住　　所　　広島市○○区○○町・・・
　　　　氏　　名　　甲野　翼
　　　　住　　所　　広島市○○区○○町・・・
　　　　法定代理人親権者母　甲野　さくら
　被　相　続　人
　　　（本　　籍　　横浜市○○区○○町・・・）
　　　　最後の住所　神奈川県○○市○○町・・・
　　　　氏　　名　　甲野　太郎

申立ての趣旨
　別紙財産目録記載の相続財産の価格を評価する鑑定人の選任を求める。
申立ての理由
1．申立人甲野翼（18歳）は被相続人の二男甲野二郎の長男である。甲野さくらは二男の妻であり申述人甲野翼の法定代理人親権者母である。被相続人の二男甲野二郎は平成○年○月○日に交通事故ですでに死亡し，申立人は相続人の1人である。
2．被相続人の相続財産中，別紙財産目録記載の相続財産の鎧甲は先祖より代々家宝として受け継がれてきたものであり，被相続人の長男には子供がいないことから，かねてより被相続人より申立人が受け継ぐことを願っていたものである。
　　よって申立人が価格相当額を相続債権者に弁済し同相続財産を取得したいので，本件申立てをする。
　　なお，鑑定人の候補者としては
　　　　住　所　神奈川県相模原市○○・・・
　　　　氏　名　○　○　○　○
　　　　職　業　古物商
　　　　電　話：xxx(xxx)xxxx　ファックス：xxx(xxx)xxxx
　を希望する。
　　　　　　　　　　　　　　　　　　　　　　　　　　　　　　以　上
附属書類
　除籍謄本（全部事項証明書）1通　戸籍謄本（全部事項証明書）3通
　相続財産目録1通　不動産登記簿謄本（登記事項証明書）2通
　通帳写し3部

（別紙）

財　産　目　録

　鎧甲　別添写真のもの　　　　評価額不明（50万円～200万円程度）
　　　　　　　　　　　　　　　　　　　　　　　　　　　　　　以　上

書式 13　限定承認の取消申述書

家 事 審 判 申 立 書

事件名　相続の限定承認取消申立て

平成○年○月○日

○○家庭裁判所　御中

　　　　　　　　申　立　人　　甲　野　　　翼
　　　　　　　　上記法定代理人親権者母　甲　野　さくら　㊞

申　述　人
　　（本　　籍　　広島市○○区○○町・・・）
　　　住　　所　　広島市○○区○○町・・・
　　　氏　　名　　甲　野　　　翼
　　　住　　所　　広島市○○区○○町・・・
　　　法定代理人親権者母　甲　野　さくら
　　　被相続人との続柄　　孫（二男の長男）
被相続人
　　（本　　籍　　横浜市○○区○○町・・・）
　　　最後の住所　神奈川県○○市○○町・・・
　　　氏　　名　　甲　野　太　郎

申立ての趣旨
　　申述人は，平成○年○月○日○○家庭裁判所にて受理された被相続人甲　野　太　郎　の相続の限定承認を取り消す。

申立ての理由
1．申述人甲野一郎は被相続人の長男であり，申述人甲野翼（18歳）は被相続人の二男甲野二郎の長男である。甲野さくらは二男の妻であり申述人甲野翼の法定代理人親権者母である。なお，被相続人の二男甲野二郎は平成○年○月○日に交通事故ですでに死亡している。
2．生前より被相続人の相続財産は，被相続人と相続人の間で長男甲野一郎が相続し管理維持するとの話であった。また，申述人の亡父甲野二郎も，財産を取得しても，遠方に居住し管理ができないことから，相続放棄をする予定であった。
3．しかし，申述人の父が亡くなり，今回の震災混乱の中，申述人の甲野一郎より限定承認の申述申立書面が送付され，本件申述人の甲野翼が，事情なども理解せずに申述したものである。また，法定代理人親権者母さくらの同意を得ておらず，署名押印も甲野翼が記載したものである。
4．よって，本件限定承認の申述は法定代理人親権者の同意を得ないまま手続が進んだもので，本件申述を取り消す申立てに至ったものである。

以　上

附属書類
　除籍謄本（全部事項証明書）1通　戸籍謄本（全部事項証明書）3通
　相続財産目録1通　不動産登記簿謄本（登記事項証明書）2通
　通帳写し3部

第4　相続放棄

解　説

(1)　はじめに

　相続放棄は，相続人が相続の開始によって不確定的にではあるが，一応生じた相続の効果を確定的に拒絶し，初めから相続人でなかった効果を生じさせる相続形態である。相続人の単独の意思表示であり，期限・条件を付することもできない（裁判所職員総合研修所監修『親族法相続法講義案』〔七訂版〕313頁）。

　(a)　概　要　　相続放棄をしようとする者は，自己のために相続の開始があったことを知った時から3ヵ月以内に家庭裁判所に相続放棄をする旨を申述しなければならないこととなっている（民915条1項本文・938条）。申述を行う者は口頭で申述を行うことはできず，必ず相続放棄申述書を裁判所に提出しなければならない（家手201条5項）。この3ヵ月とは，相続放棄申述書を家庭裁判所に提出するまでの期間をいい，その後裁判所が受理するかどうかの判断のために3ヵ月を過ぎたとしてもその期間は含まれない。「自己のために相続の開始があったことを知った時から」とは，相続開始の原因たる事実の発生を知ったことにより自分が相続人となったことを知った時とされているが，相続人が相続財産はまったくないと信じたために熟慮期間を徒過しても，そのように信じたことについて相当の理由があれば，例外的に相続財産の全部又は一部の存在を認識した時又は通常これを認識し得べき時から起算すべきであるとの判例が出されている（最判昭59・4・27民集38巻6号698頁）。また，3ヵ月という期間は，相続人が単純承認，限定承認又は相続放棄を行うための期間としては十分な期間であり，また相続債権者等からしても長く待たされすぎないという期間であるので，両者の均衡をはかったものであるといわれている。

　3ヵ月の熟慮期間内に限定承認又は相続放棄を行わない場合は，単純承認したものとみなされる（民921条2号）。単純承認をした場合は，被相続人の権利義務であるプラスの財産（積極財産）及びマイナスの財産（消極財産）を無限に承継することとなる（民920条）ため，相続放棄を行う場合は，熟慮期間に十分注意し，期間内に申述書を裁判所に提出する必要がある。

　相続放棄を行いたい共同相続人が数人いるときは，各相続人ごとに家庭裁判所に相続放棄する旨を申述しなければならないが，3ヵ月の熟慮期間につ

いては各相続人ごとに進行し満了するものとされている（最判昭51・7・1裁判集民事118号229頁）。

　相続放棄をしようとする者（申立権者）は，相続人又はその法定代理人となる。相続放棄は財産上の行為であるため，相続放棄を行う場合は，通常の財産法的な行為能力を有することが必要である。よって，未成年者が相続人である場合には，法定代理人である親権者や未成年後見人が代わって申述を行い，成年被後見人については後見人が代わって申述を行う必要がある。ただし，法定代理人が，被相続人の相続人であり，かつ，相続人たる未成年者の法定代理人でもある場合（一組の夫婦甲乙の一方である甲が亡くなった場合，生存している一方配偶者である乙とその子がそれぞれ相続人となるようなケース）は利益相反行為になる可能性があるので注意を要する。前記のような場合は法定代理人（前記のケースでいう「乙」）が先に相続放棄を行って受理された後に子の法定代理人として相続放棄を行うか，法定代理人（前記のケースでいう「乙」）と子が同時に相続放棄を行えば利益相反行為に当たらないとされている（後見人と被後見人との事案につき，最判昭53・2・24民集32巻1号98頁）。

　相続放棄をした者は，その相続に関しては，初めから相続人とならなかったものとみなされる（民939条）。相続を放棄した者とは，単に家庭裁判所に相続放棄の申述書を提出した（この場合は「受理」ではなく「受付」という）だけでは足りず，裁判所の審査の結果，申述を受理された者のことをいう。相続放棄によってもともと相続人でなかったという扱いを受けることとなるため，被相続人のマイナスの財産（消極財産）だけでなく，プラスの財産（積極財産）もすべて引き継がなかったことになる。相続放棄は，相続の全部について包括的になされる必要があり，一部のみについての放棄は認められないからである。

　(b)　相続放棄申述書の提出　　相続放棄の申述を行う場合は，相続放棄の申述書を家庭裁判所に提出しなければならない。相続放棄申述書の書式例は【書式14】のようになる。各家庭裁判所には書き込めば，家事事件手続法や家事事件手続規則の要件が自動的に満たされる専用の申述書が用意されているのでそちらを利用すれば申述書の記載漏れの心配がない（裁判所のホームページでもダウンロードすることができる）。申述者が独自に申述書を作成してもかまわないが，下記の法律の記載要件を漏れなく記載する必要があるので注意しなければならない。

相続放棄の申述を行いたい場合は，相続放棄の申述書に①当事者及び法定代理人，②相続放棄をする旨（申立ての趣旨），③被相続人の氏名及び最後の住所，④被相続人との続柄，⑤相続の開始があったことを知った年月日，⑥申立ての理由，事件の実情を記載した申述書を家庭裁判所に提出しなければならない（家手201条5項，家手規37条1項・105条1項・3項）。

申述書の提出先は，相続が開始した地（被相続人の最後の住所地）を管轄する家庭裁判所である（家手201条1項）。単純承認をする場合は，何らの方式も必要としないが，相続放棄の申述は要式行為（家手201条5項）なので注意を要する。申述書の提出時期について，3ヵ月の熟慮期間の起算点は，通常，初日不参入で計算する（相続の開始を知ったのが1月1日ならば翌1月2日が初日になる）が，その期間が午前零時から始まるときは，初日を算入する（民140条）ので注意されたい。

相続放棄の申述の受理は，家事事件手続法別表第1の95項の家事審判事件である。

(c) 相続放棄申述書の提出後の訂正　相続放棄の申述を行う場合，申述人は相続の開始を知った時から3ヵ月以内に相続放棄の申述書を家庭裁判所に提出することとなる（民915条1項・938条）が，相続放棄の申述書を提出する場合は，家事事件手続法や家事事件手続規則に規定された記載要件に従って相続放棄の申述書を記載する必要がある。相続放棄の申述書が家庭裁判所に提出されると，裁判所は，相続放棄申述受理事件として立件を行う。その結果，提出された相続放棄の申述書は，裁判所の記録の一部となり申述人には返却できなくなる。

しかし，申述人が相続放棄の申述書を家庭裁判所に提出した後に，同書面の内容を訂正する必要が出てきた場合は，既に提出している相続放棄の申述書自体を訂正することはできないので，申述人は訂正する内容を記載した訂正申立書を作成の上，家庭裁判所に提出することとなる。その様式は【書式15】のようになる。家庭裁判所は訂正申立書が提出された場合は，相続放棄の申述書と一体のものとして申述受理の判断の資料とすることとなる。

(d) 相続放棄申述受理　家庭裁判所は，申述人から提出された申述書等（訂正申立書，申述人への照会書等も含む）について，戸籍等の資料とともに審査を開始する。その審査は，①管轄があるか，②申述人には申述の資格（行為能力）があるか（ない場合は法定代理人がいるか），③3ヵ月の法定の期間内にな

されているか，④申述が相続人のものであるか，⑤申述が真意に基づいているか，⑥相続人が相続財産を処分したなどの法定単純承認の事由がないかなどを総合的に審査して相続放棄を受理するか否かについて検討することとなる。

　裁判所の審査の結果，相続放棄について申述を受理することが相当と判断した場合は，申述を受理することとなる。相続放棄が受理された場合はその相続について初めから相続人とならなかったものとみなされる（民939条）。相続放棄の申述は，家庭裁判所が受理することにより効力が生ずるが，具体的には，申述を受理した旨を家庭裁判所が申述書に記載した時点で効力を有することとなる（家手201条7項）。

　家庭裁判所が相続放棄の申述を受理した場合，裁判所書記官は申述人に対し受理した旨を通知する（家手規106条2項）。通常は「相続放棄申述受理通知書」という書面を申述人に送付している。

　相続放棄の申述を却下する審判について，申述人は即時抗告をすることができる（家手201条9項3号）が，相続放棄の申述を受理する審判については即時抗告をすることができない。

　(e)　相続放棄申述受理証明書　　相続放棄の申述が受理された場合，家庭裁判所は申述人に対して相続放棄申述受理通知書を送付することとなるが，「通知書」ではなく「証明書」を取得したい場合は，相続放棄の申述受理証明書の申請を家庭裁判所に行う。申請用紙は【書式16】のようなものとなる。

　取得したい相続放棄申述受理証明書1枚につき，手数料として150円（民訴費7条・別表第2の3項）の収入印紙を添えて申請を行うこととなる。

　相続放棄の申述を家庭裁判所に受理された申述人本人については，家事事件手続法上，「当事者」に該当するので，前記申請を行えば，裁判所の許可を得ずに比較的短期間で相続放棄申述受理証明書の発行を受けることができる（家手47条1項・6項）が，申述人本人以外の他の相続人や債権者等が当該申述人本人の相続放棄申述受理証明書を請求する場合は，「第三者」に該当するので，請求する際には利害関係を疎明する書面を添付して請求する必要がある。この「利害関係を疎明した第三者」については，家庭裁判所が「相当と認めるとき」のみ許可がなされることとなるので注意を要する（家手47条1項・5項）。相続放棄申述受理証明書が発行された場合，その書式は【書式17】のようになる。

（f）　相続放棄申述の追認申述書　　相続放棄の申述書は，相続放棄を行いたい者が記載して提出するのが通常であるので，他人が無断で相続放棄の意思のない相続人の名義で家庭裁判所に申述書を提出した場合は当然不適法な申立てとなる。しかし，当該相続人本人がこの申述を追認した場合は，有効にすることができるとされている（法曹会決議昭46・2・10曹時23巻5号263頁）。

　追認の申述を行いたい本来の相続人は，原則として追認する旨の書面を提出することとなる。その提出先は無断で相続放棄の申述書が提出された家庭裁判所である。手数料は不要であるが，追認の申述は原則として熟慮期間内にしなければならないとされている（東京地判昭53・10・16判時937号54頁）。相続放棄申述の追認申述書の参考例は**【書式18】**のようになる。

　追認の申述書が受理されると申述の時に遡って先に出された相続放棄の申述が有効となるとされている。

（g）　相続財産の管理人選任申立書（相続人による遺産の管理が困難な場合）

　被相続人の死亡により，相続人に対して相続が開始する（民882条）が，その時期によって，相続財産の管理義務者が異なる。

①　相続の承認・放棄前の熟慮期間中について，相続人は，相続の承認又は放棄をするまで，その固有財産におけるのと同一の注意をもって，相続財産を管理しなければならない（民918条1項）。

②　また，限定承認を行った場合について，限定承認をした者又は相続人の中から選任された相続財産管理人も清算手続が終了するまで，その固有財産におけるのと同一の注意をもって，相続財産を管理をしなければならない（民926条1項・936条1項・3項）。

③　相続放棄を行った場合も相続の放棄をした者は，その放棄によって相続人となった者が相続財産の管理を始めることができるまで，自己の財産におけるのと同一の注意をもってその財産を管理しなければならない（民940条1項）とされている。

　前記①については「相続人」が，②については「限定承認者又は相続人の中から選任された相続財産管理人」が，③については，「相続の放棄をした者」が，それぞれの固有財産（又は自己の財産）におけるのと同一の注意をもって，相続財産を管理しなければならないこととなる。

　前記①から③に該当する場合において，それぞれの管理義務者が適正に相続財産を管理することができれば問題はないが，適正な管理を行えない場合

や管理が困難な場合などは，相続財産を維持することが難しくなる。適正に管理されていない相続財産をそのまま放置することは他の相続人や相続債権者にとって不利益となる可能性がある。

　そこで，このような場合，利害関係人又は検察官は，前記相続財産の保存又は管理に関して申立てを行うことができる（民918条2項・926条2項・936条3項・940条2項）。

　利害関係人とは，共同相続人や相続債権者などがこれに当たると考えられる。また，保存又は管理に関しての申立てとは，相続財産管理人を選任することや相続財産の換価，相続財産に対する保全処分などがこれに当たると考えられる。

　申立ては，相続の開始地（被相続人の最後の住所地）を管轄する家庭裁判所となる（家手201条1項）。

　相続財産の保存又は管理に関する処分は，家事事件手続法別表第1の90項の審判事件である。

　本件の記載例は，相続放棄後の相続人による遺産の管理が困難な場合の相続財産の管理人の選任の申立てについてのものである。申立書は【書式19】のようになる。

　前記の申立てにより家庭裁判所が相続財産管理人を選任した場合，不在者財産管理人と同様の規律がされることになる（民918条3項・926条2項・936条3項・940条2項）。

　相続財産管理人が選任された場合，その管理人は，管理すべき財産の目録を作成しなければならない（民27条）。相続財産管理人は民法103条に規定する権限を越える行為を必要とするときは，家庭裁判所の許可を得る必要がある（民28条）。民法103条に規定する権限とは，①保存行為や②代理の目的である物又は権利の性質を変えない範囲内において，その利用又は改良を目的とする行為である。また，家庭裁判所は相続財産管理人に対して財産の管理及び返還について相当の担保を立てさせることができる（民29条1項）としている。これは，相続財産管理人がその職務を怠って財産を減少させてしまったときなどのことを念頭に置いた規定である。その他，家庭裁判所は，相続財産の中から相当な報酬を相続財産管理人に与えることができる（民29条2項）としている。この場合は相続財産管理人が家庭裁判所に対し報酬付与の申立てをすることになる。

(h) 相続放棄取消申述書　　家庭裁判所に相続放棄の申述が受理されると熟慮期間内であっても相続放棄の撤回をすることができない（民919条1項）。それは，通常，相続放棄の申述を行う場合は，申述人自らの意思に基づいて行われるためである。しかし，民法の第1編（総則）及び第4編（親族）の規定に該当する場合は，放棄の取消しをすることを妨げないとされている（民919条2項）。

民法919条2項に該当するとして相続放棄の取消しをしようとする者は，家庭裁判所にその旨を申述しなければならない（民919条4項）が，相続放棄の取消権は，追認をすることができる時から6ヵ月間行使しないときは，時効によって消滅する。また，相続放棄の時から10年を経過したときも同様に消滅することとなる（民919条3項）。

民法第1編（総則）による取消しとしては，
・未成年者がその法定代理人（親権者又は後見人）の同意を得ないで相続放棄を行った場合（民5条1項・2項）
・成年被後見人が相続放棄を行った場合（民9条）
・被保佐人が保佐人の同意を得なければならない行為について，その同意又はこれに代わる許可を得ないで相続放棄を行った場合（民13条1項6号・4項）
・補助人の同意を得なければならない行為について，その同意又はこれに代わる許可を得ないで相続放棄を行った場合（民17条4項）
・詐欺又は強迫により相続放棄を行った場合（民96条1項）

民法第4編（親族）による取消しとしては，
・後見監督人がいる場合に被後見人若しくは後見人が監督人の同意を得ないで行った相続放棄（民864条・865条）

などがあげられる。

相続放棄の取消しの申述は，家事事件手続法別表第1の91項の審判事件である。

取消しの申述をするためには，相続が開始した地を管轄する家庭裁判所に取消しの申述書を提出しなければならない（家手201条1項・5項）。申述書の記載事項については当事者及び法定代理人，相続放棄の取消しをする旨の記載を要し（家手201条5項），また被相続人の氏名及び最後の住所，被相続人との続柄，相続の開始があったことを知った年月日（家手規105条1項）のほか，

相続放棄の申述を受理した裁判所及び受理の年月日，相続放棄の取消しの原因，追認をすることができるようになった年月日も記載する必要がある（家手規105条2項）。また，申立ての趣旨及び申立ての理由を記載するほか，事件の実情を記載する必要がある（家手規105条3項・37条1項）。相続放棄取消申述書の記載例は【書式20】のようになる。

手数料については申述人1人につき，800円の収入印紙が必要となる（民訴費3条1項・別表第1の15項）。

相続放棄の取消しの申述を却下する審判について，相続放棄の取消しをすることができる者は即時抗告をすることができる（家手201条9項2号）が，相続放棄の取消しの申述を受理する審判については即時抗告をすることができない。

（i）相続の放棄を承認する申述書　破産手続開始の決定前に破産者のために相続の開始があった場合において，破産者が破産手続開始の決定後にした単純承認は破産財団に対しては限定承認の効力を有し，破産者が破産手続開始決定後にした相続放棄も破産財団に対しては限定承認の効力を有する（破238条1項）。

破産管財人は，破産法238条1項後段の規定（破産者が破産手続開始決定後にした相続放棄も破産財団に対しては限定承認の効力を有する規定）にかかわらず，相続放棄の効力を認めることができるが，この場合においては相続の放棄があったことを知った時から3ヵ月以内にその旨を家庭裁判所に申述しなければならない（破238条2項）。

破産手続における相続放棄の承認についての申述は，家事事件手続法別表第1の133項の審判事件である。

破産管財人は，相続放棄承認の申述書に，①当事者及び法定代理人，②相続放棄の承認をする旨（申立ての趣旨），③被相続人の氏名及び最後の住所，④相続放棄をした者の氏名及び住所，⑤被相続人と相続の放棄をした者との続柄，⑥相続の放棄の申述を受理した裁判所及びその受理の年月日，⑦申述者が相続の放棄があったことを知った年月日，⑧申立ての理由，事件の実情を記載した申述書を家庭裁判所に提出しなければならない（家手242条3項・201条5項，家手規121条・37条）。相続の放棄を承認する申述書の記載例は【書式21】のようになる。

申述書の提出先は，相続が開始した地（被相続人の最後の住所地）を管轄する

家庭裁判所である（家手242条1項3号）。単純承認をする場合は，何らの方式も必要としないが，相続放棄承認の申述は要式行為なので申述書を提出する必要があるので注意を要する（家手242条3項・201条5項）。

相続放棄承認の申述を受理した場合，受理した旨を家庭裁判所が申述書に記載した時点で効力を有することとなる（家手242条3項・201条7項）。

相続放棄承認の申述を却下する審判について，破産管財人は即時抗告をすることができる（家手242条2項）が，相続放棄承認の申述を受理する審判については即時抗告をすることができない。

(j) 相続の限定承認・放棄の申述の有無についての照会　相続放棄の申述を行う場合は，各相続人ごとにそれぞれが相続放棄の申述を家庭裁判所に行い，それが受理されることによって初めから相続人ではなかったという効果が発生することとなる。

通常，第一順位の相続人は，被相続人の死亡の事実を知ったことにより，自らが相続人となったことを知ることとなる。その場合は，自らの意思に基づいて，相続放棄を行うか否かの判断を行えばよいのであまり大きな影響を及ぼさない。

しかし，被相続人の死亡の事実は知っているものの，第一順位の相続人とあまり交流がないために，同人が相続放棄を行っているか否か不明な場合がある。早く相続放棄を行いたい第二順位の相続人は，不安定な状況におかれるが，第一順位の相続人が相続放棄を行った上でないと手続を行うことができない。このような場合，第一順位者の相続人が限定承認又は相続放棄を行っているか否かについての照会を家庭裁判所に対して行うことができる。また，被相続人の債権者は債権を回収するために相続人を確定する必要があることから同様に相続の限定承認・放棄の申述の有無の照会を家庭裁判所に対して行うことができる。

同照会を行う場合は，被相続人の相続開始地（最後の住所地）の家庭裁判所に行う。

同照会は，法律上の照会ではなく，行政照会といわれていることから，手数料は無料である（昭27・11・5最高裁家庭局長電報回答）が，被相続人の利害関係人であることを要する（相続人，被相続人の債権者等）。

通常は，照会を行う部署に申請書が備え付けられているので，そちらを利用すると便利である。様式は【書式22】のようになる。　　　　【長瀬　武照】

書式 14　相続放棄申述書

受付印	**相　続　放　棄　申　述　書**
収入印紙　800 円 予納郵便切手　　　円	（この欄に収入印紙800円を貼ってください。） （貼った印紙に押印しないでください。）

準口頭　　関連事件番号　平成　　年（家　）第　　　　　　　　　号

　　○○　　家庭裁判所　　　御中　　　申述人
（未成年者などの場合は法定代理人の記名押印）　　甲野太郎　㊞

平成○○年○月○日

添付書類	（同じ書類は1通で足ります。審理のために必要な場合は，追加書類の提出をお願いすることがあります。） ☑ 戸籍（除籍・改製原戸籍）謄本（全部事項証明書）　合計○通 ☑ 被相続人の住民票除票又は戸籍附票

申述人	本　籍 (国　籍)	○○ 都道府㊣ ○○市○○町○番地
	住　所	〒○○○－○○○○　　　電話　○○○（○○○○） ○○県○○市○○町○丁目○番○号　　　　　　（　　方）
	フリガナ 氏　名	コウノ　タロウ 甲野　太郎　大正㊣昭和平成 ○○年○月○日生（○○歳）　職業　会社員
	被相続人 との関係	※被相続人の……　① 子　2 孫　3 配偶者　4 直系尊属（父母・祖父母） 　　　　　　　　5 兄弟姉妹　6 おいめい　7 その他（　　　　）
法定代理人等	※ 1 親権者 2 後見人 3	住　所	〒　　－　　　　　　　　　電話　（　　）（　　方）
		フリガナ 氏　名	フリガナ 氏　名

被相続人	本　籍 (国　籍)	○○ 都道府㊣ ○○郡○○町○番地
	最後の住所	○○県○○市○○町○丁目○番○号　　死亡当時の職業　自営業
	フリガナ 氏　名	コウノ　イチロウ 甲野　一郎　　　平成○○年○月○日 死亡

（注）太枠の中だけ記入してください。※の部分は，当てはまる番号を○で囲み，被相続人との関係欄の7，法定代理人等欄の3を選んだ場合には，具体的に記入してください。

申述の趣旨

相続の放棄をする。

申述の理由

※ 相続の開始を知った日………平成○○年　○月　○日

　① 被相続人死亡の当日　　　3 先順位者の相続放棄を知った日
　2 死亡の通知をうけた日　　4 その他（　　　　　　　　　　　）

放棄の理由	相続財産の概略	
※ 1 被相続人から生前に贈与を受けている。 2 生活が安定している。 3 遺産が少ない。 4 遺産を分散させたくない。 ⑤ 債務超過のため 6 その他（　　　）	資産	農　地……約 ○○ 平方メートル 山　林……約　　　 平方メートル 宅　地……約　　　 平方メートル 建　物……約　　　 平方メートル
		現　金 預貯金　……約　　　　万円 有価証券…約 ○○ 万円
	負　債………………………………約　○○○○　万円	

（注）太枠の中だけ記入してください。※の部分は，当てはまる番号を○で囲み，申述の理由欄の4，放棄の理由欄の6を選んだ場合には，（　）内に具体的に記入してください。

【備考】
1．申述人
    相続人（民915条・938条）。
    ＊相続人が未成年者や成年被後見人等の場合はその法定代理人
2．提出先（管轄裁判所）
    相続開始地（被相続人の最後の住所地）の家庭裁判所（家手201条1項）。
3．申述手数料
    申述人1人につき，収入印紙800円（民訴費3条1項・別表第1の15項）。
4．予納郵便切手
    各家庭裁判所によって異なるので，提出前に確認を要する（通常は，82円切手が3～5枚，10円切手が3～5枚程度）。
5．提出期間
    相続の開始があったことを知った時から3ヵ月以内。
6．添付資料
　［共通］
    ①　被相続人の住民票除票又は戸籍の附票
    ②　申述人（放棄する者）の戸籍謄本
　［申述人が被相続人の配偶者の場合］
    ③　被相続人の死亡の記載のある戸籍（除籍，改製原戸籍）謄本
　［申述人が被相続人の子又はその代襲者（孫，ひ孫等）（第一順位相続人）の場合］
    ③　被相続人の死亡の記載のある戸籍（除籍，改製原戸籍）謄本
    ④　申述人が代襲相続人（孫，ひ孫等）の場合，被代襲者（本来の相続人）の死亡の記載のある戸籍（除籍，改製原戸籍）謄本
　［申述人が被相続人の父母・祖父母等（直系尊属）（第二順位相続人）の場合（先順位相続人等から提出済みのものは添付不要）］
    ③　被相続人の出生時から死亡時までのすべての戸籍（除籍，改製原戸籍）謄本
    ④　被相続人の子（及びその代襲者）で死亡している者がいる場合，その子（及びその代襲者）の出生時から死亡時までのすべての戸籍（除籍，改製原戸籍）謄本
    ⑤　被相続人の直系尊属に死亡している者（相続人より下の代の直系尊属に限る（例：相続人が祖父母の場合，父母））がいる場合，その直系尊属の死亡の記載のある戸籍（除籍，改製原戸籍）謄本
　［申述人が被相続人の兄弟姉妹及びその代襲者（おい，めい）（第三順位相続人）の場合（先順位相続人等から提出済みのものは添付不要）］
    ③　被相続人の出生時から死亡時までのすべての戸籍（除籍，改製原戸籍）謄本
    ④　被相続人の子（及びその代襲者）で死亡している者がいる場合，その子（及びその代襲者）の出生時から死亡時までのすべての戸籍（除籍，改製原戸籍）謄本
    ⑤　被相続人の直系尊属の死亡の記載のある戸籍（除籍，改製原戸籍）謄本
    ⑥　申述人が代襲相続人（おい，めい）の場合，被代襲者（本来の相続人）の死亡の記載のある戸籍（除籍，改製原戸籍）謄本
        ＊戸籍等の謄本は，戸籍等の全部事項証明書という名称で呼ばれる場合がある。
        ＊その他，相続の開始を知った日の疎明資料として，債権者からの通知書などが必要となることもある。

書式 15　相続放棄申述書の訂正申立書

平成○○年（家）第○○○号　相続放棄申述受理申立事件
申述人　　甲野太郎
被相続人　甲野一郎

　　　　　　　　　　　　訂正申立書

　　　　　　　　　　　　　　　　　　　　　　平成○○年○月○日
○○家庭裁判所　御中
　　　　　　　　　　申述人
　　　　　　　　　　　住　所　○○県○○市○○町○丁目○番○号
　　　　　　　　　　　氏　名　甲　野　太　郎　㊞

　私は，上記事件につき，平成○○年○月○日に相続放棄の申述書を提出しましたが，提出した書面の内容について訂正がありましたので下記のとおり訂正いたします。

　　　　　　　　　　　　　　記
　1　申述人の住所について
　　　　訂正前の表示　　「○○県○○市○丁目○番○号」
　　　　訂正後の表示　　「○○県○○市○○町○丁目○番○号」

　2　被相続人の死亡の年月日について
　　　　訂正前の表示　　「平成○○年7月1日」
　　　　訂正後の表示　　「平成○○年7月10日」
　　　　　　　　　　　　　　　　　　　　　　　　　　　　以　上

【備考】
1．申述人が訂正申立書を作成する。同申立書に使用する印鑑は，相続放棄の申述書に押印したものと同じ印鑑を使用する。
2．表題は相続放棄申述書を訂正する旨の書面であることが明確になるように記載する。
3．訂正申立書を提出するための手数料は不要である。
4．訂正内容に関しても，訂正前の部分と訂正後の部分の両方を記載して訂正内容が明確にわかるように記載する必要がある。
5．訂正申立書を提出する場合は，あらかじめ家庭裁判所の担当者にその旨を伝えておくことが望ましい。

書式 16 相続放棄申述受理証明書の交付申請用紙

相続放棄申述受理証明書の交付申請書

事件番号	平成〇〇年（家）第〇〇〇号			
申述人	氏名	甲野　太郎		
被相続人	氏名	甲野　一郎		
申請日	平成　〇〇　年　〇　月　〇　日		必要通数	1 通
申請人 ☑当事者 □利害関係人 □	住所	〒〇〇〇－〇〇〇〇　（電話〇〇〇－〇〇〇〇－〇〇〇〇） 〇〇県〇〇市〇〇町〇丁目 〇番〇号		
	氏名	甲野　太郎　　　　　　㊞		
収入印紙 貼用欄	※証明書1通につき収入印紙150円分を貼ってください。 　　　　　　　　　印紙 　　　　　　貼った印紙に押印しないでください。			

〇〇家庭裁判所　　　　　御中

収入印紙	円
添付郵券	円

本件受理証明書　上記必要通数
　平成　年　月　日　直接交付

受領者署名	㊞

　平成　年　月　日　郵送
　　　　　　裁判所書記官　印

【備考】
1．申請人
　(1) 相続放棄の申述を家庭裁判所に受理された申述人本人
　(2) 上記(1)以外で利害関係を疎明した第三者（利害関係人）
2．提出先
　相続放棄の申述が受理された家庭裁判所。
3．申請手数料
　相続放棄申述受理証明書1枚につき，150円（民訴費7条・別表第2の3項）。
4．予納郵便切手
　家庭裁判所に取りにくる場合は不要。送付してほしい場合は，相続放棄受理証明書を送付するのに必要な郵便切手代が必要。
5．添付資料
　(1) 申述人本人の場合　　特に不要である。
　　＊　相続放棄申述受理時と住所や氏名が変更している場合は，申述受理時から現在までの変更がわかる書類（住民票，戸籍の附票，戸籍謄本（全部事項証明書）など）の提出が必要となる。
　　＊　古い事件（裁判所の記録が廃棄されていて，原本しかない場合）の相続放棄の受理証明書の申請を行う場合は，戸籍謄本（全部事項証明書）類等の資料の提出を求められることがある。
　(2) 利害関係人　　利害関係を疎明する資料（戸籍謄本（全部事項証明書）類，契約書等）。

書式 17　相続放棄申述受理証明書

相続放棄申述受理証明書

事　件　番　号　　平成○○年(家)第○○○号

申　述　人　氏　名　　甲野　太郎

被　相　続　人　氏　名　　甲野　一郎
本　　　　　籍　　○○県○○郡○○町○番地
死　亡　年　月　日　　平成○○年○月○日

申述を受理した日　　平成○○年○月○日

　　上記のとおり証明する。

　　　　　　　　　平成○○年○月○日
　　　　　　　　　○○家庭裁判所
　　　　　　　　　　裁判所書記官　　○○　○○　㊞

書式 18　相続放棄申述の追認申述書

平成○○年（家）第○○○号　相続放棄申述受理申立事件
申述人　　甲野太郎
被相続人　甲野一郎

追認申述書

平成○○年○月○日

○○家庭裁判所　御中

　　　　　　　　　申述人
　　　　　　　　　　住　所　○○県○○市○○町○丁目○番○号
　　　　　　　　　　氏　名　甲　野　太　郎　㊞

申述の趣旨

　○○家庭裁判所平成○○年（家）第○○○号の相続放棄申述受理申立事件の申述を追認する。

申述の理由

1　申述人は被相続人の三男である。
2　平成○○年○月○日に被相続人甲野一郎は死亡し，同日私は自己のために相続が開始したことを知った。
3　平成○○年○月○日に○○家庭裁判所から「照会書」と題する書面が届き，同裁判所に連絡したところ，私名義の相続放棄申述書が提出されたことがわかった。同申述書は，私に無断で被相続人の長男○○○○が提出したものであった。
4　私が提出した相続放棄申述書ではないが，私は上記事件について相続放棄をすることとしたので，先に提出された相続放棄の申述を追認することとする。
5　よって本書面を提出する。

以　上

【備考】
1．申立人
　　追認者（相続放棄申述書を無断で提出された相続人）。
2．提出先
　　先に相続放棄申述書が提出され，同事件が係属している家庭裁判所。
3．申述手数料
　　不要。
4．予納郵便切手
　　各家庭裁判所によって異なるので，提出前に要確認。
5．提出期間
　　原則として，相続の開始があったことを知った時から3ヵ月以内とされている。
＊追認の申述書は，決まった形式があるわけではないが，相続放棄申述書が無断で提出された事情やその申述を追認する旨が明確に記載されている必要がある。

書式 19　相続財産の管理人選任申立書（相続人による遺産の管理が困難な場合）

受付印		
	家事審判申立書　事件名（　相続財産管理人　） 　　　　　　　　　　　　　　　　　**の選任**	
収入印紙　800 円 予納郵便切手　　　円 予納収入印紙　　　円	（この欄に申立手数料として1件について800円分の収入印紙を貼ってください。） 　　　　　　　　　　　　　　　　（貼った印紙に押印しないでください。） （注意）登記手数料としての収入印紙を納付する場合は，登記手数料としての収入印紙は貼らずにそのまま提出してください。	

準口頭　　関連事件番号　平成　　年（家　）第　　　　　　　　　号

	○○家庭裁判所　御中 平成○○年　○月○日	申　立　人 （又は法定代理人など） の　記　名　押　印	丙　山　三　郎　㊞

添付書類	（審理のために必要な場合は，追加書類の提出をお願いすることがあります。） ○○○○　　△△△△　　□□□□

申立人	本　籍 （国　籍）	（戸籍の添付が必要とされていない申立ての場合は，記入する必要はありません。） ○○都道府県　○○市○○町○番地
	住　所	〒○○○－○○○○　　　　　　電話　○○○（○○○○）○○○○ ○○県○○市○○町○丁目○番○号　　　　　（　　　　　方）
	連絡先	〒　　－　　　　　　　　　　　電話　　（　　） 　　　　　　　　　　　　　　　　　　　　　（　　　　　方）
	フリガナ 氏　名	ヘイ　ヤマ　サブ　ロウ 丙　山　三　郎	大正 昭和　○○年○月○日生 平成 （　○○　歳）
	職　業	金融業

※被相続人	本　籍 （国　籍）	（戸籍の添付が必要とされていない申立ての場合は，記入する必要はありません。） ○○都道府県　○○郡○○町○番地
	最後の住所	〒○○○－○○○○　　　　　　電話　　（　　） ○○県○○市○○町○丁目○番○号　　　　　（　　　　　方）
	連絡先	〒　　－　　　　　　　　　　　電話　　（　　） 　　　　　　　　　　　　　　　　　　　　　（　　　　　方）
	フリガナ 氏　名	コウ　ノ　イチ　ロウ 甲　野　一　郎	大正 昭和　○年○月○日生 平成 （　○○　歳）
	死亡当時の職業	自営業

（注）　太枠の中だけ記入してください。
※の部分は，申立人，法定代理人，成年被後見人となるべき者，不在者，共同相続人，被相続人等の区別を記入してください。

申　　立　　て　　の　　趣　　旨
被相続人甲野一郎の相続財産管理人の選任を求める。

申　　立　　て　　の　　理　　由
1　申立人は被相続人に対して金銭を貸していた債権者である。 2　被相続人は平成○○年○月○日に死亡したことから、第一順位として唯一の相続人である甲野太郎に被相続人に対する貸金の返還請求を行ったところ、同人は、○○家庭裁判所に相続放棄の申述を行い、平成○○年○月○日に受理された（平成○○年第○○○号）。また、甲野太郎は、次順位の相続人に対して自らが相続放棄を行ったことを伝えていないとのことであった。 3　被相続人の財産である不動産は別紙財産目録のとおりであるが、本件建物には誰も住んでおらず、甲野太郎が管理している様子も見られないことから、このままの状態にしておくと価値が減少し、債権回収に困難が生じるおそれがあることが明白である。 4　よって、次順位相続人が相続財産の管理を始めることができるまでの期間、下記の者を相続財産管理人に選任されたく本件申立てを行う。 　　　住所　　○○県○○市○○町2－3－4 　　　氏名　　○○○○ 　　　職業　　弁護士 　　　電話　　（○○○）○○○－○○○○

【備考】
1．申立人
　　利害関係人又は検察官（民918条2項・926条2項・936条3項・940条2項）。
2．提出先（管轄裁判所）
　　相続開始地（被相続人の最後の住所地）の家庭裁判所（家手201条1項）。
3．申立手数料
　　収入印紙800円（民訴費3条1項・別表第1の15項）。
4．予納郵便切手
　　各家庭裁判所によって異なるので，提出前に要確認。
5．添付資料
　　申立人の戸籍謄本（全部事項証明書），被相続人の戸籍謄本（全部事項証明書）・住民票除票（又は戸籍の附票），相続財産管理人候補者の戸籍謄本（全部事項証明書）・住民票，財産目録，不動産登記簿謄本（登記事項証明書），申立人の利害関係を証する資料等。

書式20 相続放棄取消申述書

	受付印	家事審判申立書　事件名（相続放棄の取消し）
		（この欄に申立手数料として1件について800円分の収入印紙を貼ってください。）

収入印紙	800 円
予納郵便切手	円
予納収入印紙	円

（貼った印紙に押印しないでください。）
（注意）登記手数料としての収入印紙を納付する場合は、登記手数料としての収入印紙は貼らずにそのまま提出してください。

準口頭	関連事件番号　平成　　年（家　）第　　　　　　号

○○　家庭裁判所　　御中 平成○○年○月○日	申立人（又は法定代理人など）の記名押印	甲野　太郎　　㊞

添付書類	（審理のために必要な場合は、追加書類の提出をお願いすることがあります。）

申述人

本　籍（国　籍）	（戸籍の添付が必要とされていない申立ての場合は、記入する必要はありません。） ○○　都道府⑲　○○市○○町○番地
住　所	〒○○○-○○○○　　電話　○○○（○○○○）○○○○ ○○県○○市○○町○丁目○番○号　　（　　　　方）
連絡先	〒　-　　　　電話　（　） （　　　　方）
フリガナ 氏　名	コウノ　タロウ 甲野　太郎	大正・昭和・平成　○○年○月○日生 （○○歳）
職　業	会社員

被相続人　※

本　籍（国　籍）	（戸籍の添付が必要とされていない申立ての場合は、記入する必要はありません。） ○○　都道府⑲　○○郡○○町○番地
最後の住所	〒○○○-○○○○　　電話　（　） ○○県○○市○○町○丁目○番○号　　（　　　　方）
連絡先	〒　-　　　　電話　（　） （　　　　方）
フリガナ 氏　名	コウノ　イチロウ 甲野　一郎	大正・昭和・平成　○年○月○日生 （○○歳）
死亡当時の職業	自営業

（注）太枠の中だけ記入してください。
※の部分は、申立人、法定代理人、成年被後見人となるべき者、不在者、共同相続人、被相続人等の区別を記入してください。

申　立　て　の　趣　旨
申述人は，平成○○年○月○日に○○家庭裁判所が受理した被相続人甲野一郎の相続放棄について取消しをする。

申　立　て　の　理　由
1　申述人は被相続人甲野一郎の三男である。 2　申述人は平成○○年○月○日に被相続人甲野一郎の死亡により相続が開始したことを知ったため，○○家庭裁判所に相続放棄の申述を行い，平成○○年○月○日に受理された（平成○○年（家）第○○○号）。 3　被相続人の財産を自分のものにしようと考えた被相続人の長男○○が，申述人に対して「被相続人の財産を調査したところ，被相続人には多額の借金があることがわかった。私は長男だからその借金の返済を一手に引き受けようと思う。だからおまえは心配せずに相続放棄をしろ。」などと言ってきたため，その言動を信じて相続放棄を行ったが，相続放棄後の平成○○年○月○日に被相続人には借金はなく積極財産（プラスの財産）しかないことが判明した。長男○○も嘘をついていたことを認めた。 4　よって，申述人の相続放棄は長男○○の詐欺行為によるものなので，その取消しを申述する。

【備考】
1. 申述人
   放棄の取消しをしようとする者（取消権者）（民919条4項）又はその法定代理人。
2. 提出先（管轄裁判所）
   相続開始地(被相続人の最後の住所地)の家庭裁判所(家手201条1項)。
3. 申述手数料
   申述人1人につき，収入印紙800円（民訴費3条1項・別表第1の15項）。
4. 予納郵便切手
   各家庭裁判所によって異なるので，提出前に要確認。
5. 申述期間
   (1) 相続放棄の申述の追認をすることができる時から6ヵ月
   (2) 相続放棄の時から10年
6. 添付資料
   申述の段階では特になし（相続放棄申述受理事件の記録が裁判所にある場合）。ない場合は戸籍類が必要となるので要確認。

書式 21 相続放棄を承認する申述書

受付印	家事審判申立書　事件名（相続放棄承認申述）
	（この欄に申立手数料として1件について800円分の収入印紙を貼ってください。）

収入印紙　　800　円
予納郵便切手　　　　円
予納収入印紙　　　　円

（貼った印紙に押印しないでください。）
（注意）登記手数料としての収入印紙を納付する場合は，登記手数料としての収入印紙は貼らずにそのまま提出してください。

準口頭　　関連事件番号　平成　　年（家）第　　　　　　　　号

○○家庭裁判所　御中
平成○○年○月○日

申立人（又は法定代理人など）の記名押印：
破産者　甲野　太郎
破産管財人弁護士　丁川四郎 ㊞

添付書類　（審理のために必要な場合は，追加書類の提出をお願いすることがあります。）
○○○○　　△△△△△　　□□□□

申述人

本籍（国籍）	（戸籍の添付が必要とされていない申立ての場合は，記入する必要はありません。） ○○　都道府県　○○市○○町○番地
住所	〒○○○-○○○○　電話　○○（○○○）○○○○ 東京都○○区○○1-2-3　　　　（　　　方）
連絡先	〒　-　　電話　（　） （　　　方）
フリガナ 氏名	テイ　カワ　シ　ロウ 丁　川　四　郎	大正・昭和・平成　○○年○月○日生 （　○○　歳）
職業	弁護士

※ 相続放棄をした者

本籍（国籍）	（戸籍の添付が必要とされていない申立ての場合は，記入する必要はありません。） ○○　都道府県　○○市○○町○番地
最後の住所	〒○○○-○○○○　電話　○○（○○○○）○○○○ ○○県○○市○○町○丁目○番○号　（　　　方）
連絡先	〒　-　　電話　（　） （　　　方）
フリガナ 氏名	コウ　ノ　タ　ロウ 甲　野　太　郎	大正・昭和・平成　○年○月○日生 （　○○　歳）
職業	会社員

（注）太枠の中だけ記入してください。
※の部分は，申立人，法定代理人，成年後見人となるべき者，不在者，共同相続人，被相続人等の区別を記入してください。

第4　相続放棄　71

※	本　籍 (国　籍)	○○　都　道 府　⑲　　○○郡○○町○番地		
被相続人	最後の 住　所	〒○○○－○○○○　　　　　　　　　電話　（　　） ○○県○○市○○町○丁目○番○号　　　　　（　　　方）		
	連絡先	〒　　－　　　　　　　　　　　　　　電話　（　　） 　　　　　　　　　　　　　　　　　　　　　（　　　方）		
	フリガナ 氏　名	コウ　ノ　　イチ　ロウ 甲　野　一　郎	大正 ㊟和　○○年○月○日生 平成　　（　○○　歳）	
	死亡当時の 職　業	自営業		

(注)　太枠の中だけ記入してください。
　　※の部分は，申立人，法定代理人，成年被後見人となるべき者，不在者，共同相続人，被相続人等の区別を記入してください。

申　立　て　の　趣　旨
破産者　甲野太郎がした被相続人甲野一郎に対する相続の放棄を承認する。

申　立　て　の　理　由
1　相続放棄をした者である甲野太郎は被相続人甲野一郎の三男である。
2　平成○○年○月○日に被相続人甲野一郎の死亡により相続が開始した。
3　平成○○年○月○日，○○地方裁判所において，甲野太郎に対して破産手続開始決定があり，申述人が破産管財人に選任された（平成○年（フ）第○○○号）。
4　甲野太郎は平成○○年○月○日に○○家庭裁判所において相続放棄の申述が受理された（平成○○年（家）第○○○号）。
5　申述人は，平成○○年○月○日に甲野太郎が相続放棄を行って受理されたことを知った。
6　被相続人甲野一郎の相続財産は債務超過の状況なので，相続放棄の効力を認めるほうが破産財団の利益になることから，本件申立てを行うものである。

【備考】
1．申述人
　　相続人（破産者）の破産管財人（破238条2項後段）。
2．提出先（管轄裁判所）
　　相続開始地（被相続人の最後の住所地）の家庭裁判所（家手242条1項3号）。
3．申述手数料
　　収入印紙800円（民訴費3条1項・別表第1の15項）。
4．予納郵便切手
　　各家庭裁判所によって異なるので，提出前に確認を要する。
5．提出期間
　　破産管財人が相続の放棄があったことを知った時から3ヵ月以内（破238条2項）。
6．添付資料
　　破産開始決定謄本，破産管財人の資格証明書，相続放棄を行った者の戸籍謄本（全部事項証明書），相続放棄申述受理証明書，被相続人の戸籍（除籍，改製原戸籍）謄本（全部事項証明書），相続放棄の承認の申述をするためには裁判所の許可が必要になるのでその許可証（破78条2項6号）。
＊添付書類についても事前に提出先の家庭裁判所に確認するのが望ましい。

書式 22　相続の限定承認・放棄の申述の有無についての照会書

照会書（相続放棄・限定承認の申述の有無）

平成○○年 ○月 ○日

○○家庭裁判所　　　　　　　御中

住所　東京都○○区○○○ 1 − 1 − 1

照会者　　○　○　○　○　　　　　㊞

連絡先 TEL ○○○（○○○）○○○○　担当者

受付印	
切手　　　円	

添付書類
1. 被相続人の住民票除票（本籍地の記載があるもの）　　○通
2. 資格証明書（　　　　　　　　　　　　　　　　　）　○通
　　※個人の場合：住民票　法人の場合：登記事項証明書等
3. 利害関係の存在を証する書面（　　　　　　　　　）　○通
4. 戸籍謄本（全部事項証明書，改製原戸籍謄本，除籍謄本）○通
5. 相続関係図　　　　　　　　　　　　　　　　　　　　○通
6. 委任状　　　　　　　　　　　　　　　　　　　　　　　通
7. 郵券貼付済み返信用封筒　　　　　　　　　　　　　　○通
8. その他（　　　　　　　　　　　　　　　　　　　）　　通

被相続人の表示
別紙被相続人等目録記載のとおり

照会対象者の表示
別紙被相続人等目録記載のとおり

照会の趣旨

別紙被相続人等目録記載の被相続人の相続に関し，同目録記載の照会対象者から

☑ 同被相続人の死亡日　　　（昭和・㊤平成）○○年 ○月 ○日）
☐ 先順位者の放棄が受理された日

から

☐ 3か月　　　（被相続人の死亡日が平成　年以前の場合）
☑ 申請日まで　（被相続人の死亡日が平成 ○ 年以降の場合）

の間に貴庁に対し，相続放棄又は限定承認の申述がなされているか否かについて回答を求める。

照会の実情

☐ 不動産競売手続に必要なため
☐ 訴訟を提起するため
☐ その他裁判所に提出するため（　　　　　　　　　　　　　　）
☑ 債権を回収するため
☐ 徴税のため
☐ その他（　　　　　　　　　　　　　　　　　　　　　　　）

☑ 被相続人の住民票の除票1通の還付を求めます。

※「照会の趣旨」の記載については，「相続放棄・限定承認の申述の有無についての照会をされる方へ」をご覧の上，各庁の調査期間の取扱いに応じて記載してください。

※別紙の被相続人等目録の氏名欄は戸籍等をご確認の上，正確に記載してください（調査はご記入いただいた氏名の表示に基づいて行います。）。

被相続人等目録

被相続人	本　籍	○○県○○郡○○町○番地				
	最後の住所地	○○県○○市○○町○丁目○番○号				
	ふりがな 氏　名	<ruby>甲<rt>こう</rt></ruby> <ruby>野<rt>の</rt></ruby> <ruby>一<rt>いち</rt></ruby> <ruby>郎<rt>ろう</rt></ruby>	死亡日	☑平成 □昭和	○○年 ○ 月 ○ 日	

照会対象者						
1	氏　名	甲野太郎	事件番号	□平成 □昭和	年(家)第　　号	
			受理日		年　　月　　日	
2	氏　名	乙山花子	事件番号	□平成 □昭和	年(家)第　　号	
			受理日	□平成 □昭和	年　　月　　日	
3	氏　名	以上	事件番号	□平成 □昭和	年(家)第　　号	
			受理日	□平成 □昭和	年　　月　　日	
4	氏　名		事件番号	□平成 □昭和	年(家)第　　号	
			受理日	□平成 □昭和	年　　月　　日	
5	氏　名		事件番号	□平成 □昭和	年(家)第　　号	
			受理日	□平成 □昭和	年　　月　　日	
6	氏　名		事件番号	□平成 □昭和	年(家)第　　号	
			受理日	□平成 □昭和	年　　月　　日	
7	氏　名		事件番号	□平成 □昭和	年(家)第　　号	
			受理日	□平成 □昭和	年　　月　　日	
8	氏　名		事件番号	□平成 □昭和	年(家)第　　号	
			受理日	□平成 □昭和	年　　月　　日	
9	氏　名		事件番号	□平成 □昭和	年(家)第　　号	
			受理日	□平成 □昭和	年　　月　　日	
10	氏　名		事件番号	□平成 □昭和	年(家)第　　号	
			受理日	□平成 □昭和	年　　月　　日	

［裁判所記入欄］

【備考】
 1．照会者
  (1) 被相続人の利害関係人（被相続人に対する債権者等）
  (2) 相続人
 2．照会先
    相続開始地（被相続人の最後の住所地）の家庭裁判所。
 3．照会手数料
    不要。
 4．予納郵便切手
    照会回答書面の郵送を希望する場合は，返信用の切手。
 5．照会期間
    特になし。
 6．添付資料
  (1) 被相続人の住民票除票（本籍地の表示がされているもの）
  (2) 照会者の資格を証する資料（発行から3ヵ月以内のもの）
   ① 被相続人の利害関係人の場合
     ・個人の場合は照会者の住民票，法人の場合は商業登記簿謄本（登記事項証明書）又は資格証明書
   ② 相続人の場合
     ・照会者の住民票（本籍地が表示されているもの）
  (3) 利害関係等の存在を証明する書類
   ① 被相続人の利害関係人の場合
     ・金銭消費貸借契約書，訴状，競売開始決定など利害関係のわかる書類（写し）
   ② 相続人の場合
     ・照会者と被相続人の戸籍謄本（全部事項証明書）（照会者と被相続人との関係がわかる戸籍謄本（全部事項証明書））
  (4) 相続関係図（被相続人と相続人との関係を記載したもの）
  (5) 弁護士に委任をした場合は委任状
＊各家庭裁判所により書類が異なる可能性があるので事前に確認することが望ましい。
＊調査対象期間についても各庁により異なるので事前に確認することが望ましい。
＊上記書類以外にも必要な書類を求められることがある。

第3章

相続財産に関する費用

第1　相続財産に関する費用

解　説

(1)　趣　旨

　相続財産についても，固定資産税，地代その他の維持費等の費用を生じることがある。このような費用は，相続人に分割請求されるとは限らず，請求元が一部の相続人を代表者とすることを求め，又はそのように扱って，特定の者に請求されることも少なくない。また，遅延損害金（延滞税），強制執行（滞納手続）その他の不利益やこれらの危険を回避するために，あるいは，賃貸不動産として収益を維持するため，特定の者が，立て替えることもある。

　このように管理・保存のための費用は，民法885条1項本文に「相続財産に関する費用は，その財産の中から支弁する。」と定めていることや，相続における共有により狭義の共有として各相続財産に法定相続分に応じた共有持分権を取得することから，共有物に関する負担の規定（民253条1項）に従って法定相続分に応じて，遺産分割において清算され，又は相続人が負担するものと解される（①遺産分割において清算することができ，他の方法（例えば訴訟）によって解決するのが妥当といえるような特段の事情がない限り，同時に清算する方法を採り得るとした裁判例として東京高決昭54・3・29家月31巻9号21頁，②共同相続人全員が使用収益しているような場合に法定相続分に応じて共有相続人が負担すべきとした見解として，松並重雄・最判解説民事篇平成17年度〔28〕553頁（最判平17・9・8民集59巻7号1931号の解説）などがある）。

　もっとも，管理・保存に費用を支出したとしても，一部の共同相続人が，独占的に使用収益しているような場合であって，その収益が他の共同相続人に配当できないようなものであるとき（例えば，使用収益する相続人が居住のため

に不動産を無償で使用しているような場合。当該相続人に使用貸借権が成立していると認定されることがある（最判平8・12・17民集50巻10号2778号参照））には，使用収益する相続人のみが負担しなければならないと思われる（上記の例で使用貸借とされる場合には，民595条1項により，借主が必要費を負担することとされているから，ほとんどの管理費が使用収益する相続人が負担することになる（金沢秀樹「遺産の管理費用」判夕1100号344頁以下（最判平8・12・17の評釈）））。

　実際の清算方法としても，一般的には，遺産分割の中で，清算方法及び分担が併せて協議され，遺産分割協議の成立までに清算することを目指すことが多いと思われるが，相続財産の換価（不動産の売却等）や預貯金の払戻しを急ぐなどの事情があって，直ちに売却し，又は遺産分割協議だけを成立させたりして，立替費用の清算を後回しにした場合であったり，遺産分割協議成立後に費用の請求を受けた場合など，立替費用の清算が遺産分割とは同時に解決できないことがある。

　【書式23】は，相続開始後に，相続財産の維持・管理に要した費用を立て替えた者が，遺産分割協議の成立後，他の相続人にその費用の償還を請求するため，調停を申し立てるものである。

(2) **申立手続**

(a) 当事者　　申立人は，費用を立て替えた相続人である。相手方は，費用を分担すべき相続人である。

(b) 管轄裁判所　　相手方の住所地を管轄する家庭裁判所又は当事者が合意で定める家庭裁判所（家手245条1項）。

(c) 申立手続費用

（イ）申立手数料　　収入印紙1200円（民訴費3条1項・別表第1の15項の2）。

（ロ）予納郵便切手　　家庭裁判所が定める額を予納することとなる（民訴費11条・12条）が，家庭裁判所によって内訳等が異なるので，管轄の家庭裁判所に確認する（家庭裁判所によっては，ウェブサイトに「家事調停」についての予納郵便切手の内訳を掲載している場合もある）。

(d) 添付書類　　①申立人及び相手方の戸籍謄本（全部事項証明書），②申立書の写し（相手方の人数分）のほか，事案によっては，③相続関係を明らかにするための戸籍（除籍・改製原戸籍）謄本（全部事項証明書），④立替費用その他事実関係を証明する書類（領収書その他金銭の授受に関する書類，支出した費用に係る契約書，不動産登記事項証明書等）。

(3) 調停手続

(a) 家庭裁判所は，原則として，調停申立書の写しを相手方に送付する（家手256条1項本文）。ただし，家事調停の手続の円滑な進行を妨げるおそれがあると認められるときは，相手方に対しては，家事調停の申立てがあったことのみを通知する（同項ただし書）。

(b) 合意が成立した場合には，合意内容が調停調書に記載され，その記載は確定判決と同一の効力を有する（家手268条1項）。

なお，身分関係に関する調停ではないことから，音声の送受信による通話の方法（家手258条1項・54条1項），調停条項案の受諾書面による方法（家手270条1項）によっても，調停を成立させることができる（家手268条3項・270条2項）。

また，合意に至らない場合の調停に代わる審判（家手284条）が確定した場合にも，確定判決と同一の効力を有する（家手287条）。

(c) 調停が成立せず，かつ，調停に代わる審判がされず，又は当該審判が確定しなかった場合は，訴訟その他金銭請求のための裁判手続を行う必要がある。この場合に，調停事件が，調停不成立で終了した旨の通知を受けた日から2週間以内に訴えを提起したときには，調停の申立ての時に，その訴えの提起があったものとみなされる（家手272条3項）。

【竹ノ内　幸治】

書式 23　立替費用償還請求の調停申立書

受付印	家事 ☑ 調停　申立書　事件名（立替費用償還請求）
	□ 審判
	（この欄に申立て1件あたり収入印紙1,200円分を貼ってください。）
収入印紙　1,200円	
予納郵便切手　　円	（貼った印紙に押印しないでください。）

	横浜　家庭裁判所 横須賀支部　御中 平成　　年　　月　　日	申立人 （又は法定代理人など） の記名押印	甲　野　一　郎　　㊞

添付書類	（審理のために必要な場合は，追加書類の提出をお願いすることがあります。） 被相続人及び当事者双方の戸籍全部事項証明書　各1通 不動産登記事項証明書写し　2通，固定資産税領収証書写し　1通 申立書写し　1通	準口頭

申立人	本籍 （国籍）	（戸籍の添付が必要とされていない申立ての場合は，記入する必要はありません。） 神奈川　都道府県　横浜市港南区○○町○丁目○番地
	住所	〒○○○-○○○○ 横浜市金沢区○○町○丁目○番○号　　　　（　　　　方）
	フリガナ 氏名	コウノ　イチロウ 甲　野　一　郎　　　　大正・昭和・平成　○○年○○月○○日生（　○○　歳）

相手方	本籍 （国籍）	（戸籍の添付が必要とされていない申立ての場合は，記入する必要はありません。） 神奈川　都道府県　横須賀市○○町○丁目○番地
	住所	〒○○○-○○○○ 神奈川県横須賀市○○町○丁目○番○号　　　　（　　　　方）
	フリガナ 氏名	コウノ　ジロウ 甲　野　滋　朗　　　　大正・昭和・平成　○○年○○月○○日生（　○○　歳）

（注）太枠の中だけ記入してください。

申　立　て　の　趣　旨

相手方は，申立人に対し，金11万1200円及び平成○年○月○日から支払済みまで年5分の割合よる金員を支払えとの調停を求めます。

申　立　て　の　理　由

1　被相続人甲野三郎は，平成○年○月○日最後の住所である東京都渋谷区○○町○丁目○番○号で死亡し，相続が開始した。
2　被相続人の相続人は，申立人及び相手方の2人である。
3　申立人と相手方とは，相続財産のうち被相続人の不動産（被相続人の自宅の土地・建物）を売却して，その売却代金を分割することとして，上記不動産を第三者に売却した。
　なお，上記分割は，代金から費用を控除した上で，法定相続分（各2分の1）によることとしていた。そして，この費用には，後記4の固定資産税も含まれることを，相手方も了承していた。
4　申立人は，相続開始から売却までの間の上記不動産に係る固定資産税の全部として30万円を支払った。
5　売却代金は，平成○年○月○日，滞納処分により○○税務署に差し押さえられ，その後，残余金7万7600円が申立人に交付された。
6　上記不動産以外に，申立人の支払った金員を支弁すべき相続財産はない。
7　よって，申立人は，相手方に対し，申立人が支払った金員から上記残余金を控除した22万2400円のうち相手方の法定相続分に応じた負担部分（11万1200円）及びこれに対する平成○年○月○日（相手方に対して最後に請求した日）から支払済みまで年5分の割合による金員の支払を求める。

第4章

財 産 分 離

　財産分離とは，被相続人に対する債権者（相続債権者）や相続人の債権者の利益を保護するために，相続財産と相続人の固有財産との混合を防ぐため一定の者の請求により相続財産を分離して管理し清算する手続であり，家庭裁判所の審判事項である（家手202条以下・別表第1の96項）。

　相続債権者又は受遺者の請求による財産分離を第一種財産分離と，相続人の債権者の請求による財産分離を第二種財産分離という。

【石井　久美子】

第1 第一種財産分離（相続債権者又は受遺者の請求による財産分離）

解　説

(1) 制度の趣旨

(a) はじめに　第一種財産分離は相続債権者又は受遺者の請求による財産分離である（民941条1項）。相続放棄や限定承認がなされない限り相続が開始されると，被相続人に属していた一切の財産は相続人に包括的に承継され，その結果，相続財産と相続人の固有財産とは混合する。このとき，相続人の固有財産が債務超過であると，相続財産からであれば十分な弁済を受けられるはずの相続債権者・受遺者が，混合されることにより十分な弁済を受けられず，不利益を被るおそれがある。このような場合に，相続債権者や受遺者は，相続開始の時から3ヵ月以内に，相続人の財産から相続財産を分離し相続財産の清算を行うことを家庭裁判所に請求することができる。また，相続財産が相続人の固有財産と混合しない間は，相続開始後3ヵ月経過しても同様の請求ができる（民941条1項）。

なお，財産分離の申立ては，相続人が相続放棄や限定承認をした場合であっても，相続放棄等の行為が無効とされることもあるので，申立てそのものはできるとされる。また，相続人は，財産分離の申立てがなされた場合でも相続放棄や限定承認をすることができる。ただし，その場合は財産分離の手続は停止する（潮見佳男『相続法』〔第5版〕213頁）。

この家庭裁判所への申立ては第一種財産分離の家事審判事件で，家事事件手続法別表第1（96項）の審判事項である。申立ての書式は**【書式24】**のとおりである。

(b) 第一種財産分離の効果　分離の効果は次のとおりである。

(イ) 財産分離の申立人並びに配当加入の申出をした相続債権者・受遺者は，相続人の債権者に優先して相続財産から弁済を受けることができる（民942条）。

相続人は配当加入期間満了後に，相続財産をもって，それぞれその債権額の割合に応じて弁済しなければならない（民947条2項本文）。ただし，優先権をもつ債権者に対してはその権利を害することはできないので，実体法の定めに応じて優先弁済を行う（民947条2項ただし書）。

(ロ) 相続財産中の不動産については，財産分離の申立人は財産分離の登

記をしなければ第三者に対抗することはできない（民945条）。

　(ハ)　財産分離は，相続財産について相続債権者に一種の包括的な先取特権を付与するようなもので，相続財産への物上代位の規定は相続財産にも準用され（民946条・304条），財産分離の登記以前に不動産が第三者に譲渡された場合は，その代価について物上代位による優先権を相続債権者は主張できる（梶村太市＝岩志和一郎＝大塚正之＝榊原富士子＝棚村政行『家族法実務講義』445頁〔棚村政行〕）。

　(ニ)　相続人は，配当加入期間満了前には，相続債権者・受遺者に対し弁済を拒むことができる（民947条1項）。

　(ホ)　相続財産をもって全部の弁済を受けることができなかった場合に限っては，財産分離の申立人並びに配当加入の申出をした相続債権者・受遺者は，限定承認と違い相続人の固有財産についてもその権利を行使することができる（民948条前段）。ただしこの場合は，前記の者より相続人の債権者が優先弁済を受けることができる（民948条後段）。

　(c)　相続人からの財産分離の阻止ないし回避　　相続人は，相続人の固有財産をもって相続債権者・受遺者に弁済したり，又はこれに相当の担保を提供して財産分離の請求を防止し，又はその効力を消滅させることができる（民949条本文）。ただし，相続人の債権者がこれによって自らの損害を証明（相続人が債務超過の状態にあるとか，当該弁済により債務超過となることを立証）して異議を述べた場合にはこの限りではない（民949条ただし書）。

　なお，実際に弁済等がなされたときはこの異議申立てはできないとされる（棚村・前掲448頁）。

(2) 申立てに基づく審判手続

　(a)　財産分離の必要性　　申立権を有する者から申立ての期間内に第一種の財産分離の請求があった場合，家庭裁判所は財産分離の必要性があるときに限り分離を命ずる審判をする（東京高決昭59・6・20判時1122号117頁）。したがって，財産分離をしなくても相続債権の弁済に何らの影響を与えるおそれのない場合にまで相続債権者の恣意により相続財産を分離することは許されない（新潟家新発田支審昭41・4・18家月18巻11号70頁）。

　(b)　財産分離に伴う管理に必要な処分　　財産分離の請求があったときは，家庭裁判所は，相続財産の管理について必要な処分を命ずることができ（民943条1項），その処分として，相続財産管理人を選任した場合，その相続財

産管理人には，不在者財産管理人の職務（民27条），管理人の権限を越える行為の権限外行為許可（民28条），管理人の担保提供及び報酬付与（民29条）が準用される（民943条2項）。

相続財産管理人選任審判，財産管理人の権限外行為許可審判，管理人の報酬付与の審判等を求める事件は家事事件手続法別表第1（97項）の申立てである。

これら相続財産の管理に関する処分を求める事件の管轄裁判所は，財産分離の裁判確定後にあっては，財産分離の審判事件が係属していた家庭裁判所が管轄裁判所となる。また，財産分離審判がなされる前に，分離審判と同時に相続財産管理人選任等の管理処分を求める場合には，財産分離の審判事件が係属している家庭裁判所（抗告裁判所に係属している場合にあっては，その裁判所，財産分離の裁判確定後は財産分離の審判事件が係属していた家庭裁判所）が管轄裁判所となる（家手202条1項2号）。

(3) 相続債権者及び受遺者に対する公告

家庭裁判所が財産の分離を命じたときは，財産分離請求の申立人は，5日以内に，他の相続債権者及び受遺者に対し，財産分離の命令があったこと及び一定の期間内（その期間は2ヵ月を下ることができない）に配当加入の申出をすべき旨を最寄りの官報販売所に依頼し官報に公告しなければならない（民941条2項・3項）。公告の書式は【書式25】のとおりである。

財産分離請求者が公告を怠ったりそれによって他の相続債権者若しくは受遺者に弁済をすることができなくなったときは，財産分離請求者はこれによって生じた損害を賠償する責任を負う（民947条3項・934条1項）。なお，相続債権者及び受遺者が配当加入の申出をするのは，相続人に対してである。

(4) 財産分離の請求後の相続人による管理

相続人は単純承認した後でも，財産分離の請求があったときは，以後，相続財産管理人がいる場合を除き，相続財産については，相続人固有の財産におけるのと同一の注意をもって，相続財産を管理しなければならない（民944条）。また，相続人の財産管理の権限は，保存行為・利用行為・改良行為をなし得るだけである（民103条）。財産分離後の清算手続は相続財産管理人がいない場合は，相続人が行う。

(5) 財産分離の場合における鑑定人の選任申立てと管轄裁判所

財産分離の請求があると，相続人は前記(3)の債権申出の公告に記載した期

間満了後に相続財産をもって財産分離の請求者又は配当加入の申出をした相続債権者，受遺者にそれぞれの債権額の割合に応じて弁済をしなければならない。その場合弁済期に至らない債権であっても弁済しなければならないので，条件付きの債権又は存続期間の不確定な債権は，家庭裁判所が選任した鑑定人の評価により弁済しなければならない（民947条3項・930条1項・2項）。そのため財産分離における鑑定人選任の審判事件は，家事事件手続法別表第1の事項（98項）の審判事件である。申立ての書式については，第2章第3の【書式11】，【書式12】を参照されたい。

　鑑定人選任審判事件の申立管轄裁判所は，財産分離の審判をした家庭裁判所（抗告裁判所が財産分離の裁判をした場合にあっては，その第一審裁判所である家庭裁判所）である（家手202条1項3号）。

【石井　久美子】

84　第1編　相　続　　第4章　財産分離

書式 24　第一種財産分離審判申立書

受付印	家事審判申立書　事件名（　第一種財産分離　）
	（この欄に申立手数料として1件について800円分の収入印紙を貼ってください。）

収入印紙	800 円
予納郵便切手	円
予納収入印紙	円

（貼った印紙に押印しないでください。）
（注意）登記手数料としての収入印紙を納付する場合は、登記手数料としての収入印紙は貼らずにそのまま提出してください。

準口頭　　関連事件番号　平成　　年（家　）第　　　　　号

○○家庭裁判所　御中	申立人（又は法定代理人など）の記名押印	乙川三郎　㊞
平成　年　月　日		

添付書類　（審理のために必要な場合は、追加書類の提出をお願いすることがあります。）
被相続人の除籍謄本（全部事項証明書）、相続人の戸籍謄本（全部事項証明書）、金銭消費貸借契約書写し

申立人	本籍（国籍）	（戸籍の添付が必要とされていない申立ての場合は、記入する必要はありません。） ○○　都道府県
	住所	〒 ○○○-○○○○　　　電話 ×××（×××）×××× ○○県○○市○○町○丁目○番○号　　（　　　　方）
	連絡先	〒　－　　　電話（　） （　　　　方）
	フリガナ　氏名	オツ カワ サブ ロウ 乙川三郎	大正 昭和 平成　○○年○月○日生 （　○○歳）
	職業	自営業

※ 被相続人	本籍（国籍）	（戸籍の添付が必要とされていない申立ての場合は、記入する必要はありません。） ○○　都道府県　○○市○○町○丁目○番地
	最後の住所	〒 ○○○-○○○○　　　電話（　） ○○県○○市○○町○丁目○番○号　　（　　　　方）
	連絡先	〒　－　　　電話（　） （　　　　方）
	フリガナ　氏名	コウ ノ タ ロウ 甲野太郎	大正 昭和 平成　○年○月○日生 （　　　　歳）
	職業	

（注）　太枠の中だけ記入してください。
※の部分は、申立人、法定代理人、成年被後見人となるべき者、不在者、共同相続人、被相続人等の区別を記入してください。

第1　第一種財産分離（相続債権者又は受遺者の請求による財産分離）

※	本　籍 （国　籍）	（戸籍の添付が必要とされていない申立ての場合は，記入する必要はありません。） ○○　都　道 　　　府　県　　○○市○○町○丁目○番地
相続人	最後の住　所	〒○○○－○○○○　　　　　　　　　電話　　（　　　） ○○県○○市○○町○丁目○番○号　　　（　　　　　方）
	フリガナ 氏　名	コウ　ノ　イチ　ロウ 甲　野　一　郎	大正 昭和　○年○月○日生 平成　　（　○○　歳）

(注)　太枠の中だけ記入してください。
　　※の部分は，申立人，法定代理人，成年被後見人となるべき者，不在者，共同相続人，被相続人等の区別を記入してください。

申　立　て　の　趣　旨
相続人甲野一郎の財産から被相続人甲野太郎の相続財産を分離するとの審判を求める。

申　立　て　の　理　由
1　被相続人甲野太郎は，平成○○年○月○日死亡し，甲野一郎は被相続人の唯一の相続人です。 2　申立人は，被相続人に対し金2000万円の貸金債権を有し，その弁済期も到来していましたが，未だ支払を受けていません。 3　相続人甲野一郎は，自身の固有財産が債務超過の状況にあり，その固有財産と相続財産が混合した場合，申立人は不測の損害を受けるおそれがあります。 4　よって，申立ての趣旨のとおりの審判を求めます。

【備考】
1．申立手続
　(1)　申立権者　　相続債権者又は受遺者（包括受遺者を除く）。
　(2)　申立期間　　相続開始の時から3ヵ月以内。ただし，相続財産が相続人の固有の財産と混合しない間は，相続開始後3ヵ月経過後でも分離の請求をすることができる。
　(3)　管　轄　　相続開始地の家庭裁判所（家手202条1項1号）。
　(4)　申立手続費用　　以下の費用が考えられる。
　　①　申立手数料　　収入印紙800円（民訴費3条1項・別表第1の15項）。
　　②　予納郵便切手　　410円程度。
　(5)　添付書類　　相続人（財産分離の対象となる者）の戸籍謄本（全部事項証明書），被相続人の出生時から死亡時までの戸籍（除籍，改製原戸籍）謄本（全部事項証明書），相続人が第2，第3順位相続人や代襲相続人である場合は，相続人であることを証する戸籍（除籍）謄本（全部事項証明書），申立人が法人の場合は商業登記簿謄本（登記事項証明書），申立人が相続債権者又は受遺者であることを証する書面（債権証書，遺言書又は遺言書検認調書の写しなど），財産目録。
2．即時抗告権者
　　分離を命じる審判に対しては相続人から（家手202条2項1号），申立却下の審判に対しては相続債権者，受遺者（家手202条2項2号）。

書式 25　第一種財産分離公告

第一種財産分離につき相続債権者受遺者への請求申出の催告

　本籍　○○県○○市○○町○丁目○番
　最後の住所　○○県○○市○○町○丁目○番○号
　　　　　　被相続人　亡　甲野　太郎
　住所　○○県○○市○○町○丁目○番○号
　　　　　　相続人　　甲野　一郎

　上記被相続人は平成○年○月○日死亡し，○○家庭裁判所は平成○○年○月○日相続人甲野一郎の財産から被相続人の相続財産を分離する旨の命令があったので，一切の相続債権者及び受遺者は，本公告掲載の翌日から2ヵ月以内に配当加入の申出をしてください。

　平成○年○月○日
　　○○県○○市○○町○丁目○番○号
　　　　　財産分離請求者　　乙川　三郎

【備考】
1．公告は財産分離請求者である第一種財産分離審判の申立人が行う。審判が確定したら財産分離審判事件の申立人は5日以内に他の相続債権者，受遺者に対し，財産分離の審判があったこと及び2ヵ月を下らない期間を定めて，その期間内に配当加入すべき旨を公告しなければならない。なお，5日以内に官報に掲載することは事実上不可能な場合が多いため，5日以内に官報掲載の手続をすればよいとされる。官報掲載は最寄りの官報販売所に申し込んで行う。
2．本例は横書きであるが，実際の公告依頼は縦書き一行（22字）で記載する。公告料は，一行（22字）当たり2854円で計算される。

第2　第二種財産分離（相続人の債権者の請求による財産分離）

解　説

(1)　**制度の趣旨**

(a)　**はじめに**　相続人が限定承認をすることができる間又は相続財産が相続人の固有財産と混合しない間は，相続人の債権者は家庭裁判所に対して相続財産と相続人の固有財産を分離することを請求することができる（民950条1項）。この相続人の債権者からの家庭裁判所への申立ては，第二種の財産分離の申立てであり，家事事件手続法別表第1（96項）の審判事項である。申立書式は【書式26】のとおりである。

この申立ては，相続財産が債務超過であるにもかかわらず相続人が相続放棄や限定承認をしないときに，相続人の固有の債権者の利益を保護するために，相続人の債権者からの財産分離の申立てを認めたものである。

(b)　**第二種財産分離の効果**　第二種の財産分離の審判が確定したときは，相続財産と相続人固有の財産が分離され，相続財産は清算に付される。分離の効果は次のとおりである。

①　相続債権者や受遺者は，相続財産から弁済を受けるが，全額の弁済を受けることができないときは，残額について相続人固有の財産からも弁済を受けることができる。この場合，財産分離されると相続人固有の財産については相続人の債権者の弁済が先に優先する（民950条2項・948条）。

②　第二種財産分離については，限定承認（民925条・927条～934条）及び第一種財産分離（民943条～945条・948条）の規定，物上代位の規定（民304条）が準用される（民950条2項）ので，相続債務の清算は限定承認の弁済手続に従って行われるほか，基本的には第一種財産分離の効果と同じである。しかし，相続人の被相続人に対する権利義務の不消滅が擬制されること（民925条），財産分離の申立ては公告だけでなく知れている相続債権者に個別催告の義務を負うこと（民927条3項），配当加入債権者のみならず相続人に知れている相続債権者も配当を受けること（民929条）について第一種財産分離との相違がある。なお，相続債権者や受遺者の債権申出先は相続人に対してである。

(2)　**申立てに基づく審判手続**

(a)　**財産分離の必要性**　第二種の財産分離の請求があった場合，家庭裁判所は，申立ての期間内の申立て（相続人が限定承認をすることができる間，又は

相続財産と相続人の固有財産とが混合しない間）であることや，債務超過等の実体を審理し，財産分離の必要性があるときに限り分離を命ずる審判をする。

(b) **財産分離に伴う管理に必要な処分** 財産分離の請求があったときは，家庭裁判所は，相続財産の管理について必要な処分として管理人を選任し，その他必要な処分を命ずることができる（民950条・943条）。管轄については本章第1「第一種財産分離」(2)(b)に記載したとおりである。

(3) **相続債権者及び受遺者に対する公告及び催告**

財産分離を命じる審判が確定したら，分離を請求した申立人（相続人の債権者）は，財産分離の命令後5日以内に，すべての相続債権者（相続財産に属する債務の債権者）及び受遺者に対し，財産分離をしたこと及び一定の期間内（2ヵ月以上の期間）にその請求を申し出すべき旨を公告しなければならない（民950条2項ただし書・927条1項）。また，その公告には，期間内に申出がないときは弁済から除斥されるべき旨を付記しなければならない（民927条2項）。財産分離の請求をした者が公告を怠り，それによって他の債権者若しくは受遺者に弁済することができなくなったときは，これによって生じた損害を賠償する責任がある（民950条2項・927条・934条1項）なお，相続人は，知れている相続債権者及び受遺者には各別に一定の期間内に請求の申出をすべき旨の催告もしなければならない（民950条2項・927条3項）。

公告の書式例は，【**書式27**】のとおりである。

【石井　久美子】

第2 第二種財産分離（相続人の債権者の請求による財産分離）　89

書式26　第二種財産分離審判申立書

受付印	家事審判申立書　事件名（　第二種財産分離　）
	（この欄に申立手数料として1件について800円分の収入印紙を貼ってください。）

収入印紙　　800　円
予納郵便切手　　　　円
予納収入印紙　　　　円

（貼った印紙に押印しないでください。）
（注意）登記手数料としての収入印紙を納付する場合は，登記手数料としての収入印紙は貼らずにそのまま提出してください。

準口頭	関連事件番号　平成　　年（家　　）第　　　　　　　　号

○○家庭裁判所　御中 平成　　年　　月　　日	申立人（又は法定代理人など）の記名押印	丙沢四郎　㊞

添付書類	（審理のために必要な場合は，追加書類の提出をお願いすることがあります。） 被相続人の除籍謄本（全部事項証明書），相続人の戸籍謄本（全部事項証明書）， 金銭消費貸借契約書

申立人

本　籍 （国　籍）	（戸籍の添付が必要とされていない申立ての場合は，記入する必要はありません。） 　　　　都　道 　　　　府　県
住　所	〒○○○-○○○○　　　　　　　　　電話　×××（×××）×××× ○○県○○市○○町○丁目○番○号　　　　（　　　　　方）
連絡先	〒　　　　　　　　　　　　　　　　　電話　　（　　　） 　　　　　　　　　　　　　　　　　　　　（　　　　　方）
フリガナ 氏　名	ヘイサワ　シロウ 丙沢四郎	大正 ㊪昭和㊪○○年○月○日生 平成　（　○○　歳）
職　業	

※ 被相続人

本　籍 （国　籍）	（戸籍の添付が必要とされていない申立ての場合は，記入する必要はありません。） ○○　都　道　　○○市○○町○丁目○番地 　　　府　㊪県
最後の住所	〒○○○-○○○○　　　　　　　　　電話　　（　　　） ○○県○○市○○町○丁目○番○号　　　　（　　　　　方）
連絡先	〒　　- 　　　　　　　　　　　　　　　　　電話　　（　　　） 　　　　　　　　　　　　　　　　　　　　（　　　　　方）
フリガナ 氏　名	コウノ　タロウ 甲野太郎	大正 ㊪昭和㊪○年○月○日生 平成　（　　　歳）
職　業	

（注）　太枠の中だけ記入してください。
※の部分は，申立人，法定代理人，成年被後見人となるべき者，不在者，共同相続人，被相続人等の区別を記入してください。

※	相続人	本　籍 (国　籍)	（戸籍の添付が必要とされていない申立ての場合は，記入する必要はありません。） ○○　都道府(県)　○○市○○町○丁目○番地
		最後の住所	〒○○○－○○○○　　　　　　　電話　（　　） ○○県○○市○○町○丁目○番○号　　（　　　　方）
		フリガナ 氏　名	コウノ　イチロウ 甲野　一郎 　　　　大正・(昭和)・平成　○年○月○日生（○○歳）

(注) 太枠の中だけ記入してください。
※の部分は，申立人，法定代理人，成年被後見人となるべき者，不在者，共同相続人，被相続人等の区別を記入してください。

申　立　て　の　趣　旨
相続人甲野一郎の財産から被相続人甲野太郎の相続財産を分離するとの審判を求める。

申　立　て　の　理　由
1　被相続人甲野太郎は平成○○年○月○日死亡し，甲野一郎が同人の唯一の相続人です。 2　申立人は，相続人甲野一郎に対し1000万円の貸金債権を有し，既に弁済期が到来しているものの弁済を受けていません。 3　被相続人の相続財産は債務超過の状況にあり，相続人甲野一郎の固有財産と相続財産が混合した場合，申立人は不測の損害を受けるおそれがあります。 4　よって，申立ての趣旨のとおりの審判を求めます。

【備考】
1．申立手続
  (1) 申立権者　　相続人の債権者（民950条1項）。
  (2) 申立期間　　相続人が限定承認することができる間，又は相続財産が相続人の固有財産と混同しない間請求し得ることができる。
  (3) 管　　轄　　相続開始地の家庭裁判所（家手202条1項1号）。
  (4) 申立手続費用
    ① 申立手数料　　収入印紙800円（民訴費3条1項・別表第1の15項）。
    ② 予納郵便切手　410円程度。
  (5) 添付書類　　相続人（財産分離の対象となる者）・被相続人の戸籍謄本（全部事項証明書），被相続人の出生時から死亡までの戸籍（除籍・改製原戸籍），相続人が第2・第3順位相続人や代襲相続人である場合は相続人であることを証する戸籍（除籍），申立人が相続人の固有債権者であることを証する資料（金銭消費貸借契約書，売買契約書等）等，財産目録。
2．即時抗告権者
　　財産分離を命じる審判に対しては，相続人から（家手202条2項1号），財産分離の申立てを却下する審判に対しては，相続人の債権者（家手202条2項3号）。

書式 27　第二種財産分離公告

　　　　　第二種財産分離につき相続債権者受遺者への請求申出の催告

　　本籍　○○県○○市○○区○町○丁目○番
　　最後の住所　○○県○○市○○区○町○丁目○番○号
　　　　　　　被相続人　亡　甲野　太郎
　　住所　○○県○○市○○区○町○丁目○番○号
　　　　　　　相続人　　甲野　一郎

　上記被相続人は平成○年○月○日死亡し，○○家庭裁判所は平成○○年○月○日相続人甲野一郎の財産から被相続人の相続財産を分離する旨の命令があったので，一切の相続債権者及び受遺者は，本公告掲載の翌日から2ヵ月以内に配当加入の申出をしてください。上記期間内にお申出がないときは弁済から除斥されます。

　　平成○年○月○日
　　　　○○県○○市○町○丁目○番○号
　　　　　　　財産分離請求者　丙沢　四郎

【備考】
1. 公告は，第二種財産分離事件の申立人が，審判が確定した5日以内に他の相続債権者，受遺者に対し，財産分離の審判があったこと及び2ヵ月を下らない期間を定めて，その期間内に配当加入すべき旨を公告し，期間内に申出がないときは弁済から除斥される旨を付記する（民950条2項・927条1項・2項）。なお，5日以内に官報に掲載することは事実上不可能な場合が多いため，5日以内に官報掲載の手続をすればよいとされる。官報掲載は最寄りの官報販売所に申し込んで行う。
2. 本例は横書きであるが，実際の公告依頼は縦書き一行22字で記載をする。公告料は，一行（22字）当たり2854円で計算される。

第5章

相続人の不存在

第1 相続人の不存在

解　説

　相続が開始したが，相続人のあることが明らかでない場合に，民法は，相続財産自体を財団法人として扱い（民951条，相続財産法人），法人の機関としては相続財産管理人を置くこととした（民952条）。その上で，相続人の捜索（民957条，958条の公告）と相続財産の清算・管理（民957条2項）とを同時並行的に進める手続について定める。もちろん，相続人が出現すればその者が相続することになる（民955条）。しかし，相続人がいないことが確定すれば，特別縁故者への相続財産の一部又は全部の分与の手続（民958条の3）を経て，さらに残余遺産があるときは，それを国庫に帰属させるまでの手続（民959条）について定める。これが「相続人不存在の制度」である。

　相続人の存否は通常は戸籍上で明らかになる。しかし，戸籍上の相続人がいない場合でも，なお相続人が存在しないかどうかを捜索しつつ，相続財産を管理・清算することが必要な場合がある。また，戸籍上で確定した推定相続人となるべき者の全員が相続放棄をしたとき（民939条），あるいは相続欠格・廃除により相続権を喪失したとき（民891条～893条）にも，相続人不存在の状態が発生する。この点，相続人不存在には，推定相続人が行方（生死）不明である場合は含まれず，これは不在者の財産管理の問題として処理されることになる。

　遺言者に相続人は存在しないが相続財産全部の包括受遺者が存在する場合は，民法951条にいう「相続人のあることが明らかでないとき」には当たらないとされる（最判平9・9・12判時1618号66頁）。このように解さないと，包括受遺者は相続人と同一の権利義務を有するのに（民990条），相続人の不存在

の場合について定める民法951条から959条における一連の清算手続を経なければならないとなると，結果的に，限定承認を強制されたような形になるからである。

　ちなみに，同じく清算手続であっても，限定承認や財産分離の場合は，相続人が存在するときに相続人の固有財産と区別された財産として相続財産を清算する手続であって，この点が，相続人不存在の場合とは異なっている。

　本章では，以下，相続財産管理人選任事件のフローチャートを先に掲げ，この流れに沿って，一連の手続の内容について順を追ってみていくこととしたい。

【貴島　慶四郎＝中村　彰朗】

第2　相続財産管理人関連事件のフローチャート

解説

相続財産管理人関連事件における手続の流れは，以下のとおりである。❶の申立てが基本事件であり，❷〜❼が関連事件である。

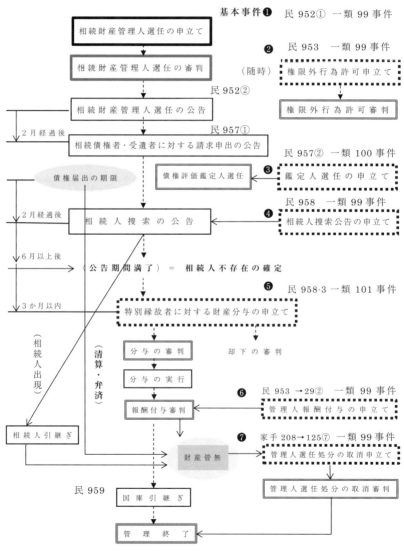

【貴島　慶四郎＝中村　彰朗】

第3　相続財産管理人の選任

解　説

(1) 根　拠

民法952条に基づく相続人不存在の場合における相続財産管理人選任の申立ては，家事事件手続法別表第1の99項の家事審判事件である。

(2) 制度の趣旨

(a) 相続人不存在　　相続人のあることが明らかでないときは，相続財産は法人とされ（民951条），家庭裁判所が，利害関係人又は検察官の請求によって，相続財産の管理人を選任し，遅滞なく管理人の選任を公告しなければならない（民952条）。

相続財産法人は，相続財産が無主のものとなることを回避するため，相続財産管理人を付して，円滑に管理・清算を進めるための一種の財団法人的性格を有している。法人の成立時期は被相続人の死亡時，つまり相続開始時であり，法人設立のための行為も必要とされない。法人としての存在は家庭裁判所による管理人の選任によってはじめて顕在化する。この法人の権利主体性に関して，被相続人と戸籍上の養子との間の養子縁組の無効確認により自己の相続に関する地位に直接影響を受ける者として，相続財産法人には原告適格があるとした事案がある（大阪高判平21・5・15判時2067号42頁）。

(b) 相続財産管理人の職務と権限　　相続財産管理人の職務は，家庭裁判所の監督のもとで，相続財産法人の代表者として，あるいは後日現れるかもしれない相続人の法定代理人として，①相続財産を管理するとともに，②相続人の存否を確定し，他方で，相続財産から弁済を受けるべき債権者・受遺者を確定し，③相続人不存在が確定したときには相続財産を清算して残余を国庫に引き継ぐというものである。

財産の管理については不在者財産管理人の場合と類似していることから，不在者財産管理人の職務・権限等について定める民法27条から29条の規定が準用される（民953条）。ただし，相続財産管理人は，不在者財産管理人のように不在者〇〇という特定人の代理人ではないので，相続債権者又は受遺者の請求があるときは，その請求をした者に，相続財産の状況を報告しなければならないとされる（民954条）。

相続人のあることが後に明らかになったときは，相続財産法人は成立しな

かったものとみなされるが（民955条本文），相続財産管理人が権限内でした行為の効力は妨げられない（同条ただし書）。

　(c)　フローチャートの流れに沿った相続財産管理人の主な職務内容　　相続財産管理人の職務をフローチャートの流れに沿って示すと，次のようになる。

① 選任審判を受け取った後，事件記録を閲覧謄写のうえ，2ヵ月を目処に被相続人の財産を調査し，「財産目録」を作成すること（民953条による27条準用）

② 管理人の権限は保存行為（民103条＝保存・利用・改良行為）に限られるので，財産の売却処分等保存行為を超える行為をする必要があるときは，家庭裁判所に「権限外行為許可」の申立てをしてその許可を受けること（民953条による28条準用）

③ 相続財産管理人の選任公告から2ヵ月経過後に，相続債権者，受遺者に対して一定の期間（2ヵ月以上）内に権利の申出をするよう催告の公告（民957条1項）をすること

④ 既に判明している債権者に対しては，各別にその申出の催告をすること（民957条2項による927条3項準用）

⑤ 相続債務の弁済と遺贈義務の履行（民957条2項による929条準用）

⑥ 前記③の公告にある催告期間満了後，なお相続人のあることが不分明のときは，家庭裁判所に対して，相続人捜索の公告を請求すること（民958条）

⑦ 民法958条の3の規定によって財産分与の処分がされなかった残余財産の国庫帰属手続と管理報告書の作成をすること（民959条による956条2項準用）

　(d)　相続財産管理人の候補者　　相続財産管理人には公平な清算手続をとらせる必要から，申立人の推薦する候補者にとらわれず，適正・迅速な管理業務の遂行が期待できる弁護士・司法書士など管理業務に習熟した者が選任されることが通常である。しかし，事案の把握状況の困難性あるいは報酬の原資が懸念される観点からは，被相続人の生前の成年後見人や被相続人のために行動していた親族あるいは家庭裁判所の参与員が選任されることもある。この点，推薦管理人が申立人の利益を優先して裁判所の指導監督に服さないことも少なくないことから，適正な進行管理の確保という面で，申立人推薦

方式ではなく裁判所選任方式を採用する例が最近の傾向のようである。

(e) 債務超過のときの予納金　相続財産管理人において適正な管理業務を遂行するためには，管理に必要な費用，相続財産管理人の報酬にあてる費用が必要となる。そのため，相続財産によって管理費用や報酬相当額を賄うことができない場合には，家庭裁判所から申立人に管理費用等の予納が命ぜられることがある（民訴費12条＝原則は予納，家手30条＝例外は立替）。予納金額は管理費用と報酬相当額に見合う金額ということになる。例えば，現預金等の金融資産はゼロであるが，抵当権付きの住宅ローン債務があって相続財産が債務超過の状態となっているときに，その抵当権を有する債権者が，抵当権を実行して債権回収を図るために相続人不存在を理由とした相続財産管理人の選任を申し立てる場合がそうである。抵当権付きの不動産については，まず相続財産管理人が登記名義人を被相続人から「亡○○相続財産」という法人名義に変更し，次に地方裁判所での競売による売却手続を通じて当該財産の管理・清算をすることになるが，このような場面で，相続財産管理人選任の前提として，申立人に一定の概算額の予納が命ぜられることになるのである。

(3) **申立手続**

(a) 申立権者　利害関係人又は検察官（民952条1項）である。利害関係人とは，財産の管理・清算について法律上の利害関係を有する者である。具体的には，①相続債権者（抵当権者を含む），②財産分与を請求する特別縁故者，③身元不明者の遺留金品を保管中の区長などの事務管理者，④徴税のため相続財産の買収を望む国や地方公共団体，⑤福祉事務所や特別老人養護施設，⑥特定遺贈の受遺者，⑦被相続人から物件を取得したが対抗要件を取得していない者，⑧時効により土地所有権を取得した者などが典型である。

このほか，例えば自己名義の土地建物を有する不在者Hがおり，その遺留財産を家庭裁判所で選任された不在者財産管理人が管理している場合，H本人に対する失踪宣告手続がなされると，H本人が死亡と認定されたこと及び同人の相続人となるべき者の存否が不明であることを理由として，不在者財産管理人から被相続人Hの遺留財産について相続財産管理人選任の申立ての例が増えるのではないかと予想される。

(b) 管轄裁判所　相続開始地の家庭裁判所（家手203条1号）。

(c) 申立手続費用　収入印紙800円，予納郵便切手約900円，官報広告料

3775円。

　(d)　添付書類　①被相続人の出生時から死亡時までの連続したすべての戸籍（除籍，改製原戸籍）の謄本（全部事項証明書），②被相続人の子及びその代襲者で死亡している者がある場合は，子及びその代襲者の出生時から死亡時までの連続したすべての戸籍（除籍，改製原戸籍）の謄本（全部事項証明書），③被相続人の直系尊属の死亡の記載のある戸籍（除籍，改製原戸籍）の謄本（全部事項証明書），④被相続人の父母の出生時から死亡時までの連続したすべての戸籍（除籍，改製原戸籍）の謄本（全部事項証明書），⑤被相続人の兄弟姉妹で死亡している者がある場合は，その兄弟姉妹の出生時から死亡時までの連続したすべての戸籍（除籍，改製原戸籍）の謄本（全部事項証明書），⑥代襲者としての甥や姪で死亡している者がある場合は，その者の死亡の記載のある戸籍（除籍，改製原戸籍）の謄本（全部事項証明書），⑦被相続人の住民票（戸籍附票），⑧財産管理人候補者の住民票（戸籍附票），⑨財産を証する資料（不動産登記事項証明書（未登記の場合は固定資産評価証明書），預貯金，有価証券の通帳・残高証明書），⑩申立人が利害関係人の場合は戸籍謄本（全部事項証明書），金銭消費貸借契約書など利害関係を証する資料，⑪相続放棄により相続人不存在となった場合は，当該事件の番号を申立書の関連事件番号欄に記載すること，⑫事案によっては，申立ての動機についての事情説明書。

　(e)　上記①～⑥の一連戸籍によって明らかにできる事項は，次のとおりである。

　①→　被相続人が死亡したこと，配偶相続人がいないこと及び本来的に血族第一順位者となるべき子の有無
　②→　血族第一順位者となるべき子及び代襲相続人となるべき者（孫，ひ孫）の全員が死亡していること
　③→　血族第二順位者となるべき直系尊属が全員死亡していること
　④→　本来的に血族第三順位者となるべき兄弟姉妹の有無
　⑤→　血族第三順位者となるべき兄弟姉妹が全員死亡していること及び本来的に兄弟姉妹の代襲相続人となるべき者（甥，姪）の有無
　⑥→　血族第三順位者となるべき兄弟姉妹の代襲相続人（甥，姪）の全員が死亡していること

　(4)　審判手続
　(a)　審判の告知　　家庭裁判所は申立てを相当と認めるときは，相続財産

管理人選任の審判をする。この審判は，管理人に告知したときに効力を生じる（家手74条2項）。

　(b)　公　　告　　家庭裁判所は，管理人を選任したときは，遅滞なくその旨を公告しなければならない（民952条2項）。公告の方法は，特別の定めがある場合を除き，裁判所の掲示場その他裁判所内の公衆の見やすい場所に掲示し，かつ，官報に掲載してする（家手規4条1項）。公告すべき事項は，家事事件手続規則109条1項に定めがある。

　(c)　相続財産管理人の改任　　家庭裁判所が相続財産管理人として適任と認めて選任したものの，その者が病気入院等の理由から管理をすることができなくなった場合や管理者として不適切であることが発覚したような場合には，当該相続財産管理人を選任した家庭裁判所が相続財産管理人を解任して新たな相続財産管理人を選任することとなる（家手208条で準用の125条）。

　(d)　相続財産管理人選任の処分の取消し　　相続財産が僅少で，相続債権者への弁済や相続財産管理人の報酬にあてたことにより，相続財産が皆無になった場合には，「管理すべき財産がなくなったとき」であるから管理終了となる。この場合は，財産の管理者等からの申立てにより又は職権で，相続財産管理人の選任の処分を取り消すことになる（家手208条で準用の125条7項）。

　(e)　相続財産管理人選任事件とその後にされる一連の関連事件との関係　　相続人不存在による相続財産管理の制度が相続財産の管理・清算という目的を達して管理が終了するまでには，一定の期間が必要である。その間には，相続財産管理人の権限外許可申立事件，相続人捜索の公告申立事件，鑑定人選任申立事件，特別縁故者に対する財産分与申立事件，報酬付与申立事件などが予定される。これらの一連の事件を関連事件とするならば，相続財産管理人選任事件はこれらの関連事件の側から見た場合はまさに基本事件として位置づけられる。

【貴島　慶四郎＝中村　彰朗】

書式28 相続財産管理人選任申立書

	受付印	家事審判申立書　事件名（相続財産管理人選任）
収入印紙　　800円 予納郵便切手　　　円 予納収入印紙　　　円		（この欄に申立手数料として1件について800円分の収入印紙を貼ってください。） 　　　　　　　　　　　　（貼った印紙に押印しないでください。） （注意）登記手数料としての収入印紙を納付する場合は，登記手数料としての収入印紙は貼らずにそのまま提出してください。

準口頭	関連事件番号　平成　　年（家　）第　　　　　　号

○○家庭裁判所　御中 平成　　年　　月　　日	申立人 （又は法定代理人など） の記名押印	甲　野　一　郎　　㊞

添付書類	（審理のために必要な場合は，追加書類の提出をお願いすることがあります。）

申立人	本　籍 （国　籍）	（戸籍の添付が必要とされていない申立ての場合は，記入する必要はありません。） 　　　都　道 　　　府　県	
	住　所	〒○○○－○○○○ 横浜市中区○○町○丁目○番○号	電話　○○○（○○○）○○○○ 　　　（　　　　　方）
	連絡先	〒　　－	電話　　　（　　　） 　　　（　　　　　方）
	フリガナ 氏　名	コウ　ノ　　イチ　ロウ 甲　野　一　郎	大正 昭和　○○年○月○日生 平成（　　○○歳）
	職　業		

※ 被相続人	本　籍 （国　籍）	（戸籍の添付が必要とされていない申立ての場合は，記入する必要はありません。） 神奈川　都　道　鎌倉市七里ヶ浜○丁目○番○ 　　　　府　県	
	住　所	〒○○○－○○○○ 横浜市中区相生町○丁目○番	電話　○○○（○○○）○○○○ 　　　（　　　　　方）
	連絡先	〒　　－	電話　　　（　　　） 　　　（　　　　　方）
	フリガナ 氏　名	ヘイ　ヤマ　タ　ロウ 丙　山　太　郎	大正 昭和　○○年○月○日生 平成（　　○○歳）
	職　業	会社役員	

（注）太枠の中だけ記入してください。
※の部分は，申立人，法定代理人，成年被後見人となるべき者，不在者，共同相続人，被相続人等の区別を記入してください。

申　立　て　の　趣　旨
被相続人の相続財産の管理人を選任するとの審判を求めます。

申　立　て　の　理　由
1　被相続人は失踪宣告審判の確定により，平成○○年○月○日に死亡したものとみなされているものの，相続人があることが明らかでない。 2　申立人は，被相続人の不在者財産管理人として，同人が遺留した財産をこれまで管理してきた。現時点における被相続人の相続財産は金○○万○○○○円であり，これを申立人が保管し管理している。 3　この管理財産を相続財産管理人に引き渡す必要から本申立てをする。 4　相続財産管理人には家庭裁判所で適当な人を選任されたい。ちなみに，利益相反等の関係で不都合がないのであれば申立人が管理人に選任されることでもよい。

第3　相続財産管理人の選任　101

遺　産　目　録　（□特別受益目録）

【土　地】

番号	所在	地番	地目	面積	備考
		番		平方メートル	
1	○○市○○町○○丁目	○ ○	宅地	150 00	建物1の敷地

(注) この目録を特別受益目録として使用する場合には，（□特別受益目録）の□の部分にチェックしてください。
　　　また，備考欄には，被相続人から生前に贈与を受けた相続人の氏名を記載してください。

遺　産　目　録　（□特別受益目録）

【建　物】

番号	所在	家屋番号	種類	構造	床面積	備考
					平方メートル	
1	○○市○○町○○丁目○番地	○○	居宅	木造瓦葺平家建	90 00	土地1上の建物

(注) この目録を特別受益目録として使用する場合には，（□特別受益目録）の□の部分にチェックしてください。
　　　また，備考欄には，被相続人から生前に贈与を受けた相続人の氏名を記載してください。

遺　産　目　録　（□特別受益目録）

【現金，預・貯金，株式等】

番号	品目	単位	数量（金額）	備考
1	現金		54,000円	被相続人の雑貨購入のため預かったもの　申立人保管

(注) この目録を特別受益目録として使用する場合には，（□特別受益目録）の□の部分にチェックしてください。
　　　また，備考欄には，被相続人から生前に贈与を受けた相続人の氏名を記載してください。

書式 29　相続財産管理人選任公告（官報の「公告」欄への掲載例）

```
平成○○年（家）第○○○○号



横浜市中区○○町○丁目○○番○
申　立　人　　甲野一郎
本　　　籍　　神奈川県鎌倉市七里ヶ浜○丁目○番○
最後の住所　　横浜市中区○○町○丁目○番○
死亡の場所　　横浜市中区
死亡年月日　　平成○○年○月○日
出生の場所　　本籍に同じ
出生年月日　　昭和○年○月○日
職業不詳
被 相 続 人　　亡　丙山　太郎
事　務　所　　横浜市中区○○町○丁目○○番○
相続財産管理人　　甲野一郎
　　　　　　　　　　　　　　　　　　○○家庭裁判所
```

第4　相続財産管理人選任後の相続財産の管理業務

解　説

　相続財産管理人の職務権限につき，民法上不在者財産管理人の規定（民27条ないし29条）が準用されている（民953条）。また，家事事件手続法上財産の管理者につき民法上の委任の規定（民644条・646条・647条・650条）が準用されている（家手208条の準用する家手125条6項）[*1]。

　以下，相続財産管理人が行ういくつかの管理行為につき説明する。

> ＊1　一般的に，相続財産管理人に選任された場合，同管理人は被相続人が建物を賃借し生活していた場合は同賃貸借契約を解除し，被相続人が居住のため電気，ガス，水道等を利用していた場合はこれらを解約する手続をとることが多い。また，換価が困難な動産については廃棄することや，不動産につき換価するまで草木が隣地に越境しないように管理することも求められる。このように相続財産管理人の管理業務は多岐にわたる。これらの行為は，相続財産管理人に求められる善管注意義務（民644条）より行われるべき行為であると説明できる。

(1)　財産目録の作成

　上記のとおり相続財産管理人による財産管理については不在者財産管理人の規定が準用されているため，相続財産管理人の財産管理についても，財産目録の作成が義務づけられている（民953条・27条1項）。

　後掲【書式30】に記載例を掲載したので参照されたい。

(2)　不動産の管理

　相続財産法人が成立した場合，被相続人名義の不動産については相続財産法人への名義変更が必要になる。登記申請書を後掲した（【書式31】）が，以下登記申請書につき若干の補足を加える。

　(a)　登記の目的　　登記名義人の氏名表示変更である。被相続人から相続財産法人への所有権移転登記ではない。

　(b)　必要書類　　登記原因証明情報として，家庭裁判所による相続財産管理人選任審判書によって被相続人の死亡及び相続人の不存在が明らかとなる場合は，当該審判書を提出する。当該審判書によってこれらが明らかでない場合は，これらが明らかになる書面（戸籍謄本（全部事項証明書）等）を提出する。

　代理人による申請の場合は，さらに委任状を添付する必要がある。

(c) 登録免許税　不動産の個数により決する。不動産1個につき1000円である。

(3) 預貯金口座の管理

預貯金口座の管理については相続財産管理人名義の口座を開設（ないし名義変更）した上で他の預貯金口座を解約し、口座を一本化するのが便宜的である。

なお、家庭裁判所の実務としては、預金の解約等は相続財産管理人の権限内の行為とされている（山田忠治「東京家裁財産管理部の実情」判時1168号6頁）。もっとも、一部の銀行では、相続財産管理人による預貯金の解約等の行為は相続財産管理人の権限外の行為であるとして家庭裁判所の許可を要求するところもある*2。

> *2　ただ上記家裁の実務的取扱いからすると、預金の解約等につき「管理人の権限外の行為である」として許可がされるものとは考えにくいであろう。そのため、その旨銀行に説明するなどして支払を促すことが現実的な方法ではないかと思われる（財産管理実務研究会『不在者、相続人不存在財産管理の実務』〔第5版〕（新日本法規）273頁参照）。
> 　いずれにせよ、実際に手続を行う際には通知書（【書式32】）などを提出するとともに、銀行に提出書類の問い合わせを行ったほうが後の手続はスムーズに進むであろう。

(4) 賃借権の管理（【書式33】）

被相続人が生前建物を賃借し生活していたのであれば、建物賃貸借契約を解約するのが通常である（前掲*1参照）。もっとも、借地上に被相続人自身の建物がある場合などは、相続財産の適正に管理し換価するという点からすると、借地権の任意売却ないし競売等をすることになる（民957条2項・932条参照）*3。

解約に際し、未払賃料や敷金等の返還を要するときは、併せて支払等の手続を行う。

なお、居住の用に供する建物の賃借人が相続人なしに死亡した場合において、その当時婚姻又は縁組の届出をしていないが、建物の賃借人と事実上夫婦又は養親子と同様の関係にあった同居者がいるときは、その同居者は、建物賃借人の権利義務を承継する。ただし、相続人なしに死亡したことを知った後1月以内に建物の賃貸人に反対の意思を表示したときは、この限りでは

ない（借地借家36条1項）。

> *3　ちなみに、競売は相続財産管理人の権限内の行為であると解されているのに対し、任意売却等は相続財産管理人の権限外の行為であるため、裁判所の許可を要するとするのが実務上の扱いである。
>
> 　もっとも、実務上は許可の申立てが不要である競売手続を行うよりは許可を要する任意売却を行うことが多いであろう。その理由として、山田・前掲6頁では「相続財産管理人が家庭裁判所の監督のもとに換価するので競売の意図するところに合致するということと、競売手続によっては相続財産を高価に売却することが事実上期待できない」ということが挙げられている。

(5) 債権の管理（【書式34】）

相続財産の管理及び清算の観点から、弁済期の到来している債権は債務者から回収する必要がある。

弁済期の到来していない債権については、弁済期の繰上げを債務者と協議する。債務者が弁済期の繰上げを拒んだ場合、第三者に債権譲渡することも考えられる*4。

> *4　贈与相続遺言実務研究会『実務贈与・相続・遺言の文例書式集』第2編872頁。なお、いずれの方法にせよ、相続財産管理人の権限外の行為であるため家庭裁判所の許可を要する。

(6) 相続放棄した相続人への通知（【書式35】）

被相続人の死亡以前に相続人がすべて死亡している場合のみならず、相続人全員が相続放棄（民938条）した場合も相続人不存在として相続財産管理人選任事件となる。

この場合、相続財産の内容等を把握するため、相続放棄した親族等から被相続人の生前の財産状況を聴取することが望ましい。

また、相続放棄した相続人が被相続人の財産の管理を継続している場合がある（民940条1項参照）。その場合は、かかる者から財産の引継ぎを受け、相続財産管理人自ら相続財産の管理を行う必要がある。

(7) 訴訟行為

相続財産管理人の地位は、一般に法定代理人であると解される*5。そのため、法定代理人として訴訟行為を行い得る。

もっとも、訴えの提起は相続財産管理人の権限外の行為であるため、家庭裁判所の許可を要する。これに対し、応訴については保存行為として裁判所の許可を要しない。また、原審の不当な判決に対する控訴や上告についても

家庭裁判所の許可を要しない（前掲＊5の判例参照）。

＊5　限定承認の事案ではあるが，相続財産管理人につき相続財産管理人は法定代理人であるとする判例がある（最判昭47・11・9民集26巻9号1556頁）。相続人不存在の場合の相続財産管理人の地位につき明示した判例はないが，上記昭和47年判例と同様であると解されている（財産管理実務研究会・前掲151頁）。

(8)　**管理報告書の作成（【書式36】）**

　相続財産管理人は，相続債権者又は受遺者の請求があるときは，その請求をした者に相続財産の状況を報告しなければならない（民954条）。また，家庭裁判所は，相続財産管理人に対し，財産の状況の報告及び管理の計算を命ずることができる（家手208条の準用する家手125条2項）。

【芝口　祥史】

第4　相続財産管理人選任後の相続財産の管理業務　　107

書式 30　財産目録

平成　年（家）第　　号　被相続人：〇〇〇〇

財産目録（平成〇〇年〇月末日現在）

1　不動産

番号	所在，種類，面積等	備考（変動事項等）
1	〇〇県〇〇市〇〇町〇丁目〇番 宅地，〇〇〇.〇〇㎡	
2		

変動のある不動産 [　　　　　　　　]

2　現金，預貯金

番号	種類（口座番号）	種類	申立時金額	平成〇〇年〇月末日現在	備考（変動事項等）
1	〇〇銀行〇〇支店 口座番号：1234567	普通	〇〇〇〇〇円	△△△△△円	（入金） （出金）
2					（入金） （出金）
現金・預貯金総額			0	0	
		申立時との差額		0	

3　その他資産（保険契約，各種金融資産等）

番号	種類（口座番号，証券番号）	金額（円）数量	備考（変動事項等）
1		―	
2			
	総額	―	円

4　負　債

番号	種類	申立時	平成　年　月末日現在	備考（変動事項等）
1				
2				
	負債総額	0	0	
		申立時との差額	0	円

平成　年　月　日

作成者氏名　　相続財産管理人　甲　野　太　郎　㊞

書式 31　相続財産法人への登記申請書

登　記　申　請　書

登 記 の 目 的　　〇番所有権登記名義人氏名変更

原　　　　因　　平成〇月〇日相続人不存在

変更後の事項　　登記名義人　亡甲野太郎相続財産

申　　請　　人　　〇〇県〇〇市〇〇町〇丁目〇番〇号

　　　　　　　　亡甲野太郎相続財産管理人　乙野次郎

添 付 書 類　　登記原因証明情報

　　　　　　　　代理権原証書

平成〇年〇月〇日申請　　　〇〇法務局

代　　理　　人　　〇〇県〇〇市〇〇町〇丁目〇番〇号

　　　　　　　　司法書士　丙野三郎

　　　　　　　　連絡先電話番号　〇〇〇―〇〇〇―〇〇〇〇

登録免許税　　　金〇,〇〇〇円

不動産の表示　　所　在　〇〇市〇〇区〇丁目

　　　　　　　　地　番　〇〇〇番〇

　　　　　　　　地　積　宅地

　　　　　　　　地　目　〇〇㎡

書式 32　相続財産管理人の金融機関に対する通知書

通　知　書

平成　　年　　月　　日

〒　―
○○県○○市○○町○丁目○番○号
○○銀行　ご担当者様

　　　　　　　　　　　　　　〒　―
　　　　　　　　　　　　　　○○県○○市○○町○丁目○番○号
　　　　　　　　　　　　　　　　　○○ビル○階
　　　　　　　　　　　　　　　　　乙野法律事務所
　　　　　　　　　　　　　　　　　弁護士　乙野　次郎
　　　　　　　　　　　　　TEL：○○○―○○○―○○○○
　　　　　　　　　　　　　FAX：○○○―○○○―××××

件名：亡甲野太郎の相続財産管理について

　この度，被相続人亡甲野太郎（最後の住所：○○県○○市○○町○丁目○番○号）は平成○○年○月○日に死亡しました。その相続人が不存在であるため，当職が○○家庭裁判所から同人の相続財産管理人に選任されましたことをご報告いたします（事件番号：平成○○年（家）第○○号相続財産管理人選任事件）。
　つきましては，今後被相続人の財産の管理及び清算のため，御行の被相続人名義の普通預金口座（口座番号：1234567）を解約，払戻しを受けたうえで相続財産管理人乙野次郎名義の口座にて同金員の管理を行う予定ですので，これらのために必要な手続や資料等を当事務所宛までご連絡いただければと思います。
　また，上記相続財産管理人に選任された旨の審判書の謄本の写しを送付いたします。

　　　　　　　　　　　　　　　　　　　　　　　　　　　　　　以上

【備考】
1．銀行が審判書謄本の原本確認を行う必要があるため，実際には銀行窓口で手続を行うことになると思われる。ただ一度通知を出しておくと，相続関係書類等の書類を教示してくれる銀行もあり，後の手続を円滑に進める上で便宜的である。

書式33 相続財産管理人の地主に対する通知書

通 知 書

平成　年　月　日

〒　－
○○県○○市○○町○丁目○番○号
○○　○○　様

〒　－
○○県○○市○○町○丁目○番○号
○○ビル○階
乙野法律事務所
弁護士　乙野　次郎
ＴＥＬ：○○○－○○○－○○○○
ＦＡＸ：○○○－○○○－××××

件名：亡甲野太郎の相続財産管理について

　この度，被相続人亡甲野太郎（最後の住所：○○県○○市○○町○丁目○番○号）は平成○○年○月○日に死亡しました。その相続人が不存在であるため，当職が○○家庭裁判所から同人の相続財産管理人に選任されましたことをご報告いたします（事件番号：平成○○年（家）第○○号相続財産管理人選任事件）。
　つきましては，今後被相続人の財産の管理及び清算のため，貴殿を貸主，亡甲野太郎を借主とする下記の土地の契約内容及び賃料の支払状況等をご連絡いただきたいと思います。また，契約書があればその写しをご送付願います。

記

　　　　　　　所在　○○県○○市○○町○丁目
　　　　　　　地番　○番○号
　　　　　　　地積　宅地
　　　　　　　地目　○○㎡

　また，上記相続財産管理人に選任された旨の審判書の謄本の写しを送付いたします。

以上

書式 34　相続財産管理人の債務者に対する通知書

通　知　書

平成　年　月　日

〒　－
○○県○○市○○町○丁目○番○号
　○○　○○　様

〒　－
○○県○○市○○町○丁目○番○号
　　　○○ビル○階
　　　乙野法律事務所
　　　弁護士　乙野　次郎
ＴＥＬ：○○○－○○○－○○○○
ＦＡＸ：○○○－○○○－××××

件名：亡甲野太郎の相続財産管理について

　この度，被相続人亡甲野太郎（最後の住所：○○県○○市○○町○丁目○番○号）は平成○○年○月○日に死亡しました。その相続人が不存在であるため，当職が○○家庭裁判所から同人の相続財産管理人に選任されましたことをご報告いたします（事件番号：平成○○年（家）第○○号相続財産管理人選任事件）。

　つきましては，平成○○年○月○日に亡甲野太郎から貴殿への○○万円の貸付につき，弁済期が既に到来していますので，元本○○万円及び遅延損害金○万円を，本書面到達後2週間以内に，下記の口座に振り込む方法によりお支払いください。

記

　　　○○銀行△△支店普通預金口座
　　　亡甲野太郎相続財産管理人乙野次郎
　　　　口座番号：1234567

　また，上記相続財産管理人に選任された旨の審判書の謄本の写しを送付いたします。

以上

書式35 相続財産管理人の相続を放棄した相続人に対する通知書

通　知　書

平成　年　月　日

〒　－
○○県○○市○○町○丁目○番○号
甲野　一郎様

〒　－
○○県○○市○○町○丁目○番○号
○○ビル○階
乙野法律事務所
弁護士　乙野　次郎
ＴＥＬ：○○○－○○○－○○○○
ＦＡＸ：○○○－○○○－××××

件名：亡甲野太郎の相続財産管理について

　この度，被相続人亡甲野太郎（最後の住所：○○県○○市○○町○丁目○番○号）は平成○○年○月○日に死亡し，貴殿ら相続人全員が亡甲野太郎の遺産につき相続放棄をしました。その結果相続人が不存在となったため，当職が○○家庭裁判所から同人の相続財産管理人に選任されましたことをご報告いたします（事件番号：平成○○年（家）第○○号相続財産管理人選任事件）。

　つきましては，今後被相続人の財産の管理及び清算のため，貴殿との面談及び貴殿が管理を継続する亡甲野太郎の財産の引継ぎを行いたいと考えておりますので，一度当事務所までご連絡ください。

　また，上記相続財産管理人に選任された旨の審判書の謄本の写しを送付いたしますのでご確認ください。

以上

書式36　管理報告書

平成○○年（家）第○○○○号
被相続人　甲野太郎

管　理　報　告　書（１）

平成○○年○月○日

○○家庭裁判所　御中

被相続人甲野太郎相続財産管理人
乙　野　次　郎　㊞

　頭書の相続財産管理人選任申立事件の相続財産管理につき，財産目録を調製しましたので，その１通を提出します。
　併せて本件財産の管理状況及び管理方針を下記のとおり報告します。

記

第１　管理期間
　　　平成○○年○月○日から平成○○年○月○日
第２　管理の計算
　　　管理のために要した費用　　合計○万○○○○円
　　　管理に伴い受領した金員等　合計○万○○○○円
第３　管理事務の経過
　１　申立人からの財産の引継ぎ
　　　平成○年○月○日，当職事務所において申立人と面談を行い，申立人が保管していた被相続人の財産の引継ぎ等を行った。
　２　被相続人名義の不動産について
　　　平成○年○月○日相続人不存在を原因として登記名義を「亡甲野太郎相続財産」に変更した。
　３　被相続人名義の預貯金について
　　　平成○年○月○日，預貯金の管理のため「亡甲野太郎相続財産管理人乙野次郎」名義の口座（財産目録○－○記載の口座）を開設した。

被相続人名義の預貯金口座のうち，○○銀行○○支店（財産目録○－○記載の口座）については，解約手続が完了し，上記相続財産管理人名義の口座に入金した。△△銀行○○支店（財産目録○－○記載の口座）については，解約手続未了である。
4　その他
別紙管理経過一覧表のとおり。
第4　今後の管理の方針
1　不動産について
相続財産の清算のため競売か任意売却を行う必要がある。売却価格の点からいうと任意売却が望ましいと思料する。
この点については売却手続の進捗があり次第御庁に報告を行い，必要があれば権限外行為許可の申立てを行う予定である。
2　被相続人名義の預貯金
上記△△銀行○○支店の預金口座の解約手続を行う予定である。
3　その他
………………。

以上

添付資料

1	財産目録	1部
2	管理経過一覧表	1部
3	受領書の写し	1部
4の1	登記事項証明書（土地）	1部
4の2	登記事項証明書（建物）	1部
5の1	預金通帳の写し（口座番号……）	1部
5の2	預金通帳の写し（口座番号……）	1部

第5　相続財産の清算手続

解　説

(1) **債権の請求申出の催告**

相続財産管理人選任の公告掲載の翌日から2ヵ月以内に相続人があることが判明しなかったときは，管理人は一切の相続債権者及び受遺者に対して，一定の期間（2ヵ月以上）を定めてその期間内に債権の申出をするように，催告の公告をしなければならない（民957条1項）。この公告には，期間内に申出のない相続債権者及び受遺者は清算から除斥される旨が明記されなければならない（民957条2項による927条2項の準用。【書式37】）。また，知れている相続債権者及び受遺者に対しては各別に請求申出催告の通知をすることになる（民957条2項による927条3項の準用。【書式38】）。

次に，この債権届出の期間満了後に初めて届出債権者に対して弁済の清算手続が開始されることになる。清算手続は限定承認の場合における管理人のなす清算手続に準じて行われる（民957条2項による929条の準用）。

(2) **届出債権の総額確定と弁済方法の選別との関係**

届出のあった債権は，通常は弁済期限が既に到来している，いわゆる確定債権である。しかし，中には弁済期限が未到来のものや条件付きの債権などがあり，弁済すべき債権の価額自体が確定していない債権が含まれることがあるが，これらについても相続開始時に弁済期限が到来したもの，すなわち確定債権として扱う必要がある。不確定債権も本来の確定債権と同じように一律に確定債権化することにより，全体の債権額が確定する。全体の債権額が確定するということは，被相続人側からみると，相続債務，すなわち消極財産の確定ということになる。

相続財産はこの消極財産と積極財産（弁済にあてられるいわゆる配当財団）とを比較することにより債務超過の有無がわかり，残余財産から債権者全員の債権を満足させられるか否かが判定できることになる。前者であれば，単に「弁済金の交付」をするだけでよいが，後者であれば，公平分配のために法が定める配当の順序に従い，必要に応じて按分した「配当金の弁済」が検討されることとなる。

(3) **債権価額が不確定の債権の届出があった場合**

不確定債権がある場合には，その債権の相続開始時における評価額を確定

するために，基本事件の財産管理人選任の審判があることを前提として，「鑑定人選任審判の申立て」(【書式39】)が関連事件として別途に設けられている（民930条2項，家手別表第1の100項）。選任された鑑定人が評価する不確定債権には，以下の4類型のものがある。

(a) 弁済期未到来の債権（民930条1項）　例えば，被相続人が第三者から金を借りていて，その返済期限が平成30年の年末と定められていた消費貸借契約において，被相続人が期限の2年前である平成28年に死亡した場合の貸金債権が弁済期未到来の債権ということになる。

(b) 一定条件の成就によって成立する債権（停止条件付債権）　例えば，被相続人が親戚の子に，「〇〇大学に合格したら1000万円をあげよう」と申し出て，その子もこの申出を承諾して成立していた贈与契約において，「〇〇大学に合格する」という条件が成就する前に，被相続人が死亡した場合の債権がその例である。

(c) 一定条件の成就によって消滅する債権（解除条件付債権）　例えば，被相続人が親戚の子に，「〇〇大学を無事に卒業するまでは毎月10万円をあげよう」と申し出て，その子もこの申出を承諾して成立していた贈与契約において，「〇〇大学を卒業する」という条件が成就する前に，被相続人が死亡した場合の債権がその例である。

(d) 存続期間の不確定な債権　例えば，被相続人がお世話になった高齢のおばさんXに，「Xが生きている限りは，毎月10万円ずつを生活費として送金しよう」と申し出て，おばさんXもこの申出を承諾して成立していた契約において，おばさんXより先に被相続人が死亡した場合の債権がそれである。

(4) **弁済の順位**

(a) 配当財団　相続財産管理人の報酬を含め一連の手続進行に必要な管理費用（いわゆる共益費用）は，総債権者のために役立った出費として最優先弁済の順位が与えられている。この共益費用に充てたその余の残余財産が総債権者に充てられるべき財産，すなわち配当財団となる。そして，債権の申出額がこの配当財団を上回る場合には，相続財産管理人は相続債権者らに配当弁済をすることになる。

(b) 配当弁済の根拠規定　弁済は，①優先権を有する債権者に対して行い，次いで，②一般債権者，③受遺者の順に行う（民929条〜931条）。相続財

産管理人はこの規定に従い弁済を行うことになる。ちなみに，債権の請求申出の公告にある催告期間内に申出をしなかった相続財産管理人に知れない債権者及び受遺者に対しては，残余財産がある場合にだけ弁済ができる（民935条）。

　(c)　配当弁済の処理の流れ　　相続財産管理人は自身の報酬と管理費用の額を確定した後，配当弁済について債権者全員の合意を得た上で，配当表を作成することになる。事前に債権者全員の合意を要する理由は，①相続債権者は全相続債務の按分弁済にそれぞれ利害関係を有するので，事前に相続財産管理人から配当計画を提示する必要があること，②相続財産管理人は不当弁済等を行った場合の責任を負っているので（民934条），その紛争を事前に回避する必要があることである。事前の同意が得られない場合は，監督する家庭裁判所の指示を受けて対応を考慮する必要がある。

　(d)　配当弁済となる場合の計算例　　例えば，配当に充てられる原資である残余財産が200万円で，届出のあった債権の総額が290万円であった場合，配当弁済の手順は，以下のようになる（【書式40】の配当表にある計算結果を参照）。

　　(イ)　優先順位に従う届出債権のグループ分け　　抵当権等が付けられた債権を優先権のある債権の第1グループとし，これに劣後する貸金等の一般債権を第2グループ，遺言による（包括又は特定）遺贈を前二者に劣後する債権として第3グループとする。このように，第1から第3までのグループ枠を設けることがまず先決である。

　　(ロ)　各債権の所属グループへの計上　　次に，届出債権がどのグループに属するかを見極めて分類する。

　　(ハ)　グループ単位での残余遺産の按分割付け　　配当原資である残余財産額と第1グループの債権合計額とを比較して，前者が後者を上回っているときは，その全債権に対して弁済金の交付をする。第1グループの債権全額を弁済してもなお残余がある場合に限って，それは第2グループの債権弁済分に回される。

　第1，第2グループの全債権がすべて弁済に充てられてなお残余がある場合には，それは第3グループの債権の弁済分に回される。冒頭の設例において，第1，第2グループの債権の合計が190万円であったとすると，それを弁済した残余の10万円は第3グループの債権弁済分に充てられることになる。債権者が複数なら債権額の大きさに応じた按分弁済となる。これは全体的に

見ると配当弁済であるが，厳密に見た場合は，第1，第2グループの債権については結果的に「弁済金の交付」であって，第3グループの債権だけが満額に不足する「配当金の弁済」ということになる。

(5) **相続財産の清算手続において使用する主な書式**

清算手続の処理の流れに沿った主な書式としては，次のようなものがある。

① 相続債権者・受遺者に対する請求申出催告の公告（【書式37】）
② 知れたる債権者に対する個別の申出催告（【書式38】）
③ 存続期間の不確定な債権の評価のための鑑定人選任申立書（【書式39】）
④ 配当表（【書式40】）
⑤ 配当弁済計画についての管理報告書（【書式41】）
⑥ 配当通知に対する相続債権者の回答書（【書式42】）
⑦ 相続債権者に対する配当終了通知書（【書式43】）

【貴島　慶四郎＝中村　彰朗】

書式 37 相続債権者・受遺者に対する請求申出催告の公告

相続債権者受遺者への請求申出の催告

本　　　籍　　神奈川県鎌倉市七里ヶ浜○丁目○番○
最後の住所　　横浜市中区○○町○丁目○番○
被 相 続 人　　亡　丙山太郎

　上記被相続人の相続人のあることが不明なので，一切の相続債権者及び受遺者は，本公告掲載の翌日から2ヵ月以内に請求の申出をしてください。上記期間内に申出がないときは弁済から除斥します。

　平成 ○ 年 ○ 月 ○ 日
　　　　　　　　　　横浜市中区○○町○丁目○○番○号第5ビル
　　　　　　　　　　　　　　　　　相続財産管理人　甲 野 一 郎

書式 38 知れたる債権者に対する個別の申出催告書

平成○年（家）第○○号相続財産管理人選任事件
　　　　　　　　　　　　　　　　　　　　　　平成○年○月○日
乙 川 二 郎　様
　　　　　　　　（住所）横浜市神奈川区○○町○丁目○番○号
　　　　　　　　（電話）０４５−○○○−○○○○
　　　　　　　　　被相続人亡丙山太郎相続財産管理人
　　　　　　　　　　　　　　　　甲 野 一 郎　㊞

　私は，被相続人亡丙山太郎（最後の住所神奈川県鎌倉市七里が浜1丁目○番○，平成○年○月○日死亡）の相続人不分明のため，○○家庭裁判所によって，同人の相続財産の管理人に選任されたので，その管理・清算をすることになった者です。
　相続財産管理人選任の公告は，○月○日付け官報の○○頁に掲載されています。
　ところで，上記公告の日から2か月を経過しても，被相続人亡丙山太郎の相続人のあることが明らかではないので，当管理人は知れたる債権者であるあなたに対して，あなたが被相続人に対して有する債権の請求申出をするように催告いたします。ついては，同封した債権申出書に所要事項を記入し，証拠書類を添えて，○月○日まで必着するよう，早めに当管理人まで提出してください。
　債権申出については，検討のうえ，その結果を後日お知らせいたします。

書式39 存続期間の不確定な債権の評価のための鑑定人選任申立書

家事審判申立書　事件名（　鑑定人の選任　）

（この欄に申立手数料として1件について800円分の収入印紙を貼ってください。）

（注意）登記手数料としての収入印紙を納付する場合は、登記手数料としての収入印紙は貼らずにそのまま提出してください。

（貼った印紙に押印しないでください。）

収入印紙　800円
予納郵便切手　　　円
予納収入印紙　　　円

準口頭　関連事件番号　平成○年（家）第　　　○○○○号

○○家庭裁判所　御中
平成　年　月　日

申立人（又は法定代理人など）の記名押印　　甲野一郎　印

添付書類　債権申出書

（審理のために必要な場合は、追加書類の提出をお願いすることがあります。）

申立人

本籍（国籍）　（戸籍の添付が必要とされていない申立ての場合は、記入する必要はありません。）　都道府県

住所　〒　　横浜市中区○○町○○番○　　電話○○○（○○○）○○○○（　　方）

連絡先　〒　—　　電話（　）（　　方）

フリガナ　コウノ　イチロウ
氏名　甲野一郎　　大正・昭和・平成○○年○月○日生（○○歳）

職業　司法書士

※被相続人

本籍（国籍）　（戸籍の添付が必要とされていない申立ての場合は、記入する必要はありません。）　神奈川都道府県　鎌倉市七里ヶ浜○丁目○番○

住所　〒○○○—○○○○　横浜市中区相生町○○丁目○番　電話○○○（○○○）○○○○（　　方）

連絡先　〒　—　　電話（　）（　　方）

フリガナ　ヘイヤマ　タロウ
氏名　丙山太郎　　大正・昭和・平成○○年○月○日生（○○歳）

職業　会社役員

（注）太枠の中だけ記入してください。
※の部分は、申立人、法定代理人、成年被後見人となるべき者、不在者、共同相続人、被相続人等の区別を記入してください。

申立ての趣旨

別紙債権目録記載の存続期間不確定の債権を評価する鑑定人の選任を求める。

申立ての理由

1　申立人は平成○○年○月○日被相続人丙山太郎の相続財産につき○○家庭裁判所において選任された相続財産管理人である。

2　申立人は、相続債権者及び受遺者に対し、3ヵ月の期間内にその請求の申出をするよう公告をした。

3　相続債権者乙川花子は、被相続人の相続財産について、別紙債権申出書にあるとおり、存続期間不確定の債権（被相続人と乙川花子間で乙川花子が生きている限り毎月10万円ずつ送金するという贈与契約に基づく債権）を有しており、申立人がその債務を同人に弁済するにつき、その価額を評価する鑑定人の選任を求める。

書式 40　配当表

配　当　表

平成○年（家）第○○号　相続財産管理人選任事件

残余金	円 2,000,000	優先弁済番号1～4	円 1,900,000	配当番号5～6			円 100,000	配当率	69%
番号	債権者	債権の表示		利息 円	損害金 円	元本 円	合計 円	配当額 円	備考
1	○○市役所	固定資産税の滞納分				1,000,000	1,000,000	1,000,000	公租公課
2	甲田太郎	平成○年○月○日貸金				200,000	200,000	200,000	一般債権
3	乙田一郎	平成○年○月○日貸金				300,000	300,000	300,000	一般債権
4	丙山花子	平成○年○月○日売掛金				400,000	400,000	400,000	一般債権
5	丁山四郎	受遺債権				700,000	700,000	70,000	現金の遺贈
6	戊山六郎	受遺債権				300,000	300,000	30,000	現金の遺贈
		合　　計					2,900,000	2,000,000	

【備考】
1．本文の(4)「弁済の順位」(C)「配当弁済の流れ」で触れたとおり，配当を実施する前に，相続債権者に提示すべき配当表の一例である。
2．相続債権の弁済に充てられる財産は200万円であるが，届出債権の総額が290万円（＝公租公課の債権が1口100万円＋一般債権が3口90万円＋特定遺贈が2口100万円）とそれより大きいので，配当弁済ということになる。
3．上記表にある番号1の届出債権は，固定資産税の滞納金であるから，公租公課として優先権のある第1グループに属するものである。
4．番号2から4の債権は抵当や質の担保権を有しないものであり，上記第1のグループに劣後する一般債権の第2グループということになる。
5．以上の番号1から4までの債権の合計は190万円であるが，残余金200万円のほうが大きいため，いずれも全額の弁済を受けられる。
6．そして，第1グループと第2グループの全債権の弁済に充てた残りの10万円は，受遺債権者としての第3グループへの弁済に回される。
7．遺言により相続財産の無償譲与を受けている番号5と6の受遺債権者は，その債権の割合（7：3）に応じ，10万円の比例配分を受ける。
8．ちなみに，番号1の滞納債権が120万円であったとすれば，残りの80万円は番号2～4の債権者に「2：3：4」に比例した配当弁済となる。
9．かくして，優先権を有する債権者と一般債権者に弁済して，余りがあった場合に限り，受遺者に遺贈金額を支払うことができる（民931条）。
10．つまり，借金も返さない状態下でされた第三者への財産処分の所業であり，当然，受遺者は相続債権者に常に劣後する取扱いとなる。
11．以上の弁済の順序に従わず，清算手続を誤った場合は，限定承認における責任の規定（民934条）が準用されており，注意すべきである。

書式 41　財産管理人の管理報告書（配当弁済計画について）

平成○年（家）第○○号相続財産管理人選任事件

平成○年○月○日

○○家庭裁判所　御中

　　　　　　　　被相続人亡丙山太郎相続財産管理人
　　　　　　　　　　　　　　　甲 野 一 郎　㊞

管理報告書（第○回）

　先に決定された管理人の報酬金○○円と管理費用○○万○○○円を管理に係る相続財産から差し引くと残余金は○○万○○○円となり，これを全相続債権者の合意を得て，別紙配当表のとおりに弁済することになりました。
　この配当が終了すると相続財産は皆無となり，管理事務は終了します。

添付書類
　1　配当表
　2　配当通知書
　3　回答書
　4　管理金計算書
　5　預金通帳写し

書式 42　配当通知に対する相続債権者の回答書

　　　　　　　　　　　　　　　　　　　　平成○年○月○日

被相続人亡丙山太郎相続財産管理人
　　　甲 野 一 郎　殿

　　　　　　　　　　川崎市川崎区○○町○番○号
　　　　　　　　　　　　　　　乙 川 花 子　㊞

回　答　書

　私は，配当通知書に添付してある配当表の内容と私あての配当金の金額のいずれにも異存はありません。
　ついては，下記「2」の方法による配当金の受領を希望します。
　　　　　　　　　　　記
1　管理人の事務所に赴いて，銀行振出小切手で受領します。当日は，受領書を持参します。私の代わりに代理人が受領する場合は，受領権限を授与した書面（いずれも印鑑登録をした印章を押印して作成したもの），それに印鑑証明書を持参させます。
2　下記銀行口座に振込送金をお願いします。この回答書には印鑑登録をした印章を押印し，印鑑証明書を同封します。
　　　　　送金先　○○銀行○○支店　普通預金
　　　　　　　　　（フリガナ）　オツカワハナコ
　　　　　名 義 人　乙川花子
　　　　　口座番号　○○○○○○

書式43　配当終了通知書

平成○年（家）第○○号相続財産管理人選任事件

平成○年○月○日

相続債権者　丁野五郎　様

被相続人亡丙山太郎相続財産管理人
甲野一郎　㊞

配当終了通知書

　本件については，平成○年○月○日に当職からあなたに対して相続債務を下記(2)にあるとおりの金額で配当弁済し，このことにより被相続人亡丙山太郎の相続財産は皆無となりました。
　なお，債権無回収となる1000万円の分は，税法上は損金として処理していただきたく，念のため申し添えます。

記

平成○年○月○日付け金銭消費貸借契約に基づく貸付債権
　　(1)　貸付元金　　2000万円

　　(2)　配当弁済分　1000万円

第6　相続人捜索の公告

解　説

(1)　制度の趣旨

相続人捜索の公告（民958条）は，相続財産管理人の選任公告（民952条），相続債権者・受遺者に対する請求申出の公告（民957条1項）に次いで行われる最後の公告手続である。

この手続は，相続債権者・受遺者に対する請求申出の公告の期間満了後，なお相続人が不明のときに，家庭裁判所が，相続財産管理人又は検察官の請求により，相続人がいるならば一定期間内（6ヵ月以上）にその権利を主張すべき旨を公告することにより行われる。

この公告期間内に，相続人としての権利を主張する者がいないときは，相続権が消滅し（民958条の2），相続人の不存在が確定する。また，この公告期間内に，相続財産管理人に対し，請求の申出をせず，相続財産管理人に知れなかった相続債権者・受遺者は，その権利を失う（民958条の2）。

これにより特別縁故者に対する相続財産分与や国庫帰属の対象となる財産を確定させ，清算の最終手続に入る。

なお，債務超過が明らかになった場合や相続債権者等への弁済により相続財産が皆無になった場合などには，この公告を行う必要はない。

この手続は，家事事件手続法別表第1に掲げる審判事項である（家手別表第1の99項）。

(2)　申立手続

(a)　申立権者　　相続財産管理人又は検察官（民958条1項）。

(b)　管轄裁判所　　相続開始地を管轄する家庭裁判所（家手203条1号）。

(c)　申立手続費用　　以下の費用が考えられる。

　　(イ)　収入印紙　　800円（民訴費3条1項・別表第1の15項）。

　　(ロ)　予納郵便切手　　400円程度。

　　(ハ)　官報公告料　　3670円。

(d)　添付書類　　相続債権者・受遺者への請求申出の公告をしたことを証する書面。

(3)　審判手続

家庭裁判所は，この申立てを認容する場合は，別に審判書を作成する必要

はなく，直ちに公告手続をとる。

　公告の内容は，①申立人の氏名又は名称及び住所，②被相続人の氏名，職業及び最後の住所，③被相続人の出生及び死亡の場所及び年月日，④相続人は一定の期間内にその権利の申出をすべきことである（家手規109条2項・1項）。

　公告は裁判所の掲示場に掲示し，かつ官報に掲載する方法によって行われる（家手規4条1項）。

【峰野　　哲】

書式44 相続人捜索の公告を求める申立書

家事審判申立書　事件名（相続人捜索の公告）

（この欄に申立手数料として1件について800円分の収入印紙を貼ってください。）

（注意）登記手数料としての収入印紙を納付する場合は、登記手数料としての収入印紙は貼らずにそのまま提出してください。

（貼った印紙に押印しないでください。）

収入印紙	800 円
予納郵便切手	円
予納収入印紙	円

準口頭　　関連事件番号　平成　　年（家　　）第　　　　号

○○家庭裁判所　御中
平成○○年○○月○○日

申立人（又は法定代理人など）の記名押印：被相続人甲野花子相続財産管理人　甲野太郎　㊞

添付書類（審理のために必要な場合は、追加書類の提出をお願いすることがあります。）
官報公告写し

申立人

- 本籍（国籍）：（戸籍の添付が必要とされていない申立ての場合は、記入する必要はありません。）都道府県
- 住所：〒○○○-○○○○　○○県○○市○○町○丁目○番○号　電話 ×××(×××)××××　（　　方）
- 連絡先：〒　-　　電話（　）　（　　方）
- フリガナ 氏名：被相続人甲野花子相続財産管理人　コウノ タロウ　甲野太郎
- 大正・昭和・平成　○○年○月○○日生（○○歳）
- 職業：

※ 被相続人

- 本籍（国籍）：（戸籍の添付が必要とされていない申立ての場合は、記入する必要はありません。）都道府県　○○市○○町○丁目○番地
- 最後の住所：〒○○○-○○○○　○○県○○市○○町○丁目○番○号　電話（　）　（　　方）
- 連絡先：〒　-　　電話（　）　（　　方）
- フリガナ 氏名：コウノ ハナコ　甲野花子
- 大正・昭和・平成　年月日生（　歳）
- 職業：

（注）太枠の中だけ記入してください。
※の部分は、申立人、法定代理人、成年被後見人となるべき者、不在者、共同相続人、被相続人等の区別を記入してください。

申立ての趣旨

被相続人に相続人があるならば一定の期間内にその権利を主張すべき旨の公告手続を求めます。

申立ての理由

1. 申立人は、平成○○年○○月○○日、○○家庭裁判所において相続財産管理人に選任され、相続財産管理人選任の公告も平成○○年○○月○○日の官報に掲載されました。
2. この公告から2ヵ月以内に相続人のあることが明らかにならなかったので、申立人は相続債権者及び受遺者に対して債権申出の催告をなし、この公告は平成○○年○○月○○日の官報に掲載されましたが、催告期間を経過してもなお相続人のあることが明らかになりませんでした。
3. よって、申立人は相続人があるならば一定の期間内にその権利を主張すべき旨の公告手続をされたく民法958条に基づきこの申立てをします。

第7　相続財産管理人の権限外行為許可

解　説

(1)　制度の趣旨

(a)　相続財産管理人の権限は，権限の定めのない代理人の権限と同様，民法103条所定の権限のみであり，原則として，保存行為，利用行為，改良行為に限られ，その範囲を超える行為をするには，家庭裁判所の許可を得る必要がある（民953条・28条）。

この手続は，家事事件手続法別表第1に掲げる審判事項である（家手別表第1の99項）。

(b)　民法103条所定の権限を超える行為としては，①相続財産の売却処分，無償譲渡，永代供養料，墓所撤去・処分費用，立退料などの支払，債権放棄など財産権の設定，移転，変更，消滅をもたらす法律行為，②訴えの提起及びこれに付随する保全処分の申立て，③調停申立て，④公示催告の申立て，⑤訴え（上訴）の取下げ，和解，調停，請求の放棄・認諾，⑥訴訟代理人の解任，⑦廃棄処分，⑧土地の分筆などが考えられる。

家庭裁判所の許可を得ないでされたこれらの行為は，無権代理行為となる。

(c)　①代金支払債務の履行，②被相続人の生前の処分行為に基づく所有権移転登記手続，③応訴，④上訴，⑤訴訟代理人の選任，⑥受領，⑦事務管理費用の支払，⑧預金の払戻請求などは，権限内行為と考えられる。

(2)　申立手続

(a)　申立権者　　相続財産管理人（民953条・28条）。

(b)　管轄裁判所　　相続開始地を管轄する家庭裁判所（家手203条1号）。

(c)　申立手続費用　　以下の費用が考えられる。

　（イ）　収入印紙　　800円（民訴費3条1項・別表第1の15項）。

　（ロ）　予納郵便切手　　400円程度。

(d)　添付書類　　申立理由を証する資料。

(3)　審判手続

家庭裁判所は，権限外行為の要否を審理し，許可又は却下の審判をする。審判に対する不服申立ては認められない。

【峰野　哲】

書式45 相続財産管理人の権限外行為許可を求める審判申立書

家事審判申立書 事件名（ 相続財産管理人の権限外行為許可 ）

受付印

（この欄に申立手数料として1件について800円分の収入印紙を貼ってください。）
（注意）登記手数料としての収入印紙を納付する場合は，登記手数料としての収入印紙は貼らずにそのまま提出してください。
（貼った印紙に押印しないでください。）

収入印紙　800円
予納郵便切手　　　円
予納収入印紙　　　円

準口頭　関連事件番号　平成　　年（家　）第　　　　　　　　　号

○○家庭裁判所　御中
平成○○年○○月○○日

申立人（又は法定代理人など）の記名押印
被相続人甲野花子相続財産管理人
甲野太郎　㊞

添付書類　（審理のために必要な場合は，追加書類の提出をお願いすることがあります。）
売買契約書（案），不動産登記簿謄本（登記事項証明書），不動産評価書

申立人

本籍（国籍）	（戸籍の添付が必要とされていない申立ての場合は，記入する必要はありません。）都道府県
住所	〒　　　　　　○○県○○市○○町○丁目○番○号　電話×××（×××）××××　（　　　方）
連絡先	〒　　　　　　　　　　　　　　　　　　　　　　　電話　（　　）　　　（　　　方）
フリガナ 氏名	被相続人甲野花子相続財産管理人　コウノ　タロウ　甲野太郎	大正昭和平成○○年○○月○○日生（○○歳）
職業	

被相続人 ※

本籍（国籍）	（戸籍の添付が必要とされていない申立ての場合は，記入する必要はありません。）○○都道府㊡　○○市○○町○丁目○番地
最後の住所	〒○○○-○○○○　○○県○○市○○町○丁目○番○号　電話　（　　）　　　（　　　方）
連絡先	〒　　　-　　　　　　　　　　　　　　　　　　　電話　（　　）　　　（　　　方）
フリガナ 氏名	コウノ　ハナコ　甲野花子	大正昭和平成　年　月　日生（　　歳）
職業	

(注) 太枠の中だけ記入してください。
※の部分は，申立人，法定代理人，成年被後見人となるべき者，不在者，共同相続人，被相続人等の区別を記入してください。

申立ての趣旨

被相続人亡甲野花子の相続財産管理人である申立人が，相続財産である別紙目録記載の不動産を住所○○県○○市○○町○丁目○番○号の丙野桜子に金○○○万円で売却することを許可するとの審判を求めます。

申立ての理由

1　申立人は，平成○○年○○月○○日，○○家庭裁判所において被相続人亡甲野花子の相続財産管理人に選任されました。
2　被相続人亡甲野花子の相続財産は，申立人が平成○○年○○月○○日に○○家庭裁判所に提出した第1回管理報告書に添付した財産目録に記載したとおりですが，同目録中の別紙目録記載の不動産（以下，「本件不動産」という。）について，住所○○県○○市○○町○丁目○番○号の丙野桜子が買受けを希望しています。
3　本件不動産の売却価格について，不動産鑑定士○○○○に評価を依頼したところ，金○○○万円と評価されました。
4　よって，上記丙野に対し，本件不動産を金○○○万円で売却したく，この申立てをします。

第8 特別縁故者に対する相続財産の分与

解　説

(1) 特別縁故者相続財産分与事件

　民法958条は，相続人不存在の場合における相続人捜索の公告期間について家庭裁判所が6ヵ月以内の期間を定めることを規定し，958条の3は，相続人不存在の清算手続で権利を主張する者がいない場合の失権項を定める958条の2の規定を承けて，その1項で「前条の場合において，相当と認めるときは，家庭裁判所は，被相続人と生計を同じくしていた者，被相続人の療養看護に努めた者その他被相続人と特別の縁故があった者の請求によって，これらの者に，清算後残存すべき相続財産の全部又は一部を与えることができる」と定め，その2項で「前項の請求は，第958条の期間の満了後3箇月以内にしなければならない」と規定する。

　この規定は，戦後しばらく経た昭和37（1962）年になって，同年法律第40号の民法改正によって新設されたもので，内縁の夫婦など被相続人と特に縁故があった者に対して，裁判所の裁量で相続財産の全部又は一部を分与する制度である。

　この特別縁故者相続財産分与事件は，家事事件手続法別表第1の101項の審判事件であり，調停を申し立てることはできない。

(2) 生前縁故と死後縁故

　実務上主として問題とされたのは，この規定の文言上は被相続人が死亡する以前の縁故関係の存在を前提としているように読めないではないため，このような生前縁故のほか，過去の縁故あるいは被相続人死亡後の縁故（死後縁故）が含まれるかどうかであるが，裁判例の多くはこれを肯定している（詳しくは，梶村太市『裁判例からみた祭祀承継の審判・訴訟の実務』（日本加除出版，2016年）参照）。その場合，生前の縁故に加えて，死後縁故を主張されることが多く，またこの場合には祭祀承継と関連することが多い。

(3) 審判申立手続

　民法958条の3に規定する申立権者は，相続権主張の6ヵ月以内の催告期間の満了後3ヵ月以内に申し立てなければならない。

　管轄裁判所は，相続開始地を管轄する家庭裁判所である（家手203条1項3号）。

申立手続費用としては，収入印紙800円（民訴費3条1項・別表第1の15項）及び約800円の予納郵便切手と特別送達費用等。

添付書類は，申立人の住民票と戸籍付票。

その他の審判手続や審判確定後の手続に関しては，梶村太市＝石田賢一＝石井久美子編『家事事件手続書式体系Ⅰ』512頁以下〔佐藤彰〕参照。

【梶村　太市】

第8　特別縁故者に対する相続財産の分与

書式46　特別縁故者に対する相続財産の分与審判申立書

受付印	家事審判申立書　事件名（　特別縁故者に対する相続財産の分与　）

収入印紙　　800　円
予納郵便切手　　　　円
予納収入印紙　　　　円

（この欄に申立手数料として1件について800円分の収入印紙を貼ってください。）
（貼った印紙に押印しないでください。）
（注意）登記手数料としての収入印紙を納付する場合は，登記手数料としての収入印紙は貼らずにそのまま提出してください。

準口頭　　関連事件番号　平成　　年（家　　）第　　　　　　　　号

○○　家庭裁判所　御中 平成○○年○○月○○日	申　立　人 （又は法定代理人など） の記名押印	甲　野　三　郎　　㊞

添付書類	（審理のために必要な場合は，追加書類の提出をお願いすることがあります。） 申立人の住民票・戸籍附票

申立人

本　籍 （国　籍）	（戸籍の添付が必要とされていない申立ての場合は，記入する必要はありません。） 　　　　都　道 　　　　府　県
住　所	〒○○○－○○○○　　　　　　　電話　×××（×××）×××× ○○県○○市○○町○丁目○番○号　　　　　　　　　　　（　　方）
連絡先	〒　　　－　　　　　　　　　　　　　電話　　　（　　　） 　　　　　　　　　　　　　　　　　　　　　　　　　　（　　方）
フリガナ 氏　名	コウ　ノ　サブ　ロウ 甲　野　三　郎	大正 昭和　○○年○○月○○日生 平成　　（　○○　歳）
職　業	

※ **被相続人**

本　籍 （国　籍）	（戸籍の添付が必要とされていない申立ての場合は，記入する必要はありません。） ○○　　都　道　　○○市○○町○丁目○番地 　　　　府　県
最後の住所	〒○○○－○○○○　　　　　　　電話　　　（　　　） ○○県○○市○○町○丁目○番○号　　　　　　　　　　（　　方）
連絡先	〒　　　－　　　　　　　　　　　　　電話　　　（　　　） 　　　　　　　　　　　　　　　　　　　　　　　　　（　　方）
フリガナ 氏　名	ヘイ　ノ　タ　ロウ 丙　野　太　郎（平成○○年○○月○○日死亡）	昭和 平成　○○年○○月○○日生 　　　　（　○○　歳）
職　業	

（注）　太枠の中だけ記入してください。
※の部分は，申立人，法定代理人，成年被後見人となるべき者，不在者，共同相続人，被相続人等の区別を記入してください。

申　立　て　の　趣　旨

申立人に対し，被相続人の相続財産を分与するとの審判を求める。

申　立　て　の　理　由

1　申立人は被相続人の姪に当たりますが，被相続人には子供もおらずそのほかの身内がいないため，申立人が何かと被相続人の面倒を見てきました。
2　申立人の縁故としては，被相続人の生前に，被相続人を老人ホームに入所させるために努力する等その療養看護に努めてまいりましたし，何よりも被相続人の葬式はもちろん，埋葬・墓の建立・盆暮れや命日のお墓参りなど死後の供養を怠りませんでした。
3　申立人は，被相続人の死亡に伴う相続人不存在の場合の相続財産管理人選任や，相続人の捜索等に関しては，民法に定める手続を全部履行しました。
4　被相続人には，相続債務弁済後の残余財産は，別紙相続財産目録のとおりの預貯金等が存在します。
5　よって，申立ての趣旨のとおりの審判を求めます。

第9　相続財産管理人に対する報酬付与

解説

(1) **制度の趣旨**

家庭裁判所は，被相続人の相続財産の中から，相当の報酬を相続財産管理人に与えることができる（民953条・29条2項）。

家庭裁判所は，相続財産管理人が行った管理事務の内容，管理対象財産の種類・数額・収益状況，管理期間，管理の難易度，相続財産管理人の職業等を総合的に考慮して報酬額を定めている。

この申立ては管理業務が終了する直前でされるのが通常であり，報酬付与の審判後，裁判所が決めた報酬額を差し引いて，国庫帰属させるなどして管理終了となる。

この手続は，家事事件手続法別表第1に掲げる審判事項である（家手別表第1の99項）。

(2) **申立手続**

(a) 申立権者　　相続財産管理人（民953条・29条2項）。

(b) 管轄裁判所　　相続開始地を管轄する家庭裁判所（家手203条1号）。

(c) 申立手続費用　　以下の費用が考えられる。

　(イ)　収入印紙　　800円（民訴費3条1項・別表第1の15項）。

　(ロ)　予納郵便切手　　80円程度。

(d) 添付書類　　財産目録，報酬額を定めるために必要な資料。

(3) **審判手続**

家庭裁判所は，相続財産管理人に対して報酬の付与をすべきかどうか，付与するときは，その金額を審査する。報酬付与の審判は，申立人に告知されて効力を生ずる。認容・却下審判に対し，不服申立てはできない。

管理期間が長期にわたる事案では，中間的に一部付与の審判をすることもあり，その場合には，対象期間を審判でする必要がある。

【峰野　哲】

第9 相続財産管理人に対する報酬付与　133

書式47　相続財産管理人に対する報酬付与審判申立書

受付印	家事審判申立書　事件名（相続財産管理人に対する報酬付与）
収入印紙　800円 予納郵便切手　　円 予納収入印紙　　円	（この欄に申立手数料として1件について800円分の収入印紙を貼ってください。） （貼った印紙に押印しないでください。） （注意）登記手数料としての収入印紙を納付する場合は，登記手数料としての収入印紙は貼らずにそのまま提出してください。

準口頭　　関連事件番号　平成　　年（家　）第　　　　号

○○家庭裁判所　御中
平成○○年○○月○○日

申立人（又は法定代理人など）の記名押印：被相続人甲野花子相続財産管理人　甲野太郎　㊞

添付書類：財産目録
（審理のために必要な場合は，追加書類の提出をお願いすることがあります。）

申立人

- 本籍（国籍）：（戸籍の添付が必要とされていない申立ての場合は，記入する必要はありません。）都道府県
- 住所：〒○○○-○○○○　○○県○○市○○町○丁目○番○号　電話×××（×××）××××（　　方）
- 連絡先：〒　-　　電話（　）　（　　方）
- フリガナ　氏名：被相続人甲野花子相続財産管理人　コウノ　タロウ　甲野太郎
- 大正・昭和・平成　○○年○○月○○日生（○○歳）
- 職業：

※被相続人

- 本籍（国籍）：（戸籍の添付が必要とされていない申立ての場合は，記入する必要はありません。）○○都道府県　○○市○○町○丁目○番地
- 最後の住所：〒○○○-○○○○　○○県○○市○○町○丁目○番○号　電話（　）（　　方）
- 連絡先：〒　-　　電話（　）　（　　方）
- フリガナ　氏名：コウノ　ハナコ　甲野花子
- 大正・昭和・平成　　年　月　日生（　　歳）
- 職業：

（注）太枠の中だけ記入してください。
※の部分は，申立人，法定代理人，成年被後見人となるべき者，不在者，共同相続人，被相続人等の区別を記入してください。

申立ての趣旨

申立人に対し，被相続人の相続財産の中から相当額の報酬を付与する審判を求めます。

申立ての理由

1. 申立人は，平成○○年○○月○○日，○○家庭裁判所において被相続人亡甲野花子の相続財産管理人に選任され，以後，既提出の管理報告書のとおり，管理業務をしてきました。
2. 相続債権者に対する弁済及び平成○○年○○月○○日付けの相続財産の分与審判に基づく特別縁故者に対する相続財産の引渡しは終了し，別紙財産目録に記載したものが残余財産となりました。
3. よって，申立人は相続財産の中から相当額の報酬の付与を受けたのち，管理業務を終了させる手続をとることにしたいので，この申立てをします。

書式 48　相続財産管理人の管理報告書

平成○○年（家）第○○○○号相続財産管理人選任申立事件

○○家庭裁判所　御中

平成○○年○○月○○日

○○県○○市○○町○丁目○番地○号
被相続人亡甲野花子
相続財産管理人　甲　野　太　郎　㊞

　　　　　管　理　報　告　書（第○回）

　標記の申立事件について，前回報告の銀行預金合計○○○円から，平成○○年○○月○○日付け報酬付与の審判に基づき，金○○万円を同月○○日に受領しました。
　なお，残金○○円について，国庫帰属するための準備を進めています。

（添付書類）
　　管理人報酬受領書写し

第10 相続財産の管理終了

解　説

(1) 管理終了事由

　一連の相続財産の管理は，本章第2のフローチャートにあるとおり，相続財産管理人選任の申立てがされてから，最終的には国庫に管理財産を引き継いで終了するが，その期間は少なく見ても優に13ヵ月以上が必要となる。管理財産である土地について隣地との境界が不明で訴訟が係属するような場合には，管理終了まで数年かかる例もある。

　国庫引継ぎによる管理終了以外に，途中の段階においても，以下のような事由により管理が終了することがある。

① 相続人が出現して相続を承認し，その相続人に財産を引き継いだとき

② 債務超過により相続財産管理人が破産申立てをして（破224条1項），破産手続開始決定がされた後に，破産管財人に対して管理財産を引き継いだとき

③ 管理すべき積極・消極の財産がすべて消滅したとき（例えば，権限外許可を得て相続財産である不動産を売却し，その売却代金を含めた残余の現金がすべて金銭債務の配当弁済や相続財産管理人の報酬に充てられたことにより管理財産が皆無となったとき）

④ 特別縁故者への財産分与の審判により管理財産全部が分与されたとき

(2) 管理終了報告

　相続財産管理人は，管理終了事由の発生によってその管理業務を終えたときは，家庭裁判所に対し，管理終了報告書を提出することになる。この報告書には，管理終了事由のほか，従前の報告時から終了時点までの管理財産の収支及び主要な管理業務を記載することになる。

　報告書には，管理終了事由を明らかにする資料を添付しなければならない。終了事由が特別縁故者に対する分与の場合は，所有権移転登記のある登記簿謄本（登記事項証明書），預金通帳又は現金の受領書（印鑑証明書付きのもの），終了事由が国庫帰属の場合は，納入告知書（銀行の受領印があるもの）等である。

　以下では，特別縁故者への財産引継ぎによる管理終了報告書（【書式49】）と国庫引継ぎによる管理終了報告書（【書式50】）を見ておきたい。

【貴島　慶四郎＝中村　彰朗】

書式 49　特別縁故者への財産引継ぎによる管理終了報告書

平成○年（家）第○○号相続財産管理人選任事件

平成○年○月○日

○○家庭裁判所　御中

被相続人亡丙山太郎相続財産管理人

甲　野　一　郎　㊞

管理終了報告書

　平成○年○月○日付けの特別縁故者○○○○に対する相続財産分与審判の確定通知に基づき，平成○年○月○日に特別縁故者○○○○に分与財産を引き渡しました。

　その結果，相続財産は皆無となり，管理事務は終了となりました。

　添付書類
　　1　分与財産の受領書
　　2　不動産登記簿謄本（登記事項証明書）
　　3　管理金の計算書
　　4　預金通帳写し

書式 50　国庫引継ぎによる管理終了報告書

平成○年（家）第○○号相続財産管理人選任事件

平成○年○月○日

○○家庭裁判所　御中

被相続人亡丙山太郎相続財産管理人

甲　野　一　郎　㊞

管理終了報告書

　平成○年○月○日付け御庁歳入徴収官の納入告知書に基づき，平成○年○月○日に国庫に帰属する金○○万○○円を歳入納付しました。

　その結果，相続財産は皆無となり，管理事務は終了となりました。

　添付書類
　　1　領収証書写し
　　2　管理金の計算書
　　3　預金通帳写し

第6章

相続の回復

第1 相続回復請求権

解　説

(1) 共同相続人間における民法884条の適用の可否

　民法884条は，表見相続状態の継続による取引の安全を考慮して，相続回復請求権の短期消滅時効を定めた。例えば，死亡した長男Ａの嫁とＡの姑とが不仲で，嫁はそこを追い出されて実家に戻り，身籠っていたＡの子ａを実家で出産していたとする。その後に祖父Ｈが死亡して相続が開始し，（ａの存在を無視して）Ｈの妻（姑）とＨの次男Ｂの２人だけによるＨの遺産分割を済ませ，遺産である甲不動産をＢの単独名義にしていたような場合である。

　相続は，相続人（上記例の代襲相続人ａ）が（祖父Ｈの）相続の開始を知ったか否かにかかわりなく，当然に開始する。そのため，事情によっては，「自己のために相続の開始があったことを知った時」においては，相続開始から既に相当の年月が経過している，というケースが生じ得る。上記事例のように，自分が相続人であると気づいた時点では，既に一部の相続人だけの遺産分割により，一部相続人の単独所有として独占されあるいは既にその相続人から第三者に譲渡されるなどし，結果的に相続権自体が奪われてしまったのと同じ状態が醸成されてしまったときである。

　他方で，相続人の１人を除外して行った遺産分割は無効であり，やり直しを求めることができるし，また，遺産分割請求はいつでも請求できる。この請求権は所有権の効力（物権的請求権）であるから，それ自体は時効にはかからないとされる。この権利の永久性との関係でみると，民法884条ではたった５年でその請求が阻止される。

　このことは悪知恵にたけた相続人を保護することにはなっても，回復請求

権者側にとっては何のメリットもない。すると，共同相続人間には民法884条の適用はないのではないだろうか。以上の素朴な疑問があったことを踏まえて，後述の昭和53年大法廷判決において考え方の方針が明確に示された。

なお，以下の記述については，梶村太市ほか4名著『家族法実務講義』337頁以下にある梶村太市「第4節　相続回復請求権」の解説を参考にした。

(2)　**相続回復請求権の意義——物権的請求権を基本**

Aが元々別荘として土地・建物を持っていたとする。第三者Xがその別荘の土地・建物を不法に占有したとすればどうなるか。これは典型的な物権的請求権の事例である。①占有者Xに対し，②Aは返せと請求でき，この権利は時効によって消滅しない。

この場合，Aの別荘の土地・建物が「相続財産」であり，それがXによって侵害されているとする。この場合も同様に物権的請求権で対応できる。

ところが，XがAに対し，自分こそが単独の真正相続人であるとして，Aの相続承継の資格（相続人の地位）自体を否認して単純に争ってきた場合，あるいは，③Aの相続承継の事実を認めた上でAの相続人資格は民法884条の時効により既に消滅しているとして，抗弁による反論を提出して争ってきた場合は，物権的請求権の淵源たる本権（所有権）の帰属そのものが争点となる。そのため物権的請求権だけでは対応できない。ここからが，相続人資格の存否を争点とする相続回復請求権の問題となってくる。

(3)　**相続回復請求権の特徴**

相続回復請求権は，真正相続人が相続権に基づいて，相続財産に対する不真正相続人（以下「表見相続人」という）の排除を求める請求権である。そして，この排除請求権は，個々の財産の返還的請求権とは別の独立した単一の権利（独立権利説）ではなく，個別的請求権の集合（集合権利説）である。相続財産が（甲財産，乙財産……などと）包括的に承継されることから，便宜上1個の請求権として構成されているにすぎないものである。したがって，独立権利説のように訴訟物は1個であるとするのではなく，それぞれ対象の排除財産の権利ごとに訴訟物は異なると考えるべきである（梶村ほか・前掲書338頁）。

ここでの独立権利説と集合権利説との対立は，相続が開始したことによる遺産共有の性質について，「組合的所有財産のように遺産全体を対象とした合有となる」とする「遺産合有説」と，「1つ1つの有体物ごとに相続人全員での共有となる」とする「遺産共有説（判例）」との対立があるが（梶村太

市＝貴島慶四郎『相続分算定方法』50頁参照），あたかもこの対立に呼応するものといえる。

このように，相続回復請求権は物権的請求権の主張そのものにほかならない。ただ，被告からの短期消滅時効の抗弁により，後述の判例で示された厳しい条件をクリアした表見相続人があり，その地位の安定が優先される極めて例外的な場合にだけは，結果的に，原告に実体法上発生している相続権もろとも物権的返還請求権が 5 年の短期消滅時効にかかることになるが，まさしく，この点にこそ通常の物権的請求権の場合とは異なる相続回復請求権の特徴がある。

(4) 請求権行使の特殊性（抗弁的性質）

相続回復請求権は裁判外・裁判上の行使が可能である。家事調停の対象であるが，家事審判事件ではなく，民事訴訟事項である。通常は，真正相続人から表見相続人に対する相続権（所有権）に基づく相続財産の返還請求等として現れ，それが訴訟物とされる。ただ事件名は相続回復請求でなくとも，実質が相続回復請求であれば，民法884条の適用による回復請求権の消滅時効の効果発生の有無が争点として加わることになる。

すなわち，相続回復請求権は権利とはいっても，通常は短期消滅時効の効果を受けたいとする被告（＝表見相続人）側の抗弁的事由として現れるところに特殊性がある。原告（＝真正相続人）側は，時効消滅のない相続権侵害としての所有権の取得を理由として請求するのが通常であり，自己に不利な（5年の短期消滅時効を伴う）相続回復請求権であると主張することはない。つまり，原告側が特定の権利を主張して特定の請求権を訴求し，これに対して，被告側が原告の請求は相続回復請求権の行使に該当するとして，5 年の短期消滅時効を抗弁として反論することになるが，この抗弁が提出されることにより「相続回復請求権行使の可否」が争点としてはじめて顕在化することになる。

問題は，相続の前提問題として，相続人の地位を争う人事訴訟（親子関係不存在確認・縁組無効・婚姻無効等）を相続回復請求と同視できるかであるが，訴訟物が異なることから，親子関係不存在確認訴訟をもって実質的に相続回復請求であるとはいえない（広島高判平13・1・15家月54巻 9 号108頁）。つまり，相続回復請求権は，「相続人でありかつ相続権が自己に帰属することを前提」とするが，上記の人事訴訟は，相続権発生の淵源とされる相続人の地位自体

の確定に関わるものにすぎず，相続回復請求の場合をこれと同視することはできない。

(5) **特に遺留分回復請求権との異同**

遺留分回復（減殺）請求の場合と比較すると，いずれも相続で自己に帰属した相続権に根拠を置いた請求権であり，かつ，一定の期間経過によりその請求権が時効消滅するという点では共通する。この意味では，いずれの訴訟においても，原告が理由中で主張する「実体法上で自己に帰属している（消滅時効が未完成の）権利の確認」を主要な争点として審理がされることになる。

しかし，その確認の対象が異なる。つまり，相続回復請求訴訟における確認の対象は「相続権自体の確認」であるが，遺留分減殺請求訴訟における確認の対象は（この相続権の存在を前提とした上での）「遺留分権の確認」である。

冒頭設例の事案によって，両者の請求の趣旨がどう異なるのかを参考まで見ておきたい。Aの代襲相続人aが表見相続人であるBを被告とする回復請求権訴訟では「甲不動産につき持分1/4を抹消せよ」となり，仮に，（a不知のままに遺言でされたB全部遺贈に対する）遺留分減殺請求であれば，「甲不動産につき持分1/8を抹消せよ」ということになる。このように比較すると，回復ないし減殺される権利の持分割合の大きさ（法定相続分か個別遺留分か）の点に違いが生ずることになる。

(6) **相続回復請求関係の当事者**

(a) 請求者　　相続の回復を請求し得る者は，相続権の侵害を受けている真正相続人又はその法定代理人である（民884条）。真正相続人のほか包括受遺者（民990条），遺言執行者（民1012条）を含む。相続回復請求権は財産上の請求権として扱い，（あえて）一身専属権とする必要はなく，真正相続人の（再転）相続人も行使権者に含まれると解される（最判昭39・2・27民集18巻2号383頁）。しかし，真正相続人でない第三者は相続回復請求権を行使できない（最判昭32・9・19民集11巻9号1574頁）。

(b) 相手方　　まず，相手方は戸籍上等で相続権がある相続人であるような外観を備えている者であることが必要であり，相続財産の単なる不法占拠者は含まれない（後掲最大判昭53・12・20）。

その上で，相手方となるのは，（真正相続人が自己の相続権と主張する権利とは相容れない）相続権が自己にあると称し，事実上相続財産の占有支配を継続して（真正相続人の）相続権を侵害している表見相続人である。表見相続人の

相続人も含まれる（大判昭10・4・27民集14巻1009号）しかし，共同相続の場合において，時効援用ができない共同相続人から譲り受けた第三者は含まれない（最判平7・12・5家月48巻7号52頁）。

(7) 民法884条の消滅時効の起算点

条文には5年と20年の期間が規定されている。この2つの期間にはどのような違いがあるのだろうか（以下，内田貴『民法Ⅳ』445頁参照）。

(a) 2つの時効の起算点　5年の時効の起算点は「相続人又はその法定代理人が相続権を侵害された事実を知った時」である。被相続人が死亡したという事実を単に知るだけでなくて，さらに自己が真正相続人であることを知り，しかも相続から除外されていることを知った時である（東京高判昭45・3・17高民集23巻2号92頁参照）。

20年（判例は時効，学説は除斥期間と解する）の起算点は「相続開始時」である。こちらは，相続人が相続権侵害の事実を知っていたかどうかに関係なく20年の経過で消滅する。これは相続をめぐる財産関係の早期安定を図り，取引の安全を確保しようとする趣旨に出るものである。20年の期間満了により，真正相続人が承継した所有権に基づく返還請求権は消滅し，相手方となるべき者の完全な所有に帰する。

(b) 再転相続が発生した場合　では，相続権を侵害された相続人が相続回復請求権を行使する前に死亡したら（いわゆる再転相続），どのように扱うべきだろうか。例えば，相続権を侵害されたAが相続回復請求権を行使しないで死亡し，aが相続した。このとき，aはAの相続回復請求権を相続して行使することになるのか，あるいは，Aと同様の起算点のもとで独自の相続回復請求権を行使し得るのかである。

5年のほうは，相続の承認・放棄の熟慮期間に関する再転相続制度（民916条）とのバランスからしても，Aのもとで進行していた期間の残りしかaには残されていないというのは酷であり，かつ，短期の消滅時効による失権の回避という観点からも，aが侵害の事実を知った時から進行すると考えるべきである。判例も，相続回復請求権について，（本位）相続人の（再転）相続人は固有の相続回復請求権を有するとする（大判大7・4・9民録24輯653頁）。ただし，Aのもとで相続回復請求権が時効により消滅してしまった場合は，もはやaは相続回復請求権を行使できない。

他方，20年の期間のほうについては，最判昭和39年2月27日（家月16巻5号

113頁）がこれについて判示し，Aにとっての相続が開始した時（最初の本位相続開始の時）から起算するとした。ａの相続回復請求権が固有のものとしても，法的安定を目的とする除斥期間の趣旨を優先し，起算点は固定される。

(8) 共同相続人間の適用

相続回復請求権は第三者との関係より，現実にはむしろ共同相続人間で問題となることが多い（共同相続人の一部を排除した遺産分割の場合が典型）。

共同相続人は元々相続分を有しており，そのため共同相続人の１人が相続財産を事実上独り占めしているとき，他の共同相続人が相続権を主張する場合は「相続権を侵害」といえないのではないかなどと，共同相続人間における相続権をめぐる争いを民法884条の消滅時効に服させることの妥当性については，肯定，否定と学説が分かれ，審判例も肯定説と否定説とに二分されていた。

この点が争点となった事件において，昭和53年12月20日最高裁は大法廷を開き，重要な判決を行った（民集32巻９号1674頁）。この判決により，（共同相続人への）適用肯定説を採用することとして，統一的判断が示された。

この判決により，884条の時効の利益を享受できる相手方は極めて限定されることとなった。つまり，相続権がないことにつき，「善意でかつそう信ずべき合理的事由がある場合」にのみ，884条が適用されることになる。さらにその後の判例で，その判断基準時は当該相続権侵害の開始時点であり，かつ，「善意かつ合理的事由の存在」は消滅時効を援用しようとする表見相続人側で主張・立証する必要があるとされる（最判平11・７・19民集53巻６号1138頁参照）。

その結果，共同相続人であると否とを問わず，884条の消滅時効を援用できる者は，「自己に相続権（あるいは一定の相続分）が帰属しないことについて善意・無過失」の（極めて限定された）表見相続人だけということになる。

一般に各共同相続人は各共同相続人の範囲を知っているのが通常であるから，共同相続人相互間における相続財産に関する争いが相続回復請求権の対象となるのは，特殊な場合だけに限られることとなる。例えば，「藁の上からの養子」として他人の実子として届けられていた者が突如相続人として現れた場合，死後認知により被相続人との親子関係が生じた場合，被相続人の死後に被相続人との協議離婚・協議離縁が取り消された者が生じた場合等である。

(9) 昭和53年12月20日最高裁大法廷判決（要旨）

> **【実際の事件をベースとした設例】**
> 　昭和28年に死亡したHには，妻W，孫a（長男Aの代襲相続人），子Bの相続人がいた。WとBは，aを除外した遺産分割協議によって甲不動産について相続を原因とするBへの単独所有権移転登記手続を了した。10年後，aは甲不動産につき自己の共有持分権（1/4）に基づきBの所有権移転登記の一部抹消を請求した。これに対し，Bはaの相続回復請求権は時効により消滅しているとして争った。

　この事件で代襲相続人aが遺産分割協議から排除されたのには，以下のような親族間紛争の内情があった。長男Aが死亡した後に，既にAの子であるaを懐胎していたAの妻AWはW（姑）と折り合いが悪く，実家に帰らされ，そこでaを出産してそのままになっていた。そのため，AWとBらとの親族づきあいも一切なかった。

　このような事案で，一審，二審ともにaの請求を認容した。Bの上告に対し，結論については全員一致で最高裁はこれを棄却したものの，理由中の共同相続人への適用の可否については9対6で多数意見が形成された。最高裁大法廷の多数意見による判旨は，以下のとおりである（以下の〔　〕内の小題は，便宜的に本書が付した）。

〔制度趣旨1──静的安全（真正相続人）の保護〕
　民法884条の相続回復請求の制度は，いわゆる表見相続人が真正相続人の相続権を否定し相続の目的たる権利を侵害している場合に，真正相続人が自己の相続権を主張して表見相続人に対し侵害の排除を請求することにより，真正相続人に相続権を回復させようとするものである。

〔制度趣旨2──動的安全（取引社会）の保護との調整〕
　そして，同条が相続回復請求権について消滅時効を定めたのは，表見相続人が外見上相続により相続財産を取得したような事実状態が生じたのち，相当年月を経てからこの事実状態を覆滅して真正相続人に権利を回復させることにより，当事者又は第三者の権利義務関係に混乱を生じさせることのないよう，相続権の帰属及びこれに伴う法律関係を早期にかつ終局的に確定させるという趣旨に出たものである。

〔制度趣旨3──共同相続人間の場合にも適用あり〕

　本論である共同相続人間の相続回復請求の可否については，これを肯定した。

　すなわち，①共同相続人の1人による侵害もその相続分を超える部分で非相続人による侵害と異ならない，また，②法律関係の早期解決の要請は共同相続人相互間の争いと相続人・非相続人間の争いとで異ならない。そうだとすると，共同相続人の1人又は数人が，相続財産のうち，自己の本来の相続分を超える部分について，当該部分の表見相続人として当該部分の真正相続人の相続権を否定し，その部分もまた自己の相続分であると主張してこれを占有管理し，真正相続人の相続権を侵害している場合につき，民法884条の規定の適用を特に否定すべき理由はない。

　したがって，共同相続人間の争いにも民法884条が適用される（この点，本判決の少数意見は，共同相続人間の争いには不適用説であった）。

(10) **取得時効との関係**

　真正相続人からの相続回復請求に対して，表見相続人は取得時効の援用によって自己の所有権の取得を対抗することができるか。真正相続人保護の観点から，相続回復請求権が時効消滅するまでは取得時効は完成しないとする判例がある（大判昭7・2・9民集11巻192頁）。これに関連して，表見相続人から相続財産を譲り受けた第三者（転得者）は，前主たる表見相続人の占有をもあわせて時効期間を主張できるとした判例がある（大判昭13・4・12民集17巻675頁，梶村ほか・前掲書343頁参照）。

【峰野　　哲＝貴島　慶四郎】

第1 相続回復請求権

書式 51　相続回復請求の調停申立書

受付印	家事 ☑調停　□審判　申立書　事件名（　不当利得返還　）
	（この欄に申立て1件あたり収入印紙1,200円分を貼ってください。）

収入印紙　1,200円
予納郵便切手　　　円

（貼った印紙に押印しないでください。）

○○家庭裁判所　御中
平成○○年○月○日

申立人（又は法定代理人など）の記名押印　　甲野太郎　㊞

添付書類	（審理のために必要な場合は、追加書類の提出をお願いすることがあります。） 申立人の戸籍謄本（全部事項証明書），相手方の戸籍謄本（全部事項証明書），被相続人の戸籍謄本（全部事項証明書），不動産の登記事項証明書	準口頭

申立人	本籍（国籍）	（戸籍の添付が必要とされていない申立ての場合は，記入する必要はありません。） ○○都道府県　○○市○○町○丁目○番地	
	住所	〒○○○－○○○○　○○県○○市○○町○丁目○番○号　（　　　方）	
	フリガナ 氏名	コウノ　タロウ 甲野太郎	大正・昭和・平成　○○年○○月○○日生（○○歳）

相手方	本籍（国籍）	（戸籍の添付が必要とされていない申立ての場合は，記入する必要はありません。） ○○都道府県　○○市○○町○丁目○番地	
	住所	〒○○○－○○○○　○○県○○市○○町○丁目○番○号　（　　　方）	
	フリガナ 氏名	オツノ　ジロウ 乙野次郎	大正・昭和・平成　○○年○月○日生（○○歳）

（注）太枠の中だけ記入してください。

申立ての趣旨
相手方は，申立人に対し，別紙目録記載の土地につき，甲区順位4番の相続による所有権移転登記の更正登記手続をするとの調停を求めます。

申立ての理由
1　申立人及び相手方の父○○○○は○○県○○市○○町○丁目○番○号で相手方と生活していましたが，平成○○年○月○日に死亡し，相続が開始しました。
2　父○○○○の相続人は，申立人及び相手方です。
3　父の死後，遺産を調査したところ，別紙目録記載の土地につき，相手方名義の相続による所有権移転登記をしていることがわかりました。
4　そこで，申立人は，相手方に対し，相続回復請求権に基づき，上記不動産の相続による所有権移転登記の更正登記手続を求めましたが，相手方はこれに応じないため申立ての趣旨記載の調停を求めます。

書式52　相続回復請求書

平成○○年○○月○○日

○　○　○　○　殿

　　　　　　　　　　　住　所　○○県○○市○○町○丁目○番○号
　　　　　　　　　　　連絡先　○○－○○○○－○○○○
　　　　　　　　　　　氏　名　○　○　○　○　㊞

相続回復の請求書

　私は，貴殿に対して，別紙物件目録記載の土地につき私が共有持分3分の1を有することを認め，速やかに同旨の登記手続を行うことを求めます。

理　由

　父○○○○は別紙物件目録記載の土地（以下，「本件土地」という。）を所有していたところ，同人は平成○○年○○月○○日死亡し，私，貴殿及び○○○○が各持分3分の1ずつ相続しました。
　ところが，貴殿は私らに無断で本件土地につき貴殿の単独名義の相続登記手続を行い，同土地を占有しています。
　本件土地につき，私も3分の1の共有持分を有しているので，本書によって相続権の回復を請求します。

書式 53　相続回復請求に対する回答書

平成○○年○○月○○日

○　○　○　○　殿

　　　　　　　　　　住　所　○○県○○市○○町○丁目○番○号
　　　　　　　　　　連絡先　○○－○○○○－○○○○
　　　　　　　　　　氏　名　○　○　○　○　㊞

相続回復請求に対する回答書

　私は，貴殿の平成○○年○○月○○日付け相続回復請求に応じることはできません。

理　由

　別紙物件目録記載の土地（以下，「本件土地」という。）の相続について，私は，貴殿が私に対し「父○○○○の相続に関し○○○万円を受領したので一切の権利を譲渡する」旨の貴殿名義の書面を所持しています。

　同書面によって，私は本件土地につき相続登記手続を行い，これを利用してきたものです。

　よって，貴殿の請求に応じることはできません。

第7章

祭祀財産の承継

第1　祭祀財産の承継

解　説

(1)　死亡に伴う祭祀承継

　祭祀承継者は，死亡に伴って決められる場合がほとんどである。そのほかに，婚姻によって氏を改めた者や養子が祭祀財産を承継した後に，離婚や婚姻の取消し，離縁や縁組の取消しにより復氏をする場合，あるいは夫婦の一方が死亡した場合に生存配偶者が姻族関係を終了させる意思表示をしたときや婚姻前の氏に復したときも，祭祀承継が利用されることもあり得るが，実際には稀であるから，ここでは専ら人が死亡した場合の祭祀承継について説明する（詳しくは，梶村太市『裁判例からみた祭祀承継の審判・訴訟の実務』（日本加除出版，2016年）を参照）。もとより，死亡に伴って相続が開始するが，相続と祭祀承継は別の制度であり，両者は両立し，相互に影響しない。

　民法は，896条で「相続人は，相続開始の時から，被相続人の財産に属した一切の権利義務を承継する。ただし，被相続人の一身に属したものは，この限りでない」と規定し，これを承けて，897条は，1項で「系譜，祭具及び墳墓の所有権は，前条の規定にかかわらず，慣習に従って祖先の祭祀を主宰すべき者が承継する。ただし，被相続人の指定に従って祖先の祭祀を主宰すべき者があるときは，その者が承継する」と定め，2項で「前項本文の場合において慣習が明らかでないときは，同項の権利を承継すべき者は，家庭裁判所が定める」と規定する。

　これは，家事事件手続法別表第2の11項の審判事項であり，これに属する調停事件の申立てということになる。

(2)　祭祀財産の意義

民法897条1項は，承継されるべき財産は「系譜，祭具及び墳墓」と定める。系譜とは，歴代の家長を中心に祖先伝来の系統（家系）を表示するもので，掛軸型と帳簿型とがある。祭具とは，祖先の祭祀や礼拝の用に供するもので，仏壇・神棚・位牌・霊位・十字架などがある。墳墓とは，遺体や遺骨を葬っている土地に付着した設備で，墓石・墓碑などの墓標や土葬の場合の埋棺などをいうが，現在の通説・判例は，祭祀に必要最小限の土地の使用権や所有権も含まれると解している。判例によれば，遺骨も祭祀財産に準じて承継される（福岡家柳川支審昭50・7・30家月28巻9号72頁）。

(3) 祭祀承継者の決定手続

祭祀財産を承継すべき「祭祀承継者」を決定する手続には，次の三段階がある。①まず被相続人の指定が生前又は遺言によるものであれば，それに従う。これがあれば当然に祭祀承継者が決定し，これ以後の手続は不要である。②それがないときは，その地方の慣習によって定まる。慣習の有無や内容に争いがあれば，次の段階の調停・審判で決めることになる。③それもないときは，家庭裁判所の調停又は審判で定める。

まず調停の申立てをするのが通常であるが，調停前置主義の適用はないので，いきなり審判の申立てをしてもよい。当事者や利害関係人全員の合意（協議）で決めることも可能である。承継者は多くは相続人であろうが，相続人ではない親族，あるいは非親族でもかまわない。これらの点については，梶村・前掲書に詳しい。

(4) 祭祀承継者を決定する調停・審判の申立て

調停を選択する場合，管轄裁判所は，相手方（いずれか1人でよい）の住所地を管轄する家庭裁判所か，当事者が合意で定める家庭裁判所に申し立てる（家手245条1項）。審判を選択する場合は，相続開始地を管轄する家庭裁判所か，当事者が合意で定める家庭裁判所に申し立てる（家手66条1項）。調停も審判も，申立ては，申立書を管轄家庭裁判所に提出して行い（家手255条1項），申立書には当事者及び法定代理人，申立ての趣旨及び理由を記載しなければならない（同条2項）。申立手続費用は収入印紙で1200円（民訴費3条1項・別表第1の15の2項）であり，そのほか1000円前後の予納郵便切手が必要である。調停が不成立になれば，当然に審判手続に移行するが，その場合には審判には新たな申立費用は必要ない。

(5) 調停・審判申立書の添付書類

申立人・相手方・相続人全員・利害関係人の戸籍謄本（全部事項証明書），被相続人（及び相続人が死亡した場合のその子及び代襲者）の出生時から死亡までのすべての戸籍（除籍・改製原戸籍）謄本（全部事項証明書）。

財産に関する証明書，その他の添付書類やその他の点に関しては，梶村太市＝石田賢一＝石井久美子編『家事事件手続書式体系Ⅱ』285頁以下〔平本美枝子〕参照。

(6) 書 式 例

【書式54】はさいたま家審平26・6・30家庭の法と裁判3号83頁，【書式55】は東京家審平21・8・14家月62巻3号78頁を参考にしているので，詳しくは梶村・前掲252頁以下，258頁以下を参照されたい。

【梶村　太市】

第1　祭祀財産の承継　151

書式54　祭祀承継者指定調停申立書

受付印	家事 ☑調停 □審判　申立書　事件名（祭祀財産承継者の指定）
	（この欄に申立て1件あたり収入印紙1,200円分を貼ってください。）
収入印紙　1,200円 予納郵便切手　　　円	（貼った印紙に押印しないでください。）

○○　家庭裁判所 　　　　　　御中 平成○○年○○月○○日	申立人 （又は法定代理人など） の記名押印	甲野二郎　㊞

添付書類	（審理のために必要な場合は，追加書類の提出をお願いすることがあります。） 戸籍（除籍・改製原戸籍）謄本（全部事項証明書）　合計6通 墓地の登記事項証明書　1通　申立書の写し　2通	準口頭

申立人	本籍（国籍）	（戸籍の添付が必要とされていない申立ての場合は，記入する必要はありません。） ○○　都道府県　○○市○○町○丁目○番地
	住所	〒○○○-○○○○ ○○県○○市○○町○丁目○番○号　　（　　　方）
	フリガナ 氏名	コウノ　ジロウ 甲野二郎	大正・昭和・平成　○○年○○月○○日生（○○歳）

相手方	本籍（国籍）	（戸籍の添付が必要とされていない申立ての場合は，記入する必要はありません。） 愛知　都道府県　○○市○○町○丁目○番地
	住所	〒○○○-○○○○ 上記本籍と同じ　　　　　　　　（　　　方）
	フリガナ 氏名	コウノ　タロウ 甲野太郎	大正・昭和・平成　○○年○○月○○日生（○○歳）

（注）太枠の中だけ記入してください。

申立ての趣旨

被相続人母甲野花子（平成○年○月○日死亡）所有の別紙目録記載の祭祀財産（仏壇・位牌・○○霊園永代使用権）の承継者を申立人と指定するとの調停を求める。
（別紙目録省略）

申立ての理由

1　被相続人母は，平成○年○月○日最後の住所地の肩書地住所地で死亡し，相続が開始し，同時に祭祀承継問題が生じた。
2　被相続人の相続人は二男である申立人と長男である相手方の2名である。
3　申立人と母は長年にわたり同居し，生活を共にしてきた。申立人は母の主宰する法事や先祖の墓参りを共にしてきた。母は申立人が祭祀承継者となることを望んでいたと推測される。
4　母の晩年に，相手方は母を申立人から強引に連れ去り，葬式も内緒で済ませてしまったが，母は，先祖の墓参りや法事等の際には必ず申立人に援助を乞い，申立人が快くこれを手伝っていた。相続人の別紙目録の祭祀財産の祭祀承継者を申立人と定めるようこの申立てをする。

書式55　祭祀承継者指定審判申立書

受付印		
	家事　□調停　申立書　事件名（祭祀財産承継者の指定） 　　　　☑審判 （この欄に申立て1件あたり収入印紙1,200円分を貼ってください。）	
収入印紙　1,200円 予納郵便切手　　　円	（貼った印紙に押印しないでください。）	

　　　　　○○　家庭裁判所　　　申　立　人　　　　　　　　　　　　　　　　㊞
　　　　　　　　　　　　御中　（又は法定代理人など）　　　甲　野　桜　子
　　平成○○年○○月○○日　　の記名押印

添付書類	（審理のために必要な場合は，追加書類の提出をお願いすることがあります。） 戸籍（除籍・改製原戸籍）謄本（全部事項証明書）　合計6通 墓地の登記事項証明書　1通　申立書の写し　2通	準口頭

申立人	本籍 （国籍）	（戸籍の添付が必要とされていない申立ての場合は，記入する必要はありません。） ○○　都道府県　○○市○○町○丁目○番地	
	住所	〒○○○－○○○○ ○○県○○市○○町○丁目○番○号　　　　（　　　　　方）	
	フリガナ 氏名	コウノ　サクラコ 甲　野　桜　子	大正 昭和　○○年○○月○○日生 平成　（　○○歳）

相手方	本籍 （国籍）	（戸籍の添付が必要とされていない申立ての場合は，記入する必要はありません。） ○○　都道府県　○○市○○町○丁目○番地	
	住所	〒○○○－○○○○ 上記本籍と同じ　　　　　　　　　　　　　（　　　　　方）	
	フリガナ 氏名	ヘイノ　イチロウ 丙　野　一　郎	大正 昭和　○○年○○月○○日生 平成　（　○○歳）

（注）太枠の中だけ記入してください。

※相手方	本籍	○○　都道府県　○○市○○町○丁目○番地	
	住所	〒○○○－○○○○ ○○県○○市○○町○丁目○番○号　　　　（　　　　　方）	
	フリガナ 氏名	ヘイノ　ジロウ 丙　野　二　郎	大正 昭和　○○年○○月○○日生 平成　（　○○歳）

（注）太枠の中だけ記入してください。※の部分は，申立人，相手方，法定代理人，不在者，共同相続人，被相続人等の区別を記入してください。

申　立　て　の　趣　旨

　申立人は被相続人の妹で成年被後見人であるが，被相続人の祭祀財産である別紙目録の墳墓の承継者を申立人と定める旨の審判を求める。

申　立　て　の　理　由

1　被相続人は相手方2人の相続人を残して平成○年○月○日死亡したが，被相続人の相続人など親族には，被相続人の妹である申立人以外に積極的に祭祀承継者となる希望者はいない。
2　申立人は，現在被後見人であるが，従前被相続人と親しく交際し，被相続人も申立人が死亡したら同じ墓に埋葬することを希望するなど，申立人は被相続人や同人の実父とも親密な生活関係にあった。
3　申立人は成年後見人の審判を受けているが，成年後見人により永代供養の手続等を行って，申立人自身の死後の祭祀も可能になるなどの積極的な事情もある。
4　よって，申立ての趣旨のとおりの審判を申し立てる。

第2　祭祀を巡る紛争類型

解　説

(1)　諸類型

　祭祀を巡る紛争事件には，戦前から存在する民事訴訟として遺骨や墓地の引渡・明渡請求訴訟のほか，遺産分割に関連して問題となるもの，氏変更・子の氏変更事件で問題とされるもの，特別縁故者相続財産分与事件で問題となるもの，その他身分関係事件・財産関係事件で問題となるものなどさまざまである。この点は，梶村太市『裁判例からみた祭祀承継の審判・訴訟の実務』（日本加除出版，2016年）が戦前から現在までの142件に及ぶ裁判例を紹介・分析しているので，参考にされたい。

　遺骨は当初は相続財産に属し，相続の対象となるとしていたが，最近では祭祀財産の準ずるものとされ，その帰属主体は民法897条により定まるとされるようになった（最判平元・7・18家月41巻10号128頁）。

(2)　遺骨の引渡しを求める調停事件

　遺骨の引渡しは，前述の祭祀承継者指定の調停・審判の手続で求める場合と，直接に遺骨引渡請求権の行使としての民事訴訟あるいは調停申立てで求める場合とがある。前者は，前記本章第1(3)の承継者指定の3つの段階のうち，①②では決まらず，③の段階までいく場合の祭祀承継審判で決めるときの決定手続であるのに対し，後者は①②の段階で審判に行く前に決まってしまっている場合の手続である。そうすると，前者は第1の場合と同じだから，上記本章第1のように手続を進めればよく，前者の手続は，【書式54】，【書式55】と同じことになる。

　そうすると，ここでは，後者の場合の書式例を掲げておくべきことになる。ここでは，前記福岡家柳川支審昭50・7・30の事案を修正して，訴訟事項とした場合の調停事件として構成したものである。これは，家事事件手続法別表第2の11項の審判事項の調停事件として構成したものではなく，いわゆる一般調停事件として類型化したものである。

(3)　その他

　管轄裁判所・申立手続費用・添付書類等は前記本章第1に準ずる。

【梶村　太市】

書式56　遺骨の引渡しを求める調停申立書

	受付印

家事 ☑ 調停　申立書　事件名（　遺骨引渡し　）
　　 □ 審判

（この欄に申立1件あたり収入印紙1,200円分を貼ってください。）

（貼った印紙に押印しないでください。）

収入印紙　1,200円
予納郵便切手　　　円

○○家庭裁判所　御中
平成　○○年　○○月　○○日

申立人（又は法定代理人など）の記名押印：**甲野花子**　㊞

準口頭

添付書類
申立人の戸籍謄本（全部事項証明書）　1通
相手方の戸籍謄本（全部事項証明書）　1通
住民票（申立人，相手方），被相続人の除籍謄本（全部事項証明書）

申立人

本籍（国籍）	（戸籍の添付が必要とされていない申立ての場合は，記入する必要はありません。） ○○都道府県　○○市○○町○丁目○番地
住所	〒○○○－○○○○　○○県○○市○○町○丁目○番○号　（　　　方）
フリガナ 氏名	コウノ　ハナコ 甲野花子	大正・昭和・平成　○○年○○月○○日生（○○歳）

相手方

本籍（国籍）	（戸籍の添付が必要とされていない申立ての場合は，記入する必要はありません。） ○○都道府県　○○市○○町○丁目○番地
住所	〒○○○－○○○○　○○県○○市○○町○丁目○番○号　（　　　方）
フリガナ 氏名	オツヤマ　サクラコ 乙山桜子	大正・昭和・平成　○○年○○月○○日生（○○歳）

（注）太枠の中だけ記入してください。

申立ての趣旨

相手方は申立人に対し，被相続人亡甲野一郎の遺骨を引き渡すとの調停を求める。

申立ての理由

1　被相続人は相続人がなく，昭和49年9月12日死亡した。
2　申立人は被相続人の姪，すなわち被相続人は申立人の叔母である。
3　被相続人は前同日第三者である相手方宅で死亡したが，申立人に遺骨を引き渡さない。
4　被相続人は，亡き夫の郷里の墓地内に墓石を立てたが，それに自己の法名も刻み，申立人にそこへの埋葬を依頼していたので，申立人は今日までその墓地を管理し，供養を続けてきた。
5　被相続人の地方の慣習では，被相続人に子ども等の近親者がいない場合には，血縁関係の最も近い者が祭具及び墳墓を承継することになっている。
6　そうすると，申立人はその慣習により既に祭祀承継者として被相続人の遺骨の所有権を取得しているので，所有権に基づき，請求の趣旨のとおりの調停を求める。

第2編

遺 言

第8章

遺　　言

第1　遺言の確認

解　説
(1) 概　要

　遺言の確認とは，死亡危急時遺言（民976条）や船舶遭難者の遺言（民979条）が遺言者の真意に基づくものかを判断する手続をいい，家事事件手続法別表第1の102項に定める家事審判事件である。

　危急時遺言は，遺言者の自書，署名の要件が緩和され，口授による遺言が認められているため，遺言者の真意を担保するための手段としては十分ではない。そこで，家庭裁判所が関与することにより，遺言者の真意を確認するため，遺言の確認手続の制度が設けられている（民976条・979条）。

　死亡危急者の遺言は，疾病その他の事由により死亡の危急に迫った者がする遺言で，証人3人以上の立会いを要し，そのうちの1人に対し遺言の趣旨を口授し，その口授を受けた者が，これを筆記し，遺言者及びその他の証人に読み聞かせ，又は閲覧させ，各証人がその筆記の正確なことを承認した後，証人が遺言書に署名，押印しなければならない（民976条1項）。遺言者が口をきけない者の場合は，証人の前で，遺言の趣旨を通訳人の通訳により申述し，口授に代えなければならない（同条2項）。遺言者又は遺言者から口授又は申述を受けた証人以外の証人が耳の聞こえない者である場合には，筆記の内容を通訳人の通訳により遺言者又は他の証人に伝えることにより，同条1項に定める読み聞かせに代えることができる（同条3項）。

　ほとんど実例はないと思われるが，976条の危急時遺言のバリエーションとして，船舶遭難者の遺言がある（民979条）。船舶遭難者の遺言は，船舶が遭難した場合，当該船舶の中に在って死亡の危急に迫った者がする遺言で，

証人2人以上の立会いを要し，口頭で遺言することができ，証人がその趣旨を筆記し，これに署名，押印しなければならない（民979条1項・3項）。遺言者が口をきけない者の場合は，通訳人の通訳によりする（同条2項）。

これらの特別な方式による遺言は，「遺言者が普通の方式によって遺言をすることができるようになった時から6箇月間生存するときは，その効力を生じない」（民983条）。「その効力を生じない」とは，いったん発生した遺言の効力が，6ヵ月間の経過により失効する趣旨と考えられている（梶村太市ほか4名『家族法実務講義』483頁）。

(2) **申立ての時期**

死亡危急者遺言は，遺言の日から20日以内に確認の請求をしなければならない（民976条4項）。遺言の日とは，民法976条1項の要件がすべて備わった日をいう。日付の記載は有効要件とはならない（最判昭47・3・17民集26巻2号249頁）。期間経過後の申立ては，遺言の効力要件を満たさないので確認の利益がないとして却下すべきであるが（仙台高決昭28・4・10家月5巻7号48頁），交通，通信手段の途絶などにより上記期間の遵守が客観的に期待できないような特別の事情のある場合には，それらの事情が止んだ後，遅滞なく申立てがされたものである限り，民法979条3項の規定を類推して確認が許される場合がある（札幌高決昭55・3・10家月32巻7号48頁）。

船舶遭難者遺言の場合は，遅滞なく確認の請求をしなければならない（民979条3項）。

(3) **審判手続**

(a) 事実の調査等　家庭裁判所は，遺言が遺言者の真意に出たものであるかどうかについて，職権で事実の調査を行い，必要があると認めるときは証拠調べを行う（家手56条1項）。遺言の確認の場合は，事実の調査は家庭裁判所調査官が行うのが通例である（家手58条1項）。

家庭裁判所調査官は，遺言作成の経緯，遺言者の遺言当時の病状，精神状態，遺言者と立会証人との関係，遺言者，立会証人と遺産を取得する者との関係，遺言者の平素の言動，家族の状況，資産の状況などの遺言作成時の状況について，関係者から聴取していく。

なお，遺言者が生存中の申立てであれば，家庭裁判所は直ちに家庭裁判所調査官に対し調査命令を出し，家庭裁判所調査官等は何をおいてもまず遺言者のもとに出向いて，遺言が遺言者の真意に基づくものかの調査を行う。

（b）審　　判　　家庭裁判所は，遺言が遺言者の真意に出たものであるとの心証を得たときに確認の審判を行う（民976条5項・979条4項）。

審判は，申立人及び利害関係参加人に（遺言者が存命の場合には遺言者にも）告知する（家手74条1項）。告知は相当と認める方法によればよいが（家手74条1項），後述の即時抗告申立期間との関係から，特別送達など送達の方法によるのが相当である。

確認（認容）の審判は，即時抗告期間の経過により確定し，効力が生じる（家手74条2項ただし書・4項）。申立てを却下する審判は，申立人に告知されたときに効力が生じ，即時抗告期間の経過により確定する（家手74条3項・4項）。

（c）不服申立て　　審判に対しては，即時抗告が可能である。

即時抗告ができるのは，確認の審判の場合には利害関係人（家手214条1号），申立てを却下する審判の場合には遺言に立ち会った証人及び利害関係人である（家手214条2号）。即時抗告期間は2週間の不変期間であり，審判の告知を受ける者については自らが審判の告知を受けた日から，審判の告知を受けない者については，申立人が審判の告知を受けた日から進行する（家手86条1項・2項）。

（d）取下げの制限　　遺言の確認の審判は，家庭裁判所の許可がなければ取り下げることができない（家手212条）。これは，申立人が自由に取下げをできるものとすると，申立期間経過後に取下げがされた場合，他の申立権者の申立ての機会を害することになることを防ぐために定められたものである。

（e）審判の効果　　確認の審判が確定すると，作成時に遡って遺言書が成立したことになる。ただし，これは遺言が遺言者の真意に基づいてなされたことが認定されたにすぎず，遺言の有効を確定する効力はないとされており（大阪高決昭31・2・23家月8巻4号41頁），訴訟手続によって遺言の無効を主張することができる（福岡高決昭46・8・30家月24巻7号59頁）。

却下の審判が確定すると，遺言の効力要件が欠けることになり，遺言は無効として確定する。

(4) 遺言書の検認との関係

公正証書遺言以外の遺言については遺言書の検認を受けなければならない（民1004条）。遺言の確認と遺言書の検認は制度趣旨が異なるため，家庭裁判所において確認を得た遺言であっても遺言書検認手続を経なければならない。

【佐川　英輔＝野地　一雄】

書式 57　遺言の確認審判申立書

受付印	家事審判申立書　事件名（　遺言書の確認　）
	（この欄に申立手数料として1件について800円分の収入印紙を貼ってください。）

収入印紙　　800　円
予納郵便切手　　　　円
予納収入印紙　　　　円

（貼った印紙に押印しないでください。）
（注意）登記手数料としての収入印紙を納付する場合は，登記手数料としての収入印紙は貼らずにそのまま提出してください。

準口頭　　関連事件番号　平成　　年（家　　）第　　　　号

○○家庭裁判所　御中 平成○○年○○月○○日	申　立　人 （又は法定代理人など） の記名押印　　　　甲　野　一　郎　　㊞

添付書類　（審理のために必要な場合は，追加書類の提出をお願いすることがあります。）
申立人の戸籍謄本（全部事項証明書）　1通
遺言者の戸籍（除籍）謄本（全部事項証明書）　1通　遺言者の住民票（除票）　1通
立会証人の住民票　各1通，　遺言書の写し，　診断書

申立人

本籍（国籍）　（戸籍の添付が必要とされていない申立ての場合は，記入する必要はありません。）
○○　都道府⑲　○○市○○町○丁目○番地

住所　〒○○○-○○○○　　電話　○○○（○○○）○○○○
○○県○○市○○町○丁目○番地○○　　（　　　　方）

連絡先　〒　　－　　　　　電話　（　　）
（　　　　方）

フリガナ　氏名　コウノ　イチロウ　甲　野　一　郎
大正・昭和・平成　○○年○○月○○日生（　○○歳）

職業　会社員

※ 遺言者

本籍（国籍）　（戸籍の添付が必要とされていない申立ての場合は，記入する必要はありません。）
○○　都道府⑲　○○市○○町○丁目○番地

最後の住所　〒○○○-○○○○　　電話　○○○（○○○）○○○○
○○県○○市○○町○丁目○番地○○　　（　　　　方）

連絡先　〒　　－　　　　　電話　（　　）
（　　　　方）

フリガナ　氏名　コウノ　タロウ　甲　野　太　郎
大正・昭和・平成　○○年○○月○○日生（　○○歳）

職業　無職

（注）　太枠の中だけ記入してください。
　　　※の部分は，申立人，法定代理人，成年被後見人となるべき者，不在者，共同相続人，被相続人等の区別を記入してください。

申　立　て　の　趣　旨
遺言者が平成○○年○月○○日にした別紙遺言書の確認を求める。

申　立　て　の　理　由
1　申立人は遺言者の長男です。
2　遺言者は，平成○○年○○月に胃がんを患い，平成○○年○○月に入院し，同年○○月○○日に病状が悪化し死亡の危急に迫ったため，入院先である○○病院（○○県○○市○○町○丁目○番地所在）の遺言者の病室において下記3名の証人立会いのもと，証人春山一夫に対し，遺言の趣旨を口授し，同証人がこれを筆記したうえで遺言者及び他の証人に読み聞かせ，各証人はその筆記の正確なことを承認し，これに署名押印して別紙危急時遺言書を作成し，申立人がこれを保管しています。
3　よって本申立てをします。
4　遺言者は平成○○年○月○日に死亡しました。
遺言立会証人
住所　○○県○○市○○町○丁目○番○号　　遺言者の友人　　　春山　一夫
住所　○○県○○市○○町○丁目○番○号　　遺言者の甥　　　　夏川　二郎
住所　○○県○○市○○町○丁目○番○号　　○○病院事務長　　秋谷　三人

【備考】
1．申立権者

　　遺言の証人の1人又は利害関係人である（民976条4項・979条3項）。利害関係人とは，相続人，受遺者，遺言執行者など審判の結果について法律上直接の利害関係を有する者をいう。

2．管　　轄

　　相続開始地（遺言者の最後の住所）を管轄する家庭裁判所であるが（家手209条1項），遺言者が生存している場合は，遺言者の住所地を管轄する家庭裁判所である（家手209条2項）。

3．申立書の記載事項

　　申立ての理由には，申立人の地位，申立てに至る経緯，遺言時の状況及び立ち会った証人などを記載する。

4．申立手続費用

　(1)　申立手数料　　遺言書1通につき収入印紙800円（家手別表第1の102項，民訴費3条1項・別表第1の15項）。

　(2)　予納郵便切手　　2000円程度。

　(3)　添付書類

　　①　遺言者の戸籍謄本（全部事項証明書）及び住民票（死亡後は住民票の除票）。

　　②　立会証人の住民票。

　　③　遺言書の写し。

　　④　医師の診断書。

　　⑤　申立人が利害関係人である場合は利害関係を証する資料（推定相続人の場合は相続関係を明らかにする戸籍謄本（全部事項証明書））等。

第2　遺言書の検認

解　説

(1)　概　要

　遺言書（公正証書遺言を除く）の保管者又は遺言書を発見した相続人は，相続の開始を知った後，遅滞なく，遺言書を家庭裁判所に提出して検認を請求しなければならない（民1004条1項・2項）。封印のある遺言書は，家庭裁判所において相続人又はその代理人の立会いがなければ開封することができない（民1004条3項）。

　遺言書の検認は，相続人や受遺者等の利害関係人に対し，遺言の存在及びその内容を知らせるとともに，遺言書の形状，加除訂正の状態，日付，署名など検認時における遺言書の内容を明確にし，その後の偽造・変造を防止することを目的とする手続であり，裁判所による一種の検証手続，証拠保全手続とされている。

　遺言書の検認は，家事事件手続法別表第1の103項に定める家事審判事件である。

　検認の申立ては保管者等の義務であるとされており，この申立てを怠り，検認を経ないで遺言を執行したり，家庭裁判所以外において遺言書を開封した者は，5万円以下の過料に処せられる（民1005条）。また，遺言書の提出を怠るだけでなく，故意に遺言書の発見を妨げるような状態においた場合には遺言書の隠匿に当たり（大阪高判昭61・1・14判時1218号81頁），相続人であれば相続欠格者（民891条5号）となり，受遺者であれば受遺欠格者（民965条・891条5号）となる。

　なお，遺言書が必ずしも封筒に入っているものばかりとは限らず，大判のノートの1頁目に遺言を記載し，後は白紙のままだったものや，メモ用紙に遺言的内容の事項が記載されたものを検認した事例がある。遺言書の検認は，記載内容を確認し，後日の改ざん防止等のために行うもので，遺言書の効力自体を確定するものではない。したがって，遺言書に該当するかどうか疑問のある場合でも，遺言書の範囲を広くとらえ，検認の申立てをすべきである。「当該遺言書が偽造文書であることが明瞭な場合またはその記載が単なる子孫に対する訓戒に過ぎない場合でも，申立を却下すべきではな」い（昭28・5・20家庭局長電報回答）。

(2) 遺言書の提示の申出

遺言書の保管者又は遺言を発見した相続人が遺言書の提出・検認を怠っている場合には，相続人等，遺言の利害関係人は，保管者等に対し，遺言書の提出・検認を求めることができる（【書式60】参照）。

遺言書検認の申立てができるのは，遺言書の保管者又は発見した相続人に限定されているので（民1004条1項），遺言書の存在は知っていても，他の者が保管し，その者が申立てを怠っている場合には，自ら直接検認の申立てをすることができない。そのような場合に，申立てを怠っている者に対して，他の相続人や利害関係人から検認の申立てを促すための書面であり，過料の制裁（民1005条）ともあいまって，これらの者に検認の申立てをさせるための強い契機になると考えられる。

(3) 審判手続

(a) 検認期日の通知　遺言書検認の申立てがあると，家庭裁判所は検認期日を定め，これを，裁判所書記官が，申立人及び相続人に対して通知する（家手規115条1項）。この時点で知れたる受遺者がある場合には，その者に対しても通知している。

封印のある遺言書を開封するには，相続人又はその代理人を立ち会わせなければならないと定められているが（民1004条3項），これらの者に期日の通知をして立会いの機会を与えればよく，実際に立ち会わなくとも開封手続は実施できる。

(b) 期日における手続　家庭裁判所は，遺言書の検認をするには，遺言の方式に関する一切の事実を調査しなければならない（家手規113条）。具体的には，保管や発見の状況について申立人から聴取し，遺言書及び封筒の紙質や形状，筆記用具の種類や訂正箇所と押印等を確認の上，筆跡及び印影が遺言者のものであるか否か等に関する意見を，出席した相続人等から聴取していく。裁判所書記官は，それらの陳述の要旨や認識の結果を記載した検認調書を作成する（家手211条，家手規114条）。調書の末尾には，遺言書の写しを添付している。

調書には公信力があるので，後に遺言書が改ざんされた場合でも，その証明が可能となる。

(c) 検認を実施した旨の通知　遺言書の検認がされたときは，裁判所書記官は，検認期日に立ち会わなかった相続人，受遺者その他の利害関係人

（家規115条1項の通知を受けた者を除く）に対し，検認された旨を通知する（家手規115条2項）。家事審判法時代には，期日に欠席した相続人に対してもこの通知をしていたが（旧家事審判規則124条には，現行の家事事件手続規則115条2項のかっこ内の除外規定がない），現行法では，あらかじめ期日の通知を受け，欠席した者に対しては，この通知はしていない。既に通知をしてあれば，保護に欠けることはないという考えからである。この条文の射程は，遺言書の内容を見て初めて判明した相続人（遺言書で認知したような場合，民781条2項）や受遺者（民964条）のほか，申立時には所在不明であったが，後に所在が判明した相続人などである（最高裁判所事務総局家庭局監修『条解家事事件手続規則』116頁）。

（d）不服申立て　遺言書の検認は，一種の検証手続ないし証拠保全手続であるから，検認に対する不服申立てをすることはできない（福岡高決昭38・4・24家月15巻7号105頁）。

（e）取下げの制限　遺言書検認の審判を取り下げるには，家庭裁判所による許可を必要とする（家手212条）。これは，遺言書検認の申立てが法律上義務づけられていることから（民1004条1項），申立人が自由に取り下げられるとするのは相当ではないと考えられるためである。申立ての取下げが認められる場合としては，申立後に遺言書が火事で焼失してしまった場合や，盗難にあったり紛失したような場合が考えられる。後者の場合には，慎重な対応が必要である。

(4) 検認後の手続の流れ

（a）検認の効力　遺言書の検認は，遺言を執行するに当たっての準備手続であり，その法的性格（一種の検証手続ないし証拠保全手続）から，遺言が遺言者の真意に基づくものであるかどうか，その他実体法上の効果を審理判断するものではないため，検認手続を経た遺言書の効力を争うことは可能である。検認期日で遺言の成立や内容について不満が出ることがしばしばあるが，遺言無効確認や遺留分減殺など，別の手続で争うほかないと案内している。

（b）検認済み証明書の申請と交付　自筆証書遺言を執行するには検認をしなければない（民1005条）。そのため，検認手続実施後に，裁判所書記官が，遺言書末尾に検認済みの証明を付けて，申立人に遺言書を返還する。証明申請書はどの庁でも，署名押印するだけになっているものを準備していると思われる。証明申請には，遺言書1通につき収入印紙150円が必要である（民

訴費7条別表第2の3項)。

　自分で作成するとすれば,【**書式59**】のようになる。

　(c)　遺言執行者の選任　　遺言書で遺言執行者が選任されていた場合には,その遺言執行者が,検認済みの証明付きの遺言書に基づいて,預金の分割や登記等,遺言者の意思を実現すべく動けばよいが,もし遺言書にその指定がないときは,遺言執行者選任の申立てが必要となる。

【佐川　英輔＝野地　一雄】

書式58 遺言書の検認申立書

受付印	家事審判申立書　事件名（　遺言書の検認　）
	（この欄に申立手数料として1件について800円分の収入印紙を貼ってください。）

（貼った印紙に押印しないでください。）
（注意）登記手数料としての収入印紙を納付する場合は，登記手数料としての収入印紙は貼らずにそのまま提出してください。

収入印紙	800 円
予納郵便切手	円
予納収入印紙	円

準口頭	関連事件番号　平成　　年（家）第　　　　　　　号

○○　家庭裁判所　御中	申立人（又は法定代理人など）の記名押印	甲野　一郎　㊞
平成○○年○○月○○日		

添付書類	（審理のために必要な場合は，追加書類の提出をお願いすることがあります。） 遺言者の戸籍（除籍）謄本（全部事項証明書）（出生から死亡までのもの）　各1通 相続人全員の戸籍謄本（全部事項証明書）　各1通 遺言者の住民票（除票）　1通

申立人

本籍（国籍）	（戸籍の添付が必要とされていない申立ての場合は，記入する必要はありません。） ○○　都道府県　○○市○○町○丁目○○番地
住所	〒○○○－○○○○　　電話　○○○（○○○）○○○○ ○○県○○市○○町○丁目○○番地○○（　　　方）
連絡先	〒　－　　　電話　（　） （　　　方）
フリガナ 氏名	コウノ　イチロウ 甲野　一郎	大正・昭和・平成　○○年○○月○○日生 （　○○歳）
職業	会社員

※ 遺言者

本籍（国籍）	（戸籍の添付が必要とされていない申立ての場合は，記入する必要はありません。） ○○　都道府県　○○市○○町○丁目○○番地
最後の住所	〒○○○－○○○○　　電話　○○○（○○○）○○○○ ○○県○○市○○町○丁目○○番地○○（　　　方）
連絡先	〒　－　　　電話　（　） （　　　方）
フリガナ 氏名	コウノ　タロウ 甲野　太郎	大正・昭和・平成　○○年○○月○○日生 （　○○歳）
職業	

（注）　太枠の中だけ記入してください。
　　※の部分は，申立人，法定代理人，成年後見人となるべき者，不在者，共同相続人，被相続人等の区別を記入してください。

第2　遺言書の検認　　167

申　立　て　の　趣　旨
遺言者の自筆証書による遺言書の検認を求める。

申　立　て　の　理　由
1　申立人は遺言者の長男です。 2　遺言者は平成○○年○月○日に死亡し，申立人が遺言者の自宅を整理していたところ，遺言者の書斎にある机の中から遺言書を発見しました。 3　よって，本件遺言書（封印されている）の検認を求めます。なお，相続人は，別添の相続人等目録のとおりです。

【備考】
1．申立権者（同時に申立義務者でもある）
　　遺言書の保管者又は遺言書を発見した相続人（民1004条1項）。遺言者から直接遺言書の保管の委任を受けた者だけではなく，事実上の保管者も含む。
2．申立時期
　　相続の開始を知った後，遅滞なく請求する（民1004条1項）。もっとも，後記6．に記載した添付書類の収集に時間を要するので，1ヵ月から2ヵ月程度かかっているのが実情のようである。
3．管　　轄
　　相続開始地（遺言者の最後の住所地）を管轄する家庭裁判所（家手209条1項）。
4．申立書の記載事項
　　申立人及び遺言者の表示のほか，相続人，知れたる受遺者等を記載し，申立ての理由には，遺言書発見時の状況や保管に至った経緯，保管の状況等及び遺言書の状態等を記載する。
5．申立手続費用
　(1)　申立手数料　　遺言書1通につき収入印紙800円（家手別表第1の103項，民訴費3条1項・別表第1の15項）。
　　　実際の検認の場面では，遺言書を開封してみたところ，1つの封筒の中にさらに入れ子状に封筒が入っていて，それを開封してみると別の遺言書が入っているような場合がときたまあり，その場合にはその場で2通目の遺言書について追加申立てをしてもらう。この場合，追加で検認する遺言書1通につきさらに800円の収入印紙が必要となる。
　(2)　予納郵便切手　　82円切手を申立人，相続人，受遺者の人数の合計枚数程度。
6．添付書類
　(1)　遺言者の出生から死亡に至るまでのすべての戸籍（除籍，改製原戸籍）謄本（全部事項証明書），遺言者の住民票除票。
　(2)　相続人の戸籍謄本（全部事項証明書）及び相続人であることを明らかにする戸籍（除籍，改製原戸籍）謄本（全部事項証明書）全部。
　(3)　遺言書が開封されている場合は，遺言書の写し。
　　　なお，遺言書原本は，検認当日に提出を受け（民1004条1項本文），検認終了後，前述の検認済み証明を付記して，その場で返還する扱いである。

書式59　遺言書の検認済証明申請書

平成○○年○月○日

○○家庭裁判所　御中

申立人　甲　野　一　郎　㊞

遺言書検認済証明申請書

　申立人甲野一郎の御庁平成○○年（家）第○○号遺言書検認事件につき，遺言者亡甲野太郎作成の平成○○年○月○日付け自筆遺言書は，平成○○年○月○日○○家庭裁判所において検認を終えたことを証明してください。

書式60　遺言書の隠匿者に対する提示請求書

平成○○年○月○日

乙　野　次　郎　殿

　　　住　所　　○○県○○市○○町○○丁目○番○号
　　　電　話　　○○○－○○○－○○○○
　　　氏　名　　甲　野　一　郎　㊞

遺言書の隠匿者に対する提示請求書

　被相続人亡甲野太郎は平成○○年○月○日死亡しましたが，生前，遺言書を作成し，貴殿がこれを保管していると聞いています。
　ついては，相続人である私が遺言書の内容を了知できるよう検認の手続を速やかにとっていただきたく，この申入れをします。

第3 遺贈の放棄

解 説

(1) 遺贈の性質と種類

遺言者は，遺留分に反しない限度で，「包括又は特定の名義で，その財産の全部又は一部を処分することができる」（民964条）。このように，遺贈とは，遺言により財産を無償で譲与することであり，遺言と同様，「遺言者の死亡の時からその効力を生ずる」（民985条1項）。

死因贈与と遺贈は，死亡により効力が生じる点では同一であるが，死因贈与が生前の贈与者と受遺者との契約であるのに対し，遺贈は単独行為である点が異なる。また，生前贈与（贈与）は，契約であり，かつ効力も生前に生じる点の双方で遺贈とは異なっている。

遺贈の種類には，包括遺贈と特定遺贈とがある。包括遺贈とは，遺産の全部又は一定割合で示された部分を受遺者に与える遺贈であり，被相続人に属した権利及び義務が，全部又は割合に応じて，受遺者に承継される。その結果，「包括受遺者は，相続人と同一の権利義務を有する」（民990条）。これに対して，特定遺贈とは，受遺者に与えられる目的物や財産的利益の特定がされた遺贈であり，権利のみが与えられる。

前述のように遺贈は単独行為であるから，受遺者の意思と無関係にその効力を生じることになる。遺贈の利益を受けることを望まない受遺者も考えられるために，遺贈の放棄の制度が設けられている。

(2) 遺贈の放棄の時期

(a) 包括遺贈　包括受遺者は相続人と同一の権利義務を有するため（民990条），包括遺贈の放棄に当たっては，「遺言者の死亡後，いつでも，遺贈の放棄をすることができる」と規定した民法986条1項ではなく，民法915条から940条に定める相続放棄の規定が適用される。そのため，包括遺贈の放棄をする場合には，包括受遺者が，自己のために包括遺贈があったことを知った日から3ヵ月以内に，家庭裁判所に包括遺贈放棄の申述をしなければならない（民915条1項・938条）。

(b) 特定遺贈　遺贈の放棄は，「遺言者の死亡後，いつでも」できると定められているため（民986条1項），法律関係が不安定な状態が続くおそれもある。そこで，「遺贈義務者……その他の利害関係人は，受遺者に対し，相

当の期間を定めて……遺贈の承認又は放棄をすべき旨の催告をすることができ」, その期間内に受遺者から意思表示のないときは, 遺贈を承認したものとみなされる (民987条) (遺贈義務者につき後述(4)(b)参照)。

 (3) **遺贈の放棄の効果**
 (a) 包括遺贈 前述のように包括遺贈の放棄については相続放棄の条文が適用されるため, 包括遺贈の放棄をした者は, 「初めから相続人とならなかったものとみな」される (民939条)。いったん包括遺贈の放棄をすると, 包括遺贈のあったことを知った時から3ヵ月以内であっても, その放棄を撤回することはできないが (民919条1項), 詐欺や強迫によってなされた場合などはこれを取り消すことができる (民919条2項。ただし, 取消権は, 追認できる時から6ヵ月, 承認又は放棄の時から10年を経過したときは行使することはできない (民919条3項))。

 また, 3ヵ月の熟慮期間を経過したときには自動的に単純承認をしたものとみなされるので (民921条2号), 特定遺贈のような催告の制度はない。

 近時, 時おり見かけるのは, 子どもなどの相続人のない者が, 自己の財産を地方自治体やNPO法人, 社会福祉協議会などに包括遺贈したものの, 相続財産としては結果的に負債のほうが多かったり, 換価困難で利用価値がない等, 受遺者の側でわざわざ費用をかけて, 包括遺贈放棄の申述をしなければならないケースである。包括遺贈を知った時からすぐに調査に着手しないと, 思わぬ事態になる可能性がある。

 (b) 特定遺贈 特定遺贈が放棄されると, 受遺者は最初から遺贈を受けなかったこととなり, 受遺者が受けるべき権利は遺言者の相続人に帰属することになる (民995条本文)。この効果は, 遺言者の死亡の時にさかのぼる (民986条2項)。遺贈の放棄は撤回することはできない (民989条1項) が, 詐欺や強迫によってなされた場合などは取り消すことができること及び取消権の行使期間は, 包括遺贈の場合と同様である (民989条2項・919条2項・3項)。

 受遺者が相続人でもある場合は, 遺贈の放棄をしても相続人としての地位は失われないので, 相続を望まないときは, 別途相続放棄の手続をする必要がある。

 (4) **遺贈放棄の手続**
 (a) 包括遺贈
  (イ) 包括遺贈放棄の申述 包括遺贈の放棄の申述は, 家事事件手続法

別表第1の95項に定める相続放棄の申述に含まれるものとして扱われている。

申述書は，相続放棄の申述書に準じて作成し，①包括受遺者及びその法定代理人の氏名，②包括遺贈を放棄する旨（家手201条5項）のほか，③被相続人の氏名及び最後の住所，④被相続人との関係，⑤包括遺贈があったことを知った年月日（家手規105条1項）を記載する（【書式61】参照）。申述書には，被相続人の本籍の記載も求めている。

　　(ロ)　審理手続　　家庭裁判所は，申述が法定期間内になされたものか，放棄の申述が申述人の真意に基くものかを職権で調査する（家手56条1項）。通常は，申述人に対し書面で照会するが，事案によっては参与員に意見を求めることもある（家手40条1項）。

申述を受理する審判は，申述書に，申述を受理する旨を記載し，裁判官が記名押印したときに，その効力が生じる（家手201条7項，家手規106条1項）。したがって，効力発生のための告知（家手74条1項・2項）は必要とされないが，裁判所書記官が，申述人及び利害関係参加人に対し，申述が受理された旨の通知をする（家手規106条2項）。申述を受理する審判に対する不服申立てはできない。

申述を却下する場合には，審判書を作成し（家手76条1項本文・2項），その謄本を，申述人及び利害関係参加人に対し，相当な方法（申述人に対しては送達し，利害関係参加人に対しては普通郵便等による）で告知する（家手74条1項）。却下の審判に対しては，申述人が即時抗告をすることができる（家手201条9項3号）。

必要があれば，申述人又は利害関係を疎明した第三者は，受理証明書の交付を請求することができる（申述人につき家手47条6項，利害関係人につき同条1項）。

　　(b)　特定遺贈　　特定遺贈の放棄は，包括遺贈の放棄とは異なり家事事件手続法に規定はないので，通常の意思表示で足りるが，後日の紛争防止のため，配達証明付内容証明郵便等の方法によるべきである（【書式62】参照）。

意思表示の相手方は遺贈義務者になるとされる（大判大7・2・2民録24輯237頁）。遺贈義務者は，通常は遺言者の相続人であるが，遺言執行者があるときは，遺言執行者が遺贈義務者となる（民1013条）。

【佐川　英輔＝野地　一雄】

書式61 包括遺贈放棄の申述書

受付印	~~相 続 放 棄~~ 包括遺贈放棄 申 述 書
	（この欄に収入印紙800円を貼ってください。）
収入印紙　　800円 予納郵便切手　　　円	（貼った印紙に押印しないでください。）

準口頭　　関連事件番号　平成　　年（家）第　　　　　号

○○家庭裁判所　御中 平成○○年○○月○○日	申述人 （未成年者などの場合は法定代理人） の署名押印	乙　野　一　郎　㊞

添付書類	（同じ書類は1通で足ります。審理のために必要な場合は，追加書類の提出をお願いすることがあります。） ☑ 戸籍（除籍・改製原戸籍）謄本（全部事項証明書）　合計○通　遺言者 ☑ 被相続人の住民票除票又は戸籍附票 ☑ 遺言書の写し

申述人

本籍（国籍）	○○ 都道府県 ○○市○○町○丁目○番地
住所	〒○○○-○○○○　　　　　電話　○○○（○○○○）○○○○ ○○県○○市○○町○丁目○番地　　　　　　（　　　　　方）
フリガナ 氏名	オツ ノ イチ ロウ 乙　野　一　郎	大正・昭和・平成 ○○年○○月○○日生（○○歳）	職業	会社員
被相続人との関係	被相続人の…　1　子　2　孫　3　配偶者　4　直系尊属（父母・祖父母） 　　　　　　　　5　兄弟姉妹　6　おいめい　⑦　その他（　包括受遺者　）

法定代理人等

※　1　親権者　2　後見人　3

住所	〒　　　　　　　電話　（　　）　　　　方
フリガナ 氏名		フリガナ 氏名	

被相続人（遺言者）

本籍（国籍）	○○ 都道府県 ○○市○○町○丁目○番地
最後の住所	○○県○○市○○町○丁目○番地○○	死亡当時の職業	無　職
フリガナ 氏名	コウ ノ タ ロウ 甲　野　太　郎	平成○○年○○月○○日　死亡

（注）太枠の中だけ記入してください。　※の部分は，当てはまる番号を○で囲み，被相続人との関係欄の7，法定代理人等欄の3を選んだ場合には，具体的に記入してください。

申述の趣旨

平成○○年○○月○○日付け自筆証書遺言による包括遺贈を放棄する。
~~相　続　の　放　棄　を　す　る　。~~

申述の理由

~~包括遺贈のあったこと~~
※~~相続の開始~~を知った日………平成○○年○○月○○日
　1　被相続人死亡の当日　　3　先順位者の相続放棄を知った日
　2　死亡の通知をうけた日　　④　その他（遺言書の保管者より遺言書を見せられた日　　）

放棄の理由	相続財産の概略
※ 1　被相続人から生前に贈与を受けている。 2　生活が安定している。 3　遺産が少ない。 4　遺産を分散させたくない。 ⑤　債務超過のため 6　その他（　　　）	資産　農　地……約　　　　平方メートル 　　　山　林……約　　　　平方メートル 　　　宅　地……約　○○平方メートル 　　　建　物……約　○○平方メートル 現　金 預貯金　……約　○○万円 有価証券…約　　　　万円 負　債……………………約　○○○○万円

（注）太枠の中だけ記入してください。　※の部分は，当てはまる番号を○で囲み，申述の理由欄の4，放棄の理由欄の6を選んだ場合には，（　）内に具体的に記入してください。

【備考】
1. 各家庭裁判所では，相続放棄の申述書は定型のものを用意している。その申述書の「相続放棄」の記載を「包括遺贈放棄」と訂正して用いてもよい。
2. 申述期間
　申述人が自己のために包括遺贈があったことを知った時から3ヵ月以内（民990条・915条1項本文）。
3. 管轄裁判所
　相続開始地（被相続人の最後の住所地）を管轄する家庭裁判所（家手201条1項）。
4. 申立手続費用
　(1) 申立手数料　　収入印紙800円（民訴費3条1項・別表第1の15項）。
　(2) 予納郵便切手　　82円切手5枚程度。
5. 添付書類
　遺言者の戸籍（除籍）謄本（全部事項証明書）及び住民票除票，包括受遺者の住民票，遺言書の写し。
　包括受遺者が法人の場合には，住民票に代えて，法人の資格証明書。申述書1枚目の申述人欄には，法人名と代表者の肩書き及び氏名を記載する。代表者の年齢や職業は記載する必要はない。

書式62 特定遺贈の放棄書

特定遺贈の放棄書*1

　　　　本　　　籍　○○県○○市○○町○○番地
　　　　最後の住所　○○県○○市○○町○○番○○
　　　　遺言者　甲　野　太　郎
　　　　　　　　平成○○年○○月○○日死亡

○○県○○市○○町○○番○○
　　被相続人亡甲野太郎相続人　甲　野　一　郎　様*2
　　　　　　　　平成○○年○○月○○日
　　　　　　　　　　○○県○○市○○町○○番○○
　　　　　　　　　　　　受遺者　乙　野　花　子　㊞

　上記遺言者の平成○○年○○月○○日付け自筆証書遺言による私に対する下記不動産の特定遺贈は、これを放棄します。
記
　　所　　在　　○○市○○町○丁目
　　地　　番　　○○番○○
　　地　　目　　宅　地
　　地　　積　　○○．○○平方メートル

【備考】
1. （*1）特定遺贈を放棄するか承認するかの催告を受け、これに回答する場合には、「特定遺贈放棄書」の題名に、「（平成○○年○○月○○日付け催告に対する回答）」と付記すればよい。
2. （*2）遺言執行者が第三者である場合には、「被相続人亡甲野太郎遺言執行者　○○○○様」と記載すればよい。相続人の一人が遺言執行者も兼ねる場合は、通知相手の肩書は、「被相続人亡甲野太郎相続人兼遺言執行者」でもよいが、単に「被相続人亡甲野太郎遺言執行者」として支障はないと考える。法律上重要なのは、遺言執行者としての地位だからである。

第4 遺言が遺留分を侵害する場合

解　説

〔1〕 遺留分とは

(1) 遺留分

　被相続人は，遺言によって相続分算定に関する法定原則を変更し，自己の遺産の帰属先ないし帰属額を決定することができる。しかし，法定原則からの逸脱が許容限度を超える場合には，被相続人の意思の尊重は貫徹されるわけではない。

　このように，被相続人は，遺言によって自分の財産を自由に処分することが認められている一方，一定の相続人のために遺産を留保しなければならないとされている。この留保すべき遺産の割合を「遺留分」という。

　相続人は，被相続人の遺産に対して遺留分という権利を有することになる（強行規定）が，この遺留分の保障を受ける権利を「遺留分権」，遺留分権を有する者を「遺留分権利者」という。

(2) 遺留分権利者の範囲

　遺留分権利者は，相続人のうち，被相続人の配偶者，直系卑属，直系尊属である。兄弟姉妹は除外される。子の代襲相続人も遺留分権利者となり得る。相続欠格者，相続を廃除された者，相続放棄をした者は相続権がないので遺留分もないが，相続欠格及び相続人の廃除の場合には代襲者が相続人となるので，その者が遺留分権利者となる。

(3) 遺留分の割合（＝遺留分率）

　遺留分の割合（これを「遺留分率」という）は，民法1028条によれば，①直系尊属のみが相続人である場合は，被相続人の財産の3分の1，②その他の場合は，被相続人の財産の2分の1である。この割合は，遺留分権利者全員が相続財産全体に対して有する割合のことであり，「総体的遺留分率」とよばれる。これに対し，遺留分権利者が複数いる場合において各遺留分権利者が相続財産全体に対して有する割合は「個別的遺留分率」とよばれ，総体的遺留分率に各遺留分権利者（すなわち相続人）の法定相続分（率）を乗じて算定される。例えば，相続人が被相続人の妻Wと子A，Bの3人である場合，各

相続人の個別的遺留分率は，次のようにして算定する。

　　・Wの個別的遺留分率→1/2（総体的遺留分率）×1/2（法定相続分率）＝1/4
　　・Aの個別的遺留分率→1/2（総体的遺留分率）×1/4（法定相続分率）＝1/8
　　・Bの個別的遺留分率→1/2（総体的遺留分率）×1/4（法定相続分率）＝1/8

(4) 遺留分の価額の算定方法

　遺留分の額を算定するに当たっては，まず遺留分算定の基礎となる財産（の額）（これを「基礎財産」などという）を確定しなければならない。そのもととなる財産は相続開始時の遺産であるが，それ自体ではない。民法1029条によれば，遺留分算定の基礎財産は，相続開始時の遺産（これには「遺贈」も含まれる）に「贈与」を加え，そこから相続債務の全額を控除して得た額であるとされている（民1029条1項）。ここに「贈与」とは，相続開始前1年間にされた生前贈与，及び，それ以前の贈与でも当事者双方が遺留分権利者に損害を加えることを知ってした贈与を指す（民1030条）。

　こうして得られた遺留分算定の基礎財産の額に，個別的遺留分率を乗じて各遺留分権利者の遺留分の価額を算定するのである。以上を図式にして表すと，次のとおりである。

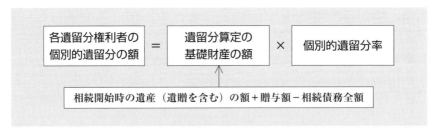

〔2〕 遺留分侵害と遺留分減殺請求権

(1) 遺留分侵害

　被相続人が行った贈与や遺贈によって，相続人の相続分が遺留分を下回ってしまうことがある。これを「遺留分の侵害」という。遺留分の侵害がある場合には，遺留分権利者である相続人及びその承継人は，自己の遺留分を取り戻すために，受贈者や受遺者に対して遺留分の減殺を請求すること（遺留分減殺請求）ができる。この請求権を「遺留分減殺請求権」という。

　民法1031条は，遺留分減殺請求の対象となる行為を「贈与」及び「遺贈」

と定めている。しかし、「相続分の指定」について規定する民法902条1項ただし書が「被相続人又は第三者は、遺留分に関する規定に違反することができない」と定めていることから、「相続分の指定」も遺留分減殺請求の対象になると解されている。また、特定遺贈の持戻し免除が遺留分を侵害することもあり得る（特定遺贈の持戻し免除については後述第3編第12章第4参照）。

遺留分侵害の有無については、実際には、まず遺産がどれだけあるのかを確定し、次に、それを基礎として各相続人の「相続による純取り分額」と「個別的遺留分の額」を算定し比較して判断しなければならない。しかし、ここでは、問題を単純化するために、相続分の割合と遺留分の割合を比べ、前者（相続分の割合）が後者（遺留分の割合）を下回っている場合に侵害があったものとする。なお、相続分の割合の算定（相続分算定）については後述第3編第12章第1で解説する。

(2) **遺留分減殺請求権の行使と効果**

遺留分減殺請求は、減殺の対象となる受贈者や受遺者に対する一方的な意思表示だけで効力を生じる（形成権。通説・判例）。裁判などによる行使は必要ではない。ただし、実務においては、後々のトラブルを避けるため、遺留分減殺請求の日付や内容を明らかにしておくことが有効であるので、配達証明付内容証明郵便によって行うのが一般的である。**【書式63】**は遺留分減殺を請求するための通知書の記載例である。

判例によれば、形成権たる遺留分減殺請求権の行使により、直ちに物権的な権利移転効が生じる。その結果、被相続人が行った贈与や遺贈は遺留分を侵害する限度で効力を失い、受贈者や受遺者が取得した権利はその限度で当然に遺留分減殺請求をした遺留分権利者に帰属することとなり（最判昭51・8・30民集30巻7号768頁、最判平11・6・24民集53巻5号918頁）、遺留分権利者は物権的請求権又は不当利得返還請求権に基づいて目的財産の引渡しを請求することができる（**【書式64】**は遺留分権利者が遺留分減殺請求により物件返還請求調停を申し立てる場合の申立書の記載例である）。これに対し、遺留分侵害者（遺留分義務者）は遺留分を侵害する限度において目的物の返還又は価額弁償を要することになる（**【書式65】**は遺留分義務者が遺留分減殺請求による価額弁償額の確定を求める場合の申立書の記載例である）。

遺留分減殺請求によって取り戻された財産は、遺留分侵害者と遺留分権利者との共有となるが、両者の共有関係は遺言の類型により2つに分類される。

まず，特定遺贈（全部遺贈を含む）や相続させる遺言の効力が生じると，原則として，対象財産は相続財産から離脱し，受遺者に移転する。それにより，遺留分権利者が自己の遺留分を侵害された場合には，遺留分減殺請求の意思表示によって，遺留分不足に相当する財産は遺留分権利者へ移転すると解されている。これに対し，相続分の指定や包括遺贈は，原則として相続財産全体の持分割合が遺留分を侵害する限度において修正されるにとどまり，個別的な財産の移転は生じず，遺留分権利者と遺留分侵害者は遺産共有の関係となり，遺産分割の手続によって共有解消が図られることとなる。

(3) 遺留分減殺の順序

遺留分の減殺は，遺贈，贈与の順である（民1033条）。

遺贈の減殺は，その目的の価額の割合に応じて行うが，遺言者がその遺言に別段の意思を表示したときは，その意思に従う（民1034条）。なお，最判平10・2・26（民集52巻1号274頁）は，相続人に対する遺贈が遺留分減殺の対象となる場合には，遺贈の目的の価額のうち受遺者の遺留分額を超える部分のみが民法1034条にいう目的の価額に当たると判示した。

贈与の減殺は，後の贈与から順次前の贈与に対して行う（民1035条）。

(4) 遺留分減殺請求権の期間

遺留分減殺請求権は，遺留分権利者が，相続の開始及び減殺すべき贈与又は遺贈があったことを知った時から1年間行使しないときは，時効によって消滅する。相続開始の時より10年を経過したときも同様である（民1042条）。

民法1042条にいう「減殺すべき贈与のあったことを知った時」とは，「遺留分権利者カ単ニ被相続人ノ財産ノ贈与アリタルコトヲ知ルノミナラス其贈与ノ減殺ス可キモノナルコトヲ知リタル時」（すなわち贈与の事実を知るだけでなく，その贈与が減殺できるものであることを知った時）をいい（大判明38・4・26民録11輯611頁），これらを知ったとする認識の程度としては，被相続人の財産のうち遺留分があること，当該贈与の効力が維持されると遺留分権利者の利益が損なわれるということについての認識があれば足り，遺留分の精密な算定や遺留分侵害の正確な割合，遺留分減殺を請求し得る範囲などについて具体的な認識までは必要ないと解されている（東京高判昭52・4・28東高民時報28巻4号107頁）。

(5) 遺留分の放棄

遺留分権利者は，遺留分を放棄することができる。ただし，相続開始前に

遺留分の放棄をする場合は，家庭裁判所の許可が必要となる（民1043条1項）。相続開始後の遺留分の放棄は自由であるので，家庭裁判所の許可は必要とならない。

　相続人の1人が行った遺留分の放棄は，他の相続人の遺留分に影響を及ぼさない（民1043条2項）。

　遺留分の放棄をしても，相続の放棄をしたことにはならない。遺留分を放棄した者も，相続が開始すれば当然に相続人となることに注意する。

　このような遺留分の放棄は，相続人の1人に遺産のすべてを相続させるような場合に，それ以外の相続人によって行われることが多い。

【佐川　英輔】

書式 63　遺留分減殺通知書

○○市○区○○町○丁目○番○号

　受遺者　乙山花子　殿

　　　　　　　　　　　　　　　　　　　　平成○○年○○月○○日

　　　　　　　　　　　　○○県○○市○○町○丁目○番○号
　　　　　　　　　　　　通知人（相続人）甲野一郎　㊞

　　　　　　　　　　遺留分減殺通知書

　あなたは亡甲野太郎から平成○年○月○日付けの公正証書遺言によって下記不動産を遺贈されたが，この遺贈によって遺留分権利者である通知人の遺留分が侵害されているので，遺贈の減殺を請求します。
　よって，通知人に対して，遺留分に相当する財産の返還を求めます。

　　　　　　　　　　　　記

　1　○○市○○区○○町○丁目○番
　　　宅地　　　○○平方メートル
　2　○○市○○区○○町○丁目○番地所在
　　　家屋番号　　　○○番
　　　木造瓦葺2階建居宅
　　　床面積　　1階　○○平方メートル
　　　　　　　　2階　○○平方メートル

【備考】
1．被相続人の遺産の範囲が明らかでない場合（相手方が任意に開示しない場合や隠匿している場合）もあるので，減殺の意思表示は，必ずしも減殺の対象及びその範囲を特定してしなければならないわけではなく，概括的な記載でも足りる。
2．遺留分減殺通知書を配達証明付内容証明郵便で送付すれば，相手方に対し減殺をする意思表示がされたこと及び相手方にその意思表示が到達したことを公文書によって証明することができるため，後の紛争を考慮した場合に有効である。

第4　遺言が遺留分を侵害する場合　〔2〕　遺留分侵害と遺留分減殺請求権

書式64　遺留分減殺請求による物件返還請求調停申立書
―― 遺留分権利者の申立て

受付印	家事　☑調停　□審判　申立書　事件名（　遺留分減殺請求　）
	（この欄に申立て1件あたり収入印紙1,200円分を貼ってください。）
収入印紙　1,200円	
予納郵便切手　　　円	（貼った印紙に押印しないでください。）

○○家庭裁判所　御中	申立人（又は法定代理人など）の記名押印	甲野一郎　㊞
平成　○年　○月　○日		

添付書類	（審理のために必要な場合は，追加書類の提出をお願いすることがあります。） 申立人と相手方の戸籍謄本（全部事項証明書）各1通 被相続人の戸籍謄本（全部事項証明書）1通 不動産の登記事項証明書2通　公正証書遺言書写し1通　内容証明写し1通	準口頭

申立人	本籍（国籍）	（戸籍の添付が必要とされていない申立ての場合は，記入する必要はありません。） ○○都道府県　○○市○○町○丁目○番地	
	住所	〒○○○○ー○○○○ ○○県○○市○○町○丁目○番○号　（　　　　方）	
	フリガナ 氏名	コウノ　イチロウ 甲野一郎	大正・昭和・平成　○年○月○日生 （　○○　歳）

相手方	本籍（国籍）	（戸籍の添付が必要とされていない申立ての場合は，記入する必要はありません。） ○○都道府県　○○市○○町○丁目○番地	
	住所	〒○○○○ー○○○○ ○○県○○市○○町○丁目○番○号　（　　　　方）	
	フリガナ 氏名	オツヤマ　ハナコ 乙山花子	大正・昭和・平成　○年○月○日生 （　○○　歳）

（注）太枠の中だけ記入してください。

申立ての趣旨

申立人は相手方に対し，相手方が亡甲野太郎から遺贈を受けた別紙物件目録記載の不動産につき，申立人の遺留分を保全する限度において，現物返還又は価額弁償をするとの調停を求めます。

申立ての理由

1. 申立人と相手方は，被相続人亡甲野太郎の長男，長女である。
2. 被相続人は平成○年○月○日死亡し，その相続人は申立人と相手方の2人である。
3. 被相続人は，財産全部を相手方に遺贈する旨の公正証書遺言を作成していた。
4. 相手方は，この遺言により，遺贈を原因とする所有権移転登記手続をしている。
5. 申立人は相手方に対し，申立て趣旨の内容での話し合いを求めたがこれに応じない。
6. よって，申立ての趣旨のとおりの調停を求めて本申立てをする。

【備考】――申立手続

1. 申立権者
   遺留分権利者（被相続人の配偶者，直系卑属及び直系尊属）及びその承継人（民1031条）。
2. 管轄
   相手方の住所地を管轄する家庭裁判所又は当事者が合意で定める家庭裁判所（家手245条1項）。
3. 申立手続費用
   (1) 申立手数料　収入印紙1200円（民訴費3条1項・別表第1の15項の2）。
   (2) 予納郵便切手　各裁判所によって異なるので，申し立てる裁判所に照会する。
4. 添付書類
   申立書写し（相手方人数分），申立人及び相手方を含む相続人全員の戸籍謄本（全部事項証明書），被相続人の出生時から死亡時までの戸籍（除籍，改製原戸籍）謄本（全部事項証明書）全部，遺産に不動産がある場合は不動産登記事項証明書，遺言が存在する場合は遺言書写し，遺留分減殺の意思表示を証する書面（内容証明郵便及び郵便物配達証明書など）。

書式65 遺留分減殺請求による価額弁償額の確定を求める調停申立書——遺留分義務者の申立て

家事 ☑調停 □審判 申立書 事件名（価額弁償金の確定）

（この欄に申立て1件あたり収入印紙1,200円分を貼ってください。）

収入印紙　1,200円
予納郵便切手　　　円

（貼った印紙に押印しないでください。）

○○家庭裁判所　御中
平成○年○月○日

申立人（又は法定代理人など）の記名押印　　乙山花子　㊞

添付書類　（審理のために必要な場合は，追加書類の提出をお願いすることがあります。）
申立人と相手方の戸籍謄本（全部事項証明書）各1通
被相続人の戸籍謄本（全部事項証明書）1通
不動産の登記事項証明書2通　公正証書遺言書写し1通　内容証明写し1通

準口頭

申立人	本籍（国籍）	（戸籍の添付が必要とされていない申立ての場合は，記入する必要はありません。）○○都道府県　○○市○○町○丁目○番地
	住所	〒○○○-○○○○　○○県○○市○○町○丁目○番○号　（　　　方）
	フリガナ 氏名	オツヤマハナコ　乙山花子	大正 昭和 平成 ○年○月○日生（○○歳）

相手方	本籍（国籍）	（戸籍の添付が必要とされていない申立ての場合は，記入する必要はありません。）○○都道府県　○○市○○町○丁目○番地
	住所	〒○○○-○○○○　○○県○○市○○町○丁目○番○号　（　　　方）
	フリガナ 氏名	コウノイチロウ　甲野一郎	大正 昭和 平成 ○年○月○日生（○○歳）

（注）太枠の中だけ記入してください。

申立ての趣旨

申立人は相手方に対し，相手方が申立人に対してなした平成○年○月○日付けの内容証明郵便による遺留分減殺請求の通知に関して，現物返還に代えて価額弁償で解決したく，相手方は価額弁償金の確定に応じるよう本調停を求める。

申立ての理由

1　申立人と相手方は，被相続人亡甲野太郎の長女，長男である。
　　被相続人は平成年○月○日死亡し，その相続人は申立人と相手方の2人である。
2　被相続人は，財産全部を申立人に遺贈する旨の　公正証書遺言を作成していた。
3　申立人は，この遺言により，遺贈を原因とする所有権移転登記手続をしている。
4　申立人は相手方に対し，申立て趣旨の内容での話し合いを求めたがこれに応じない。
5　よって，申立ての趣旨のとおりの調停を求めて本申立てをする。

【備考】——申立手続

1．申立権者
　　遺留分権利者（被相続人の配偶者，直系卑属及び直系尊属）及びその承継人（民1031条）。
2．管轄
　　相手方の住所地を管轄する家庭裁判所又は当事者が合意で定める家庭裁判所（家手245条1項）。
3．申立手続費用
　(1) 申立手数料　収入印紙1200円（民訴費3条1項・別表第1の15項の2）。
　(2) 予納郵便切手　各裁判所によって異なるので，申し立てる裁判所に照会する。
4．添付書類
　　申立書写し（相手方人数分），申立人及び相手方を含む相続人全員の戸籍謄本（全部事項証明書），被相続人の出生時から死亡時までの戸籍（除籍，改製原戸籍）謄本（全部事項証明書）全部，遺産に不動産がある場合は不動産登記事項証明書，遺言が存在する場合は遺言書写し，遺留分減殺の意思表示を証する書面（内容証明郵便及び郵便物配達証明書など）。

第5　遺言に関する紛争

解　説

　被相続人が作成した遺言書につき，その方式が民法とそぐわないあるいは遺言書作成時に被相続人には遺言能力がなかった等，被相続人作成の遺言の有効性が争われる場合がある。

　この場合，遺言の効力を争いたい相続人は，遺言無効確認の訴え又は同調停を申し立てることになる。

　ここでは，遺言無効確認調停の申立てについて触れる。遺言無効確認訴訟上の問題点及び訴状記載例等については後記第3編第15章第2を参照されたい。

(1)　**手続について**

　遺言の無効確認の調停申立ては，一般調停事項（家手244条）である。本質的には訴訟事項であるが，家庭裁判所での調停も可能である（梶村太市＝石田賢一＝石井久美子編『家事事件手続書式体系Ⅱ』277頁〔緑川正博〕。なお，遺言無効確認請求事件を家事調停事件の範囲に含まれるとする見解もある（畠山稔ほか『遺言無効確認請求事件を巡る諸問題』6頁）。この場合，調停前置（家手257条1項）の対象となり，まず家庭裁判所に調停の申立てをしなければならないことになる。もっとも調停前置は訴訟要件ではないため，最初から訴訟提起したとしても訴訟が不適法却下になるものではない（畠山ほか・前掲7頁））。もっとも，実務上は，当事者の互譲による解決になじまない申立ての場合，訴訟手続での解決が望ましいとして受付段階で当事者に教示するのが一般的である（梶村ほか編・前掲277頁）。

　以下，遺言無効確認調停申立ての手続面について触れる。

　(a)　申立手続　　**【書式66】**の「備考」を参照されたい。

　なお，申立権者については，相続人のほか，受遺者，遺言執行者，遺言についての法律上の利害関係を有する者も該当するとされている（受遺者につき熊本地八代支判昭34・12・8下民集10巻12号2576頁，遺言執行者につき大決昭2・9・17民集6巻501頁）。

　(b)　調停手続　　裁判官又は家事調停官及び家事調停委員2名をもって組織される調停委員会によって進行される。

　調停委員会は，当事者から事情聴取等を行うとともに，職権で当該事件に係る事実の調査及び証拠調べなどを行うことができる（家手261条・262条）。

当事者間に合意が成立し，これを調書に記載したときは，調停が成立し，事件は終了する。当該調書の記載は確定判決と同一の効力を有する（家手268条1項，民執22条7号）。

逆に，当事者間に合意が成立する見込みがない場合又は成立した合意が相当ではないと認める場合，調停委員会は，調停が成立しないものとして事件を終了させることができる（家手272条1項。ただし，家庭裁判所が調停に代わる審判（家手284条1項）をしたときはこの限りではない（家手272条1項ただし書））。

かかる場合，当事者は当該遺言の無効を求め別途民事訴訟を提起することが可能である。この場合において，家庭裁判所からの事件終了の通知を受け取ってから2週間以内に家事調停の申立てがあった事件について訴えを提起した場合は，家事調停申立ての時に訴えを提起したものとみなされる（家手272条3項）。

(2) 実体要件（無効事由）

遺言無効事由については，大別すると，(a)遺言の成立要件（民968条など）の欠缺，(b)遺言能力の欠如の2つがある。

(a) 遺言の成立要件に関する紛争としては，例えば【書式66】のような例がある。【書式66】では，遺言書記載の遺言者の氏名の記載が本名と異なることから「氏名」の「自書」がないこと，及び遺言書にある遺言者の印影が遺言者によって押印されたものではなく「遺言者」によって「印を押さ」れたものではないことから，民法968条1項の要件を欠くとして，遺言者作成の自筆証書遺言の無効の確認を求めている（大阪高判昭60・12・11判時1185号115頁の事案を参照し作成した）。

(b) 遺言能力につき，その有無を争う場合に検討すべき事項をいくつか解説する（この論点については，天野智子・平成17年度主要民事判例解説も判タ1215号147頁も参照されたい）。なお，以下の事項は，遺言無効確認訴訟においては遺言の効力を認定する上での間接事実になり得るものである。

(イ) 遺言者の病状，判断能力の程度　　認知症が相当程度進行している場合，遺言能力が否定されやすい（東京地判平11・11・26判時1720号157頁，東京高判平12・3・16判タ1039号214頁など）。また，精神的な疾病に限らず，死亡日直前やいつ死亡してもおかしくない時点での遺言書作成の場合も，遺言能力は否定されやすい（広島高判平10・9・4判タ1021号233頁など）。

また，遺言者の病状を推察する資料として，専門家作成の鑑定書のほか，

遺言者の遺言作成時前後の生活状況も参考になる。例えば，失禁や排泄上の異常行動，徘徊，飲食物ではないもの（粘土，紙染め用の水，薬用軟骨など）を飲食し又は口に入れようとしたことから遺言者は遺言作成当時「高度の痴呆（原文ママ）」にあったとして遺言能力を否定した事案がある（東京高判平12・3・16判タ1039号214頁）。

これに対し，遺言者に生じた症状は一過性であり意識障害等が改善，回復したことを遺言能力肯定の一事情とした例（東京地判平9・9・25判タ965号209頁。なお，一般的に認知症は症状回復の可能性が乏しく持続性があるといわれており，当該事案は一過性のせん妄状態であったと思われる）や，脳梗塞を発症してはいたが医師との通常のコミュニケーションがとられていたことや家族から医師に記憶障害等の事実を訴えたことがなかったことを考慮し遺言能力を認めた例（東京地判平15・7・30判例秘書L05833137）がある。

　　(ロ)　遺言書の体裁（字の乱れ等）　遺言書の内容は被告に全財産を遺贈するという趣旨の単純な文面であるにもかかわらず，2時間ないし3時間もの長時間をかけて作成し，書き損じたものも多数存在することや，遺言書の筆跡は記載文字全部が激しく乱れていることが考慮され，遺言能力が否定された例がある（東京地判平15・9・29判例秘書L05833967）。

　　(ハ)　遺言内容　まず，遺言内容の複雑さが遺言能力の有無に考慮された事案がある。本文14頁，物件目録12頁，図面1枚という大部のものであるうえ，その内容は極めて複雑かつ多岐にわたるものであり，法律実務家が一読しても直ちには理解できないと考えられる内容であることから，当時高度の痴呆（原文ママ）症状にあった遺言者においてその遺言内容を理解し判断できる状況になかったとして遺言能力を否定した（前掲東京高判平12・3・16）。

これに対し，条項自体は全8条にすぎず，不動産の数も2つ，預金の配分先も合計5名という程度のものであったことを遺言能力肯定の事情と認定した例もある（前掲東京地判平9・9・25）。

　　(ニ)　遺言者と受遺者その他相続人等との関係　遺言者がその将来の生活について最も心配していた者のことについて遺言書にて何ら言及していないことは不自然であるとして，遺言能力を否定した例がある（前掲東京地判平15・9・29）。

反対に，相続人らに遺言者自身の財産を持ち出されたことに遺言者が激怒し，これら相続人に遺言者の財産がまったく行かないようにすべく，かかる

相続人に相続させない旨の内容にしたうえで，かかる相続人を廃除する旨の遺言書を作成したことを遺言能力肯定の事情とした事案もある（東京高判平10・2・18判タ980号239頁）。

【芝口　祥史】

第5 遺言に関する紛争　187

書式66　遺言無効確認調停申立書

受付印	家事 ☑調停 □審判　申立書　事件名（　遺言無効確認　）

（この欄に申立て1件あたり収入印紙1,200円分を貼ってください。）

収入印紙　1,200円
予納郵便切手　　　　円

（貼った印紙に押印しないでください。）

	○○家庭裁判所　御中 平成○○年○月○日	申立人 （又は法定代理人など） の記名押印	甲野太郎　㊞

添付書類	（審理のために必要な場合は，追加書類の提出をお願いすることがあります。） 申立人の戸籍謄本（全部事項証明書）　1通　相手方の戸籍謄本（全部事項証明書）　1通 住民票（相続人全員分）各1通，被相続人の除籍謄本（全部事項証明書）　1通 遺言書の写し等	準口頭

申立人

本籍（国籍）	（戸籍の添付が必要とされていない申立ての場合は，記入する必要はありません。） ○○都道府県　○○市○○区○丁目○番地
住所	〒○○○－○○○○ ○○県○○市○○区○丁目○番○号　　　　　（　　　　方）
フリガナ 氏名	コウノ　タロウ 甲野太郎	大正・昭和・平成　○○年○月○日生（○○歳）

相手方

本籍（国籍）	（戸籍の添付が必要とされていない申立ての場合は，記入する必要はありません。） ○○都道府県　○○市○○区○丁目○番地
住所	〒○○○－○○○○ ○○県○○市○○町○丁目○番○号　　　　　（　　　　方）
フリガナ 氏名	コウノ　ジロウ 甲野次郎	大正・昭和・平成　○○年○月○日生（○○歳）

（注）太枠の中だけ記入してください。

申立ての趣旨

遺言者亡甲野一郎作成にかかる平成○○年○月○日付自筆証書遺言は無効であることを確認するとの調停を求める。

申立ての理由

1. 申立人は亡甲野一郎の長男であり，相手方は亡一郎の二男である。
　亡一郎は平成○○年○月○日に死亡し，相続が開始した。申立人と相手方以外に亡一郎の相続人はいない。
2. 相手方は，亡一郎作成にかかる別紙記載の遺言を保管しており，平成○○年○月○日に○○家庭裁判所に対し遺言書検認の申立てを行った。同年○月○日に同遺言書の検認が実施された。
3. しかし，同遺言書には亡一郎の氏名が「伊知郎」と記載されている。そのため遺言者自身の氏名が自署されたものとは考えがたく，民法968条1項の成立要件を具備した遺言書とはいえない。また，相手方は，亡一郎の死後同遺言書に押印されている亡一郎の印影を自身が押印したと言っている。そのため，同遺言書の押印は亡一郎自身の押印ではなく，同項の要件を具備していない。
4. よって，同遺言書が無効であることの確認を求め，本申立てに及んだ次第である。

【備考】
 1．申立権者
　　相続人，受遺者，遺言執行者その他遺言の効力を争うにつき利害関係を有する者。
 2．管　　轄
　　相手方の住居地を管轄する家庭裁判所又は当事者が合意で定める家庭裁判所（家手245条１項）。一般調停事項であるが，家庭裁判所での調停も可能である。
 3．申立手数料
　　収入印紙1200円（民訴費３条１項・別表第１の15項の２）。
 4．予納郵便切手
　　966円（100円×２枚，82円×８枚，10円×10枚，５円×２枚）。
 5．申立てに必要な書類
　　申立書３通（裁判所用，相手方用，申立人控え），連絡先等の届出書１通，進行に関する照会回答書１通，申立人，相手方の戸籍謄本（全部事項証明書）１通，被相続人の戸籍（除籍）謄本（全部事項証明書）１通。
 6．そ の 他　　事件に応じて必要書類を提出する。本件であれば遺言書の写しなど。

第6　遺言の執行

解　説

　例えば，被相続人Hが死亡し，相続人は妻Wのほか子A，Bの2人であり，下記のような自筆証書遺言があったとする。本項では，このような遺言条項を念頭において「遺言の執行」の問題を考えることとしたい。

第1条　遺言者は，別紙財産目録記載の自宅不動産を妻Wに相続させる。
第2条　遺言者は，上記の不動産以外の一切の財産を長男Aと長女Bに各2分の1の割合で相続させる。
第3条　この遺言を執行するための遺言執行者には，これまでお世話になった顧問弁護士の〇〇〇〇先生を指定する。
第4条　遺言者は，上記遺言執行者に対し，この遺言の内容を実現するために必要となる一切の事務（不動産の名義変更や預貯金の払戻しなど）についての権限を授与する。そのため，相続人3人は，この遺言執行者による遺言の執行を妨げるような行為をしてはならない。

---

(1) 遺言執行と遺言執行者

　(a) 遺言執行とは（＝遺言の実現）　遺言の執行とは，被相続人が死亡した後に遺言内容を実現する一連の事務手続を行うことである。遺言内容の実現との関係では，まず，その遺言の存在が確認されるだけで法的効果が発生し，改めて実現手続を要しない場合（未成年後見人の指定や相続分の指定等）もある。ところが，誰かに必要な法律行為や事実行為を代行してもらわないと遺言の実現が図れない場合（遺贈に伴う物の引渡しや登記の移転等）がある。これが遺言の執行であるが，この執行の事務は相続人自身によって事実上行われることが多く，遺言執行者の選任が常に必要ということではない。しかし，遺言執行者による執行が必要的な場合（死後認知等）は別として，遺言執行者が任意的である場合（相続させる遺言等の財産処分等）であっても，遺言執行者を指定したほうが，（指定しない場合と比較して）いくつかの点で法的に重要な意味合いがあり，そのため，「適正迅速な遺言の執行」という観点からは，指定するほうが望ましい場合が多い。

　遺産分割の協議が，相続人全員（包括受遺者も含み）による遺産の処分であ

るとするならば，遺言の執行は被相続人の指定を受けた遺言執行者による遺産の処分ということになる。

　(b)　遺言執行者の実体法上の地位（＝遺言実現者）　　遺言執行者の法的地位について，民法は「相続人の代理人とみなす」としている（民1015条）。しかし，これは遺言執行者の行為の効果が相続人に帰属することを意味するものにすぎず，遺言執行者は必ずしも相続人の利益のためにのみ行為すべき義務を負うものではない（最判昭30・5・10民集9巻6号657頁）。そこで，遺言執行者の法的地位について，通説は，「遺言者の意思の実現を職務とする固有の資格を有する」と解する（これは職務説と呼ばれる。内田貴『民法Ⅳ』480頁）。さらに，職務の内容を具体化した立法論的な定義として，「法の規定によって遺言の実現に必要な権限（管理処分権）が与えられるとともに，その効果を個々の権利帰属者に受けさせるもの」という提言も示されている（中川善之助＝加藤永一編『新版注釈民法(28)』361頁〔泉久雄〕）。この説明は，被相続人の遺言（相続させる・遺贈する）の確実な実行者が遺言執行者であること及びその効果の側面が端的に表されておりイメージ的にわかりやすい。

　(c)　遺言執行者の訴訟法上の地位（＝妨害排除者）　　上記の実体法上の地位を前提に，遺言執行者の訴訟法上の地位については，「遺言執行者は，最終処分としての遺言から演繹される被相続人の意思を実現するために，かつ，その実現に関して争いがある場合にのみ当事者適格を有する。」（泉・前掲336頁参照）とされる。

　この遺言執行者がある場合において，遺言執行者と相続人や受遺者その他の利害関係人との間において訴訟が生じることがある。この場合の当事者適格すなわち訴訟追行権（判決の名宛人としての原告又は被告となる資格）自体が問題となった判例（要旨）を整理すると，概ね以下の(イ)～(ヘ)のとおりとなる。訴訟追行権が遺言執行者に認められる類型が(イ)から(ホ)であり，（遺言執行者ではなくて）受遺者本人にだけ認められる類型が(ヘ)である。

　　(イ)　遺言執行者の訴訟上の地位＝「第三者の訴訟担当」　　遺言執行者がある場合には，遺言に関係ある遺産について相続人は処分権を失う（民1013条）。遺言執行者のみが遺言の執行に必要な一切の行為をする権利義務を有することとなるからである（民1012条）。そこで，遺言執行者はその資格において自己の名をもって他人のために訴訟の当事者となることもできる（最判昭31・9・18民集10巻9号1160頁）。これは，遺産の権利帰属関係訴訟について

遺言執行者に訴訟代位（追行）権を認めたものである。

　㈠　遺言（遺贈）の有効・無効，解釈をめぐる争いの場合　　遺言執行の前提となる遺言の有効・無効が争われる場合には，上記㈠より，遺言執行者の原告適格・被告適格のいずれも認められる（前掲最判昭31・9・18）。

　㈢　遺言（遺贈）の執行（履行）を求める給付訴訟の場合　　遺言執行者があり，特定不動産についての受遺者から遺言の執行として目的不動産の所有権移転登記を求める訴えが提起された場合，その被告適格は遺言執行者に限られ，相続人はその適格を有しない（最判昭43・5・31民集22巻5号1137頁）。

　㈣　受益財産につき相続人が権利主張する確認訴訟の場合　　相続人は，遺言執行者を被告として，相続財産につき自己が持分権を有することの確認を求める訴えを提起することができる（最判昭51・7・19民集30巻7号706頁）。

　㈤　受遺者と遺言執行者の権限が競合して認められる場合　　遺言執行者に民法1012条の職務権限があるとしても，受遺者自らが，遺贈目的物の引渡しあるいは登記請求などの請求権を保全するために，処分禁止その他の仮処分を申請することを妨げるものではない（最判昭30・5・10民集9巻6号657頁）。特定の不動産が遺贈された場合，その所有権は遺言の効力が生ずるのと同時に受遺者に移転するのであるから，受遺者は，遺言執行者がある場合でも，遺贈により取得した所有権に基づく妨害排除請求として，当該不動産について相続人又は第三者のためにされた無効な登記の抹消登記手続を求めることができるし，また，遺言執行者も，遺言の執行に必要な行為として，上記の抹消登記手続を求めることができる（最判昭62・4・23民集41巻3号474頁）。

　なお，その後の判例で，相続させる旨の遺言についても同様の判断が示された。すなわち，他の相続人が相続開始後に当該不動産につき被相続人からの所有権移転登記を経由しているときは，当該受益相続人と並んで遺言執行者も，妨害排除のため，抹消登記手続等を求めることができる（最判平11・12・16民集53巻9号1989頁）。

　㈥　遺言執行者に当事者適格はもはやないとされる場合　　受遺者のためにされた所有権移転登記の抹消登記手続を相続人が求める場合の被告は，遺言執行者があるときでも，遺言の執行として既にされた現在の登記名義人である受遺者本人を被告とすべきである（前掲最判昭51・7・19）。また，特定の不動産を特定の相続人に「相続させる」旨の遺言があった場合，その特定

不動産について賃借権の有無が争われた際の被告適格は，特段の事情のない限り，遺言執行者ではなく当該相続人である（最判平10・2・27民集52巻1号299頁）。前者の事例は，遺言執行者による遺言の実現が終了した後の権利に関する紛争であり，後者の事例は，そもそも遺言の執行が必要とされない「相続させる」遺言による権利に関する紛争であるからである。

(2) **遺言執行者の指定と選任**

(a) 遺言執行者の指定　「遺言者は，遺言で，1人又は数人の遺言執行者を指定し，又はその指定を第三者に委託することができる」（民1006条1項）。これを指定遺言執行者という。指定は遺言でしなければならず，生前処分には指定としての効力が認められない。指定された者が当然に直ちに遺言執行者になるのではなく，指定された者が承諾することによって遺言執行者となる。指定された者は就職の義務を負わないが（遺言執行者に就任することについては予め内諾を得るのが通常である），就職を承諾したときは，直ちにその任務に着手することになる（民1007条）。

遺言によって第三者に遺言執行者の指定を委託する場合は，遺言執行者の人数を定めてすることも，これを定めずにすることもできる。後者の場合には，人数の点も含めて委託したものといえる。委託を受ける第三者は，自然人だけでなく法人でもよい。なお，遺言執行者の指定の委託のほかに，指定した遺言執行者が死亡し又は職務執行ができなくなる状態を予測して，条件付きで遺言執行者の指定を委託することも可能である。

遺言執行者に人数の制限はなく，権限の範囲を指定しないで単に数人が共同して執行すべきものと定めてもよいし，個別の遺言事項ごとに遺言執行者を決めてもよい。例えば「遺言執行者Aには認知に関する一切の権限を，遺言執行者Bにはその他一切の権限をそれぞれ定める。」などである。それらの定めがないときは，遺言執行者の任務の執行は過半数で決する（民1017条1項）。ただし，保存行為は各自が行うことができる（同条2項）。

遺言執行者の欠格事由は，未成年者と破産者である（民1009条）。当該遺言による受益者たる相続人が遺言執行者に指定されることが多いが，判例・実務は相続人の利益と直接衝突する認知や相続人廃除の場合を除いて，一般に肯定している。もっとも，相続人間で争いが発生する可能性が高い場合，相続の内容が複雑な場合，専門性が高い遺言による信託の設定の場合等については，弁護士などの法律専門家を遺言執行者に指定する例が多いと考えられ

る。

　他方で，相続人や受遺者が少人数で紛争になる可能性が少ないとき，あるいは，相続財産が不動産だけのときなど，実務上遺言執行者を指定する必要性が乏しいと考えられる場合がある。前者の場合には，銀行預金の解約等においても相続人全員の印鑑をそろえるのは難しくないし，後者の場合には，例えば「相続させる」旨の遺言においては当該受益相続人自らが相続登記を単独ですることができるからである。

　(b)　遺言執行者の選任　　「遺言執行者がないとき，又はなくなったときは，家庭裁判所は，利害関係人の請求によってこれを選任することができる」(民1010条)。これは家事事件手続法別表第1審判事項 (家手39条別表第1の104項) である。これにより選ばれた遺言執行者は選定遺言執行者といい，相続開始地の家庭裁判所の管轄 (家手209条1項) に属する。利害関係人とは，相続人・受遺者・これらの者の債権者・不在者財産管理人・相続財産管理人等である。

　遺言執行者の選任は，遺言の内容が執行を必要とするもの，あるいは少なくともそれが可能なものでなければならない。また，必要に応じて複数の遺言執行者を選任することができ，途中から追加選任することも可能である (民1017条参照)。

　遺言の効力が争われている場合には，遺言執行者の選任審判の手続において遺言の効力について審理判断してその選任の許否を決することは相当ではない。遺言者が「私の遺産相続については一切妻にまかせる」旨の遺言があった事案で，原審が遺言による委託内容が包括的白紙的であるから無効であるとして，遺言執行者選任の申立てを却下したのに対し，「遺言の有効，無効は訴訟手続において確定されるものであるから，遺言執行者選任の審判手続においては，原則として遺言の効力を判定すべきではなく，遺言が一見して明白で無効である場合に限って例外的に当該申立てを却下し得るにすぎないと解すべき」であり，「本件遺言については，その解釈によっては有効と考える余地もあるから一見明白に無効とはいい難く，別途訴訟手続においてその効力を確定すべきものというべきであり，その無効を前提に遺言執行者選任申立てを却下するのは相当とはいえない」とした (東京高決平9・8・6家月50巻1号161頁)。

　一見して無効が (形式上) 明らかな遺言の例としては，日付の記載を欠く

遺言の事案がある（岐阜家審昭55・2・14家月32巻7号59頁）。ここで問題とされたのは，遺言内容が書かれた書面に日付がなく，開封のままそれを収めた封筒に日付が書かれていた点である。これについて，「封印されない封筒裏面にのみ日付の記載があり，遺言の全文，署名，押印のある遺言書本体に日付の記載のない本件遺言は日付の自書を欠くものとして無効なものと解されるから，遺言執行者により執行すべき遺言は存在せず本件申立ては目的を欠く」と判断された。

(3) 遺言執行者の就職と財産目録の調整

(a) **遺言執行者の就職**　遺言執行者に指定された者は，遺言執行者となることを強制されるわけではなく，承諾するか辞退するかは自由である。ただし，指定された遺言執行者が就職を承諾するか否かは相続人にとって利害に関わることであるから，就職を承諾するか辞退するかの意思表示は相続人に対してすべきである。指定の委託を受けた第三者による指定の場合は，この第三者に対して諾否の意思表示をすることになる。

指定された遺言執行者が，就職の承諾・辞任の意思表示を怠っている場合は，相続人その他の利害関係人は，遺言執行者に対し，相当の期間を定めて，その期間内に就職を承諾するかどうかを確答すべき旨の催告をすることができる。この場合，定められた期間内に相続人に対して確答をしないときは，就職を承諾したものとみなされる（民1008条）。明示の辞退がないことをもって，就職したと扱ったのは，遺言執行者への就職を一種の公的な意味を含んだ義務的なものとみたためであるが，立法的には疑問とされる。指定された遺言執行者が辞退の意思表示を通知したときは，遺言執行者が不存在として遺言執行者の選任を請求できる（民1010条）。

遺言執行者に指定された者が就職を承認したときは，直ちに任務を行わなければならない（民1007条）。遺言執行者には委任の規定が準用されており，直ちに任務を行わない場合には，職務懈怠の責任が生じる。

(b) **財産目録の調整**　財産に関する遺言の遺言執行者は，遅滞なく，財産目録を作成して，相続人に交付しなければならず，相続人の請求があるときは，その立会いをもってこれを作成し，又は公証人に作成させなければならない（民1011条）。遺言執行者が相続財産の管理その他遺言の執行に必要な一切の行為を行う（民1012条）ためには，まずは，相続財産の内容を調査し（金融機関に対する預金照会や貸金庫開扉による内容物の確認など），相続財産の現状

を明らかにする必要がある。財産目録を作成する事務は，遺言執行の任務や権限と直結しており，遺言執行者の相続財産に対する管理処分権の対象を明らかにするためである。特定物遺贈の場合は，その特定財産の目録を作るだけでよいとされる。財産目録作成の費用は，遺言執行費用として相続財産の負担となる（民1021条）。

　遺言執行者の管理処分権の対象となっている相続財産について相続人は遺言の執行を妨げる行為を制限されている（民1013条）が，この相続人の処分権制限の対象と財産目録に載せられている相続財産の範囲は，必ずしも一致するというものではない。特定物遺贈であっても，相続人から遺留分減殺請求がされ遺贈の履行を拒否される場合もあるから，遺留分減殺の可能性をも視野に入れて相続財産全体について財産目録が作成されなければならないこともある。

　なお，遺言執行者は，相続人の代理人として（民1015条），遺言執行をなすべきであり，作成した財産目録は相続人に対して交付しなければならないが，交付対象となる相続人について特に明示されているわけではない。このことに関連して，財産目録を交付すべき相続人の範囲が問題とされた裁判例がある（東京地判平19・12・3判タ1261号249頁）。つまり，清算型包括遺贈の遺言がある場合に，指定された遺言執行者が遺留分を有しない相続人に対して遅滞なく財産目録を交付しなかったものである。この判決において，「遺言執行者の相続人に対する財産目録交付義務は，相続人が遺留分を有する者であるか否か，遺贈が個別の財産を遺贈するものであるか，全財産を包括的に遺贈するものであるか否かにかかわらず，等しく適用されるものと解するのが相当であり，遺言執行者は，遺留分が認められていない相続人に対しても，遅滞なく財産目録を交付すべき義務がある。」とした。

(4) 遺言執行者の権利義務

　「遺言執行者は，相続財産の管理その他遺言の執行に必要な一切の行為をする権利義務を有する」（民1012条1項）。遺言執行者は，相続人の代理人とみなされることから（民1015条），遺言執行者のした法律行為の効果は直接相続人に帰属することとなり，委任契約における受任者の義務と責任に関する規定の大部分が準用されている（民1012条2項）。準用されるのは，民法644条から647条までの規定（受任者の注意義務，受任者の報告義務，受取物の引渡義務，金銭消費に対する責任等）と650条の規定（義務ではないが受任者による費用等の償還請求）

である。そのため、義務違反があった場合は解任事由となり（民1019条）、あるいは損害賠償責任が発生する。複数の遺言執行者がいるときは、遺言に別段の定めがない限り、保存行為は単独で、その他の任務は過半数の意見により執行する（民1017条）。

遺言による財産処分の関係で遺言執行が必要とされる場合は、後記の「遺言できる事項と遺言執行の要否一覧表」（【書式67】）にあるうち、「遺言による処分事項（一般財団法人の設立・遺贈等）」があったときの一群がそうである。

(a) 一般的な権能（保存・管理・処分権）　遺言執行者は、遺言による財産処分の内容を実現するために必要な事務であれば、法律行為はもちろん、遺産の調査・特定、遺産の管理、遺産の登記・登録等の対抗要件の具備や引渡し・明渡し、遺産の売却処分、目的物の調達、受遺者・相続人間の連絡調整などの事実行為をなし、さらには、遺言の執行に関連する訴訟を追行する権能をも有する。

特に、管理処分権は多くの場合に目的物の占有を必要とする。そこで、遺言執行者は、執行に必要な範囲内で相続人あるいは第三者に目的物の引渡しを請求することができる（大判昭15・12・20民集19巻2283頁、第三者に寄託してある遺贈債権証書の引渡しを求めたもの）。この管理処分権に関連して、特定の財産について「相続させる」旨の遺言がされた場合、遺言執行者には対象財産についての管理権及び受益相続人への引渡義務があるかどうかの点が争われた事案（前掲最判平10・2・27）がある。この判例では、特定の財産についての「相続させる」旨の遺言の場合、その当然分割（物権的効果）の結果、当該対象物の占有・管理については受益相続人に期待することができるので、遺言執行者には管理・引渡義務はないが、遺言書に当該不動産の管理及び相続人への引渡しを遺言執行者の職務とする記載があるなどの特段の事情があった場合は、遺言執行者の権限となる、とされた。この判例に呼応した遺言実務が広がっている。

ところで、遺言執行者は、任務の遂行（例えば、遺贈の履行や財産拠出による財団の設立等）に当たっては、その責任において、専門家、弁護士あるいは助手などを履行補助者として使用することは差し支えないし、補助者に対する儀礼的心づけ（盆暮の贈り物やチップなどの支出）も許される。特に個々の専門的な知識を要する行為（税務上あるいは訴訟上の処理）について、それぞれの適任者に代理を委任することは遺言執行者の復任権の制限（民1016条1項）には

当たらない。このことを肯定した判例（大決昭 2・9・17民集 6 巻501頁，第三者に賃料債権の取立てを委任した事案）がある。

　(b)　財産の拠出の場合　　一般財団法人の設立を目的とする財産の拠出が遺言内容である場合，遺言執行者は財団法人設立のために必要な一切の行為をしなければならない（一般法人152条 2 項）。この財産の拠出については民法の遺贈に関する規定が準用される（一般法人158条 2 項）。

　これに関連して，財団法人における主務官庁の設立許可までの間の財産の管理ないし帰属についての最高裁昭和44年 6 月26日判決（民集23巻 7 号1175頁）がある。事案は，遺言執行者が，遺言による財産の拠出に基づく財産として管理する相続財産の株式を，設立中の財団法人に帰属させ，その代表機関名義に書き換える行為は，遺言執行に必要な行為に当たり，相続人はその執行による株式についての権利を喪失する，というものである。

　(c)　相続させる旨の遺言の場合　　特定の不動産を特定の相続人に「相続させる」旨の遺言があった場合，受益相続人は遺言の効力発生と同時に当該不動産の権利を取得する（当然分割説（物権的効果説））。また，被相続人名義のままの当該不動産について単独で「相続」を登記原因とする登記申請をすることができる（不登63条 2 項）。したがって，当該不動産が遺言者（被相続人）名義である限りは，遺言執行者の職務は顕在化せず，遺言執行者は登記手続をすべき権利も義務も有しないとされる（最判平 7・1・24判時1523号81頁）。

　その後さらに，判例は，上記判断内容を前提に「……が，他の相続人が相続開始後に当該不動産につき被相続人からの所有権移転登記を経由しているときは，遺言執行者は，遺言執行の一環として，その妨害を排除するため，当該所有権移転登記の抹消登記手続又はこれに代わる（受益相続人への）真正な登記名義の回復を原因とする所有権移転登記手続を求めることができ，この場合，当該相続人も自ら同様の登記手続請求をすることができるが，このことは遺言執行者の職務権限に影響を及ぼすものではない。」と判示した（前掲最判平11・12・16）。

　つまり，判例の立場は，受益の相続人に当該不動産の所有権移転登記を取得させることは民法1012条 1 項の「遺言の執行に必要な行為」に当たり，遺言執行者の本来的な職務権限に含まれるが，登記手続上は，当該不動産が被相続人名義である限り，受益の相続人による単独申請ができる以上，遺言執行者の職務は顕在化しないものと理解されている（幸良秋夫『実務家のための相

続法と登記』129頁参照)。

　「相続させる」旨の遺言による取得について，判例は対抗要件を不要と解するものの（最判平14・6・10家月55巻1号77頁），受益相続人に完全に権利を取得させるためには，受益相続人に登記を取得させることが遺言執行の一環となる。

　なお，特定の財産について「相続させる」旨の遺言があった場合，その当然分割効の結果，受益相続人は当該対象物の占有・管理についても期待することができ，遺言執行者に管理・引渡義務は生じない。しかし，遺言書に当該不動産の管理及び相続人に対する引渡しを遺言執行者の職務とする記載があるなどの特段の事情があれば，遺言執行者の権限となる（前掲最判平10・2・27）。

　(d)　換価清算型の「相続させる」旨の遺言の場合　　いわゆる換価清算型の包括的な「相続させる」旨の遺言として，次のような文例の条項があったとする。

「第○条　遺言執行者は，遺言者の有する別紙目録記載の土地と建物を売却換価して，その売却代金から相続債権者に一切の相続債務を弁済し，そして，売却費用を含んだ遺言の執行に要する一切の費用を控除した残りの現金を，妻Ｗに2分の1，長男Ａと長女Ｂに各4分の1の割合で相続させる。

　第○条　この遺言の執行者として○○○○を指定する。」

　家庭裁判所の遺産分割手続における分割方法の選択肢としての「換価分割」（遺産を換価して金銭で分配）があるが，このことに対応して，遺言すなわち被相続人の意思による「換価分割」による分割方法の指定である。

　積極財産としては，預貯金等の金融資産はなく不動産だけであって，一定の相続債務が残されているような場合にこの清算型遺言の方法が採られることがある。この内容を実現するには，まず遺産の換価処分（売却～換金）と相続債務の清算の処理問題が先行することになる。特に，清算手続は，被相続人が事業経営者であった場合は特にそうであるが，債権者全員の掌握確定と弁済方法の順序選別等のやや複雑な問題が含まれたりして，債権者との折衝をはじめ限定承認の場合の清算手続に準じた慎重な手続を要する場合が予想される。

　これら一連の行為を相続人の全員で行うことには困難を伴うことが考えられるので，この場合は遺言執行者を指定しておくことが特に必要である。こ

の例で指定される遺言執行者には，上述のとおり，（一連の複雑困難な）手続をすることが期待されている。そのため，法的専門家を指定することが望ましい。

　なお，清算型遺言において，被相続人名義の不動産を売却するまでの登記実務の扱いは以下のとおりである。まず，遺言執行者は相続人の代理人として単独申請により被相続人から相続人への名義変更の相続登記をし，その後，登記権利者を買受人，登記義務者を相続人として，買受人と遺言執行者の両名が共同で名義変更の登記申請をする流れとなる（昭45・10・5民甲4160民事局長回答）。

　ちなみに，清算型遺言における遺言執行者は，換価のための遺産の売却，債務の調査と弁済方法の確定などについて包括的な権限を有すると解される。そこで，遺言執行者の指定条項に続いて，（単に一切の権限とするだけではなく）独立の条項を設けて，可能な限り特定の個別事項ごとの権限（例えば，不動産を換価するための相続登記手続の事実行為や売却処分等の法律行為など）についても，より具体的にかつ箇条書きの形で明確に記載しておくことが，円滑な執行事務の遂行という点で望ましい。

　(e)　全部包括遺贈（＝特定遺贈の集合）の場合　　遺贈による所有権移転の登記は，（遺贈による物権変動を相続による一般承継とみることはできないので）不動産登記法60条に規定する共同申請の原則に従い，包括遺贈，特定遺贈のいずれについても，受遺者を登記権利者，遺贈者を登記義務者とする共同申請によるべきものとされる。その場合，遺贈者は死亡しているので，遺言執行者がその代理人となり，遺言執行者がいないときは遺贈者の相続人全員が登記義務者になるとされている（昭33・4・28民甲779号民事局長心得通達）。したがって，全遺産（＝個々の特定遺産の集合体）が包括遺贈され，他に法定相続人がいない場合においても，遺贈による不動産の取得登記を完遂するためには遺言執行者の選任が必要である（東京高決昭44・9・8家月22巻5号57頁）。

　遺言執行者がいる場合において，受遺者が遺贈された不動産の自己への所有権移転登記手続について，（遺言執行者を差し置いて）相続人に対して求めた事案において，訴訟上の当事者適格者の点が問題となった。最高裁は，遺言執行者は遺言の執行に必要な一切の行為をする権利義務を有すること及び相続人は遺言の執行を妨げるべき行為をすることができないことを理由に，当該訴訟の被告適格を有するのは遺言執行者に限られ，相続人はその適格を有

しないとした（前掲最判平43・5・31，前掲最判平51・7・19）。

　遺言執行者が相続人の代理人である（民1015条）とすれば，相続人が被告になれないはずはないので，この点，遺言執行者の法的地位について，通説は，前述のように「遺言者の意思の実現を職務とする固有の資格を有する者」と捉え，その上で，遺言執行者は相続人と争う場合もあることから，訴訟法上では「自己の名において当事者となる訴訟担当者」であると解しているのである。

　他方，特定不動産の遺贈を受けた場合，実体法上，その所有権は遺言の効力が生ずるのと同時に受遺者に移転するのであるから，受遺者は，遺言執行者がある場合でも，（遺言執行者に抹消登記手続請求権があるとしてもそのことは別として）遺贈により取得した所有権に基づく妨害排除請求として，当該不動産について相続人又は第三者のためにされた無効な登記の抹消登記手続を独自に求めることができる（前掲最判昭62・4・23）。

　なお，遺言執行者には受遺者自身を指定することもできると解されている。その場合，登記の申請は民法108条ただし書にいう債務の履行に準ずべきものであって（＝実体法上で発生している権利の手続法上における実現），遺言執行者は，「登記権利者たる受遺者及び登記義務者たる遺言執行者」として，（権利者と義務者の双方の立場を兼務して）遺贈による登記を申請することができる（大9・5・4民1307民事局長回答・先例集上454頁）。

　ちなみに，遺贈を登記原因とする受遺者への権利の移転登記は，（いったん相続人名義に改めた後それを受遺者に移すのではなく）被相続人から直接受遺者名義に移すべきものとされる（大決大3・8・3民録20輯641頁）。したがって，相続人による相続登記がある場合には，まずその抹消登記手続をとる必要がある。この場合，相続人の１人が受遺者であるときには，（抹消登記手続ではなく）受遺者単独の所有名義とする「更正登記」をする扱いが登記実務である（昭37・6・28民甲1717号民事局長通達）。

　（f）　第三者に対する割合的包括遺贈の場合　　例えば，被相続人の相続人は長女Ａだけであり，遺産は甲土地と乙土地であるとして（価値は同等），公正証書遺言により，「内縁の妻Ｘと長女Ａの２人に対し，相続開始時に有する全財産につき２分の１の割合でそれぞれ包括遺贈する。」という割合的包括遺贈があり，遺言執行者が指定されていたとする。ここで，前述の（特定遺贈の集合体である全部遺贈をも含めた）「特定」遺贈の場合とこの「割合的包

括」遺贈の場合とを比較した場合，相続開始時に発生する権利の性質が異なることとなり，この点は明確に区別して扱う必要がある。

　まず，特定遺贈においては，相続開始と同時に実体法上の効果が，（特定承継という変動事由により）当該受遺者に対し（物権的な単独所有としての）権利帰属の状態が発生する。これに対し，割合的包括遺贈においては，「包括受遺者は相続人と同一の権利義務を有する」(民990条)とされることから，相続開始と同時に実体法上の効果が，(相続による一般承継という変動事由に準じて)当該受遺者に対し，相続開始時の一切の財産（権利・義務）について，指定された持分割合によって，（他の包括受遺者あるいは相続人とともに）遺産共有という権利帰属の状態が発生する。つまり，基本的に相続人と同じ法的地位に立つこととなり，遺産分割によってその共有状態の解消が図られることになる。要するに，特定遺贈では遺産分割はもはや不要である（いわば遺言による指定分割）が，包括遺贈では（共有解消のための）遺産分割が常に必要という違いがある。

　このような法的効果の違いはともかく，受遺者に帰属した権利を実現するには，遺言執行者による受遺財産の引渡しや所有権移転登記などの手続すなわち遺言の執行は，特定遺贈，包括遺贈のいずれの場合においても必要となる。

　(g)　割合的包括遺贈がある場合の遺産分割調停の条項例　　前記(f)の冒頭設例において，内縁の妻Xを申立人とし，長女Aを相手方とする遺産分割調停事件において，Xが甲土地を取得し，Aが乙土地を取得する内容で合意が成立したとする（いずれの土地も被相続人名義のままであるとして）。この場合の調停条項例は次のようになる。

1　申立人X（包括受遺者）及び相手方A（相続人）は，被相続人Hの遺産を次のとおり分割する。
　(1)　別紙財産目録記載の甲土地は，申立人Xの取得とする。
　(2)　別紙財産目録記載の乙土地は，相手方Aの取得とする。
2　参加人（遺言執行者）は，申立人Xに対し，前項(1)記載の甲土地につき，相続開始日である平成○年○月○日付けの遺贈を原因とする所有権移転の登記手続をする。

【注】
1. まず，第三者に対する包括遺贈によって相続人と受遺者との間に遺産共有の状態が生じた場合，これを解消するには遺産分割手続によるべきであり，この遺産分割の効果は相続開始時に遡及するから，受遺者は被相続人から直接に権利を承継した扱いとなる。
2. この場合の所有権移転の登記原因は，共同相続人全員が受遺者であるときは相続，それ以外のときは遺贈となる（昭38・11・20民甲3119号民事局長回答）。
3. 包括遺贈による所有権移転の登記は，受遺者と遺言執行者又は相続人の共同申請によるべきである（昭33・4・28民甲779号民事局長心得通達）。
4. 遺言執行者が指定又は選任されると，相続人は遺産の処分権を喪失する（民1013条）から，この場合には必ず遺言執行者を遺産分割手続に参加させ，所有権移転の登記手続をする旨の条項を作成しておくべきである。
5. 遺産分割とは，相続開始により全員が共有して承継し，共有物となっている不可分物を各人の単独所有とすることである。すると，遺言執行者は遺産の共有者ということではないので，遺産分割の当事者ということにはならない。そのため，「遺言執行者には遺産分割申立権まで認めるのは困難である」（梶村太市『新版実務講座　家事事件法』297頁）とされる。ただし，上記「4」の遺贈登記を実現させるためには，利害関係人として参加させることになる。つまり，遺言執行者は遺産分割に加わることはできても，協議内容を取り仕切るまでの権限はない（遺言よりも相続人ら全員の合意が優先）。

(h) 受益相続人と遺言執行者の行為の併存（預貯金の払戻し等）　例えば，預貯金を特定の相続人に相続させる旨の遺言があったとすると，当該預貯金は何らの行為も要しないで相続開始の時に直ちにその受益相続人が確定的に取得することになるが，この点，遺言執行者が指定されていたとすると，預金の払戻しの処分は制限されるのだろうか。これについて，判例・通説の考え方は，遺言執行者の執行行為の目的は遺言の効果を実現するためのものであって，相続人による処分行為が遺言の執行を妨げるものでないときは，相続人の行為と遺言執行者の行為は併存し得るということになると考えられる。前掲最高裁判決（平成11年12月16日）も同様の考え方を示す。すると，受益相続人によって払戻しの処分がされたとしても，それは「遺言の執行を妨げるべき行為」には該当しないし，他方，遺言執行者も，遺言で与えられた職務権限として，受益相続人のために預貯金の払戻しの処分をすることができる。

(5) 遺言執行の妨害行為の禁止

遺言執行者がいる場合には，相続人は遺言の対象となった相続財産につい

て，処分その他遺言の執行を妨げるべき行為をすることができない（民1013条）。これは，遺言執行者が遺言の執行に必要な一切の行為をする権限を有するとする民法1012条の規定とあいまって，相続財産の処分権を遺言執行者に専属させるため，相続人の処分権に制限を加えたものであって，遺言執行者の遺言の適正執行の確保を目的とした制度である。相続人が処分を禁止される相続財産の範囲は，遺言執行者が管理すべき財産の範囲と一致し，それ以外の財産に関しては処分の制限を受けない（民1014条）。遺贈の目的物が金銭であって，遺言執行者が相続財産全部を換価処分してこの金銭を調達する必要がある場合は，相続財産全部について相続人の処分権が制限される。

(6) 遺言執行者の妨害排除請求

では，仮に相続人がそのような処分行為をしたときに，その効果はどのようになるのだろうか。この点が問題とされた判例がある（前掲最判昭62・4・23，前掲最判平14・6・10）。

まず，「遺言執行者がいる場合に，相続財産中の不動産を共同相続人の1人が自己の法定相続分について相続登記をした上，第三者に売却して登記を移転しても，遺言執行者に無断でなした処分行為は無効であって，受遺者は，遺贈による目的不動産の所有権取得を登記なくして処分行為の相手方たる第三者に対抗することができる。」と判断した。つまり，遺言執行者が指定されていない場合には受遺者と善意の第三者とは，本来は民法177条の対抗関係に立つ（最判昭39・3・6民集18巻3号437頁）が，遺言執行者が指定されていることにより受遺者は結果的に遺贈を登記なくして対抗できることになる。つまり，第三者は，処分の目的が不動産である場合にはまったく保護されない結果になる（動産であれば民法192条による保護の可能性がある）。遺言執行者の有無だけで，受益者保護（静的安全）か第三者保護（動的安全）かの結論がまったく180度異なる深刻な影響を及ぼすことになる。この意味では，遺言執行者の指定にはまさに「妨害排除的効果」が内包されていると捉えることができる。

次に，上記の「遺言執行者がいる場合」とは，遺言執行者として指定された者が就職を承諾する前の時点をも含むと判断された。仮に，就職を承諾する前の処分であれば第三者保護が有効とすると，遺言の存在を知った相続人が，相続財産をいち早く処分することが容易に予想されるからである。

したがって，相続人の処分が禁止される時期は，指定遺言執行者にあって

は，遺言が効力を生じた時あるいは第三者の受託者によって指定された時（民1006条）であり，選定遺言執行者にあっては，家庭裁判所が遺言執行者に選任した時（民1010条）である。改めて，遺言執行者が就職を承諾した時ではない。

(7) 遺言執行者と他の制度上の相続財産管理人との競合

(a) 限定承認・財産分離における相続財産管理人との関係　相続人の利益のための限定承認（民922条），あるいは相続債権者の利益のための財産分離（民941条）があると，相続財産は凍結され，受遺者に対する弁済よりも相続債権者に対する弁済が優先する（民931条）。そのため，相続財産管理人（民936条1項）の管理清算権が先行することから，結果的に，受遺者の利益代行者たる遺言執行者のなす管理処分権は，相続債権者への清算手続が終了するまでは，休止（停止）の状態におかれることになる（中川善之助＝加藤永一編『新版注釈民法(28)』293頁参照）。

(b) 相続人不存在の場合における相続財産管理人との関係　相続人不存在のために選任された相続財産管理人は，相続財産の清算を主たる任務としており，その中に受遺者への弁済も含まれる（民957条）。また，受遺者の請求があるときは，相続財産管理人は相続財産の状況を報告する義務を負っている（民954条）。受遺者への遺贈を含めて，相続財産管理人が一連の清算を行い，遺言執行者には遺言執行を行う余地はないように考えられる。

この点，一方では，相続人不存在の場合の相続財産管理人の権限は原則として民法103条の保存行為に限られ，相続財産の処分のためには家庭裁判所の許可を得なければならない（民953条による28条準用）し，かつ，相続人不存在の場合の相続財産の処理が法定相続の一環ないし延長線上にあることなども勘案すると，遺言執行者が存在する場合には，相続財産管理人ではなくむしろ遺言執行者により遺言が実現されるべきではなかろうか，とする考え方もある（前掲『新版注釈民法(28)』300頁参照）。

(c) 上記以外に相続財産の管理人がある場合　法律上，上記のほか相続財産（遺産）の管理人（者）がおかれて，遺言執行者と管理が併存・競合となるのは以下の場合である。これらの管理人の権限は，原則として保存行為（民103条）の範囲に限られるので遺言執行者の権限と抵触することは考えにくいが，原則的に，保存行為をなし得る権限よりも遺言執行者の執行権限が優先することになる（前掲『新版注釈民法(28)』299頁参照）。

①　推定相続人の廃除審判確定までの遺産管理人（民895条1項）
②　相続の承認・放棄前の遺産管理人（民918条2項）
③　相続放棄後の遺産管理人（民940条）
④　遺産の競売・換価命令の場合の遺産の管理者（家手194条6項）
⑤　遺産分割審判までの遺産管理者（家手200条1項，審判前の保全処分）

(8)　**遺言執行者の解任・辞任**

　遺言執行者（指定遺言執行者・選任遺言執行者）がその任務を怠ったときその他正当な事由がある場合は，利害関係人は，その解任を家庭裁判所に請求することができる（民1019条1項）。遺言執行者は，正当な事由があるときは，家庭裁判所の許可を得て，その任務を辞することができる（同条2項）。遺言執行者の職務は，公的な色彩を帯びた義務的なものであるから，正当な事由の存在と家庭裁判所の関与の下で運用することとしたものである。

　解任あるいは辞任において「正当な事由があるとき」とは，遺言執行者にとって，遺言の実現のために公正な執行を期待できないことから，解任もやむなしとする場合である。例えば，遺言執行者の長期療養，長期の海外出張，行方不明の場合，あるいは，相続人の一部と密接な関係があって相続人全員の信頼が得られないことが明瞭な場合などがある。

(9)　**遺言執行者の報酬**

　遺言執行者の報酬は，遺言で定まる（民1018条1項ただし書）。ただし，遺言に定めがない場合は，遺言執行者は，報酬の付与を家庭裁判所に請求することができる（同項本文，家手39条・別表第1の105項）。家庭裁判所が報酬額を決定する際の考慮事項は，相続財産の種類・分量・額，執行事務の内容・実現成果，所要期間・難易度，執行者の地位・職業，遺言者と執行者との関係などである。

　報酬額の決定の効力はあくまで具体的な金額の非訟的な形成・確定であって，給付を命ずるものではない。それが不履行であれば，調停や訴訟で請求して債務名義を取得するしかない。遺言執行者の報酬は，遺言執行費用として相続財産の負担とされている（民1021条）。

(10)　**遺言執行に関する費用の負担**

　遺言執行に関する費用は，相続財産の負担とされる。ただし，これによって遺留分を減ずることはできない（民1021条）。遺言執行費用とは，遺言書の検認手続費用（民1004条），相続財産目録の作成費用（民1011条），相続財産の

管理費用（民1012条），遺言執行者・職務代行者の報酬（民1018条，家手215条4項），さらには，測量費用・分筆費用・名義変更の登記手続費用，遺言執行関係に関する訴訟費用も含まれるとされる。これらの遺言執行費用は，相続財産の中から控除できる。相続財産が遺言執行者の管理下にないときは，民法306条1号の「共益の費用」に含まれ先取特権を有する。さらに，遺言執行者が立て替えて支払った執行費用は民法1012条による同法650条1項の準用により相続人に対して償還請求できる。この立替支払分の償還請求の方法について，以下検討する。

　(a)　遺言執行費用は相続利益額に応じた按分割合負担　　例えば，相続人が子A1人だけであって，相続開始時の遺産が1000万円であったが，被相続人は遺言で第三者Xに800万円を遺贈し，同遺言で遺言執行者Pを指定していた。Pにはその遺贈を実現するための遺言執行費用として立替費用分200万円があった。この具体例をベースにして，Pの立替金の償還請求に関わる立替金の回収手順について，以下考えることとしたい。

　まず，遺言の執行に要した費用200万円は，そもそも（相続開始時に存する）相続債務ではないから相続人Aに責任は及ばない。また，「その費用は相続財産の負担とする」という文言の趣旨からは，少なくとも相続人Aがその固有財産をもって支弁する必要はない，すなわち，相続開始時に残した遺産の範囲内において，受遺者と相続人の共益費用としてまかなうべしという趣旨である。この解釈を前提にした事案（東京地判昭59・9・7判時1149号124頁，遺言執行者が遺言無効確認訴訟の被告となった際の訴訟費用の立替金請求事件）がある。つまり，遺言執行者が立て替えて支払った遺言執行費用は民法1012条による同法650条1項の準用により相続人に対して償還請求できるが，その請求し得る額は，その費用を，全相続財産のうち当該相続人が取得する相続財産の割合に比例配分した額であり，かつ当該相続人が取得した相続財産の額を超えない部分に限ると判示した。さらに，「1021条は，相続財産の額を超える費用を相続人に請求できないことを定めたものと解するのが相当」とした。

　この理を設例についてみると，遺言執行者Pは，相続人Aと第三者の受遺者Xとの両名に対して，相続開始時の遺産を「1」としてそこからの相続利益の比例配分は「1：4」であるから，立替金200万円をこの比に応じて，Aに対して40万円，Xに対して160万円をそれぞれ償還請求できることになる。遺言執行費用を共益費用とみて，相続利益額の大きさに応じた按分負担

である。仮に，相続財産の全部がＸに遺贈されていたとすれば，Ａの負担分は「０」となる。

　実は，上記東京地裁の判決が採用した，「相続開始時の遺産から取得した相続財産の割合に比例配分する」という考え方は，相続分算定において，相続債務の分担は相続利益の大きさに応じて分担するという「相続利益説」(梶村太市＝貴島慶四郎『相続分算定方法』309頁参照)の考え方とまったく同じである。

　(b)　遺留分減殺手続を通じた遺言執行費用の回収調整　　次に，遺留分との関係では，同じ1021条のただし書において「これによって遺留分を減ずることができない」と規定されて，遺留分の保障が優先されている。執行費用は遺言による財産の無償処分の延長であるとみて，相続人の遺留分だけは確保させようという趣旨である。すると，遺留分権利者は，元々の遺留分にこの費用を加算したものを個別遺留分額として，その額を保全するために，遺贈や贈与を減殺することができることになる。そして，減殺で取り戻した財産を遺言執行者に支払った立替分に充当する，という手順になる。かくして，財産法上の扱いでは共益費用とされた遺言執行費用であるが，それは相続法上の扱いとしては，(遺留分侵害者である)受遺者だけが全額を単独で負担すべき費用である，という結論になる(前掲『新版注釈民法(28)』385頁参照)。

　すると，設例において，遺留分権利者Ａは元々の遺留分500万円(＝1000万円×1/2)に遺言執行者Ｐに支払った立替償還金40万円を加算した540万円がＡに保障された遺留分となり，これを確保するため，受遺者Ｘが得た800万円の遺贈を対象にそこから遺留分不足額340万円(＝遺留分540万円－分配取得額200万円)を減殺して遺留分を回復することができる。要するに，遺言執行費用の200万円は受遺者Ｘへの遺贈財産800万円の中からその全額が支弁された結果となる。

　理論的にはともかく，遺言執行者の実務処理としては，遺言執行費用全額の最終的負担者となる受遺者に上記の事情を説明した上で，遺言執行費用相当の見積もり実費額を受遺者から事前に預かり，後日清算するのが賢明である。

【貴島　慶四郎】

書式 67　遺言できる事項と遺言執行の要否一覧表

■法が定める遺言事項

①	必要的遺言事項	・未成年の後見人・後見監督人の指定（民839条・848条）	←身分事項	×
		・相続分の指定・指定の委託（民902条）		×
		・遺産分割方法の指定・指定の委託（民908条）		×
		・遺産分割の禁止（民908条）		×
		・相続人相互の担保責任の指定（民914条）		×
		・遺言執行者の指定・指定の委託（民1006条）	←執行事項	×
		・遺贈の減殺に対する別段の意思表示（民1034条ただし書）		×
②	任意的遺言事項	・認知（民781条2項）	←身分事項	◎
		・推定相続人の廃除・取消し（民893条・894条2項）		◎
		・生命保険金受取人の変更（保険44条・73条）		○
		・「相続させる」旨の遺言（民908条）	←処分事項	○
		・無償譲与（遺贈＝民964条，生前なら贈与＝民549条）	←処分事項	○
		・一般財団法人の設立（一般法人152条2項）	←処分事項	◎
		・信託の設定（信託3条2号）	←処分事項	○
③	有益的遺言事項	・祖先の祭祀主宰者の指定（民897条1項）		○
		・特別受益の持戻し免除（民903条3項）		×
		・遺言の撤回（民1022条，いつでも遺言の方式で撤回可能）		×
			↑㋐	↑㋑

■原則的に無効な事項

④	無益的遺言事項	・葬式や祭祀の方法に関する事項 ・相続人の指定（東京高判昭60・10・30家月38巻6号21頁） ・寺院の後継住職の指定や寺院財産の処分に関する事項（大阪高判昭44・11・17家月22巻8号33頁） ・相続財産の売却金で相続債務を弁済すべき旨の遺言（大判大6・7・5民録23輯1276頁） ・相続人への感謝・励まし・回顧・希望等の非法律的事項
⑤	有害的遺言事項	・共同遺言（民975条）

【備考】
 1．上表「法が定める遺言事項」中，㋐，㋑の欄は次のことを意味する。
    ㋐→遺言事項の類型（「←○○事項」のない空欄は「相続の法定原則の修正事項」）
    ㋑→遺言執行の要否（◎＝遺言執行者だけ，○＝遺言執行者又は相続人，×＝不要）
 2．遺言により効力が生じるのは遺言者の死後の法律関係であるため，法定の事項だけに法的効力が認められる。財産的な事項が中心であるが，一部に身分的な事項も存在する。それは，上記のように，①必要的遺言事項（遺言によってしかできない事項），②任意的遺言事項（遺言によっても生前行為によってもできる事項），③有益的遺言事項（法定事項ではないが，判例・学説上遺言の効力を認める事項）の3種がある。
 3．これに対し，④無益的遺言事項（遺言としての効力が認められない事項）は，仮にそれを遺言に書いても法的効力を生じないものであるが，被相続人がそのような意思を表示したという事実の証明にはなり得よう。⑤有害的遺言事項はその記載によって遺言全体が無効に帰するので，注意を要する。

第3編

遺産分割

第9章

相続人・相続欠格・推定相続人の廃除

第1 相続人の範囲

解　説

〔1〕 法定相続人

(1) 趣　旨

　相続の開始があった場合に，被相続人（死亡した者）の権利義務を当然に，かつ，包括的に承継する者を相続人という。相続人は，法定の親族（民887条から890条まで）である。推定相続人の廃除の場合を除いて，被相続人は，「相続人」自体を追加し，又は排斥することはできない（なお，「包括受遺者は，相続人と同一の権利義務を有する。」（民990条）とされているが，相続人や他の包括受遺者の相続放棄があった場合でも，受遺分は増加しない（民995条本文。本条にいう「相続人」には，包括受遺者は含まれないとされる（中川善之助＝加藤永一編『新版注釈民法(28)』221～222頁・239～242頁〔阿部徹〕））など，相続人とは取扱いの異なる事項が存在する）。

　したがって，遺言によって相続分を指定する（民902条）などの方法によって，実際に取り分を加減することはできても，遺留分請求権のような固有の権利を奪うことはできないということになる。

　もっとも，遺留分を有する推定相続人については，廃除によって，遺留分請求権を含めた相続人の地位を奪われることがあり，相続制度や遺言制度に対して著しい不正を働いた者については，相続欠格として当然に相続人の地位を失うことがある。これらについては，後に詳述する。

(2) 相続人の範囲

　相続人は，配偶者と一定の範囲の血族とに分けることができる。

(a) 配偶者　　配偶者は，後述の血族の相続人の有無，順位によって，相続分は異なるが，常に相続人となる（民890条）。ただし，事実婚（内縁）の配偶者は，相続人となることができない（通説。生命保険の保険金受取人を「相続人」と指定していた場合に，内縁の配偶者が，これに該当しないとしたもの（大阪地判昭53・3・27金判551号43頁等）がある）。

なお，死亡により内縁が解消された場合には，相続人に対する財産分与請求権もないとした最高裁判決（最判平12・3・10民集54巻3号1040頁）がある。

(b) 血　　族　　直系の血族及び兄弟姉妹がいるときは，次の順で相続人となる。

① 子（民887条1項）
② 直系尊属（親等の異なる者がいるときは，親等の近い順。民889条1項1号）
③ 兄弟姉妹（同項2号）

(3) 同時存在の原則

相続開始時と同時に相続人が存在していなければならないとする原則である。この存在とは，権利能力を有していることをいうので，相続開始の時点で生存している必要がある。したがって，本来はその時点までに出生し，かつ，その時点で死亡していない者ということになるが，後記(4)のとおり胎児について例外規定がある（民886条）。

被相続人と同時に死亡した者は，相続開始時と同時には，もはや存在していないこととなり，相続人となる資格はない。例えば，同時死亡の推定（民32条の2）の場面では，その者のほうが後に亡くなったことを証明しない限りは，もはや相続人にはなれない。

もっとも，その場合を含めて相続開始時（被相続人死亡時）以前に死亡した者であって，その者が被相続人の子又は兄弟姉妹であるときは，それらの子（例えば孫又は甥姪）等が代わって相続することができる。このように相続する者を代襲相続人（詳細は後記(5)参照）という。

なお，相続開始後に，相続人が死亡し，その相続人について相続が開始されることがある。このような相続関係は，当初の被相続人の相続との関係で「再転相続」と呼ばれている。

(4) 胎　　児

人が，権利主体となるのは，出生の時（民3条1項）だから，同時存在の原則からいえば，相続人にはなれないが，民法は相続の関係で出生を擬制する

（民886条1項）ことにより，その原則に例外を設けた。

なお，胎児が死体で生まれたときは，初めから相続人とならなかったこととなる（同条2項）。このため，出生まで権利主体でないことには違いがなく，出生時に確定的に権利を取得できるとする停止条件説と，出生するまでもなく権利を取得し，死体で生まれたときに，その権利を失うとする解除条件説とがあるものの，相続以外については，特に胎児のための例外が設けられていないため，法定代理人等の規定がなく，訴訟，民事保全その他の裁判手続はできないし，母から授権された代理人の契約を無効とした判例（大判昭7・10・6民集11巻20号2023頁）もあり，結局は，出生（死体で生まれた場合を除く。以下同じ）を待たなければ，法律行為ができないことに変わりはない。

さらに，出生前に，胎児を除く相続人で遺産分割協議をしたとしても，当該胎児が無事に出生したときは，改めて遺産分割協議をやり直さなければならないことから，他の相続人も，遺産分割に関しては，胎児の出生等を待たなければならない。

(5) **代襲相続人**

血族の相続人のうち，被相続人の子及び兄弟姉妹については，相続開始時に死亡し，又は後述する相続欠格若しくは廃除によって相続人の資格を失っているとき（この死亡し，相続欠格に該当し，又は廃除されていることを代襲原因という）は，その子が，相続人（代襲相続人）となる（被相続人の子について民887条2項・3項。兄弟姉妹について民889条2項）。

相続放棄は代襲原因ではないから，例えば，被相続人の子が相続放棄（民939条）した場合には，その子の子（被相続人の孫）は，代襲相続人とはならない。

その代襲相続人に当たる子について代襲原因があるときは，子の代襲相続人については，さらにその子が代襲相続人となる（再代襲。民887条3項）が，兄弟姉妹の子については，再代襲はない（民887条2項参照）。

なお，代襲相続人（再代襲の場合を含む）は，被相続人の直系卑属でなければならない（民887条2項ただし書）ので，被代襲者（例えば，被相続人の子）が養子である場合に，その者の養子縁組前の子は，被相続人と親族関係を生じない（民727条参照）から，代襲相続人とはならない。

おって，配偶者及び直系尊属については，代襲相続はない（民889条2項参照）。

(6) 直系尊属の異親等間における相続人の異動

　直系尊属の場合は，親等の異なる者（例えば，父と母方祖父母）の間では，親等の近い者（この例では父）だけが相続し，親等の近い者全員が死亡や相続放棄等により相続できないときに，親等の遠い者全員（先の例では母方祖父母）が相続人となる。このとき，これらの親等の遠い者は，代襲相続ではなく，直系尊属としての固有の相続権に基づいて相続する。

　そのため，上記の父が相続できない例において，父方祖父母が（相続開始時に）生存しているときは，父の相続できない原因が相続放棄（代襲原因に該当しない場合）であっても，父方祖父母は，相続人となる。

〔2〕 法定相続人の範囲に関する紛争

(1) 趣　　旨

　相続人は，被相続人の親族であるから，その地位は，一定の親族関係を前提としている。

　親族関係の存否は，原則として，人事訴訟手続を経て判決によって確定されることとなるが，当事者間の合意を前提とした審判によっても確定することもでき，その場合には，その合意形成又は意思確認のための調停手続が設けられている。

　人事訴訟事件については，家庭裁判所において家事調停を行うことができ（家手244条），この家事調停を行うことができる事件については，訴えを提起しようとする者は，まず家事調停の申立てをしなければならないと規定されている（家手257条1項。調停前置主義）。したがって，親族関係の存否確認についても，原則として訴えの提起に先立って家事調停の申立てをすることとなる。もっとも，当事者の一方が死亡している場合には，調停によることはできない（家手277条1項ただし書）ので，相続開始後に，被相続人との間の親族関係の存否を確定するためには，人事訴訟手続による必要がある。

　そのため，相続開始後の被相続人と相続人との間の親族関係の存否については訴え（人事訴訟）によらなければならない。

　そして，相続人の範囲に関する紛争解決を目的として家事調停を申し立てることができるのは，相続開始後には，被代襲者と代襲者との間（死亡による代襲の場合を除く），兄弟姉妹と被相続人の父母との間などの紛争といった

生存する親族間の親族関係の存否に関するものに限られる。

(2) 養子縁組無効調停の申立て

(a) **申立ての趣旨**　この申立ては，例えば，申立人の母と申立人の兄の子（姪）とが，養子縁組の届出をしているところ，申立人の母には，縁組意思はないとして，相手方らの養子縁組の無効を求める場合の申立てである。

(b) **養子縁組の無効**　本来，縁組の無効とは，形式的に縁組の届出はあっても，法律上，養親子関係とこれを前提とする各種の効果が当初からまったく生じていないという意味に解するのが通説とされている。民法802条1号は「人違いその他の事由によって当事者間に縁組をする意思がないとき」は無効であるとする。なお，同条2号に「当事者が縁組の届出をしないとき」とあるのは，むしろ縁組の不成立と解されており，縁組の無効は1号の縁組意思を欠くときだけということになる。

(c) **縁組無効の主張**　縁組無効の効果は，当然無効と解するか，あるいは裁判の確定によって遡及的に無効になると解するかで見解が対立するが，判例・通説は，婚姻の場合と同じく縁組は当然無効である（無効の効果を主張するのに裁判を要しない）と解している。いずれにしても，縁組に伴う効力は初めから生じなかったことになる。

(d) **申立手続**

（イ）**当事者**　申立人は，養親又は養子である。そのほかには，養子が15歳未満のときは，縁組無効後にその法定代理人となるべき者（民815条類推），法律上の利害関係を有する者である。

なお，判例は「当該縁組が無効であることにより自己の身分関係に関する地位に直接影響を受けることのない者」はこれに当たらないとする（最判昭63・3・1民集42巻3号157頁。この「地位」には，権利義務という意味も含まれているから，親族の中でも推定相続人は法律上の利害関係を有する者に当たる）。

一方で，縁組が無効であれば，相続人が不存在となる場合の当該縁組無効の訴えについては，相続財産法人に原告適格があるとする裁判例がある（大阪高判平21・5・15判タ1323号251頁。もっとも，この場合には，養親子のいずれかが死亡しているので，この手続は利用できない（家手277条1項ただし書））。

相手方は，養子が申立人のときは，養親，養親が申立人のときは，養子である。第三者が申立人のときは，養親及び養子である。（家手277条，人訴12条2項）。

なお，養親又は養子の一方が死亡しているときは，本手続によることができない（家手277条1項ただし書）ので，人事訴訟によることとなる。

(ロ) 管轄裁判所　相手方の住所地を管轄する家庭裁判所又は当事者が合意で定める家庭裁判所（家手245条1項）。

(ハ) 申立手続費用　収入印紙1200円（民訴費3条1項・別表第1の15項の2。対象となる身分関係ごとに立件）のほか，当事者に対する連絡等のための予納郵便切手（家庭裁判所によって内訳等が異なるので，管轄の家庭裁判所に確認する（各庁のウェブサイトに掲載されていることがある））。

(ニ) 添付書類　①申立書の写し（相手方の人数分），②縁組当事者の戸籍全部事項証明書（戸籍謄本），③養子縁組届の記載事項証明書，④利害関係を証明する書類（例：親族が申し立てる場合には，申立人の戸籍全部事項証明書（戸籍謄本）など），⑤事案によっては，事実関係を証明する書類。

(e) 調停・審判手続

(イ) 調停手続及び合意に相当する審判　調停手続において，申立ての趣旨のとおりの審判を受けることについて合意が成立し，かつ，当事者の双方が父子関係の不存在の原因について争わない場合には，家庭裁判所は，必要な事実を調査した上，その合意を正当と認めるときは，合意に相当する審判をすることができる（家手277条1項）。なお，調停手続が調停委員会で行われている場合には，家庭裁判所は，その調停委員会を組織する家事調停委員の意見を聴かなければならない（同条3項）。

この合意は，音声の送受信による通話の方法による手続（家手258条1項・54条1項）又は書面による受諾（家手270条1項）によって成立させることができない（家手277条2項）。

なお，家庭裁判所は，合意が成立した場合でも，合意を正当と認めないときは，調停が成立しないものとして事件を終了させることができる（家手277条4項・272条1項）。この場合には，当事者にその旨が通知される（家手272条2項）ほか，利害関係参加人（家手42条）がいるときは，その参加人にも通知される。

(ロ) 異議の申立て　合意に相当する審判がされた場合には，当事者又は利害関係人は，家庭裁判所に異議を申し立てることができるが，当事者が申し立てるときは，①合意の不存在又は②父子関係の不存在の原因について争いがあったことを理由とする場合のみ許される（家手279条1項）。異議申立

期間は2週間の不変期間内とされ（同条2項），その期間は申立権者が，審判の告知を受ける者であるときは，その者が審判の告知を受けた日から，審判の告知を受ける者でないときは，当事者が審判の告知を受けた日（その日が2つ以上あるときは，最も遅い日）から進行する（同条3項）。

当事者の場合は，申立てが不適法であるとき又は申立てに理由（上記①又は②）が認められないときは，却下される（家手280条1項前段）。申立てが適法であって，理由があると認められたときは，合意に相当する審判は取り消される（同条3項）。

取り消された場合には，合意に相当する審判をする前の状態に戻るものとされており（金子修編著『一問一答家事事件手続法』241～242頁参照），再び調停手続を踏むことになる。改めて合意の成立等が確認できるのでなければ，調停が成立する見込みがないものとして調停不成立として当該調停事件を終了させることになる。

利害関係人が申し立てた場合に，申立てが不適法であるときは，却下される（家手280条1項後段）が，適法であるときは，合意に相当する審判は効力を失い（同条4項前段），当事者にその旨が通知される（同項後段）。

合意に相当する審判が効力を失った場合に，申立人がなお養子縁組の無効を求めるときは，人事訴訟によることとなる。

なお，異議の申立てを却下する審判に対しては，即時抗告をすることができる（同条2項）。

(f) 戸籍の届出等　　申立てをした者は，審判が確定してから1ヵ月以内に審判書謄本を添付して戸籍訂正の申請をしなければならない（戸116条1項）。その期間を経過しても届出がないときは，相手方からも届出をすることができる（戸77条1項・63条2項）。

裁判所書記官は，審判が確定したとき（上述の異議申立てがないとき又はその却下の審判が確定したとき）は，その旨を，当事者の本籍地の戸籍事務管掌者に対し，遅滞なく，通知しなければならない（家手規134条）。

(g) 養子縁組無効調停の申立書の書式例を示すと，【書式68】のとおりである。

(3) **認知を求める調停申立て——父が任意に認知しない場合**

(a) 申立ての趣旨　　この申立ては，婚姻関係にない女性が出産した子について，子の母から父に対して認知を求めたが，これに応じないため，子か

ら父に認知を求めるものである。

　(b) 認　　知　　認知は嫡出でない子の法律上の父を定める制度であり，これには父が自己の意思でする任意認知（民779条・781条），子の請求に基づく裁判による強制認知（民787条）及び家庭裁判所の審判による審判認知（家手277条・281条）がある。もっとも審判認知は合意が前提とはいえ，裁判でなされるものであり，その届出は任意認知と異なり，報告的届出なので，強制認知の一種ともいえる。

　認知があると出生の時に遡って，親子関係その他親族関係が生じるが，これによって，第三者が既に取得した権利を害することはできない（民784条）。

　なお，子が認知されても，当然に父の氏を称することにはならず（民790条2項），父の氏を称するには，子の氏の変更（民791条。父母が婚姻中である場合を除いて許可が必要）をすることとなる。

　(c) 申立手続

　　(イ) 当事者　　申立人は子，子の直系卑属又はこれらの者の法定代理人（民787条本文）である。子は，未成年者であっても意思能力があれば法定代理人の同意を必要とせず，単独で申し立てることができる（家手252条1項5号，人訴13条1項）。相手方は，認知を求められる血縁上の父である。

　　(ロ) 管轄裁判所　　相手方の住所地を管轄する家庭裁判所又は当事者が合意で定める家庭裁判所（家手245条1項）。

　　(ハ) 申立手続費用　　収入印紙1200円（民訴費3条1項・別表第1の15項の2。対象となる身分関係ごとに立件）のほか，当事者に対する連絡等のための予納郵便切手（家庭裁判所によって内訳等が異なるので，管轄の家庭裁判所に確認する（各庁のウェブサイトに掲載されていることがある））。

　　(ニ) 添付書類　　①申立書の写し（相手方の人数分），②子の戸籍全部事項証明書（戸籍謄本），ただし，出生届が未了の場合は，子の出生証明書写し及び母の戸籍全部事項証明書，③相手方の戸籍全部事項証明書（戸籍謄本），④事例によっては，当事者の血液型を証明する書類，DNAによる親子関係の鑑定書その他事実関係を証明する書類。

　(d) 調停・審判手続　　上記(2)を参照。

　(e) 戸籍の届出等　　上記(2)を参照。

　(f) 認知調停申立書の書式例を示すと，【書式69】のとおりである。

(4) 認知の無効を求める調停申立て

(a) 申立て・制度の趣旨　　この申立ては，例えば，妻の連れ子を，妻と婚姻したときに自己の子として認知した父が，妻との離婚に際し，認知を無効とする申立てである。無効原因は認知が真実に反することである。上例のように血縁上の子でないことを知りながら，あえて子であるとして認知した場合のほか，血縁上の父子関係を信じて認知したが，それが錯誤であった場合も含まれる。

(b) 認知の無効　　認知の無効については，民法上直接の規定はないが，民法786条を根拠規定とし，裁判により戸籍訂正をする（戸116条）ことになる。従前，民法786条は，認知の取消権を与えたものとされていたが，現在は真実に反する認知の無効を認めたものとするのが通説である。認知者自身が，認知の無効を主張できるかについては，認知者による認知の取消しを禁じた民法785条の解釈との関連で見解は分かれているが，認知者が真実に反する認知の無効を主張できるとする判例がある（最判平26・1・14民集68巻1号1頁）。

(c) 無効原因

(イ) 真実に反した認知　　これは血縁上の子ではないことを知りながら子であるとして認知した場合や，血縁上の父子関係を信じて認知したが，それが錯誤であった場合である。

(ロ) 真実に反した準正嫡出子出生届　　血縁上の父子関係がないのに，妻の婚姻前の出生子について，父として嫡出子出生届をした場合（認知による準正）である（旧法上の庶子出生届の場合も含まれる）。

(ハ) そのほか，認知者の意思能力を欠いた認知や認知の意思によらない認知，死亡した子に直系卑属がいないのにした認知，母又は（子の）直系卑属の承諾を要する場合に，その承諾を欠いた認知などがあり，これらの認知についても無効を主張することができる。

(d) 認知無効の性質　　認知無効が法律上当然無効であるとする当然無効説と，無効の裁判が確定してはじめて遡及的に無効になるとする形成無効説があり，見解が分かれている。

以上のことについて，戸籍の先例及び判例は，形成無効説又はこれに類する立場をとっており，したがって，真実に反する認知届があった場合の家庭裁判所の審判例は，形成無効説の立場から認知無効の審判をするのが大部分である。

(e) 申立手続

(イ) 当事者　　申立人は，子その他の利害関係人（民786条）であり，利害関係人には子の母，認知者の妻や親族，認知によって相続権を害された者，実父として認知しようとする者が考えられる。そのほかにも子の直系卑属がある（民783条2項参照）。また，認知者自身もこれに含まれる（最判平26・1・14民集68巻1号1頁）。

(ロ) 管轄裁判所　　相手方の住所地を管轄する家庭裁判所又は当事者が合意で定める家庭裁判所（家手245条1項）。

(ハ) 申立手続費用　　収入印紙1200円（民訴費3条1項・別表第1の15項の2。対象となる身分関係ごとに立件）のほか，当事者に対する連絡等のための予納郵便切手（家庭裁判所によって内訳等が異なるので，管轄の家庭裁判所に確認する（各庁のウェブサイトに掲載されていることがある））。

(ニ) 添付書類　　①申立書の写し（相手方の人数分），②申立人の戸籍全部事項証明書（戸籍謄本），③子の戸籍全部事項証明書（戸籍謄本），ただし，出生届が未了の場合は，子の出生証明書写し及び母の戸籍全部事項証明書（戸籍謄本）（申立人と戸籍を異にするとき），④認知届の記載事項証明書，⑤事例によっては，当事者の血液型を証明する書類，DNAによる親子関係の鑑定書その他事実関係を証明する書類。

(f) 調停・審判手続

(イ) 調停手続及び合意に相当する審判　　上記(2)を参照。

なお，実父に対する調査（家庭裁判所の審問又は調査官による聴取等）や血液型，DNA鑑定など客観的な資料による調査が行われることもあり得る。

(ロ) 異議の申立て　　上記(2)を参照。

(g) 戸籍の届出等　　上記(2)を参照。

(h) 認知無効調停申立書の書式例を示すと，【書式70】のとおりである。

(5) **親子関係不存在確認を求める調停申立て**

(a) 申立ての趣旨　　この申立ては，例えば，婚姻外の子（嫡出でない子）が他人夫婦の嫡出子として届け出られているとして，当該夫婦の別の子から，自分と戸籍上の父母との間に親子関係がないことについて確認を求める場合のものである。

(b) 戸籍法113条との関係　　戸籍法113条の家庭裁判所の許可による戸籍訂正と親子関係不存在確認による戸籍法116条の判決による戸籍訂正の関係

は，特に本事例のように他人夫婦の子として届出をした虚偽の出生届による場合，戸籍法113条の戸籍訂正によることがきるとする考え方があり，実務上問題になることがある。

判例の立場は，戸籍法113条による家庭裁判所の許可に基づく戸籍訂正は，戸籍の記載自体から明白な場合又は戸籍の記載自体から明白でないにしても，その事項が軽微で，訂正が法律上重大な影響を及ぼすおそれのない場合に限られるものであって，訂正すべき事項が戸籍上明白でなく，身分関係に重大な影響を及ぼすべき場合には，戸籍法116条の確定判決に基づくのでなければ許されないものとしており，実務の一般的傾向であるといえる（東京高決平11・9・30家月52巻9号92頁，名古屋高決平21・4・14家月62巻5号70頁など）。

(c) 第三者による確認請求が権利濫用とされる場合　第三者から，ある夫婦とその戸籍上の子との間の実親子関係が存在しないことの確認を求める場合には，その夫婦とその子との間に実の親子と同様の生活の実体があった期間の長さ，判決をもって実親子関係の不存在を確定することによりその子及びその関係者の被る精神的苦痛，経済的不利益，改めて養子縁組の届出をすることによりその子がその夫婦の嫡出子としての身分を取得する可能性の有無，当該第三者が実親子関係の不存在確認請求をするに至った経緯及び請求をする動機，目的，実親子関係が存在しないことが確定されないとした場合に当該第三者以外に著しい不利益を受ける者の有無等の諸般の事情を考慮し，実親子関係不存在を確定することが著しく不当な結果をもたらすものといえるときには，当該確認請求は権利の濫用に当たり許されないとする判例がある（最判平18・7・7民集60巻6号2307頁）。

(d) 申立手続
(イ) 当事者　当事者に関しては，原則として人事訴訟法12条1項・2項による（当該身分関係の一方当事者が死亡した場合を除く（家手277条1項ただし書））。

(i) 申立人
① 当該親子関係の当事者の一方（戸籍上の親又は子）。
② 当該親子関係により直接影響を受ける第三者（血縁上の実父母）。
(ii) 相手方
① 当該親子関係の当事者の一方が申立人になるときは，他の一方が相手方になる。

②　第三者が申立人となるときは，親及び子の双方が相手方になる。
　㈣　管轄裁判所　　相手方の住所地を管轄する家庭裁判所又は当事者が合意で定める家庭裁判所（家手245条１項）。
　㈥　申立手続費用　　収入印紙1200円（民訴費３条１項・別表第１の15項の２。対象となる身分関係ごとに立件するので，本件では２件で2400円になる）のほか，当事者に対する連絡等のための予納郵便切手（家庭裁判所によって内訳等が異なるので，管轄の家庭裁判所に確認する（各庁のウェブサイトに掲載されていることがある））。
　㈡　添付書類　　①申立書の写し（相手方の人数分），②申立人の戸籍全部事項証明書（戸籍謄本），③子の戸籍全部事項証明書（戸籍謄本），④事例によっては，当事者の血液型を証明する書類，DNAによる親子関係の鑑定書その他事実関係を証明する書類。
(e)　調停・審判手続　　上記(2)を参照。
(f)　戸籍の届出等　　上記(2)を参照。
(g)　親子関係不存在確認調停申立書の書式例を示すと，【書式71】のとおりである。

(6)　親子関係存在確認を求める調停申立て
(a)　申立ての趣旨　　この申立ては，例えば，婚姻外の子を他人夫婦の嫡出子として出生届をしたが，戸籍上の父母が死亡しているため，実の母との親子関係の存在確認を申し立てる場合のものである。
(b)　申立手続
　㈠　当事者　　当事者に関しては，原則として人事訴訟法12条１項・２項による（当該身分関係の一方当事者が死亡した場合を除く（家手277条１項ただし書））。
　　(i)　申立人
①　当該親子関係の当事者の一方（戸籍上の親又は子）。
②　当該親子関係の存否に法律上の利害関係を有する第三者。
　　(ii)　相手方
①　当該親子関係の当事者の一方が申立人になるときは，他の一方が相手方になる。
②　第三者が申立人となるときは，親及び子の双方が相手方になる。
　㈣　管轄裁判所　　相手方の住所地を管轄する家庭裁判所又は当事者が

合意で定める家庭裁判所（家手245条1項）。

　(ハ)　申立手続費用　　収入印紙1200円（民訴費3条1項・別表第1の15項の2。対象となる身分関係ごとに立件）のほか，当事者に対する連絡等のための予納郵便切手（家庭裁判所によって内訳等が異なるので，管轄の家庭裁判所に確認する（各庁のウェブサイトに掲載されていることがある））。

　(ニ)　添付書類　　①申立書の写し（相手方の人数分），②申立人の戸籍全部事項証明書（戸籍謄本），③子の戸籍全部事項証明書（戸籍謄本，ただし，出生届が未了の場合は，子の出生証明書写し及び母の戸籍全部事項証明書（戸籍謄本）（申立人と戸籍を異にするとき），④事例によっては，当事者の血液型を証明する書類，DNAによる親子関係の鑑定書その他事実関係を証明する書類。

(c)　調停・審判手続　　上記(2)を参照。

(d)　戸籍の届出等　　上記(2)を参照。

(e)　親子関係存在確認調停申立書の書式例を示すと，**【書式72】**のとおりである。

　　　　　　　　　　　　　　　　　　　　　　　　【竹ノ内　幸治】

書式68　養子縁組無効調停申立書

受付印	家事　☑調停　申立書　事件名（　養子縁組無効　） 　　　　□審判 （この欄に申立て1件あたり収入印紙1,200円分を貼ってください。） （貼った印紙に押印しないでください。）

収入印紙　1,200　円
予納郵便切手　　　　　円

	横浜　家庭裁判所 　　　　　　　御中 平成　　年　　月　　日	申　立　人 （又は法定代理人など） の　記　名　押　印	甲　野　一　郎　　㊞

添付書類	（審理のために必要な場合は，追加書類の提出をお願いすることがあります。） 各当事者の戸籍全部事項証明書各1通 養子縁組届の記載事項証明書1通 申立書の写し2通	準口頭

申立人

本　籍 (国　籍)	（戸籍の添付が必要とされていない申立ての場合は，記入する必要はありません。） 神奈川　都道府県　横浜市磯子区○○町○丁目○番地
住　所	〒○○○－○○○○　横浜市磯子区○○町○丁目○番○号　　　　（　　　方）
フリガナ 氏　名	コウノ　イチロウ 甲野　一郎	大正・昭和・平成　○○年○○月○○日生（　○○　歳）

相手方

本　籍 (国　籍)	（戸籍の添付が必要とされていない申立ての場合は，記入する必要はありません。） 神奈川　都道府県　小田原市○○町○丁目○番地
住　所	〒○○○－○○○○　横浜市中区○○町○丁目○番○号　　　　（　　　方）
フリガナ 氏　名	コウノ　ハルコ 甲野　春子	大正・昭和・平成　○○年○○月○○日生（　○○　歳）

（注）太枠の中だけ記入してください。

※相手方

本　籍	都道府県　相手方甲野春子と同じ
住　所	〒○○○－○○○○　横浜市西区○○町○丁目○番○号　　　　（　　　方）
フリガナ 氏　名	コウノ　イチコ 甲野　一子	大正・昭和・平成　○○年○○月○○日生（　○○　歳）

（注）太枠の中だけ記入してください。※の部分は，申立人，相手方，法定代理人，不在者，共同相続人，被相続人等の区別を記入してください。

申立ての趣旨

相手方甲野春子と相手方甲野一子との養子縁組は無効であることを確認する旨の調停及び審判を求めます。

申立ての理由

1 (1)　申立人は，相手方甲野春子の二男である。
　(2)　相手方甲野一子は，相手方春子の長男（申立外）甲野信繁の子であり，申立人からは，姪に当たる。
2　本件の養子縁組は，平成○○年○○月○○日に届出されたものである。
3　申立人は，平成○○年○○月○○日，相手方春子の戸籍の全部事項証明書を取得した際に，本件の養子縁組を知った。
4　相手方春子に，本件の養子縁組について，事情を聞こうと，問い質したところ，覚えがないとのことであった。
5　よって，相手方春子と相手方一子との養子縁組は無効であるから，そのことを確認する調停及び審判を求める。

第1 相続人の範囲　〔2〕 法定相続人の範囲に関する紛争　227

書式 69　認知調停申立書

受付印	家事	☑ 調停　□ 審判	申立書　事件名（　認知　）

（この欄に申立て1件あたり収入印紙1,200円分を貼ってください。）

収入印紙　1,200円
予納郵便切手　　　　円

（貼った印紙に押印しないでください。）

横浜　家庭裁判所　御中 平成　年　月　日	申　立　人 （又は法定代理人など） の記名押印	申立人法定代理人親権者母 甲　野　春　子　㊞

添付書類	（審理のために必要な場合は，追加書類の提出をお願いすることがあります。） 申立人及び相手方の戸籍全部事項証明書各1通 申立書の写し1通	準口頭

申立人	本籍（国籍）	（戸籍の添付が必要とされていない申立ての場合は，記入する必要はありません。） 神奈川　都道府県　横浜市港北区○○町○丁目○番地	
	住所	〒○○○－○○○○　横浜市港北区○○町○丁目○番○号	（　　　　　方）
	フリガナ 氏名	コウノ　タロウ 甲　野　太　郎	大正・昭和・平成　○○年○○月○○日生（　○○　歳）

相手方法定代理人親権者母	本籍（国籍）	（戸籍の添付が必要とされていない申立ての場合は，記入する必要はありません。） 　都道府県　申立人の本籍と同じ	
	住所	〒　　－　　　申立人の住所と同じ	（　　　　　方）
	フリガナ 氏名	コウノ　ハルコ 甲　野　春　子	大正・昭和・平成　○年○○月○○日生（　○○　歳）

（注）太枠の中だけ記入してください。

※相手方	本籍	神奈川　都道府県　川崎市川崎区○○町○丁目○番地	
	住所	〒○○○－○○○○　川崎市中原区○○町○丁目○番○号	（　　　　　方）
	フリガナ 氏名	ヘイノ　ジロウ 丙　野　二　郎	大正・昭和・平成　○年○○月○○日生（　○○　歳）

（注）太枠の中だけ記入してください。※の部分は，申立人，相手方，法定代理人，不在者，共同相続人，被相続人等の区別を記入してください。

申　立　て　の　趣　旨

申立人が相手方の子であることを認知するとの調停及び審判を求めます。

申　立　て　の　理　由

1　申立人法定代理人母（以下「申立人母」という。）は，平成○○年○○月頃，相手方と知り合い，間もなく同棲するようになり，平成○○年○○月○○日，申立人を出産した。
2　相手方は，当初，申立人母に対し，申立人を認知すると言っていたが，申立人の出生後しばらくして申立人母と相手方とが不和になったことから，認知することを拒むようになり，任意に認知することが期待できないことから，本申立てに及んだ。

書式70 認知無効調停申立書

受付印	家事 ☑調停 □審判	申立書 事件名（ 認知無効 ）
収入印紙 1,200 円 予納郵便切手　　　　円	（この欄に申立て1件あたり収入印紙1,200円分を貼ってください。） （貼った印紙に押印しないでください。）	

名古屋 家庭裁判所 　　　　　御中 平成　年　月　日	申　立　人 （又は法定代理人など） の記名押印	甲 川 太 郎　㊞

添付書類	（審理のために必要な場合は，追加書類の提出をお願いすることがあります。） 申立人及び相手方の戸籍全部事項証明書1通 認知届の記載事項証明書1通　　申立書の写し2通	準口頭

申 立 人	本　籍 （国　籍）	（戸籍の添付が必要とされていない申立ての場合は，記入する必要はありません。） 愛 知 都道府県 春日井市○○町○○丁目○○番地
	住　所	〒○○○－○○○○ 愛知県春日井市○○町○丁目○番○号　　　　　　（　　　　方）
	フリガナ 氏　名	オツ　カワ　タ　ロウ 乙 川 太 郎　　　大正・昭和・平成　○○年○月○日生（○○歳）

相 手 方	本　籍 （国　籍）	（戸籍の添付が必要とされていない申立ての場合は，記入する必要はありません。） 愛 知 都道府県 小牧市○○町○丁目○○番地
	住　所	〒○○○－○○○○ 愛知県春日井市○○町○丁目○番○号　　　　　　（　　　　方）
	フリガナ 氏　名	オツ　カワ　イチ　ロウ 乙 川 一 郎　　　大正・昭和・平成　○○年○月○日生（○○歳）

（注）太枠の中だけ記入してください。

※ 相 手 方	本　籍	愛 知 都道府県 名古屋市緑区○○町○丁目○○番地
	住　所	相手方乙野一郎の住所と同じ　　　　　　　　　　　（　　　　方）
	フリガナ 氏　名	オツ　カワ　ハナ　コ 乙 川 花 子　　　大正・昭和・平成　○○年○月○日生（○○歳）

（注）太枠の中だけ記入してください。※の部分は，申立人，相手方，法定代理人，不在者，共同相続人，被相続人等の区別を記入してください。

申　立　て　の　趣　旨
相手方乙川一郎の相手方乙川花子に対する認知は無効であることを確認する旨の調停及び審判を求める。

申　立　て　の　理　由
1　申立人は，相手方乙川一郎の子である。
2　相手方乙川一郎と相手方乙川花子の母（以下「花子の母」という。）とは，昭和○○年○○月頃知り合い，同年○○月頃には，内縁関係にあった。この間，花子の母は，相手方花子を懐胎しており，昭和○○年○○月○○日，相手方花子を出産した。
3　相手方一郎は，昭和○○年○○月○○日，相手方を胎児認知した。
4　その後，相手方乙川一郎と花子との母とは，平成○○年○○月頃，内縁関係を解消した。
5　最近になって，相手方一郎から聞いたところでは，
　(1)　花子の母は，相手方花子を懐胎したであろう時期に，複数の男性と付き合っていた上，その前後の時期から相手方花子が出生する1ヵ月前頃までの間，自分は，仕事で南太平洋上にいたから，自分の子ではないと思っていた。
　(2)　しかし，花子の母が，相手方一郎に認知届を出しており，そのことに気付いた後で，花子の母から懇願され，その当時は，内縁関係及び相手方花子との関係がいずれも良好であったことから，そのままにしておいた。
　(3)　内縁関係解消時は，認知のことは頭になかった。
とのことである。
6　本件認知は上記のとおり事実に反するので，申立ての趣旨記載の調停及び審判を求める。

第1 相続人の範囲 〔2〕法定相続人の範囲に関する紛争 229

書式71　親子関係不存在確認調停申立書

受付印	家事 ☑調停 □審判　申立書　事件名（親子関係不存在確認）
収入印紙　1,200円 予納郵便切手　　　円	（この欄に申立て1件あたり収入印紙1,200円分を貼ってください。） （貼った印紙に押印しないでください。）

横浜　家庭裁判所 　　横須賀支部　御中 平成　　年　　月　　日	申　立　人 （又は法定代理人など） の　記　名　押　印	乙　野　太　郎　　㊞

添付書類	（審理のために必要な場合は，追加書類の提出をお願いすることがあります。） 各当事者の戸籍全部事項証明書1通　　申立書の写し3通	準口頭

申立人	本　籍 （国　籍）	（戸籍の添付が必要とされていない申立ての場合は，記入する必要はありません。） 神奈川　都道府県　横浜市港南区○○町○丁目○番地
	住　所	〒○○○－○○○○　横浜市金沢区○○町○丁目○番○号　（　　　　方）
	フリガナ 氏　名	オツノ　タロウ 乙　野　太　郎	大正・昭和・平成　○○年○○月○○日生（○○歳）

相手方	本　籍 （国　籍）	（戸籍の添付が必要とされていない申立ての場合は，記入する必要はありません。） 申立人の本籍と同じ
	住　所	〒○○○－○○○○　神奈川県横須賀市○○町○丁目○番○号　（　　　　方）
	フリガナ 氏　名	オツノ　タイスケ 乙　野　退　助	大正・昭和・平成　○○年○○月○○日生（○○歳）

(注)　太枠の中だけ記入してください。

※相手方	本　籍	都道府県　申立人の本籍と同じ
	住　所	〒　上記相手方の住所と同じ　（　　　方）
	フリガナ 氏　名	オツノ　ハナコ 乙　野　花　子	大正・昭和・平成　○○年○○月○○日生（○○歳）

※相手方	本　籍	都道府県　申立人の本籍と同じ
	住　所	〒　上記相手方の住所と同じ　（　　　方）
	フリガナ 氏　名	オツノ　ジロウ 乙　野　治　朗	大正・昭和・平成　○○年○○月○○日生（○○歳）

(注)　太枠の中だけ記入してください。※の部分は，申立人，相手方，法定代理人，不在者，共同相続人，被相続人等の区別を記入してください。

申立ての趣旨

相手方乙野退助及び相手方乙野花子と相手方乙野治朗との間にそれぞれ親子関係が存在しないことを確認するとの調停及び審判を求めます。

申立ての理由

1　申立人は，相手方乙野退助及び相手方乙野花子の子である。
2　相手方乙野治朗は，申立外甲野春子と申立外丙野二郎との間の嫡出でない子であったが，甲野春子と丙野二郎が不仲になり，同人は，間もなく所在不明になった。このため，認知を受けることもできず，やむを得ず甲野春子の姉夫婦である相手方乙野退助及び相手方乙野花子の嫡出子として届出されたものである。
3　申立人は，最近になって上記事実を知り，相手方らに対し，親子関係の存在しないことの確認を求める本申立てに及んだ。

書式72　親子関係存在確認調停申立書

受付印	

収入印紙　1,200円
予納郵便切手　　　円

家事　☑調停　□審判　申立書　事件名（親子関係存在確認）

（この欄に申立1件あたり収入印紙1,200円分を貼ってください。）

（貼った印紙に押印しないでください。）

横浜家庭裁判所　横須賀支部　御中
平成　　年　　月　　日

申立人（又は法定代理人など）の記名押印　　甲野春子　㊞

添付書類　（審理のために必要な場合は、追加書類の提出をお願いすることがあります。）
申立人及び相手方の戸籍全部事項証明書1通
申立書の写し1通

準口頭

申立人

本籍（国籍）	（戸籍の添付が必要とされていない申立ての場合は、記入する必要はありません。） 神奈川　都道府県　横浜市中区〇〇町〇丁目〇番地
住所	〒〇〇〇-〇〇〇〇 横浜市中区〇〇町〇丁目〇番〇号　　（　　　　方）
フリガナ 氏名	コウノ　ハルコ 甲野　春子

大正・昭和・平成　〇〇年〇〇月〇〇日生（〇〇歳）

相手方

本籍（国籍）	（戸籍の添付が必要とされていない申立ての場合は、記入する必要はありません。） 神奈川　都道府県　横須賀市〇〇町〇丁目〇番地
住所	〒〇〇〇-〇〇〇〇 申立人の住所と同じ　　（　　　　方）
フリガナ 氏名	オツノ　タロウ 乙野　太郎

大正・昭和・平成　〇〇年〇〇月〇〇日生（〇〇歳）

（注）太枠の中だけ記入してください。

申立ての趣旨

申立人と相手方との間に親子関係が存在することを確認する旨の調停及び審判を求めます。

申立ての理由

1. 申立人は、申立外丙野二郎と関係を持ち、相手方を平成〇〇年〇〇月〇〇日に出産したが、丙野二郎は、相手方が出生する直前に行方不明になった。
2. 相手方は、出生後、丙野二郎の認知を受けることもできず、やむを得ず申立人の姉夫婦である乙野退助・花子に頼み、同人らの嫡出子として出生の届出をした。
3. しかし、相手方出生後から今日まで、申立人は、相手方を監護養育してきた。
4. 申立人としては、相手方が社会人になったのを機会に自分の子として真実に合致するよう戸籍の訂正をしたいと考えているが、上記姉夫婦は既に死亡しているので、本申立てに及んだ。

第2　相続欠格

解　説

(1)　趣　旨

　相続欠格とは，相続に関する重大な不正を行った相続人の相続権を喪失させる制度である。法定の事由（欠格事由）に該当するときは，当然に，相続人たる資格を失う。

　欠格事由（民891条各号）には，被相続人等の殺害に関するもの（同条1号・2号）と遺言に対する侵害に関するもの（同条3号から5号まで）とがある。これらの欠格事由に該当する行為には，いずれも故意を必要とするが，行為自体への故意に加えて，その相続に関して（不当な）利益を得ることを目的として当該行為を行う必要があるとされている（二重の故意（通説。ただし，一部の欠格事由について最高裁判例がある（後述(2)(e)参照）））。

(2)　各欠格事由について

　民法には，以下の5つの欠格事由が定められている（民891条各号）。

　(a)　「故意に被相続人又は相続について先順位若しくは同順位にある者を死亡するに至らせ，又は至らせようとしたために，刑に処せられた者」（1号）　　例えば，殺人又は同未遂により，刑に処せられたことを要する。刑の執行猶予については，執行猶予期間の経過により刑の言渡しが効力を失ったときは，相続欠格に当たらないと解されている（潮見佳男『相続法』〔第4版〕28頁）。後述するように相続欠格に遡及効があることから理論的には当然ともいえるが，執行猶予期間中の権利関係が不安定になるという問題点もある（胎児の場合に比べてその期間は長期（最長で有罪判決確定から5年）にわたる）。

　(b)　「被相続人の殺害されたことを知って，これを告発せず，又は告訴しなかった者。ただし，その者に是非の弁別がないとき，又は殺害者が自己の配偶者若しくは直系血族であったときは，この限りでない。」（2号）　　本号ただし書による除外事由のほか，被相続人の殺害の事実を知った時点で，捜査機関が既に殺害の事実を知り，又は，その上で捜査を開始しているときは，告訴又は告発しなくても，該当しないとされている（通説）。

　(c)　「詐欺又は強迫によって，被相続人が相続に関する遺言をし，撤回し，取り消し，又は変更することを妨げた者」（3号）　　「相続に関する遺言」とは，相続財産そのもの又は相続人の範囲に関係するものをいい，未成年後

見人指定（民839条）及び未成年後見監督人指定（民848条）を除くすべての遺言事項を意味する（潮見・前掲29頁参照）。

　また，無効の遺言については，通説は，これに該当しないとするが，本号は「遺言秩序，遺言の制度・秩序ひいては私的自治の制度そのものを保護するものである」ことを前提に，本号に該当する行為は，遺言の効力の有無にかかわらず，欠格事由の該当性を評価すべきとの見解もある（中川善之助＝加藤永一編『新版注釈民法(28)』300～301頁〔加藤永一〕）。

　(d)　「詐欺又は強迫によって，被相続人に相続に関する遺言をさせ，撤回させ，取り消させ，又は変更させた者」（4号）　　被相続人に働きかけて遺言を侵害した者を相続欠格とする点で（3号）と共通する（規定も，被相続人の『遺言等を妨害』（3号）が『遺言等をさせた』（本号）となっているほかは，3号と同様である）。そのため，該当性を判断する上で，考慮する事項も（3号）と同様といえる。

　(e)　「相続に関する被相続人の遺言書を偽造し，変造し，破棄し，又は隠匿した者」（5号）　　最高裁は，遺言書の破棄及び隠匿について，当該行為が「相続に関して不当な利益を目的とするものでなかったとき」は，当該相続人は，相続欠格者に当たらないと判示した（最判平9・1・28民集51巻1号184頁）。これは，少なくとも，本号の破棄及び隠匿については，前述の二重の故意（各号の事由に該当する行為に対する故意のほかに，当該行為によって相続に関して不当な利益を得ることについても故意があることを相続欠格の要件とする）を必要とする説を採ったものと解されている。

　また，遺言書の偽造及び変造については，方式不備により無効となる遺言書について「被相続人の意思を実現させるためにその法形式を整える趣旨で右の行為をしたにすぎないときには，」当該相続人は，相続欠格者に当たらないと判示している（最判昭56・4・3民集35巻3号431頁）が，欠格事由に当たるとする反対意見がある。

(3)　効　　果

　(a)　効果の主張　　前にも述べたように，欠格事由に該当するときは，「当然に」相続人たる資格を失う。これは，何らの手続を経ずに相続人でなくなるということである。しかし，廃除と異なり，審判によるものではないので，実際に相続欠格者を除いて相続し，又は遺言を執行する（不動産登記手続，預金の払戻し，訴訟その他裁判手続の受継等）には，確定判決（これと同一の効

力を有する調停調書等を含む）又はこれに準ずるものが必要になってくる。

　不動産登記手続については，先例（昭33・1・10民甲第4号通達（当該欠格者の作成した書面（印鑑証明書を添付する必要がある）でも差し支えない旨））があるので，**【書式73】**のような証明書（相続欠格証明書）を提出する方法もある。この方法は，当の欠格事由該当者の協力を必要とするから，その協力を得られない場合には，訴訟（相続権不存在確認等）により確定判決を得る必要がある（もっとも，「家庭に関する事件」（家手244条）に該当すると解されるので，調停前置主義（家手257条）の対象となるから，まず家事調停を申し立てることとなる）。

　この訴訟は，固有必要的共同訴訟である（最判平16・7・6民集58巻5号1319頁）。したがって，共同相続人全員が当事者になる必要がある（相続欠格を積極的に争わない共同相続人も，被告として参加させる必要がある）。

　なお，確定判決を得た場合でも，戸籍等の登記・登録制度によって記録されるものではないから，証明としては，判決等の正本又は謄本を利用することとなる（上記登記先例でも，相続欠格証明書以外の証明方法として判決謄本によることを明示している）。

　(b)　遡及効　　相続開始後に欠格事由が満たされた場合（例えば，相続開始後に罪が確定した場合等）には，明文の規定はないものの，後述のとおり代襲原因とされていることや，相続人の資格を喪失させる他の制度（相続放棄及び推定相続人廃除）が遡及することとの均衡から，欠格の効果も相続開始時に遡ると解されている。

　(c)　相対効　　ある被相続人との関係で相続欠格事由に該当し，相続欠格者になったとしても，そのために他の被相続人の相続についても相続欠格となることはない（被相続人ごとに評価される）。

　(d)　代襲原因　　相続欠格は，代襲原因に該当するので，被相続人の子又は兄弟姉妹が相続欠格とされたときは，その子が，代襲する（民887条2項・889条2項。再代襲については民887条3項）。

　(e)　受遺贈資格の喪失　　遺贈を受ける資格も失う（民965条）。

【竹ノ内　幸治】

書式 73　相続欠格事由のあることの証明書

相続欠格事由のあることの証明書

　被相続人の相続について，私には，民法891条に定める欠格事由があることを証明します。

平成○○年○○月○○日

　　最後の住所　　○○県○○市○○×丁目○番○号
　　被相続人　　　○○○○
　　（平成○○年○○月○○日死亡）

　　住　　　所　　○○県○○市○○×丁目○番○号
　　証　明　者　　○○○○　㊞

【備考】
1. この証明書に言及した登記先例（昭和33年１月10日付け民事甲第４号民事局長心得通達（松原正明『全訂判例先例相続法Ⅰ』142頁））によれば「（民法）第891条該当者としての証明書としては，当該欠格者について民法891条所定の欠格事由が存する旨を証する当該欠格者の作成した書面（なお，右の書面に押捺した当該欠格者の印鑑証明書の添付を要する。）」とされていることから，欠格事由の具体的な記載までは必要がないと解される。

第3　推定相続人の廃除

解　説

〔1〕　趣　　旨

　被相続人が，家庭裁判所の審判によって，遺留分を有する推定相続人（相続が開始した場合に相続人となるべき者（民892条）。そのうち遺留分を有するものを挙げると，配偶者，子及び直系尊属である（民1028条））であって廃除事由のあるものを（相続開始時に）相続人から除く制度である（民892条・893条）。

　遺留分を有しない推定相続人（兄弟姉妹）は対象とならないし，廃除された者でも遺贈を受ける資格は失わない（民965条参照）から，実質は遺留分減殺請求（民1031条）を阻止することにあるといえる。

　なお，被相続人が廃除を取り消す場合にも，家庭裁判所の審判によらなければならない（民894条1項）が，この場合には，被相続人の真意に基づく申立てであれば足り，特に理由を必要としない。

〔2〕　推定相続人廃除

(1)　要件（廃除事由）

　廃除が認められるためには，以下のいずれかの事由に該当することが必要である（民892条）。

　なお，該当するというためには，被相続人の主観ではなく，客観的に当該事由の存在が明らかであり，かつ，推定相続人の虐待，侮辱その他の著しい非行が，被相続人と推定相続人との相続的協同関係を破壊する程度に重大なものであると評価される必要があり，その評価は，推定相続人の行動の背景の事情や被相続人の態度及び行為も斟酌考量した上で判断されなければならないとされている（東京高決平8・9・2家月49巻2号153頁）。

　(a)　被相続人に対して虐待をし，又は重大な侮辱を加えたこと　「被相続人に対し身体的または精神的苦痛を与え又はその名誉を棄損する行為であって，それにより被相続人と当該相続人との家族的協同生活関係が破壊され，その修復を著しく困難ならしめるものを含むもの」（東京高決平4・12・11判時

1448号130頁）とされており，このように評価できる限り，犯罪に当たる行為であることは要しない。

　(b)　**推定相続人に，その他の著しい非行があったとき**　(a)以外でも，被相続人と推定相続人との相続的協同関係を破壊する程度に重大な非行があるときは，廃除事由となる。この非行（の各行為）が，被相続人に対するもの又は向けられたものであることの要否については，異なる見解が存在するようであるが，裁判例の中には，第三者に対する犯罪により何度も服役し，現在も刑事施設に収容中であって，被害弁償や借金返済を行わなかったことにより，被相続人に被害者らへの謝罪，被害弁償及び借金返済等，多大の精神的苦痛と多額の経済的負担を強いてきたとして廃除が認められた例（京都家審平20・2・28家月61巻4号105頁）もある。

(2)　**（審判の）申立手続**

　(a)　概　　要　①（生前に）被相続人が申し立てる場合（民892条）と，②廃除する旨を遺言し，その遺言の効力発生後（死後）に，遺言執行者が申し立てる場合（民893条）とがある。

　(b)　関係人

　　(イ)　**審判を受けるべき者となるべき者**　いずれの場合でも，廃除しようとする推定相続人である。

　　(ロ)　**申立人**

　　①　（生前の申立て）被相続人（民892条）

　　②　（遺言による廃除＝死後の申立て）遺言執行者（民893条）

　　(ハ)　**被相続人が推定相続人の後見人等である場合の特別代理人等**　被相続人が，廃除しようとする推定相続人の後見人になっているときは，当該推定相続人のために特別代理人を選任する必要がある（被後見人の手続能力については，家手17条1項，民訴31条。特別代理人の選任については，民860条・826条1項）。

　　また，当該推定相続人が被保佐人又は被補助人（手続行為をすることにつきその補助人の同意を得ることを要するものに限る。以下同じ）である場合であっても，当該推定相続人において自ら手続をすることは妨げられない（家手17条2項前段（同条3項参照））が，被相続人がその保佐人又は補助人であるときは，保佐人又は補助人が被保佐人又は被補助人と利益の相反する行為をしようとするときに該当し，臨時保佐人又は臨時補助人の選任が必要と考えられる（民

876条の2第3項・876条の7第3項）。

（c）**管轄裁判所** 被相続人の住所地を管轄する家庭裁判所（家手188条1項本文）。ただし，被相続人の死亡後の申立てについては，相続が開始した地を管轄する家庭裁判所（同項ただし書）。

（d）**申立手続費用**

（イ）**申立手数料** 収入印紙800円（民訴費3条1項・別表第1の15の項）。

（ロ）**予納郵便切手** 家庭裁判所が定める額を予納することとなる（民訴費11条・12条）が，家庭裁判所によって内訳等が異なるので，管轄の家庭裁判所に確認する（家庭裁判所によっては，ウェブサイトに「推定相続人の廃除」についての予納郵便切手の内訳を掲載している場合もある）。

（e）**添付書類**

（イ）**生前の申立て** ①申立人（被相続人）の戸籍謄本（全部事項証明書），②廃除されるべき推定相続人の戸籍謄本（全部事項証明書），③申立書の写し（廃除されるべき推定相続人の人数分）。このほかに，④被相続人の相続関係を明らかにするために必要な戸籍（除籍，改製原戸籍）謄本（全部事項証明書）及び⑤廃除事由の存在及び事件の実情についての証拠書類の提出が必要となることが考えられる（家手規37条参照）。

（ロ）**死後の申立て** （イ）と同様であるが，①については，被相続人の死亡の事実が記載されている必要がある。

遺言及び遺言執行者については，⑥遺言書写し又は遺言書の検認調書謄本を提出する。ただし，遺言執行者が家庭裁判所の審判により選任された場合（民1010条）は，当該選任審判書の謄本を添付する。

（3）**審判手続**

（a）**概　要** 家事事件手続法別表第1（86項）の審判事件であるため，調停を行うことはできない（家手244条）。

しかし，旧家事審判法では，乙類（旧家審9条1項乙類9号）とされていたことからも理解されるように，もともと争訟性のある審判事項であった。

そこで，現行の家事事件手続法では，廃除を求められた推定相続人について，特に陳述聴取の規定（家手188条3項）を設け，申立人及び廃除を求められた推定相続人を当事者とみなして，別表第2の審判事件（＝家事調停をすることができる事項についての審判事件）の特則の一部（家手67条・69条から72条まで（申立書の写しの送付等，審問期日への立会い，事実の調査の通知，審理の終結及び審

日））を準用している（家手188条4項）。

　(b)　**手続行為能力**　　生前の申立ての場合に，申立人（被相続人）が成年被後見人であっても，法定代理人によらずに，自ら手続行為をすることができ，被保佐人又は被補助人についても，その保佐人又は補助人（これらの同意を得ることができないとき等の保佐監督人及び補助監督人を含む）の同意を得ることを要しない（家手188条2項・118条柱書）。

　もっとも，申立てをはじめ審判中のそれぞれの手続行為ごとに意思能力が認められる必要がある。

　(c)　**推定相続人の陳述の聴取**　　家庭裁判所は，申立てが不適法であるとき又は申立てに理由がないことが明らかなときを除き，廃除を求められた推定相続人の陳述を，審判期日において聴かなければならない（家手188条3項）。

　(d)　**不服申立て**　　廃除の審判に対しては，廃除された推定相続人が，即時抗告をすることができる（家手188条5項1号）。

　廃除の審判の申立てを却下する審判に対しては，申立人が即時抗告をすることができる（同項2号）。

　(e)　**受　　継**　　（生前の申立てによる）廃除の審判事件係属中に申立人（被相続人）が死亡した場合には，民法895条の遺産管理人が受継する（家手44条1項。金子修編『逐条解説家事事件手続法』605〜606頁）。

　なお，旧家事審判法下であるが，この場合に，被相続人が遺言で同一事由により同一推定相続人の廃除の意思を表示し遺言執行者を指定したときは，その遺言執行者が手続を受継できるとした裁判例がある（名古屋高金沢支決昭61・11・4家月39巻4号27頁）。

　また，同様に旧家事審判法下で，遺言により廃除を求められている推定相続人が死亡した場合には，審判は当然に終了するとの見解が一般的であるが，その推定相続人に配偶者がいるときは，被相続人がその推定相続人に遺産の全部を遺贈している等の特別の事情が存在しない限り，その推定相続人を廃除する利益（当該配偶者は，代襲できないので，被相続人の相続に関与し得る）は失われないから，その審判手続上の地位は，当該配偶者に承継されるとした裁判例がある（東京高決平23・8・30家月64巻10号48頁）。

(4)　効　　果

　(a)　民法887条2項に「被相続人の子が，（略）廃除によって，その相続権を失ったとき」と規定されていることから，相続権を失うことは明らかであ

る。相続権（相続人の地位）を喪失するのに伴い，遺留分も失うこととなる（民1028条柱書参照）。
　(b)　遺言による場合は，その効果は被相続人の死亡時に遡る（民893条後段）。
　(c)　代襲原因になることは，相続欠格と同様である（民887条2項・3項）。
　(d)　相対効についても，相続欠格と同様であり，ある被相続人との関係で廃除されたとしても，他の被相続人との関係までも当然に廃除されるものではない（たとえ廃除が認められた被相続人の配偶者であっても）。
　(e)　次の点は相続欠格とは異なる。
　　(イ)　遺贈を受ける資格を失わない（民965条参照）。
　　(ロ)　廃除の審判が確定したときは，申立人は，その確定の日から10日以内に，審判書謄本及び確定証明書を添付して推定相続人廃除届をしなければならない（戸97条・63条1項。上記(3)(e)に述べた遺産管理人が手続を承継した場合には，その遺産管理人が，届出をしなければならないとされている（昭36・7・3民甲1578号回答））。
　この届出により，廃除に関する事項は，廃除された者の戸籍の身分事項に欄に記載される（戸規35条8号）。
　なお，報告的届出であることから，裁判所書記官から廃除された者の本籍地の戸籍事務を管掌する者（市区町村長）に対し，廃除の審判が確定した旨が通知される（家手規100条）。

〔3〕　推定相続人廃除の取消し

(1)　趣　　旨
　推定相続人廃除の審判が確定している場合に，被相続人が，その廃除の効果の取消しを求めるものである。廃除の場合と同様に，家庭裁判所の審判による必要があり，その申立てについては，①（生前に）被相続人が申し立てる場合（民894条1項）と，②廃除する旨を遺言し，その遺言の効力発生後（死後）に，遺言執行者が申し立てる場合（民894条2項・893条）とがある。
(2)　(審判の) 申立手続
　(a)　関係人
　　(イ)　審判を受けるべき者となるべき者　　いずれの場合でも，廃除され，その廃除を取り消されるべき者（推定相続人）である。

(ロ)　申立人
　　①　(生前の申立て)　被相続人(民894条)。
　　②　(遺言による廃除＝死後の申立て)　遺言執行者(民893条)。
　(b)　管轄裁判所　　被相続人の住所地を管轄する家庭裁判所(家手188条1項本文)。ただし，被相続人の死亡後の申立てについては，相続が開始した地を管轄する家庭裁判所(同項ただし書)。
　(c)　申立手続費用
　　(イ)　申立手数料　　収入印紙800円(民訴費3条1項・別表第1の15項)。
　　(ロ)　予納郵便切手　　家庭裁判所が定める額を予納することとなる(民訴費11条・12条)が，家庭裁判所によって内訳等が異なるので，管轄の家庭裁判所に確認する。
　(d)　添付書類
　　(イ)　生前の申立て　　①申立人(被相続人)の戸籍謄本(全部事項証明書)，②廃除の取消しを求める推定相続人の戸籍謄本(全部事項証明書)。
　　(ロ)　死後の申立て　　(イ)と同様であるが，①については，被相続人の死亡の事実が記載されている必要がある。
　③遺言及び遺言執行者については，遺言書写し又は遺言書の検認調書謄本を提出する。ただし，遺言執行者が家庭裁判所の審判により選任された場合(民1010条)は，当該選任審判書の謄本を添付する。
　(3)　**審判手続**
　(a)　概　　要　　家事事件手続法別表第1(87項)の審判事件であるため，調停を行うことはない(家手244条)。
　権利を喪失させる廃除に対して，その権利を回復させる手続であるため，廃除とは異なり，廃除のように陳述聴取の規定はなく，別表第2の審判事件の手続を準用することもない(家手188条3項・4項参照)。
　(b)　手続行為能力　　廃除の審判と同様に，生前の申立ての場合に，申立人(被相続人)が成年被後見人であっても，法定代理人によらずに，自ら手続行為をすることができ，被保佐人又は被補助人についても，その保佐人又は補助人(これらの同意を得ることができないとき等の保佐監督人及び補助監督人を含む)の同意を得ることを要しない(家手188条2項・118条柱書)。
　申立てをはじめ審判中のそれぞれの手続行為ごとに意思能力が認められる必要があることも同様である。

(c) 不服申立て　申立てを却下する審判に対しては、申立人が即時抗告をすることができる（家手188条5項2号）。一方、取消しの審判に対しては、即時抗告をすることができない（審判を受けるべき者（廃除を取り消された推定相続人）に告知されたときに直ちに効力を生じる）。

(d) 受　継　廃除の審判と同様に、取消しの審判の申立権についても、いわゆる一身専属権として（実体法上の）代理にはなじまず、相続の対象にもならないとされるが、廃除の審判事件係属中に申立人（被相続人）が死亡した場合には、民法895条の遺産管理人が受継する（家手44条1項。金子修編『逐条解説家事事件手続法』605〜606頁参照）。

(4) 効　果

廃除の効果が消滅する。具体的には、相続開始時において、相続人となることができ、遺留分の請求もできる。取消しの審判が相続開始後に確定したときは、取消しの効力は相続開始時に遡ると解される。

遺言による場合は、その効果は被相続人の死亡時に遡る（民893条後段）。

廃除の取消しの審判が確定したとき（＝廃除を取り消された推定相続人に当該審判が告知されたとき）は、申立人は、その確定の日から10日以内に、審判の謄本及び確定証明書を添付して推定相続人廃除取消届をしなければならない（戸97条・63条1項。なお、届出用紙は「推定相続人廃除届」と同じ。廃除の取消しの審判が確定する前に相続開始があった場合に遺産管理人（民895条）が選任され、かつ、手続を承継したときは、その遺産管理人が、後述の推定相続人廃除取消届をしなければならない（戸97条・63条1項。上記(3)(d)に述べた遺産管理人が手続を承継した場合には、その遺産管理人が、届出をしなければならないと考えられる（昭36・7・3民甲1578号回答））。

この届出により、廃除の取消しに関する事項は、廃除された者の戸籍の身分事項欄に記載される（戸規35条8号）。

なお、報告的届出であることから、裁判所書記官から廃除された者の本籍地の戸籍事務を管掌する者（市区町村長）に対し、取消しの審判が確定した旨が通知される（家手規100条）。

【竹ノ内　幸治】

書式74 推定相続人廃除審判申立書(1)——生前の申立ての場合

家事審判申立書　事件名（　推定相続人廃除　）

（この欄に申立手数料として1件について800円分の収入印紙を貼ってください。）

（注意）　登記手数料としての収入印紙を納付する場合は，登記手数料としての収入印紙は貼らずにそのまま提出してください。
（貼った印紙に押印しないでください。）

収入印紙	800円
予納郵便切手	円
予納収入印紙	円

準口頭　　関連事件番号　平成　　年（家　　）第　　　号

横浜　家庭裁判所　御中　平成　年　月　日

申立人（又は法定代理人など）の記名押印　　甲野春子　㊞

添付書類：（審理のために必要な場合は，追加書類の提出をお願いすることがあります。）
申立人及び本人の戸籍謄本（全部事項証明書）
申立書の写し

申立人

（戸籍の添付が必要とされていない申立ての場合は，記入する必要はありません。）

- 本籍（国籍）：神奈川県　横浜市中区○○町○丁目○番地
- 住所：〒○○○－○○○○　横浜市中区○○町○丁目○番○号　電話045(×××)××××
- 連絡先：〒　－
- フリガナ　氏名：コウノ　ハルコ　甲野　春子　　大正・昭和・平成　○○年○○月○○日生（○○歳）
- 職業：なし

※廃除されるべき推定相続人（本人）

（戸籍の添付が必要とされていない申立ての場合は，記入する必要はありません。）

- 本籍（国籍）：神奈川県　横浜市中区○○町○丁目○番地
- 住所：申立人と同じ
- 連絡先：
- フリガナ　氏名：コウノ　ジロウ　甲野　二郎　　大正・昭和・平成　○○年○○月○○日生（○○歳）
- 職業：なし

（注）太枠の中だけ記入してください。
※の部分は，申立人，法定代理人，成年被後見人となるべき者，不在者，共同相続人，被相続人等の区別を記入してください。

申立ての趣旨

甲野二郎が申立人の推定相続人であることを廃除するとの審判を求めます。

申立ての理由

1. 申立人は，別紙財産目録記載の財産を有しています。
2. 甲野二郎（以下「本人」という。）は，申立人の二男ですが，大学卒業以来，定職に就くことなく，申立人に扶養されています。
   本人は，たまに出かけては，所持金を使い果たし，度々申立人に金銭を無心していました。ところが，平成○年○月頃から，そのようなことがないことから，訳を尋ねたことがきっかけになり，申立人のキャッシュカードを利用して無断で預金を引き出していたことが判明しました。
   そのことを問い詰めたところ，事実を認めたものの暴れて，申立人にケガを負わせました。それ以来，申立人に対して，度々暴力を振るうようになりました。
   このような状況では，本人に申立人の財産を相続させることはできません。
3. よって，申立ての趣旨の審判を求めます。

（財産目録省略）

第3　推定相続人の廃除　〔3〕推定相続人廃除の取消し　243

書式75　推定相続人廃除審判申立書(2)——遺言の場合

受付印	家事審判申立書　事件名（　推定相続人廃除　）
	（この欄に申立手数料として1件について800円分の収入印紙を貼ってください。）

収入印紙　　800円
予納郵便切手　　　円
予納収入印紙　　　円

（注意）登記手数料としての収入印紙を納付する場合は、登記手数料としての収入印紙は貼らずにそのまま提出してください。

準口頭　　関連事件番号　平成　　年（家　）第　　　　号

横浜 家庭裁判所 御中 平成　年　月　日	申立人 （又は法定代理人など） の記名押印	甲野三郎

添付書類　（審理のために必要な場合は、追加書類の提出をお願いすることがあります。）
本人の戸籍謄本（全部事項証明書），被相続人の除籍謄本（全部事項証明書），
遺言書の写し，申立書の写し

申立人

本籍（国籍）	（戸籍の添付が必要とされていない申立ての場合は、記入する必要はありません。） 都 道 府 県
住所	〒○○○－○○○○　電話　03（×××）××××　東京都品川区○○町○丁目○番○号　（　　　　方）
連絡先	〒　　　　電話　090（××××）××××　（　　　　方）
フリガナ 氏名	オツノ サブロウ　乙野三郎　大正・昭和・平成 ○○年○○月○○日生（○○歳）
職業	会社役員

※廃除されるべき推定相続人（本人）

本籍（国籍）	（戸籍の添付が必要とされていない申立ての場合は、記入する必要はありません。） 神奈川 都道府県　横浜市南区○○町○丁目○番地
最後の住所	〒　　　　電話　045（×××）××××　横浜市中区○○町○丁目○番○号　（　　　　方）
連絡先	〒　　　　電話　（　　　　方）
フリガナ 氏名	ヘイノ ジロウ　丙野二郎　大正・昭和・平成 ○○年○○月○○日生（○○歳）
職業	なし

（注）太枠の中だけ記入してください。
※の部分は，申立人，法定代理人，成年被後見人となるべき者，不在者，共同相続人，被相続人等の区別を記入してください。

※被相続人

本籍（国籍）	（戸籍の添付が必要とされていない申立ての場合は、記入する必要はありません。） 神奈川 都道府県　横浜市南区○○町○丁目○番地
最後の住所	〒○○○－○○○○　電話　045（×××）××××　横浜市中区○○町○丁目○番○号　（　　　　方）
フリガナ 氏名	ヘイノ ハルコ　丙野春子　大正・昭和・平成 ○○年○○月○○日 死亡（○○歳）

（注）太枠の中だけ記入してください。
※の部分は，申立人，法定代理人，成年被後見人となるべき者，不在者，共同相続人，被相続人等の区別を記入してください。

申立ての趣旨

丙野二郎が被相続人丙野春子の推定相続人であることを廃除するとの審判を求めます。

申立ての理由

1(1)　丙野二郎（以下「本人」という。）は，被相続人の二男であり，推定相続人である。
　(2)　被相続人は，平成○○年○○月○○日死亡し，相続が開始した。
2(1)　被相続人は，平成○○年○○月○○日公正証書遺言をした。
　(2)　この遺言には，本人には，定職に就かず，無断で，被相続人の所有する不動産を売却し，又は預貯金を払い戻し，その代金等を遊興費として費消するなどの著しい非行があり，かつ，被相続人に対し，日常的に暴力を振るうなどの虐待があったとして，本人を推定相続人から廃除する旨の遺言がある。
　(3)　この遺言では，遺言執行者として申立人が指定されており，申立人は，平成○○年○○月○○日，その就職を承諾した。
4　よって，被相続人の死亡により，いずれの遺言も効力を生じたので，申立人は，申立ての趣旨のとおり申し立てる。

書式76 推定相続人廃除取消審判申立書(1)——生前の申立ての場合

受付印	家事審判申立書　事件名（　推定相続人廃除審判の取消し　）
	（この欄に申立手数料として1件について800円分の収入印紙を貼ってください。）

収入印紙	800円
予納郵便切手	円
予納収入印紙	円

（注意）登記手数料としての収入印紙を納付する場合は、登記手数料としての収入印紙は貼らずにそのまま提出してください。
　　　　（貼った印紙に押印しないでください。）

準口頭	関連事件番号　平成　　年（家　）第　　　　　号

横浜家庭裁判所　御中　平成　年　月　日	申立人（又は法定代理人など）の記名押印	甲野春子　㊞

添付書類	（審理のために必要な場合は、追加書類の提出をお願いすることがあります。） 申立人及び本人の戸籍謄本（全部事項証明書） 推定相続人廃除の審判書謄本

申立人

本籍（国籍）	（戸籍の添付が必要とされていない申立ての場合は、記入する必要はありません。） 神奈川　都道府県　横浜市中区〇〇町〇丁目〇番地
住所	〒〇〇〇－〇〇〇〇　電話　045（×××）×××× 横浜市中区〇〇町〇丁目〇番〇号　（　　　　方）
連絡先	〒　　　　　　電話　（　　　　方）
フリガナ 氏名	コウノ　ハルコ 甲野　春子	大正・昭和・平成　〇年〇月〇日生（　〇〇　歳）
職業	なし

本人（被廃除者）　※

本籍（国籍）	（戸籍の添付が必要とされていない申立ての場合は、記入する必要はありません。） 神奈川　都道府県　横浜市南区〇〇町〇丁目〇番〇号
住所	〒〇〇〇－〇〇〇〇　電話　045（×××）×××× 横浜市南区〇〇町〇丁目〇番地　（　　　　方）
連絡先	〒　　　　　　電話　（　　　　方）
フリガナ 氏名	コウノ　ジロウ 甲野　二郎	大正・昭和・平成　〇〇年〇月〇日生（　〇〇　歳）
職業	会社員

（注）太枠の中だけ記入してください。
※の部分は、申立人、法定代理人、成年被後見人となるべき者、不在者、共同相続人、被相続人等の区別を記入してください。

申立ての趣旨

　横浜家庭裁判所が、平成〇年〇月〇日にした、本人に対する申立人の推定相続人廃除の審判の取消しの審判を求めます。

申立ての理由

1　本人は、申立人の二男です。
2　本人は、平成〇年〇月〇日御庁において、別紙（審判書謄本写し）記載の非行により、推定相続人廃除の審判により、申立人の相続権を喪失しました。
3　本人は、その後、申立人の家を出てから、定職に就き、家庭も持ち、真面目に生活しているとのことです。
4　申立人は、現在高齢の上、自宅にて病気療養中です。生存中に本人に相続権を回復させたく、推定相続人廃除の取消しを求めます。

第3 推定相続人の廃除 〔3〕推定相続人廃除の取消し

書式77 推定相続人廃除取消審判申立書(2)——遺言の場合

家事審判申立書　事件名（ 推定相続人廃除審判の取消し ）

（この欄に申立手数料として1件について800円分の収入印紙を貼ってください。）
（注意）登記手数料としての収入印紙を納付する場合は、登記手数料としての収入印紙は貼らずにそのまま提出してください。
（貼った印紙に押印しないでください。）

受付印

収入印紙　　800円
予納郵便切手　　　円
予納収入印紙　　　円

準口頭　関連事件番号　平成　年（家）第　　号

横浜家庭裁判所　御中
平成　年　月　日

申立人（又は法定代理人など）の記名押印　　乙野三郎

添付書類　（審理のために必要な場合は、追加書類の提出をお願いすることがあります。）
本人の戸籍謄本（全部事項証明書）、被相続人の除籍謄本（全部事項証明書）
遺言書の写し、遺言執行者選任審判書謄本

申立人

本籍（国籍）　（戸籍の添付が必要とされていない申立ての場合は、記入する必要はありません。）
　都道府県
住所　〒○○○-○○○○　東京都品川区○○町○丁目○番○号　電話03（××××）××××（　　方）
連絡先　〒　　　　　　　　　電話090（××××）××××（　　方）
フリガナ　オツノ　サブロウ
氏名　乙野三郎　　大正・昭和・平成　○○年○○月○○日生（○○歳）
職業　会社役員

本人（被廃除者）

本籍（国籍）　神奈川都道府県　横浜市南区○○町○丁目○番地
住所　〒○○○-○○○○　横浜市南区○○町○丁目○番○号　電話045（×××）××××（　　方）
連絡先　〒　　　　　　　　　電話　　（　　）　　（　　方）
フリガナ　コウノ　ジロウ
氏名　甲野二郎　　大正・昭和・平成　○○年○○月○○日生（○○歳）
職業　会社員

（注）太枠の中だけ記入してください。
※の部分は、申立人、法定代理人、成年被後見人となるべき者、不在者、共同相続人、被相続人等の区別を記入してください。

被相続人

本籍（国籍）　神奈川都道府県　横浜市中区○○町○丁目○番地
最後の住所　〒○○○-○○○○　横浜市中区○○町○丁目○番○号　電話045（×××）××××（　　方）
フリガナ　コウノ　ハルコ
氏名　甲野春子　　大正・昭和・平成　○○年○○月○○日生（○○歳）死亡

（注）太枠の中だけ記入してください。
※の部分は、申立人、法定代理人、成年被後見人となるべき者、不在者、共同相続人、被相続人等の区別を記入してください。

申立ての趣旨

横浜家庭裁判所が、平成○年○月○日にした、本人に対する被相続人甲野春子の推定相続人廃除の審判の取消しの審判を求めます。

申立ての理由

1　本人は、平成○年○月○日、御庁において、推定相続人廃除の審判により、被相続人の相続権を喪失した。
2　被相続人は、平成○○年○○月○○日死亡し、相続が開始した。
3　被相続人は、平成○○年○○月○○日付けで自筆証書遺言をした。この遺言書については、被相続人の長男である甲野太郎の申立てにより、平成○○年○○月○○日、御庁において遺言書の検認を終了した。
4　この遺言には、
　(1) 本人に対する推定相続人廃除を取り消す旨の遺言があった。
　(2) 遺言執行者の指定がなかったので、平成○○年○○月○○日、御庁において申立人が遺言執行者に選任された。
5　よって、推定相続人廃除の取消しを求める。

第10章

遺産分割の行為能力・手続行為能力等

　遺産分割に関する法律行為を行うには当該相続人に行為能力が，遺産分割に関する手続を行うには手続行為能力がそれぞれ必要となる。

　ここで，行為能力とは，単独で完全に法律行為をなし得る法律上の資格又は地位をいう。

　また，手続行為能力とは，当事者として単独で家事事件の手続における手続上の行為（手続行為）をすることができる能力をいう（家手17条1項）。これは，手続法上の行為能力というべきものであり，その有無は，民法上の行為能力を基準として決定されるのが原則である。

　この行為能力及び手続行為能力に制限がある者として，民法上，①未成年者，②成年被後見人等について規定している。

　私法上の権利義務の変動は個人の意思に基づくとする意思自治（私的自治）の原則によれば，行為の結果を弁識するに足りるだけの能力を有しない意思無能力者のなした法律行為は無効とされる。

　しかし，意思能力を巡る紛争が生じた場合，意思能力の証明は容易でないから，判断能力が不十分な者の財産の流出を防止するという本人保護の必要がある。

　この点，未成年者については，その年齢的未成熟によって，ある程度の判断能力を具えていないとし，未成年者保護の観点から，行為能力及び手続行為能力が一律に制限されている。

　一方，現代において判断能力が不十分な者もできるだけ通常人と同じ生活を送ること（ノーマライゼーション）が望ましいと考えられ，自己決定権の尊重が必要である。

　そこで，本人保護と自己決定権の尊重の調和の観点から，成年後見制度を設け，その判断能力に応じて，行為能力・手続行為能力を制限している。

以下，遺産分割の際に，この行為能力・手続行為能力に制限がある相続人について記述する。

【植田　智洋】

第1　親権者のいない未成年者の法定代理人

解　説

　相続人の中に未成年者がいる場合，未成年者（民4条参照）保護の観点から，その遺産分割に関する法律行為には，未成年者の法定代理人の同意が必要であり，その同意がない場合は取り消すことができる（民5条1項2項参照）。

　また，未成年者は，法定代理人によらなければ，手続行為をすることができないとされている（家手17条1項，民訴31本文）。

　原則として，未成年者の法定代理人は親権者であり（民818条1項），例外的に，未成年者に対して親権を行う者がないとき，又は親権を行う者が管理権を有しないとき（民838条1項），未成年後見人がなり得る。

(1)　親権者がいる未成年者について

　(a)　親権者は，未成年者の法定代理人として，遺産分割に関する法律行為について代理権を有する（民824条参照）。

　原則として，親権は，父母の婚姻中は，父母が共同して行うため（民818条3項本文），未成年者の遺産分割について，父母が共同して同意権，代理権を行使する必要がある。したがって，未成年者の遺産分割に関する父母の一方のみの同意や代理行為は無効となる。

　ただし，父母の一方が，共同の名義で行ったときは，他の一方の意思に反したとしても，相手方が悪意でないかぎり，その効力は妨げられない（民825条）。

　また，親権者と未成年者が共同相続人の場合，遺産分割は，一方の当事者の遺産取得が，他の当事者の利益を左右する関係にあるから，双方の利益が相反するので，家庭裁判所が選任する特別代理人が，遺産分割に関して代理することになる（民826条）。

　(b)　例外として，父母の一方が親権を行うことができないときは，他の一方が行うことになるため（民818条3項ただし書），父母の一方が死亡等により，その者が親権を行使できない場合は，他の一方が単独で未成年者の遺産分割に関して同意権，取消権及び代理権を行使することができる。

　また，①協議離婚するとき（民819条1項），②離婚後に出生した子の親権者を父と定めるとき（民819条3項ただし書），③認知した子の親権者を父と定めるとき（民819条4項），④子の出生届未了により親権者の指定をしないで離婚

届をしたとき、⑤親権者指定をしない離婚届が受理されたとき、父母はその協議によってその一方を子の親権者と定めることができるので、この場合、単独親権者となった父又は母の一方が、未成年者に対する代理権等を有することになる。

　もっとも、父母の一方が所在不明のときは、当事者の協議により親権者を定めることができない。かかる場合、家庭裁判所は、父又は母の請求により、協議に代わる審判として親権者指定の審判を申立てすることができる（民819条5項、家手別表第2の8項、申立書の記載例は【書式78】参照）。

　また、既に単独親権者となった父又は母が、その後死亡等により、未成年者に対し親権を行使する者がいなくなった場合、当該未成年者に親権者がいなくなるため、家庭裁判所に親権者変更の審判を申立てすることができる（民819条6項、家手別表2の8項、申立書の記載例は【書式79】参照）。

　なお、家庭裁判所の実務として、単独親権者である父又は母が死亡した場合、後見人が既に就職しているか否かにかかわりなく、審判によって生存する父又は母に親権者の変更をなし得る。

　また、戸籍事務として、父母離婚の際、親権者となった父が死亡したため母が後見人に選任された後、母を親権者とする親権者変更の審判が確定し、親権者変更の届出があったときはこれを受理し、これに基づく戸籍の記載をして、職権によって後見終了の記載をして差し支えないとしている（昭52・7・2民二第3517号回答）。

(2) 親権者がいない未成年者について

　(a)　未成年者に対して親権を行う者がないとき、又は親権を行う者が管理権を有しないとき（民838条1号）、未成年後見人が、未成年者の法定代理人として、未成年者の遺産分割に関する法律行為について代理権を有する（民859条1項参照）。

　ただし、遺産分割行為について、未成年後見監督人があるときは、その同意を得なければならない（民864条・13条1項6号）。

　また、未成年後見人は、未成年後見監督人又は家庭裁判所の監督を受け（民863条）、未成年後見人の任務懈怠や権限乱用等により、未成年者にとって遺産分割内容等が不当に不利益にならないよう未成年者の保護が図られている。

　さらに、未成年後見人と未成年者が共同相続人である場合、双方の利益が

相反するので、未成年後見監督人又は家庭裁判所が選任する特別代理人が遺産分割に関して代理することになる（民860条・826条、民851条4号）。

　(b)　未成年後見人の選任について——未成年後見人選任審判申立て（家手別表第1の71項、申立書の記載例は【書式80】参照）　未成年後見人は、未成年者に対して最後に親権を行う者が遺言で指定する（民839条）。

　この指定のないとき、未成年後見人を欠いたとき、家庭裁判所は、申立権者の請求によって、未成年後見人を選任する（民840条1項）。

　また、父若しくは母が親権若しくは管理権を辞し、又は親権を失ったことによって未成年後見人を選任する必要が生じた場合、その父又は母は、遅滞なく未成年後見人の選任を家庭裁判所に請求しなければならない（民841条）。

　なお、親権者に対する後見・保佐開始の審判があったとき等親権者が管理権を有しないときなども、未成年後見開始の原因となり得る。親権者に対する補助開始の審判の場合、被補助人は審判の範囲で管理権を有せず、その財産行為は補助人の同意を得ることを要するのであり、「管理権を有しないとき」（民838条1号）に該当すると解される。

　もっとも、共同親権の場合、その一方につき前記の事由を生じたときは、他方が親権を行使するから（民818条3項ただし書）、後見開始の原因に当たらない。

【植田　智洋】

書式78　親権者指定審判申立書

受付印	家事 □調停　申立書　事件名（離縁後の親権者の指定） 　　　☑審判 （この欄に申立て1件あたり収入印紙1,200円分を貼ってください。） （貼った印紙に押印しないでください。）

収入印紙　　1,200円
予納郵便切手　　　　円

東京　家庭裁判所　御中
平成○○年○○月○○日

申立人（又は法定代理人など）の記名押印　　甲野　さくら　㊞

添付書類　（審理のために必要な場合は，追加書類の提出をお願いすることがあります。）
　申立人の戸籍謄本（全部事項証明書）　　1通
　未成年者の戸籍謄本（全部事項証明書）　1通
　相手方の戸籍謄本（全部事項証明書）　　1通

準口頭

申立人

本籍（国籍）	（戸籍の添付が必要とされていない申立ての場合は，記入する必要はありません。） 東京　㊞都・道・府・県　港区○○町○丁目○番地
住所	〒○○○－○○○○　東京都港区○○町○丁目○番○号　　　　　　　　（　　　　方）
フリガナ 氏名	コウノ　サクラ 甲野　さくら　　　　　　大正・昭㊞・平成　○○年○○月○○日生（○○歳）

相手方

本籍（国籍）	（戸籍の添付が必要とされていない申立ての場合は，記入する必要はありません。） 神奈川　都・道・㊞府・県　横浜市中区○○町○丁目○番地
住所	〒○○○－○○○○　本籍と同じ　　　　　　　　　　　　　　　　　　（　　　　方）
フリガナ 氏名	オツノ　ジロウ 乙野　次郎　　　　　　　大正・昭㊞・平成　○○年○○月○○日生（○○歳）

（注）太枠の中だけ記入してください。

※未成年者

本籍	東京　㊞都・道・府・県　千代田区○○町○丁目○番地
住所	〒　　－　　申立人の住所と同じ　　　　　　　　　　　　　　　　　　（　　　　方）
フリガナ 氏名	ヘイノ　イチロウ 丙野　一郎　　　　　　　大正・㊞昭和・平成　○○年○○月○○日生（○○歳）

（注）太枠の中だけ記入してください。※の部分は，申立人，相手方，法定代理人，不在者，共同相続人，被相続人等の区別を記入してください。

申立ての趣旨

　未成年者が養父丙野清と離縁するにつき，未成年者の離縁後に親権者となるべき者を申立人に指定する旨の審判を求める。

申立ての理由

1　未成年者は，申立人と相手方間の子で，申立人と相手方とは，平成○○年○○月○○日協議離婚しました。
2　平成○○年○○月○○日以降，相手方と音信不通になり，その所在が不明です。
3　そこで，申立人は相手方との間で，未成年者の親権者となるべき者の指定について協議ができませんので，この申立てをします。

【備考】
1. 申立手続
   (1) 申立権者　　父又は母（民819条5項）。
   (2) 管　　轄　　子（父又は母を同じくする数人の子についての申立てに係るものにあっては，そのうちの1人）の住所地を管轄する家庭裁判所（家手167条）。
   (3) 申立手続費用　　収入印紙（子1名につき）1200円（民訴費3条1項・別表第1の15項の2），予納郵便切手966円（100円×2枚，82円×8枚，10円×10枚，5円×2枚）。
   (4) 添付書類　　①申立人及び相手方の各戸籍謄本（全部事項証明書），②申立書の写し（家手規47条参照）等。
       ＊家事事件手続規則47条は，訓示的なものであり，申立人が申立書の写しを提出しない場合に，そのことをもって補正命令の対象としたり，家事審判の申立てを却下したりすることはできない（最高裁判所事務総局家庭局監修『条解家事事件手続規則』（家裁資料196号）117頁・118頁）。
2. 審判手続
   (1) 申立書の写しの送付　　家庭裁判所は，申立てが不適法であるとき又は申立てに理由がないことが明らかなときを除き，家事審判の申立書の写しを相手方に送付しなければならない（家手67条1項本文）。ただし，家事審判手続の円滑な進行を妨げるおそれがあると認められるときは，家事審判の申立てがあったことを通知することをもって家事審判の申立書の写しの送付に代えることができる（家手67条1項ただし書）。
   (2) 当事者からの陳述聴取　　本申立てがあった場合には，家事事件手続法上は，申立てが不適法であるとき又は申立てに理由がないことが明らかなときを除き，当事者の陳述を聴かなければならないとされており（家手68条1項），この陳述の聴取は，当事者の申出があるときは，審問の期日においてしなければならない（家手68条2項）。
   (3) 子の陳述聴取　　本申立ての審判をする場合には，子が15歳以上のときは，その子の陳述を聴かなければならない（家手169条2項）。
   (4) 引渡命令等　　家庭裁判所は，親権者の指定又は変更の審判において，当事者に対し，子の引渡し又は財産上の給付その他の給付を命ずることができる（家手171条）。
   (5) 審判の告知　　審判は，当事者及び利害関係参加人等に対し，告知しなければならない（家手74条1項）。
   (6) 即時抗告　　親権者の指定又は変更の審判及びその申立てを却下する審判に対し，子の父母及び子の監護者は即時抗告をすることができる（家手172条1項10号）。
   (7) 確定の通知　　審判が確定したときは，裁判所書記官は，遅滞なく，子の本籍地の戸籍事務を管掌する者に対し，その旨を通知しなければならない（家手規95条前段）。
   (8) 戸籍上の手続　　親権者となった者は，審判が確定した日から10日以内に，審判の謄本に審判確定証明書を添えて，親権者変更届出をする（戸79条・63条1項）。

書式79 親権者変更審判申立書——親権者死亡後の非親権者への変更

受付印	家事 □調停 ☑審判	申立書 （ 親権者の変更 ）

収入印紙　1,200円
予納郵便切手　　　円

（この欄に未成年者1人につき収入印紙1,200円分を貼ってください。）
（貼った印紙に押印しないでください。）

○○ 家庭裁判所 御中
平成 ○年 ○月 ○日

申立人（又は法定代理人など）の記名押印　　乙野美子　㊞

添付書類（審理のために必要な場合は，追加書類の提出をお願いすることがあります。）
☑ 申立人の戸籍謄本（全部事項証明書）　　☑ 相手方の戸籍謄本（全部事項証明書）
☑ 未成年者の戸籍謄本（全部事項証明書）　□

準口頭

申立人
- 本籍（国籍）：○○都道府県　○○市○○町○番地
- 住所：〒○○○-○○○○　○○県○○市○○町○丁目○番○号○○マンション○号室（　　方）
- フリガナ　氏名：オツノ　ヨシコ　乙野　美子
- 昭和・平成　○年○月○日生（○○歳）

相手方
- 本籍（国籍）：
- 住所：〒　－
- フリガナ　氏名：
- 昭和・平成　年　月　日生（　歳）

未成年者（ら）
- 本籍（国籍）：□申立人と同じ　□相手方と同じ　☑その他（○○県○○市○○町○丁目○○番）
- 住所：☑申立人と同居　□相手方と同居　□その他（　　）
- フリガナ　氏名：コウノ　イチロウ　甲野　一郎
- 平成○年○月○日生（○歳）

（他の未成年者欄は空欄）

（注）太枠の中だけ記入してください。□の部分は，該当するものにチェックをしてください。
※申立ての趣旨は，当てはまる番号を○で囲んでください。
　□の部分は，該当するものにチェックをしてください。

申立ての趣旨

※
1　未成年者の親権者を，（□相手方／□申立人）から（□申立人／□相手方）に変更するとの（□調停／□審判）を求めます。

（親権者死亡の場合）
② 未成年者の親権者を，（☑亡父／□亡母）
　氏名　甲野　春男
　本籍　○○県○○市○丁目○○番
　から　申立人　に変更するとの審判を求めます。

申立ての理由

現在の親権者の指定について
☑ 離婚に伴い指定した。
□ 親権者の変更又は指定を行った。　その年月日　平成○年○月○日
　（裁判所での手続の場合）　　家庭裁判所　□支部／□出張所
　　平成　　年（家　　）第　　号

親権者指定後の未成年者の監護養育状況
☑ 平成○年○月○日から平成○年○月○日まで
　□申立人／□相手方／☑その他（亡甲野春男）のもとで養育
□ 平成　年　月　日から平成　年　月　日まで
　□申立人／□相手方／□その他（　　　）のもとで養育
☑ 平成○年○月○日から現在まで
　☑申立人／□相手方／□その他（　　　）のもとで養育

親権者の変更についての協議状況
□ 協議ができている。
□ 協議を行ったが，まとまらなかった。
☑ 協議は行っていない。

親権者の変更を必要とする理由
☑ 現在，（☑申立人／□相手方）が同居・養育しており，変更しないと不便である。
□ 今後，（□申立人／□相手方）が同居・養育する予定である。
□ （□相手方／□未成年者）が親権者を変更することを望んでいる。
□ 親権者である相手方が行方不明である。（平成　　年　　月頃から）
☑ 親権者が死亡した。（平成○年○月○日死亡）
□ 相手方を親権者としておくことが未成年者の福祉上好ましくない。
□ その他（　　　　）

【備考】
1．申立手続
　(1)　申立権者　　子の親族（民819条6項）。
　(2)　管　　轄　　子（父又は母を同じくする数人の子についての申立てに係るものにあっては，そのうちの1人）の住所地を管轄する家庭裁判所（家手167条）。
　(3)　申立手続費用　　収入印紙（子1名につき）1200円（民訴費3条1項・別表第1の15項の2），予納郵便切手966円（100円×2枚，82円×8枚，10円×10枚，5円×2枚）。
　(4)　添付書類　　①申立人・子・父母の戸籍謄本（全部事項証明書）等。
2．審判手続
　　【書式78】の【備考】2(2)参照。

第1　親権者のいない未成年者の法定代理人　255

書式80　未成年後見人選任の審判申立書

未成年後見人選任申立書

受付印

収入印紙　800円
予納郵便切手　　円

（この欄に未成年者1人について収入印紙800円分を貼ってください。）
（貼った印紙に押印しないでください。）

準口頭　　関連事件番号　平成　　年（家）第　　　　　号

○○家庭裁判所　御中
平成　○○年　○月　○日

申立人の記名押印　　甲野恵子　㊞

添付書類
（同じ書類は1通で足ります。審理のために必要な場合は、追加書類の提出をお願いすることがあります。）
☑未成年者の戸籍謄本（全部事項証明書）　　☑未成年者の住民票又は戸籍附票
☑親権を行う者がいないことを証する資料（親権者が死亡した旨の記載がある戸籍謄本（全部事項証明書）等）
☑未成年後見人候補者の戸籍謄本（全部事項証明書）
☑未成年者の財産に関する資料　　□（利害関係人からの申立ての場合）利害関係を証する資料
□

申立人

住　所	〒○○○-○○○○　○○県○○市○○町○丁目○番○号××アパート×号	電話××××（×××）××××　（　　　　方）
フリガナ 氏　名	コウノ　ケイコ　甲野　恵子	大正・昭和・平成　○○年○○月○○日生（　　歳）
未成年者との関係	※　未成年者の　1　直系尊属（父母・祖父母）　②　兄弟姉妹　3　父方親族 　　　　　　　　4　母方親族　5　未成年後見監督人　6　児童相談所長 　　　　　　　　7　その他（　　　　）	
職　業	会社員	

未成年者

本籍（国籍）	○○都道府県　○○市○○町○丁目○番地		
住　所	〒○○○-○○○○　○○県○○市○○町○丁目○番○号××アパート×号　電話（　　　）（　　方）		
フリガナ 氏　名	コウノ　かえで　甲野　かえで	平成○年○月○日生（○○歳）	職業又は在校名　○○小学校○年生
フリガナ 氏　名		平成　年　月　日生（　歳）	職業又は在校名
フリガナ 氏　名		平成　年　月　日生（　歳）	職業又は在校名

（注）太枠の中だけ記入してください。※の部分は、当てはまる番号を○で囲み、7を選んだ場合には、（　）内に具体的に記入してください。

申立ての趣旨
未成年後見人の選任を求める。

申立ての理由

申立ての原因	申立ての動機	未成年者の資産収入
※ ①　親権者の①死亡 　　　　　　(2)所在不明 2　親権者の親権の(1)辞退 　　　　　　　(2)喪失 　　　　　　　(3)停止 3　親権者の管理権の(1)辞退 　　　　　　　　(2)喪失 4　未成年後見人の(1)死亡 　　　　　　　　(2)所在不明 5　未成年後見人の(1)辞任 　　　　　　　　(2)解任 6　父母の不分明 7　その他（　　　　） （その年月日　平成○年○月○日）	※ ①　未成年者の監護教育 2　養子縁組・養子離縁 3　入学 4　就職 5　就籍 ⑥　遺産分割 7　相続放棄 8　扶助料・退職金・保険金等の請求 9　その他の財産の管理処分 10　その他（　　　　）	宅　地……約 ○○○ 平方メートル 建　物……約 ○○○ 平方メートル 農　地……約　　　　ヘクタール 山　林……約　　　　ヘクタール 有価証券……約 ○○○ 万円 現　金……約　　　　万円 預貯金……約　　　　万円 債　権……約 ○○○ 万円 月　収……約　　　　万円 負　債……約　　　　万円

未成年後見人候補者

本籍（国籍）	○○都道府県　○○市○○町○丁目○番地	未成年者との関係　母方の伯父
住　所	〒○○○-○○○○　○○県○○市○○町○丁目○番○号　電話×××（×××）××××（　　方）	
勤務先	〒○○○-○○○○　○○県○○市○○町○丁目○番○号　電話（　　）（株）○○物産	
フリガナ 氏　名	オツノ　タロウ　乙野　太郎	大正・昭和・平成　○年○月○日生（○○歳）　職業　会社員

（注）太枠の中だけ記入してください。※の部分は、当てはまる番号を○で囲み、申立ての原因欄の7及び申立ての動機欄の10を選んだ場合には、（　）内に具体的に記入してください。
（注）複数の未成年後見人の選任を希望するため、上記「未成年後見人候補者」欄では足りない場合は、A4の用紙に上記の「未成年後見人候補者欄」の記載事項と同じ事項を記入し、この申立書に添付してください。
（注）未成年後見人として法人の選任を希望する場合には、上記「未成年後見人候補者」欄に斜線をするとともに、A4の用紙に、未成年後見人候補者の商業登記簿上の①主たる事務所又は本店の所在地、②名称又は商号、③代表者名を記入し、この申立書に添付してください。

【備考】
1．申立手続
　(1)　申立権者　　未成年被後見人又はその親族，その他の利害関係人（民840条）。
　(2)　申立義務者　　①親権喪失・親権停止・管理権喪失又は辞任した父又は母（民841条），辞任した後見人（民845条），②後見人が欠けた場合の後見監督人（民851条2号），③生活保護実施機関（生活保護81条），④児童相談所長（児福33条の8）。
　(3)　管　　轄　　未成年被後見人の住所地を管轄する家庭裁判所（家手176条）。
　(4)　申立手続費用　　収入印紙（被後見人1名につき）800円（民訴費3条1項・別表第1の15項），予納郵便切手3200円（500円×3枚，100円×5枚，82円×10枚，52円×2枚，20円×8枚，10円×10枚，1円×16枚）。
　(5)　添付書類　　未成年者の戸籍謄本（全部事項証明書）・住民票（戸籍附票）・財産に関する資料，親権を行う者がないことを証する資料（親権者が死亡した旨の記載がある戸籍謄本（全部事項証明書）等），未成年後見人候補者の戸籍謄本（全部事項証明書）・住民票，申立人が利害関係人である場合は利害関係を証する資料（親族の場合は戸籍謄本（全部事項証明書））。事情説明書等により，申立ての動機等申立ての実情の説明を要する事件がある。
2．審判手続
　(1)　審判の対象　　①後見開始事由（民838条1号）の有無，②未成年後見人候補者の欠格事由の有無（民847条）及び適格性，③未成年後見人選任の際には，未成年被後見人の年齢，心身の状態並びに生活及び財産の状況，未成年後見人となる者の職業及び経歴並びに未成年被後見人との利害関係の有無，未成年被後見人の意見その他一切の事情を考慮しなければならない（民840条3項）。
　(2)　審判方法
　　(a)　陳述の聴取　　未成年被後見人が15歳以上の場合には，その陳述を聴かなければならない（家手178条1項1号）。
　　(b)　意見の聴取　　家庭裁判所は，未成年後見人となるべき者の意見を聴かなければならない（家手178条2項1号）。
　　　　一般的には家庭裁判所調査官の事前包括調査が行われており，申立人，未成年者，未成年後見人候補者，現に未成年者を監護している親族等に対する面接調査を行う。
　　(c)　申立ての取下げの制限　　未成年後見人の選任の申立ては，審判がされる前であっても家庭裁判所の許可を得なければ，取り下げることができない（家手180条・121条）。また，取下げをするときには，取下げの理由を明らかにしなければならない（家手規97条・78条1項）。この取下げについては，通常の取下げの通知（家手規52条1項）は要しないが（家手規78条2項），取下げの許可があったときは，裁判所書記官は，その旨を当事者及び利害関係参加人に通知しなければならない（家手規78条3項）。
　　(d)　審判の告知　　選任審判は，未成年後見人に告知されて効力を生じる（家手74条2項）。これに対する不服申立ての方法はない。
　　(e)　戸籍の記載の嘱託　　裁判所書記官は，未成年後見人の選任の審判が効力を生じたときには，遅滞なく，未成年後見人の本籍地の戸籍事務を管掌する者に対して戸籍の記載を嘱託しなければならない（家手116条1号，家手規76条1項2号）。

戸籍の記載の嘱託は，審判の種類に応じられた様式の嘱託書を使用して行う（平24・11・22最家4237号通達）。嘱託書には，未成年後見人及び未成年被後見人の氏名及び戸籍の表示等所定の事項を記載し（家手規76条3項），戸籍の記載の原因を証する書面として審判書謄本を添付しなければならない（家手規76条4項，平24・11・22最家4237号通達）。

　なお，改正前の戸籍法では，未成年後見が開始した場合には，未成年後見人がその旨の届出をしなければならないとされていたが，裁判所書記官による戸籍記載の嘱託に基づき戸籍の記載がなされることになったため，家庭裁判所の審判で選任された未成年後見人の場合にはその届出が不要となった。届出を要するのは，民法839条の規定により遺言で指定された未成年後見人のみとなる（戸81条1項）。

第2　成年後見開始常況の者の法定代理人

解　説

　相続人の中に既に判断能力が不十分な状態にある者（以下「本人」という）がいる場合，本人が財産上の不利益を被り，事後に意思能力を巡る紛争に発展することを防止するため，遺産分割を行う前に，本人保護の観点から，成年後見制度の利用を検討する必要がある。

　もっとも，遺産分割手続が終了すれば後見等が終了するものではない。法律行為能力・手続行為能力について制限を受ける期間が，「成人に達成するまで」と予め定まっている未成年者とは異なり，成年後見制度は，「本人の能力回復又は死亡するまで」と明確に特定できないため，遺産分割手続後も，本人の生活に，通常人と異なる制限が生涯にわたって生じ得る。

　そこで，同制度の利用に当たっては，当該遺産分割だけでなく，今後の身上監護や財産管理を含めて，本人の保護と自己決定権の尊重の観点から，総合的に検討する必要がある。

(1)　**成年後見開始常況の者に対する申立手続ついて**

(a)　成年後見開始審判の申立て（家手別表第1の1項，申立書の記載例は【書式81】参照）　精神上の障害により事理を弁識する能力を欠く常況にある者について，家庭裁判所は，申立権者の請求により，後見開始の審判をすることができる（民7条）。

　なお，後見開始の審判をするとき，家庭裁判所は，職権で，成年後見人を選任するから（民843条1項），この場合，成年後見人選任申立ては不要である。

　　＊　「成年被後見人」は，原則として成年者である被後見人という趣旨であり，未成年の知的障害者・精神障害者等が後見開始の審判を受けた場合，未成年者が「成年被後見人」となることもあり得る。

(b)　成年後見人選任審判申立て——成年後見人の欠員の場合（家手別表第1の3項，申立書の記載例は【書式82】参照）　既に後見開始の審判がなされ，選任された成年後見人がその後欠けたときは，家庭裁判所は，成年被後見人若しくはその親族その他の利害関係人の請求によって，又は職権で，新たな成年後見人を選任する（民843条2項）。

(2)　**成年被後見人の遺産分割について**

　本人が後見開始の審判を受けた場合，成年被後見人として，これに成年後

見人が付され（民8条），成年後見人は，成年被後見人の法律行為を取り消すことができる（民9条本文）。

　この点，成年後見制度による行為能力・手続行為能力の制限は，未成年者のように成人に達成したか否かという形式的な年齢に基づくものと異なり，その実態の判断能力に応じたものであるから，事理弁識能力を欠く常況にある成年被後見人に対し，成年後見人は，未成年者の法定代理人と異なり，同意権を有しない。よって，成年後見人は，その同意の有無にかかわらず，成年被後見人が自ら行った遺産分割に関する法律行為について取消権を行使することができる。

　また，成年後見人は，成年被後見人の法定代理人として，遺産分割に関する法律行為について代理権を有する（民859条1項参照）。

　そして，成年被後見人は，法定代理人として成年後見人によらなければ，手続行為をすることができないとされている（家手17条1項，民訴31条本文）。

　ただし，遺産分割行為について，成年後見監督人があるときは，その同意を得なければならない（民864条・13条1項6号）。

　また，成年後見人は，成年後見監督人又は家庭裁判所の監督を受け（民863条），成年後見人の任務懈怠や権限乱用等により，遺産分割内容等が成年被後見人にとって不当に不利益にならないよう成年被後見人の保護が図られている。

　さらに，成年後見人と成年被後見人が共同相続人である場合，遺産分割は，一方の当事者の遺産取得が，他の当事者の利益を左右する関係にあるから，双方の利益が相反するので，成年後見監督人又は家庭裁判所が選任する特別代理人が成年被後見人の遺産分割に関して代理することになる（民860条・826条，民851条4号）。

【植田　智洋】

書式 81　成年後見開始の審判申立書

受付印	後 見 開 始 申 立 書
貼用収入印紙　800円 予納郵便切手　　　円 予納収入印紙　　　円	（注意）登記手数料としての収入印紙は，貼らずにそのまま提出してください。 この欄に**申立手数料としての収入印紙800円分を貼ってください**（貼った印紙に押印しないでください）。

準口頭　　関連事件番号　平成　　年（家　）第　　　　　号

○○家庭裁判所　御中 平成　○年○月○日	申立人の記名押印	甲野　あずさ　㊞

| 添付書類 | （同じ書類は1通で足ります。審理のために必要な場合は，追加書類の提出をお願いすることがあります。）
☑ 本人の戸籍謄本（全部事項証明書）　　☑ 本人の住民票又は戸籍附票
☑ 本人の登記されていないことの証明書　☑ 本人の診断書（家庭裁判所が定める様式のもの）
☑ 本人の財産に関する資料　　　　　　　☑ 成年後見人候補者の住民票又は戸籍附票
□ |

申立人

住　所	〒○○○－○○○○　　　　　　　電話　××（××××）×××× ○○県○○市○○町○丁目○番○号　　　　　　（　　　　　方）
フリガナ 氏　名	コウノ　アズサ 甲野　あずさ	大正・昭和・平成　○○年○月○日 （　○○　歳）
職　業	無　職	
本人との関係	※1　本人　② 配偶者　3　四親等内の親族（　　　） 　　4　未成年後見人・未成年後見監督人　5　保佐人・保佐監督人　6　補助人・補助監督人 　　7　任意後見受任者・任意後見人・任意後見監督人　8　その他（　　　　）

本人

本　籍 （国　籍）	○○都道府県　　○○市○○町○番地
住　所	〒　　－　　　　　　　　　　　　　電話　（　　　　） ○○県○市○○町○丁目○番○号○○病院　（　　　　方）
フリガナ 氏　名	コウノ　イチロウ 甲野　一郎	明治・大正・昭和・平成　○年○月○日生 （　○○　歳）
職　業	無　職	

(注) 太わくの中だけ記入してください。　※の部分は当てはまる番号を○で囲み，3又は8を選んだ場合には，（　）内に具体的に記入してください。

申立ての趣旨

本人について後見を開始するとの審判を求める。

申立ての理由

(申立ての動機，本人の生活状況などを具体的に記入してください。)

　本人は，3年程前からアルツハイマー型認知症で○○病院に入院していますが，その症状は回復の見込みはなく，日常的に必要な買物も1人でできない状態です。昨年11月に本人の兄が亡くなり，遺産分割の必要が生じたことから本件を申し立てました。申立人も病気がちなので，成年後見人には，健康状態に問題のない本人の長男である甲野春男を選任してください。

成年後見人候補者

いずれかを○で囲んでください。 1. 申立人と同じ（右欄の記載は不要） ② 申立人以外（右欄に記載）	住　所	〒　　－ 申立人の住所と同じ　　　　電話（　　　　）　　（　　　方）
	フリガナ 氏　名	コウノ　ハルオ 甲野　春男　㊞	昭和・平成　○年○月○日生 （　○○　歳）
適当な人がいる場合に記載してください。	職　業	会社員	本人との関係	長男
	勤務先	電話　×××（×××）×××× ○○県○○市○○町○丁目○番○号　株式会社○○商事

(注) 太枠の中だけ記入してください。

【備考】

1. 申立手続
   (1) 申立権者　本人，配偶者，四親等内の親族，未成年後見人，未成年後見監督人，保佐人，保佐監督人，補助人，補助監督人又は検察官（民7条），市町村長（精保51条の11の2，知障28条，老福32条），任意後見契約が登記されている場合，任意後見受任者，任意後見人，任意後見監督人（任意後見10条2項）。
   (2) 管　轄　成年被後見人となるべき者の住所地を管轄する家庭裁判所（家手117条1項）。
   (3) 申立手続費用　収入印紙800円（民訴費3条1項・別表第1の15項），予納郵便切手3200円（500円×3枚，100円×5枚，82円×10枚，52円×2枚，20円×8枚，10円×10枚，1円×16枚），予納収入印紙2600円（登記手数料令14条1項1号），鑑定料。
   (4) 添付書類　本人の戸籍謄本（全部事項証明書）・住民票（戸籍附票）・登記されていないことの証明書・診断書（家庭裁判所が定める様式のもの）・財産に関する資料，成年後見人候補者の住民票（戸籍附票）（法人である場合は法人登記事項証明書）。事情説明書等により，申立ての動機など申立ての実情を説明を要する事件がある。

2. 審判手続
   (1) 鑑　定　家庭裁判所は，後見開始の審判をするには，本人の精神の状況について医師その他適当な者に鑑定をさせなければならない。ただし，明らかにその必要がないと認めるときは，この限りでない（家手119条1項）。「明らかにその必要がないと認めるとき」の例としては，①本人が植物状態の場合，②本人について，近接した時期に，別事件で精神の状況についての鑑定が行われていて，それにより，本人の審判時の精神の状況が明らかであるということができる場合等である（最高裁判所総局家庭局監修『改正成年後見制度関係執務資料』（家裁資料175号）72頁）。
   (2) 本人の陳述聴取　家庭裁判所は，後見開始の審判をする場合，本人の陳述を聴かなければならない（家手120条1項1号）。なお，陳述を聴取するために本人を呼び出しても出頭しない場合，本人が植物状態であるような場合等，陳述聴取が不可能な場合には，陳述聴取を不要とされている。
   (3) 後見人候補者の意見聴取　家庭裁判所は，後見人を選任するには，後見人候補者の意見を聴かなければならない（家手120条2項1号）。
   (4) 考慮事情　家庭裁判所は，成年後見人を選任するには，成年被後見人の心身の状態並びに生活及び財産の状況，成年後見人となる者の職業及び経歴並びに成年被後見人との利害関係の有無，成年被後見人の意見その他一切の事情を考慮しなければならない（民843条4項）。
   (5) 申立ての取下げの制限　審判がされる前であっても，家庭裁判所の許可を得なければ，取り下げることができない（家手121条）。また，取下げをするときには，取下げの理由を明らかにしなければならない（家手規97条・78条1項）。この取下げについては，通常の取下げの通知（家手規52条1項）は要しないが（家手規78条2項），取下げの許可があったときは，裁判所書記官は，その旨を当事者及び利害関係参加人に通知しなければならない（家手規78条3項）。
   (6) 審判の告知　申立人，成年後見人に選任される者（家手74条1項・122条2項1号）。任意後見契約が終了する場合は，任意後見人・任意後見監督人（家手74条1

項・122条1項・2項1号)。

(7) **即時抗告**　後見開始の審判(認容)に対し,民法7条に掲げる者,任意後見契約に関する法律10条2項に掲げる者は即時抗告をすることができる(家手123条1項1号)。なお,申立人,市町村長は,即時抗告をすることができない。

(8) **成年後見の登記**　後見開始の審判等の効力が生じた場合には,裁判所書記官は,遅滞なく,登記所に対し,登記の嘱託をしなければならない(家手116条1号,家手規77条1項1号)。また,後見開始等が効力を生じた場合において,任意後見契約法10条3項の規定により終了する任意後見契約があるときについても,裁判所書記官は,遅滞なく,登記所に対し,その任意後見契約が終了した旨の後見登記法による登記を嘱託しなければならない(家手116条1号,家手規77条3項)。

　登記官は,後見の登記をしたときは,遅滞なく,戸籍事務管掌者に対し,その旨の通知をしなければならない(後見登記附則2条4項)。戸籍事務管掌者は,この通知を受けたときは,当該通知に係る成年被後見人とみなされる者の戸籍を再製しなければならない(後見登記附則2条5項)。

　なお,登記記録に記載されている者その他一定の者は,後見等について,後見登記等ファイル又は閉鎖登記ファイルに記録されている事項を証明した書面の交付を請求することができる(後見登記10条)。

書式82 成年後見人選任の審判申立書——成年後見人の欠員の場合

家事審判申立書　事件名（　成年後見人の選任　）

(この欄に申立手数料として1件について800円分の収入印紙を貼ってください。)
(貼った印紙に押印しないでください。)
(注意) 登記手数料としての収入印紙を納付する場合は、登記手数料としての収入印紙は貼らずにそのまま提出してください。

受付印	
収入印紙	800円
予納郵便切手	円
予納収入印紙	円

準口頭　関連事件番号　平成　年（家）第　号

○○家庭裁判所　御中
平成○年○月○日

申立人（又は法定代理人など）の記名押印：甲野秋男　㊞

添付書類　（審理のために必要な場合は、追加書類の提出をお願いすることがあります。）

申立人

- 本籍（国籍）：（戸籍の添付が必要とされていない申立ての場合は、記入する必要はありません。）都道府県
- 住所：〒○○○-○○○○　○○県○○市○○町○丁目○番○号○○アパート○○号室　電話×××(×××)××××（　　方）
- 連絡先：〒　　-　　　電話（　　）　　（　　方）
- フリガナ　コウノ　アキオ
- 氏名：甲野秋男　大正・昭和・平成　○年○月○日生（○○歳）
- 職業：会社員

※成年被後見人

- 本籍（国籍）：（戸籍の添付が必要とされていない申立ての場合は、記入する必要はありません。）都道府県
- 住所：申立人の住所と同じ　電話（　　）　（　　方）
- 連絡先：〒　　　　　　電話（　　）　（　　方）
- フリガナ　コウノ　タロウ
- 氏名：甲野太郎　大正・昭和・平成　○年○月○日生（○○歳）
- 職業：無職

(注) 太枠の中だけ記入してください。
※の部分は、申立人、法定代理人、成年被後見人となるべき者、不在者、共同相続人、被相続人等の区別を記入してください。

申立ての趣旨

成年被後見人の成年後見人を選任するとの審判を求めます。

申立ての理由

1. 申立人は、成年被後見人の長男です。
2. 成年被後見人は、アルツハイマー型認知症の症状により、平成○○年○月○日、○○家庭裁判所において、後見が開始され、成年後見人として、成年被後見人の父親である甲野春男が選任されました。
3. 甲野春男がこれまで成年後見人の職務を行ってきましたが、平成○○年○○月○○日に死亡しました。
4. 後任の成年後見人としては、成年被後見人の長男であり、現在成年被後見人と同居している申立人が適任であると考えます。
5. よって、申立ての趣旨のとおりの審判を求めます。

【備考】
1．申立手続
  (1) 申立権者　　成年被後見人，その親族，その他の利害関係人（民843条2項），保護実施機関（生活保護81条）。
  (2) 管　　轄　　後見開始の審判をした家庭裁判所，抗告審が同裁判をした場合は，その第一審裁判所である家庭裁判所（家手117条2項）。
  (3) 申立手続費用　　収入印紙800円（民訴費3条1項・別表第1の15項），予納郵便切手1890円（500円×2枚，82円×9枚，52円×1枚，10円×10枚），登記手数料は不要。
  (4) 添付書類　　後見登記事項証明書，申立理由を証する資料（前任者の死亡の旨の記載のある戸籍謄本（全部事項証明書）），成年後見人等の候補者の住民票（戸籍附票）（法人である場合はその登記事項証明書）。
  ＊事情説明書等により，申立ての動機等申立ての実情の説明を要する事件がある。
2．審判手続
  (1) 考慮事情　　家庭裁判所は，成年被後見人の心身の状態並びに生活及び財産の状況，成年後見人となる者の職業及び経歴並びに成年被後見人との利害関係の有無（成年後見人となる者が法人の場合は，その事業の種類及び内容並びにその法人及び代表者と成年被後見人との利害関係の有無），成年被後見人の意見その他一切の事情（民843条4項）。
  (2) 陳述及び意見の聴取　　家庭裁判所は，本人の陳述及び候補者の意見を聴かなければならない。
  (3) 審判の告知　　申立人及び成年後見人となる者に告知されて効力を生じる（家手74条）。これに対する不服申立ての方法はない。
  (4) 登記嘱託　　成年後見人を選任する審判の効力が生じた場合には，裁判所書記官は，遅滞なく，後見登記法に定める登記を嘱託しなければならない（家手116条，家手規77条1項2号）。登記手数料は不要である（登記手数料令14条2項1号）。
　　成年被後見人，成年後見人等は，登記官に対し，成年後見の登記事項証明書の交付請求をすることができる（後見登記10条）。登記事項証明書の交付請求をする者は，収入印紙をもって，手数料を納付しなければならない（後見登記11条）。手数料は1通につき550円である（登記手数料令2条9項）。

第3　事理を弁識する能力が著しく不十分な相続人の場合

解　説

(1) 成年後見制度利用の必要性と留意点

(a) 成年後見制度利用の必要性　相続人の中に精神上の障害により判断能力が低下している者（以下「本人」という）がいる場合，その本人の権利を保護するため，また，事後に意思能力の存否をめぐる紛争が発生することを防止するため，遺産分割を行う前に，本人について成年後見制度を利用することを検討する必要がある。

そして，本人の判断能力が，日常的な買い物など簡単な取引はできるが，民法13条に列挙されている重要な法律行為を単独で行うことはできないという程度である場合，すなわち，「事理を弁識する能力が著しく不十分」（民11条本文）である場合には，保佐開始の審判の申立て（家手別表第1の17項）を行うことになる。

(b) 留意点

(イ) 保佐が開始されると，本人の能力が回復し保佐開始の審判が取り消される（家手別表第1の20項）か，本人が死亡するまで保佐は継続することになり，遺産分割の手続が終了すれば保佐も終了するというものではない。したがって，保佐開始の審判の申立てを検討する場合，当該遺産分割の処理のみを考えるのではなく，本人の身上監護や財産管理に関する権利を保護する観点から総合的に検討した上で，申立てを行うことが重要である。

(ロ) 家庭裁判所は，保佐開始の審判をするときは，職権で保佐人を選任するが（民876条の2第1項），保佐人には家庭裁判所が適任と判断した者が選任され，申立人が挙げた保佐人候補者が選任されるとは限らない。保佐人選任の審判に関する不服申立てはできない（家手132条及び85条1項参照）。また，保佐開始の審判の申立後は，審判前であっても，取下げを行うには家庭裁判所の許可が必要となる（家手133条・121条）ところ，申立人が挙げた保佐人候補者が選任されないことを理由とした取下げは，基本的には認められない。したがって，申立人は，保佐開始の申立てを行う段階で，第三者の保佐人（弁護士や司法書士等）が選任される可能性も考慮に入れて，申立てを行う必要がある。

(ハ) 保佐開始の効果として，一定の資格制限が生じる。具体的には，①

公務員等の就業資格の喪失（国公38条1号・76条，地公16条1号・28条4項，教育職員免許法5条1項3号等），②医師等の専門資格の喪失（医師法3条等），③株式会社の取締役等，責任資格の制限（会331条1項2号・335条1項）といった効果を伴うので，申立てを検討する際には注意が必要である。なお，後見と異なり，印鑑登録を行うことは可能である。

(2) 保佐開始後の遺産分割

(a) 保佐開始後に遺産分割を行う方法として，2通り考えられる。1つは，本人が行う遺産分割について保佐人が同意権（民13条1項6号）を行使する方法，もう1つは，保佐人が代理権を行使し，本人に代わって遺産分割を行う方法である。

(b) 同意権を行使する方法　保佐が開始されると，保佐人には当然に民法13条に列挙された事由について同意権が付与されるので，遺産分割に関する同意権も当然に付与される（民13条1項6号）。したがって，同意権を行使する方法で遺産分割を行う場合，保佐開始の審判申立てを行うことで足りる。この方法をとる場合の保佐開始の審判申立ての書式例は【書式83】である。遺産分割協議書を作成する際は，本人が署名押印するとともに，保佐人は本人の行為について同意する旨を記して，署名押印する。

(c) 代理権を行使する方法

(イ) 保佐が開始されても，後見が開始された場合と異なり，保佐人には当然には代理権が付与されない。したがって，遺産分割に関する代理権の付与の審判（民876条の4第1項，家手別表第1の32項）を申し立て，代理権を付与する旨の審判を受ける必要がある。

この代理権付与の申立ては，保佐開始の審判の申立てと同時に行うことができる。このときの書式例が【書式84】である。

また，既に保佐開始がなされている場合，代理権付与の審判のみを求める申立てを行うこともできる。このときの書式例が【書式85】である。

(ロ) 保佐人に対する代理権の付与の審判の申立てについて，本人以外の者が申立てを行う場合，家庭裁判所が代理権付与の審判を行うには，保佐人に対し代理権を付与することについて本人が同意することが必要となる（民876条の4第2項）。

(ハ) 遺産分割協議書を作成する際，保佐人は本人の法定代理人として，署名押印する。

(3) 保佐人による遺産分割協議について

　保佐人は，本人の意思を確認しながら，遺産分割の内容が本人の利益を確保するもの，すなわち，少なくとも法定相続分を確保するものとなるように同意権や代理権を行使することが求められる。特段の事情がないにもかかわらず，法定相続分を下回る内容で合意した場合は，家庭裁判所が行う保佐監督において，保佐人の責任を問われることが考えられる。

　保佐の事案の場合，本人が法定相続分を下回る遺産分割を行う意思を示した場合等，本人の意思の尊重の要請（民876条の5）と本人保護の要請との調和点を見出すことが困難な場合もある。保佐人は，本人の事理を弁識する能力が著しく不十分であることを踏まえて適切に代理権や同意権を行使する必要があるが，判断に迷う場合は，遺産分割を行う前に，上申書を提出する等の方法により監督を受ける家庭裁判所と相談することが考えられる。

(4) 臨時保佐人選任申立て

　(a)　保佐人が本人との間でお互いの利益が相反する行為をする場合，保佐人の同意権や代理権は制限を受けるので，保佐監督人が選任されていない場合には，本人のために臨時保佐人を選任することを家庭裁判所に申し立てる必要がある（民876条の2第3項，家手別表第1の25項）。

　保佐人と本人がともに相続人であるとき，遺産分割は保佐人と本人との利益が相反する行為に当たるので，臨時保佐人の選任申立てを行う必要がある。このときの書式例が**書式86**である。

　(b)　臨時保佐人が遺産分割について代理権を行使する方法をとるためには，保佐人に遺産分割に関する代理権が付与されている必要があることに留意する。保佐人に遺産分割の代理権が付与されていない場合は，保佐人に対する代理権付与の審判の申立てを行う。

　(c)　実務上，申立時に遺産分割協議書案の提出を求められることが多い。そして，遺産分割協議書案の内容について，本人の法定相続分が確保される等，本人の利益を守る内容であることが求められる。

【橋本　成一郎】

書式83 保佐開始審判申立書

後見・保佐・補助 開始申立書

（収入印紙欄）
開始申立てのみは、800円（補助開始のみの申立てはできません。）
保佐開始申立て＋代理権付与のときは1600円分
補助開始申立て＋同意権付与＋代理権付与のときは2400円分
※はった印紙に押印しないでください。

受付印		
収入印紙（申立費用）	800円	
収入印紙（登記費用）	円	
予納郵便切手	円	

準口頭　関連事件番号平成　年（家　）第　号

○○家庭裁判所御中　平成○○年○○月○○日
申立人の記名押印　甲野太郎　㊞

添付書類	本人・成年後見人等候補者の戸籍謄本（全部事項証明書），本人・成年後見人等候補者の住民票 本人の登記されていないことの証明書，診断書

申立人

住所	〒○○○－○○○○ ○○県○○市○○町○丁目○番○号 （　　　　　方）	電話　×××（×××）×××× 携帯電話　×××（×××）×××× FAX　×××（×××）××××
フリガナ 氏名	コウノ タロウ 甲野太郎	大正・昭和・平成　○○年○○月○○日生
本人との関係	1　配偶者　2　父母　③　子（長男）　4　兄弟姉妹甥姪 5　本人　6　市区町村長　7　その他（　　　　　　　）	

本人

本籍	○○　都道府県　○○市○○町○丁目○番○号
住民票の住所	☑申立人と同じ　〒　　－　　　　　電話（　　）
施設・病院の入所先	施設・病院名等 ☑入所等していない 〒　　－　　　　　電話（　　）
フリガナ 氏名	コウノ イチロウ 甲野一郎　男・女　明治・大正・昭和・平成　○○年○○月○○日生

成年後見人等候補者

☑申立人と同じ

住所	〒　　－　　　　電話（　）携帯電話（　）FAX（　）
フリガナ 氏名	昭和・平成　年　月　日生
本人との関係	1　配偶者　2　父母　3　子（　）　4　兄弟姉妹甥姪　5　その他（　）

（注）太わくの中だけ記入してください。
※　申立人と成年後見人等候補者が同一の場合は，□にチェックをしてください。その場合は，成年後見人等候補者欄の記載は省略して構いません。

申立ての趣旨

●1, 2, 3いずれかを○で囲んでください。
●保佐申立ての場合は必要とする場合に限り，当てはまる番号（(1)，(2)）も○で囲んでください。
●補助申立ての場合は必ず当てはまる番号（(1)，(2)）を○で囲んでください。

1　本人について後見を開始するとの審判を求める。
②　本人について保佐を開始するとの審判を求める。
　(1)　本人のために別紙代理行為目録記載の行為について保佐人に代理権を付与するとの審判を求める。
　(2)　本人は，民法第13条1項に規定されている行為の他に，下記の行為（日用品の購入その他日常生活に関する行為を除く）をするにも，その保佐人の同意を得なければならないとの審判を求める
　　記

3　本人について補助を開始するとの審判を求める。
　(1)　本人のために別紙代理行為目録記載の行為について補助人に代理権を付与するとの審判を求める。
　(2)　本人が別紙同意行為目録記載の行為（日用品の購入その他日常生活に関する行為を除く。）をするには，その補助人の同意を得なければならないとの審判を求める。

申立ての理由

本人は，☑認知症　□知的障害　□統合失調症　□その他（　　　）
により判断能力が低下しているため
□財産管理　□保険金受領　☑遺産分割　□相続放棄
□不動産処分　□施設入所　□訴訟・調停
□その他（　　　　　　　　　　　）の必要が生じた。

※　詳しい実情は，申立事情説明書に記入してください。

（特記事項）

【備考】

1. 申立権者

    本人，配偶者，4親等内の親族，後見人，後見監督人，補助人，補助監督人，検察官（民11条），市町村長（精保51条の11の2，老福32条，知障28条），任意後見受任者，任意後見人，任意後見監督人（任意後見10条2項）。

2. 管轄裁判所

    本人の住所地を管轄する家庭裁判所（家手128条1項）。

    住所地とは，生活の本拠（民22条）をいい，必ずしも住民登録地と一致するものではない。しかし，東京家庭裁判所のように，住所地を住民登録地と解している家庭裁判所もあるので，申立先の家庭裁判所に取扱いを照会する必要がある。

3. 申立手続費用

    (1) 申立手数料　収入印紙800円（民訴費3条1項・別表第1の15項）。

    (2) 予納郵便切手　家庭裁判所により取扱いが異なるので，申立先の家庭裁判所に照会する必要がある。東京家庭裁判所の場合，4100円である（平成28年5月1日現在）。

    (3) 後見登記用の予納登記印紙　2600円（登記手数料令14条1項2号）。

    (4) 精神鑑定料　実施する場合のみ必要となり，金額は事案により異なる。最高裁判所の公表資料「成年後見関係事件の概況（平成27年）」によると，鑑定実施率は9.6％，精神鑑定料は5万円以下が全体の60.9％，5万円超10万円未満が全体の36.6％となっている。

4. 申立書及び添付書類

    (1) 申立書　申立書の書式は，各家庭裁判所が定型書式を用意しているので，それを使用する。本記載例は，東京家庭裁判所の書式である。

    (2) 添付書類　家庭裁判所により取扱いが異なるので，申立先の家庭裁判所に照会する必要がある。

    　東京家庭裁判所の場合，①親族関係図，②本人の診断書及び付票，③本人の戸籍謄本（全部事項証明書），④本人の住民票，⑤本人の登記されていないことの証明書，⑥保佐人候補者の戸籍謄本（全部事項証明書），⑦保佐人候補者の住民票（②〜⑦は申立日から3ヵ月以内のもの），⑧申立事情説明書，⑨親族の同意書，⑩保佐人候補者事情説明書，⑪本人の財産目録，⑫本人の収支状況報告書，⑬本人の財産及び収支に関する資料が必要となる（平成28年5月1日現在）。

5. 審判手続

    (1) 申立ての際，予約が必要となる裁判所があるので，申立先の裁判所に取扱いを照会する必要がある。

    (2) 申立後，家庭裁判所は，本人から意見を聴取する本人調査（家手130条1項1号），保佐人候補者に対する意向聴取（家手130条2項1号），必要に応じて，申立人や親族に対する意向照会を行う。

    (3) 家庭裁判所は，原則として本人の精神の状況について医師その他適当な者に鑑定をさせなければならない。ただし，明らかにその必要がないと認めるときは，この限りではない（家手133条・119条）。

    (4) 家庭裁判所は申立てを相当と認めると，保佐開始の審判をし，併せて，最も適任である者を保佐人に選任する。

    (5) 審判は，申立人，本人及び保佐人候補者に対し告知される（家手74条1項・131条

1項1号）。審判は，本人又は保佐人候補者が審判の告知を受けた日のうち最も遅い日から2週間の経過で確定する（家手86条1項・132条2項）。
(6)　保佐開始の審判の確定前は，民法11条に掲げる者及び任意後見契約に関する法律10条2項に掲げる者は，即時抗告を行うことができる（家手132条1項）。なお，保佐人選任審判について，即時抗告を行うことはできない（家手85条1項）。
(7)　保佐開始の審判確定後，裁判所書記官は，登記所（東京法務局）に対し，登記の嘱託を行う（家手116条1号，家手規77条1項1号）。

第3 事理を弁識する能力が著しく不十分な相続人の場合 271

書式 84 保佐開始及び代理権付与申立書

受付印		後見・**保佐**・補助　開始申立書	
		（収入印紙欄） 開始申立てのみは、800円（補助開始のみの申立てはできません。） 保佐開始申立て＋代理権付与のときは1600円分 補助開始申立て＋同意権付与＋代理権付与のときは2,400円分 ※はった印紙に押印しないでください。	
収入印紙（申立費用）	1,600円	準口頭	関連事件番号平成　年（家　）第　号
収入印紙（登記費用）	円		
予納郵便切手	円		

○○家庭裁判所　御中 平成　○○年○○月○○日	申立人の 記名押印	甲野太郎　㊞

添付書類	本人・成年後見人等候補者の戸籍謄本（全部事項証明書），本人・成年後見人等候補者の住民票 本人の登記されていないことの証明書，診断書

申立人	住所	〒○○○－○○○○ ○○県○○市○○町○丁目○番○号 （　　　　　方）	電話　×××（×××）×××× 携帯電話　×××（×××）×××× FAX　×××（×××）××××
	フリガナ 氏名	コウノ　タロウ 甲野　太郎	大正 昭和　○○年○○月○○日生 平成
	本人と の関係	1 配偶者　2 父母　③ 子（長男）　4 兄弟姉妹甥姪 5 本人　6 市区町村長　7 その他（　　　）	

本人	本籍	○○ 都道府（県）　○○市○○町○丁目○番○号	
	住民票 の住所	☑申立人と同じ　〒	電話　（　　） （　　　方）
	施設・病院 の入所先	施設・病院名等 ☑入所等していない 〒　－	電話
	フリガナ 氏名	コウノ　イチロウ 甲野　一郎	㊚・女　明治 大正 昭和 ○○年○○月○○日生 平成

成年後見人等候補者	☑申立人と同じ	住所	〒	電話（　） 携帯電話（　） FAX（　）
		フリガナ 氏名		昭和 平成　年　月　日生
		本人と の関係	1 配偶者　2 父母　3 子（　）　4 兄弟姉妹甥姪 5 その他（　　　）	

（注）太わくの中だけ記入してください。
※　申立人と成年後見人等候補者が同一の場合は，□にチェックをしてください。その場合は，成年後見人等候補者欄の記載は省略して構いません。

申立ての趣旨

●1，2，3いずれかを○で囲んでください。
→
●保佐申立ての場合は必要とする場合に限り，当てはまる番号（(1)，(2)）も○で囲んでください。
→
●補助申立ての場合は必ず当てはまる番号（(1)，(2)）を○で囲んでください。

1　本人について後見を開始するとの審判を求める。
②　本人について保佐を開始するとの審判を求める。
　①　本人のために別紙代理行為目録記載の行為について保佐人に代理権を付与するとの審判を求める。
　(2)　本人は，民法第13条1項に規定されている行為の他に，下記の行為（日用品の購入その他日常生活に関する行為を除く）をするにも，その保佐人の同意を得なければならないとの審判を求める
　　　　　　　　　　　　　記

3　本人について補助を開始するとの審判を求める。
　(1)　本人のために別紙代理行為目録記載の行為について補助人に代理権を付与するとの審判を求める。
　(2)　本人が別紙同意行為目録記載の行為（日用品の購入その他日常生活に関する行為を除く。）をするには，その補助人の同意を得なければならないとの審判を求める。

申立ての理由

本人は，☑認知症　□知的障害　□統合失調症　□その他（　　　）により判断能力が低下しているため，
□財産管理　□保険金受領　☑遺産分割　□相続放棄
□不動産処分　□施設入所　□訴訟・調停
□その他（　　　）の必要が生じた。
※　詳しい実情は，申立事情説明書に記入してください。

（特記事項）

(別紙)【保佐・補助開始申立用】

代　理　行　為　目　録

作成者　甲　野　太　郎

必要な代理行為をチェックしてください（例＝☑）。
内容については，本人の同意を踏まえた上で，最終的に裁判所が決めます。

1　財産管理関係
　(1)　不動産関係
　　□①本人の不動産に関する取引（□売却，□担保権設定，□賃貸，□＿＿＿＿＿＿＿＿＿＿）
　　□②他人の不動産に関する（□購入，□借地，□借家）契約の締結・変更・解除
　　□③住居等の新築・増改築・修繕に関する請負契約の締結・変更・解除
　(2)　預貯金等金融関係
　　□①預貯金に関する金融機関等との一切の取引（解約・新規口座の開設を含む。）
　　□②その他の本人と金融機関との取引（□貸金庫取引，□保護預かり取引，□証券取引，□為
　　　　替取引，□信託取引，□＿＿＿＿＿＿＿＿＿＿＿＿＿＿＿＿）
　(3)　保険に関する事項
　　□①保険契約の締結・変更・解除
　　□②保険金の請求及び受領
　(4)　その他
　　□①定期的な収入の受領及びこれに関する諸手続（□家賃・地代，□年金・障害手当金その他
　　　　の社会保障給付，□その他＿＿＿＿＿＿＿＿＿＿＿＿＿＿＿＿）
　　□②定期的な支出を要する費用の支払及びこれに関する諸手続（□家賃・地代，□公共料金，
　　　　□保険料，□ローンの返済金，□その他＿＿＿＿＿＿＿＿＿＿＿＿＿＿）
　　□③本人の負担している債務の弁済及びその処理
2　相続関係
　　□①相続の承認・放棄
　　□②贈与，遺贈の受諾
　　☑③遺産分割又は単独相続に関する諸手続
　　□④遺留分減殺の請求
3　身上監護関係
　　□①介護契約その他の福祉サービス契約の締結・変更・解除及び費用の支払
　　□②要介護認定の申請及び認定に関する不服申立て
　　□③福祉関係施設への入所に関する契約（有料老人ホームの入居契約等を含む。）の締結・変
　　　　更・解除及び費用の支払
　　□④医療契約及び病院への入院に関する契約の締結・変更・解除及び費用の支払
4　登記・税金・訴訟
　　□①税金の申告・納付
　　□②登記・登録の申請
　　□③本人に帰属する財産に関して生ずる紛争についての訴訟行為（民事訴訟法５５条２項の特
　　　　別授権事項を含む。）（保佐人又は補助人が当該訴訟行為について訴訟代理人となる資格を有する者
　　　　であるとき。）
　　□④訴訟行為（民事訴訟法５５条２項の特別授権事項を含む。）について，当該行為につき訴
　　　　訟代理人となる資格を有する者に対し授権をすること
5　その他
　　☑①以上の各事務の処理に必要な費用の支払
　　☑②以上の各事務に関連する一切の事項
※民法上，代理行為を特定するべきことになっていますので，「本人の不動産，動産等に関する管理・処分」と
いった**包括的代理権の付与**は許されません。

【備考】

1. 申立権者

   本人，配偶者，4親等内の親族，後見人，後見監督人，補助人，補助監督人，検察官（民11条），市町村長（精保51条の11の2，老福32条，知障28条），任意後見受任者，任意後見人，任意後見監督人（任意後見10条2項）。

2. 管轄裁判所

   本人の住所地を管轄する家庭裁判所（家手128条1項）。

   住所地とは，生活の本拠（民22条）をいい，必ずしも住民登録地と一致するものではない。しかし，東京家庭裁判所のように，住所地を住民登録地と解している家庭裁判所もあるので，申立先の家庭裁判所に取扱いを照会する必要がある。

3. 申立手続費用

   (1) 申立手数料　保佐開始の審判申立てについて収入印紙800円，保佐人に対する代理権付与の審判申立てについて収入印紙800円，合計1600円（民訴費3条1項・別表第1の15項）。

   (2) 予納郵便切手　家庭裁判所により取扱いが異なるので，申立先の家庭裁判所に照会する必要がある。東京家庭裁判所の場合，4100円である（平成28年5月1日現在）。

   (3) 後見登記用の予納登記印紙　2600円（登記手数料令14条1項2号）。

   (4) 精神鑑定料　実施する場合のみ必要となり，金額は事案により異なる。最高裁判所の公表資料「成年後見関係事件の概況（平成27年）」によると，鑑定実施率は9.6%，精神鑑定料は5万円以下が全体の60.9%，5万円超10万円未満が全体の36.6%となっている。

4. 申立書及び添付書類

   (1) 申立書　申立書の書式は，各家庭裁判所が定型書式を用意しているので，それを使用する。なお，本記載例は，東京家庭裁判所の書式である。

   (2) 添付書類　家庭裁判所により取扱いが異なるので，申立先の家庭裁判所に照会する必要がある。

   東京家庭裁判所の場合，①親族関係図，②本人の診断書及び付票，③本人の戸籍謄本（全部事項証明書），④本人の住民票，⑤本人の登記されていないことの証明書，⑥保佐人候補者の戸籍謄本（全部事項証明書），⑦保佐人候補者の住民票（②～⑦は申立日から3ヵ月以内のもの），⑧申立事情説明書，⑨親族の同意書，⑩保佐人候補者事情説明書，⑪本人の財産目録，⑫本人の収支状況報告書，⑬本人の財産及び収支に関する資料が必要となる（平成28年5月1日現在）。

5. 審判手続

   (1) 申立ての際，予約が必要となる裁判所があるので，申立先の裁判所に取扱いを照会する必要がある。

   (2) 申立後，家庭裁判所は，本人から意見を聴取する本人調査（家手130条1項1号），保佐人候補者に対する意向聴取（家手130条2項1号），必要に応じて，申立人や親族に対する意向照会を行う。

   (3) 家庭裁判所は，原則として本人の精神の状況について医師その他適当な者に鑑定をさせなければならない。ただし，明らかにその必要がないと認めるときは，この限りではない（家手133条・119条）。

   (4) 家庭裁判所は申立てを相当と認めると，保佐開始の審判をし，併せて，最も適任

である者を保佐人に選任する。
(5) 審判は，申立人，本人及び保佐人候補者に対し告知される（家手74条1項・131条1項1号）。審判は，本人又は保佐人候補者が審判の告知を受けた日のうち最も遅い日から2週間の経過で確定する（家手86条1項・132条2項）。
(6) 保佐開始の審判の確定前は，民法11条に掲げる者及び任意後見契約に関する法律10条2項に掲げる者は，即時抗告を行うことができる（家手132条1項）。なお，保佐人選任審判について，即時抗告を行うことはできない（家手85条1項）。
(7) 保佐開始の審判確定後，裁判所書記官は，登記所（東京法務局）に対し，登記嘱託を行う（家手116条1号，家手規77条1項1号）。

第3 事理を弁識する能力が著しく不十分な相続人の場合

書式85 保佐人に対する代理権付与の審判申立書

家事審判申立書 事件名（保佐人に対する代理権付与）

受付印

（この欄に申立手数料として1件について800円分の収入印紙を貼ってください。）

（貼った印紙に押印しないでください。）

（注意）登記手数料としての収入印紙を納付する場合は、登記手数料としての収入印紙は貼らずにそのまま提出してください。

収入印紙	800円
予納郵便切手	円
予納収入印紙	円

準口頭　関連事件番号　平成　　年（家　）第　　　　号

○○家庭裁判所　御中
平成○○年○○月○○日

申立人（又は法定代理人など）の記名押印：甲野太郎 ㊞

添付書類	（審理のために必要な場合は、追加書類の提出をお願いすることがあります。） 申立人の戸籍謄本（全部事項証明書）　通 亡養親（申立人が養子の場合）又は亡養子（申立人が養親の場合）の戸籍謄本（全部事項証明書）　通

申立人

本籍（国籍）	（戸籍の添付が必要とされていない申立ての場合は、記入する必要はありません。） ○○ 都道府県　○○市○○町○丁目○番○号
住所	〒○○○-○○○○　○○県○○市○○町○丁目○番○号　電話×××（×××）××××　（　　　方）
連絡先	〒　－　　　　電話（　）　（　　　方）
フリガナ 氏名	コウノ タロウ　甲野太郎　大正・昭和・平成 ○○年○○月○○日生（○○歳）
職業	会社員

※被保佐人

本籍（国籍）	（戸籍の添付が必要とされていない申立ての場合は、記入する必要はありません。） ○○ 都道府県　○○市○○町○丁目○番○号
最後の住所	〒○○○-○○○○　○○県○○市○○町○丁目○番○号　電話×××（×××）××××　（　　　方）
連絡先	〒　－　　　　電話（　）　（　　　方）
フリガナ 氏名	コウノ イチロウ　甲野一郎　大正・昭和・平成 ○○年○○月○○日生（○○歳）
職業	無職

（注）太枠の中だけ記入してください。
※の部分は、申立人、法定代理人、成年後見人となるべき者、不在者、共同相続人、被相続人等の区別を記入してください。

申立ての趣旨

被保佐人のために、別紙代理行為目録記載の行為について申立人に代理権を付与する旨の審判を求める。

申立ての理由

1　被保佐人に対する保佐開始の審判は、平成○○年○○月○○日に確定し、申立人が保佐人に選任された。
2　被相続人甲野華子は平成○○年○○月○○日に死亡し、被保佐人はその相続を承認した。
3　被保佐人は、病気療養のため長期間入院しており、被相続人甲野華子の遺産分割協議に加わることが困難である。そこで、申立人は、被保佐人のために代理権の付与を受けて、遺産分割協議を成立させる必要がある。
4　よって、本件申立てを行う。

（別紙）【保佐・補助開始申立用】

代 理 行 為 目 録

作成者　甲野太郎

必要な代理行為をチェックしてください（例＝☑）。
内容については，本人の同意を踏まえた上で，最終的に裁判所が決めます。

1　財産管理関係
　(1)　不動産関係
　　□①本人の不動産に関する取引（□売却，□担保権設定，□賃貸，□＿＿＿＿＿＿＿＿）
　　□②他人の不動産に関する（□購入，□借地，□借家）契約の締結・変更・解除
　　□③住居等の新築・増改築・修繕に関する請負契約の締結・変更・解除
　(2)　預貯金等金融関係
　　□①預貯金に関する金融機関等との一切の取引（解約・新規口座の開設を含む。）
　　□②その他の本人と金融機関との取引（□貸金庫取引，□保護預かり取引，□証券取引，□為替取引，□信託取引，□＿＿＿＿＿＿＿＿＿＿＿＿＿）
　(3)　保険に関する事項
　　□①保険契約の締結・変更・解除
　　□②保険金の請求及び受領
　(4)　その他
　　□①定期的な収入の受領及びこれに関する諸手続（□家賃・地代，□年金・障害手当金その他の社会保障給付，□その他＿＿＿＿＿＿＿＿＿＿＿＿＿）
　　□②定期的な支出を要する費用の支払及びこれに関する諸手続（□家賃・地代，□公共料金，□保険料，□ローンの返済金，□その他＿＿＿＿＿＿＿＿＿＿＿＿＿）
　　□③本人の負担している債務の弁済及びその処理
2　相続関係
　　□①相続の承認・放棄
　　□②贈与，遺贈の受諾
　　☑③遺産分割又は単独相続に関する諸手続
　　□④遺留分減殺の請求
3　身上監護関係
　　□①介護契約その他の福祉サービス契約の締結・変更・解除及び費用の支払
　　□②要介護認定の申請及び認定に関する不服申立て
　　□③福祉関係施設への入所に関する契約（有料老人ホームの入居契約等を含む。）の締結・変更・解除及び費用の支払
　　□④医療契約及び病院への入院に関する契約の締結・変更・解除及び費用の支払
4　登記・税金・訴訟
　　□①税金の申告・納付
　　□②登記・登録の申請
　　□③本人に帰属する財産に関して生ずる紛争についての訴訟行為（民事訴訟法５５条２項の特別授権事項を含む。）（保佐人又は補助人が当該訴訟行為について訴訟代理人となる資格を有する者であるとき。）
　　□④訴訟行為（民事訴訟法５５条２項の特別授権事項を含む。）について，当該行為につき訴訟代理人となる資格を有する者に対し授権をすること
5　その他
　　☑①以上の各事務の処理に必要な費用の支払
　　☑②以上の各事務に関連する一切の事項
※民法上，代理行為を特定するべきことになっていますので，「本人の不動産，動産等に関する管理・処分」といった**包括的代理権の付与**は許されません。

第3　事理を弁識する能力が著しく不十分な相続人の場合　　*277*

【備考】
1. 申立権者
    民法11条本文に規定するもの（本人，配偶者，4親等内の親族，後見人，後見監督人，補助人，補助監督人，検察官），保佐人，保佐監督人（民876条の4第1項），市町村長（精保51条の11の2，老福32条，知障28条）。
2. 管轄裁判所
    保佐開始の審判をした家庭裁判所の管轄に属する（抗告裁判所が保佐開始の審判をした場合には，その第一審裁判所である家庭裁判所の管轄に属する）。ただし，保佐開始の審判事件が家庭裁判所に係属しているときは，その家庭裁判所の管轄に属する（家手128条2項）。
3. 申立手続費用
    (1) 申立手数料　　収入印紙800円（民訴費3条1項・別表第1の15項）。
    (2) 予納郵便切手　　家庭裁判所により取扱いが異なるので，申立先の家庭裁判所に確認する必要がある。東京家庭裁判所の場合，3200円である（平成28年5月1日現在）。
    (3) 後見登記用の予納登記印紙　　1400円（登記手数料令15条1項2号）。
4. 申立書及び添付書類
    (1) 申立書　　申立書の書式は，申立先の家庭裁判所が定型書式を用意して場合は，それを使用する。申立先の家庭裁判所に照会し定型のものが用意されていない場合は，家事事件一般書式を用いる。記載例は，家事事件一般書式を用いた場合のものである。
    (2) 添付書類　　家庭裁判所により取扱いが異なるので，申立先の家庭裁判所に確認する。
        東京家庭裁判所の場合，①申立人の戸籍謄本（全部事項証明書），住民票（本人又は保佐人が申立人の場合で身分事項に変更がなければ不要），②本人の戸籍謄本（全部事項証明書），住民票（身分事項に変更がなければ不要），③本人の自筆の同意書。
5. 審判手続
    (1) 申立ては管轄の家庭裁判所に対し，郵送又は窓口に持参する方法で行う。
    (2) 申立後，必要に応じて，申立人調査，本人調査が実施される。本人以外の者が申立人であるとき，代理権付与に関する本人の意向聴取が行われる（民876条の4第2項）。
    (3) 家庭裁判所が保佐人に代理権を付与することを相当と認めた場合には，保佐人に対し代理権付与の審判を行う。
    (4) 審判は，保佐人及び本人に告知がなされた時に効力を生じる（家手74条1項・131条6号）。
    (5) 審判の発効後，裁判所書記官は，登記所（東京法務局）に対し，登記嘱託を行う（家手116条1号，家手規77条1項8号）。

書式86 臨時保佐人選任審判申立書

受付印	**臨時保佐人選任　申　立　書**
収入印紙　　800円 予納郵便切手　　　円	（この欄に収入印紙800円を貼る。） （貼った印紙に押印しないでください。）

準口頭　　　基本事件番号　平成○○年（家　）第○○○○○号　　　　　号

○○家庭裁判所　御中 平成○○年○○月○○日	申立人の 記名押印	甲　野　太　郎　㊞

添付書類	☑臨時保佐人候補者の住民票写し，☑遺産分割協議書案，☑被保佐人の法定相続分が確保されていることがわかる書面，□抵当権設定契約書案，□金銭消費貸借契約書案（□保証委託契約書案），□不動産の全部事項証明書　□ ※後見登記事項に変更がある場合は保佐人，被保佐人の□住民票の写し，□戸籍謄本（全部事項証明書）

申立人

住　所	〒○○○－○○○○ ○○県○○市○○町○丁目○番○号	電話　×××（×××）×××× 携帯　×××（××××）×××× （　　　　　　　　　方）
フリガナ 氏　名	コウノ　タロウ 甲　野　太　郎	大正 昭和　○○年○○月○○日生 平成	職業　会社員
被保佐人 との関係	※　①　保佐人　　　2　利害関係人		

被保佐人

本　籍	○○　都道 府県　○○市○○町○丁目○番○号	
住　所	〒○○○－○○○○ ○○県○○市○○町○丁目○番○号	電話　×××（×××）×××× （　　　　　　　　　方）
フリガナ 氏　名	コウノ　イチロウ 甲　野　一　郎	

申立ての趣旨

臨時保佐人の選任を求める。

申立ての理由

利益相反する者	利益相反行為の内容
※ ①　保佐人と被保佐人との間で利益相反する。 2　その他（　　　　　　　　）	※ ①　被相続人亡　甲野華子　　の遺産を分割するため 2　被相続人亡　　　　　　　　の相続を放棄するため 3　身分関係存否確定の調停・訴訟の申立てをするため 4　被保佐人の所有する物件に（根）抵当権を設定するため 5　その他（　　　　　　　　　　　　　　　　　） （その詳細） 1　被相続人甲野華子は平成○○年○○月○○日に死亡した。 2　申立人，被保佐人らの共同相続人は，別紙遺産分割協議書案のとおり亡甲野華子の遺産を分割することとなった。

臨時保佐人候補者

住　所	〒○○○－○○○○ ○○県○○市○○町○丁目○番○号	×××（×××）×××× （　　　　　　　　　方）
フリガナ 氏　名	オツヤマ　トモコ 乙　山　とも子	昭和 平成　○○年○○月○○日生　職業　会社員
被保佐人 との関係	姪	

（注）太枠の中だけ記入してください。　※の部分については，当てはまる番号を○で囲み，利益相反する者欄の2及び利益相反行為の内容欄の5を選んだ場合には，（　）内に具体的に記入してください。

【備考】

1. 申立権者

    保佐人（民876条の2第3項本文）。

    被保佐人，その親族，その他利害関係人も申立てをすることができると考えられている（最高裁事務総局家庭局監修『改正成年後見制度関係執務資料』（家裁資料175号）154頁）。

2. 管轄裁判所

    保佐開始の審判をした家庭裁判所（家手128条2項）。

    抗告裁判所が保佐開始の審判をした場合には，その第一審裁判所である家庭裁判所（家手128条2項）。

3. 申立手続費用
   (1) 申立手数料　収入印紙800円（民訴費3条1項・別表第1の15項）。
   (2) 予納郵便切手　家庭裁判所により取扱いが異なる。東京家庭裁判所の場合，818円である（平成28年5月1日現在）。

4. 添付書類
   (1) 申立書　申立先の家庭裁判所が定型書式を用意している場合は，それを使用する。本記載例は，東京家庭裁判所の書式である。
   (2) 添付書類　家庭裁判所により取扱いが異なるので，申立先の家庭裁判所に照会する必要がある。東京家庭裁判所の場合，①臨時保佐人候補者の住民票の写し，②遺産分割協議書（案），③被保佐人の法定相続分が確保されていることがわかる書面（遺産目録，遺産の評価額及び被保佐人の取得額の一覧表），④後見登記事項に変更がある場合に，申立人及び被保佐人の住民票の写し，戸籍謄本（全部事項証明書）（平成28年5月1日現在）。

5. 審判手続
   (1) 申立後，家庭裁判所は，利益相反性の確認，遺産分割協議書案の相当性，臨時保佐人候補者の意向聴取及び適格性の審査等を行う。
   (2) 家庭裁判所が申立てを相当と認めた場合には，臨時保佐人選任の審判をする。
   (3) 審判は，申立人及び臨時保佐人に対し告知する（家手74条1項）。

第4　事理を弁識する能力が不十分な相続人の場合

解　説

(1) 成年後見制度利用の必要性と留意点

(a) 成年後見制度利用の必要性　相続人の中に精神上の障害により判断能力が低下している者（以下「本人」という）がいる場合、その本人の権利を保護するため、また、事後に意思能力の存否をめぐる紛争が発生することを防止するため、遺産分割を行う前に、本人について成年後見制度を利用することを検討する必要がある。

そして、本人の判断能力の程度が、民法13条に列挙されている重要な法律行為を単独で行うことも不可能ではないが、その一部について判断能力が不十分なため不安があり、援助を受けたほうが適当であろうと考えられる者、すなわち、「事理を弁識する能力が不十分」（民15条1項本文）である場合には、補助開始の審判の申立て（家手別表第1の36項）を行うことになる。

(b) 留意点

(イ)　補助開始の審判は、補助人の同意を要する旨の審判（民17条1項）又は補助人に代理権を付与する旨の審判（民876条の9第1項）とともに行う必要があるので（民15条3項）、補助開始の審判申立ては、同意権付与の審判申立て（家手別表第1の37項）又は代理権付与の申立て（家手別表第1の51項）のどちらか1つ又は両方と併せて行う必要がある。

(ロ)　本人以外の者が補助開始の審判の申立てを行った場合、家庭裁判所が補助開始の審判を行うには、本人が補助開始に同意することが必要となる（民15条2項）。したがって、本人が補助開始に反対している場合には、補助開始をした上で遺産分割を進める方法をとることはできない。

(ハ)　補助が開始されると、本人の能力が回復し補助開始の審判が取り消される（家手別表第1の39項）か、本人が死亡するまで補助は継続することになり、遺産分割の手続が終了すれば補助も終了するというものではない。したがって、補助開始の審判の申立てを検討する場合、当該遺産分割の処理のみを考えるのではなく、本人の身上監護や財産管理に関する権利を保護する観点から総合的に検討した上で、申立てを行うことが重要である。

(ニ)　家庭裁判所は、補助開始の審判をするときは、職権で補助人を選任するが（民876条の7第1項）、補助人には家庭裁判所が適任と判断した者が選

任され，申立人が挙げた補助人候補者が選任されるとは限らない。補助人選任の審判に関する不服申立てはできない（家手141条及び85条１項参照）。また，補助開始の審判の申立後は，審判前であっても，取下げを行うには家庭裁判所の許可が必要となる（家手142条・121条）。申立人が挙げた補助人候補者が選任されないことを理由とした取下げは，基本的には認められない。補助開始の申立てを行う段階で，第三者の補助人（弁護士や司法書士など）が選任される可能性も考慮に入れて，申立てを行う必要がある。

(ホ) 補助開始の効果として，後見開始や保佐開始と異なり，資格制限は生じない。

(2) 補助開始後の遺産分割

(a) 補助開始後に遺産分割を行う方法として，２通り考えられる。１つは，本人が行う遺産分割について補助人が同意権を行使する方法，もう１つは，補助人が代理権を行使し，本人に代わって遺産分割を行う方法である。

(b) 同意権を行使する方法

(イ) 補助が開始された場合，保佐開始とは異なり，補助人は当然には民法13条に列挙された事由について同意権が付与されない。したがって，遺産分割に関する同意権の付与の審判（民17条１項，家手別表第１の37項）を受ける必要がある。

この同意権付与の申立ては，補助開始の審判の申立てと同時に行うことができる。このときの書式例が【書式87】である。

また，既に補助開始がなされている場合，同意権付与の審判のみを求める申立てを行うこともできる。

(ロ) 補助人に対する同意権の付与の審判の申立てについて，本人以外の者が申立てを行う場合，家庭裁判所が同意権付与の審判を行うには，補助人に対し同意権を付与することについて本人が同意することが必要となる（民17条２項）。

(ハ) 同意権の付与の審判がなされた後，遺産分割協議書を作成する際は，本人が署名押印するとともに，補助人は本人の行為について同意する旨を記して，署名押印する。

(c) 代理権を行使する方法

(イ) 補助が開始されても，保佐が開始された場合と同様，補助人には当然には代理権が付与されない。したがって，遺産分割に関する代理権の付与

の審判（民876条の9第1項，家手別表第1の32項）の申立てをし，代理権を付与する旨の審判を受ける必要がある。

　この代理権付与の申立ては，補助開始の審判の申立てと同時に行うことができる。このときの書式例が【書式88】である。

　また，既に補助開始がなされている場合，代理権付与の審判のみを求める申立てを行うこともできる。

　　(ロ)　補助人に対する代理権の付与の審判の申立てについて，本人以外の者が申立てを行う場合，家庭裁判所が代理権付与の審判を行うには，補助人に対し代理権を付与することについて本人が同意することが必要となる（民876条の9第2項・876条の4第2項）。

　　(ハ)　遺産分割協議書を作成する際，補助人は本人の法定代理人として，署名押印する。

(3)　補助人による遺産分割協議について

　補助人は，本人の意思を確認しながら，遺産分割の内容が本人の利益を確保するもの，すなわち，少なくとも法定相続分を確保するものとなるように同意権や代理権を行使することが求められる。特段の事情がないにもかかわらず，法定相続分を下回る内容で合意した場合は，家庭裁判所が行う補助監督において，補助人の責任を問われることが考えられる。補助の事案の場合，本人が法定相続分を下回る遺産分割を行う意思を示した場合等，本人の意思の尊重の要請（民876条の10・876条の5）と本人保護の要請との調和点を見出すことが困難な場合もある。補助人は，本人の判断能力が事理を弁識する能力が不十分であることを踏まえて適切に代理権や同意権を行使する必要があるが，判断に迷う場合は，遺産分割を行う前に，上申書を提出する等の方法により，監督を受ける家庭裁判所と相談することが考えられる。

(4)　臨時補助人選任申立て

　(a)　補助人が本人との間でお互いの利益が相反する行為をする場合，補助人の同意権や代理権は制限を受けるので，補助監督人が選任されていない場合には，本人のために臨時補助人を選任することを家庭裁判所に申し立てる必要がある（民876条の7第3項，家手別表第1の44項）。

　補助人と本人がともに相続人であるとき，遺産分割は補助人と本人との利益が相反する行為に当たるので，臨時補助人の選任申立てを行う必要がある。このときの書式例が【書式89】である。

(b) 臨時補助人が遺産分割について同意権又は代理権を行使するためには，補助人に遺産分割に関する同意権又は代理権が付与されている必要があることに留意する。補助人に遺産分割の同意権又は代理権が付与されていない場合は，補助人に対する同意権又は代理権の付与の審判の申立てを行う。

(c) 実務上，申立時に遺産分割協議書案の提出を求められることが多い。そして，遺産分割協議書案の内容について，本人の法定相続分が確保される等，本人の利益を守る内容であることが求められる。

【橋本　成一郎】

書式87 補助開始審判申立て及び同意権付与審判申立書

後見・保佐・(補助) 開始申立書

受付印		
	(収入印紙欄) 開始申立てのみは、800円(補助開始のみの申立てはできません。) 保佐開始申立て＋代理権付与のときは1600円分 補助開始申立て＋同意権付与＋代理権付与のときは2,400円分 ※はった印紙に押印しないでください。	
収入印紙（申立費用） 1,600円 収入印紙（登記費用） 円 予納郵便切手 円	準口頭	関連事件番号平成　年（家）第　号

○○ 家庭裁判所 御中　　　　申立人の記名押印　　　甲野太郎　㊞
平成○○年○○月○○日

添付書類	本人・成年後見人等候補者の戸籍謄本（全部事項証明書），本人・成年後見人等候補者の住民票 本人の登記されていないことの証明書，診断書

申立人

住所	〒○○○-○○○○　○○県○○市○○町○丁目○番○号　（　　方） 電話　×××（×××）×××× 携帯電話　×××（×××××） FAX　×××（×××）××××
フリガナ 氏名	コウノ タロウ 甲野太郎　　　　　　　男・女　　大正・昭和・平成　○○年○○月○○日生
本人との関係	1 配偶者　2 父母　③ 子（長男）　4 兄弟姉妹甥姪 5 本人　6 市区町村長　7 その他（　　）

本人

本籍	○○ 都道府(県) ○○市○○町○丁目○番○号
住民票の住所	☑申立人と同じ　〒　-　　電話（　）　（　方）
施設・病院等の入所先	施設・病院名等 ☑入所等していない 〒　-　　電話（　）
フリガナ 氏名	コウノ イチロウ 甲野一郎　　　　　　　男・女　　明治・大正・昭和・平成　○○年○○月○○日生

成年後見人等候補者

☑申立人と同じ

住所	〒　-　　電話（　）／携帯電話（　）／FAX（　）
フリガナ 氏名	昭和・平成　年　月　日生
本人との関係	1 配偶者　2 父母　3 子（　）　4 兄弟姉妹甥姪 5 その他（　）

（注）太わくの中だけ記入してください。
※　申立人と成年後見人等候補者が同一の場合は，□にチェックをしてください。その場合は，成年後見人等候補者欄の記載は省略して構いません。

申立ての趣旨

●1，2，3いずれかを○で囲んでください。
●保佐申立ての場合は必要とする場合に限り，当てはまる番号（(1)，(2)）も○で囲んでください。
●補助申立ての場合は必ず当てはまる番号（(1)，(2)）を○で囲んでください。

1　本人について後見を開始するとの審判を求める。
2　本人について保佐を開始するとの審判を求める。
　(1) 本人のために別紙代理行為目録記載の行為について保佐人に代理権を付与するとの審判を求める。
　(2) 本人は，民法第13条1項に規定されている行為の他に，下記の行為（日用品の購入その他日常生活に関する行為を除く）をするにも，その保佐人の同意を得なければならないとの審判を求める。
　　　　　　　　　記

③　本人について補助を開始するとの審判を求める。
　(1) 本人のために別紙代理行為目録記載の行為について補助人に代理権を付与するとの審判を求める。
　② 本人が別紙同意行為目録記載の行為（日用品の購入その他日常生活に関する行為を除く。）をするには，その補助人の同意を得なければならないとの審判を求める。

申立ての理由

本人は，☑認知症　□知的障害　□統合失調症　□その他（　）
により判断能力が低下しているため，
□財産管理　□保険金受領　☑遺産分割　□相続放棄
□不動産処分　□施設入所　□訴訟・調停
□その他（　）　　　　　　　　　　　　）の必要が生じた。
※　詳しい実情は，申立事情説明書に記入してください。

（特記事項）

（別紙）　【補助開始申立用】　保佐の場合には，自動的に下記の範囲について同意権・取消権が付与されます。

同 意 行 為 目 録

作成者　<u>甲 野 太 郎</u>

必要な行為（日用品の購入その他日常生活に関する行為を除く。）にチェックしてください。
　内容については，本人の同意を踏まえた上で，最終的に，裁判所が決めます。

1　元本の領収又は利用
　　□(1)　預貯金の払戻し
　　□(2)　金銭の利息付貸付け

2　借財又は保証
　　□(1)　金銭消費貸借契約の締結（貸付けについては1又は3にも当たる。）
　　□(2)　債務保証契約の締結

3　不動産その他重要な財産に関する権利の得喪を目的とする行為
　　□(1)　本人所有の土地又は建物の売却
　　□(2)　本人所有の土地又は建物についての抵当権の設定
　　□(3)　贈与又は寄附行為
　　□(4)　商品取引又は証券取引
　　□(5)　通信販売（インターネット取引を含む）又は訪問販売による契約の締結
　　□(6)　クレジット契約の締結
　　□(7)　金銭の無利息貸付け
　　□(8)　

□4　訴訟行為
　　（相手方の提起した訴え又は上訴に対して応訴するには同意を要しない。）

□5　和解又は仲裁合意

☑6　相続の承認若しくは放棄又は遺産分割

□7　贈与の申込みの拒絶，遺贈の放棄，負担付贈与の申込みの承諾又は負担付遺贈の承認

□8　新築，改築，増築又は大修繕

□9　民法602条に定める期間を超える賃貸借

【備考】
 1．申立権者
　　本人，配偶者，4親等内の親族，後見人，後見監督人，保佐人，保佐監督人，検察官（民15条），市町村長（精保51条の11の2，老福32条，知障28条），任意後見受任者，任意後見人，任意後見監督人（任意後見10条2項）。
 2．管轄裁判所
　　本人の住所地を管轄する家庭裁判所（家手136条1項）。
　　住所地とは，生活の本拠（民22条）をいい，必ずしも住民登録地と一致するものではない。しかし，東京家庭裁判所のように住所地を住民登録地と解している家庭裁判所もあるので，申立先の家庭裁判所に取扱いを照会する。
 3．申立手続費用
　(1) 申立手数料　　補助開始の審判申立てとして収入印紙800円，同意権付与審判の申立てとして収入印紙800円，合計1600円（民訴費3条1項・別表第1の15項）。
　(2) 予納郵便切手　　家庭裁判所により取扱いが異なるので，申立先の家庭裁判所に照会する必要がある。東京家庭裁判所の場合，4100円である（平成28年5月1日現在）。
　(3) 後見登記用の予納登記印紙　　2600円（登記手数料令14条1項3号）。
 4．申立書及び添付書類
　(1) 申立書　　申立書の書式は，各家庭裁判所が定型書式を用意しているので，それを使用する。本記載例は，東京家庭裁判所の書式である。
　(2) 添付書類　　家庭裁判所により取扱いが異なるので，申立先の家庭裁判所に照会する必要がある。
　　　東京家庭裁判所の場合，①親族関係図，②本人の診断書及び付票，③本人の戸籍謄本（全部事項証明書），④本人の住民票，⑤本人の登記されていないことの証明書，⑥補助人候補者の戸籍謄本（全部事項証明書），⑦補助人候補者の住民票（②～⑦は申立日から3ヵ月以内のもの），⑧申立事情説明書，⑨同意書，⑩補助人候補者事情説明書，⑪本人の財産目録，⑫本人の収支状況報告書，⑬本人の財産及び収支に関する資料が必要となる（平成28年5月1日現在）。
 5．審判手続
　(1) 申立ての際，予約が必要となる裁判所があるので，申立先の裁判所に取扱いを照会する必要がある。
　(2) 申立後，家庭裁判所は，必要に応じて，本人から意見を聴取する本人調査，親族に対する意向照会を実施する。本人以外の者が申立てを行った場合，家庭裁判所が補助開始の審判をなすには本人が補助開始に同意することが必要であり（民15条2項），同意権の付与の審判についても，本人が同意することが必要である（民17条2項）。
　(3) 補助開始の場合，後見や保佐と異なり精神鑑定の実施を原則としておらず，本人の精神状況について医師等の意見を聴取することとされており（家手138条），実務上，診断書に基づいて判断がなされることが多い。
　(4) 家庭裁判所は申立てを相当と認めると，補助開始の審判をし，併せて，最も適任である者を補助人に選任する。
　(5) 審判は，申立人，本人及び補助人候補者に対し告知される（家手74条1項・140条1項1号）。審判は，本人及び補助人候補者が審判の告知を受けた日のうち最も遅い

(6) 補助開始の審判について，即時抗告期間中であれば，民法15条に掲げる者及び任意後見契約に関する法律10条2項に掲げる者は，即時抗告を行うことができる（家手141条1項）。なお，補助人選任審判について，即時抗告を行うことはできない（家手85条1項）。
(7) 審判確定後，裁判所書記官は登記所（東京法務局）に対して，登記嘱託を行う（家手116条1号，家手規77条1項1号）。

日から2週間の経過で確定する（家手86条1項・141条2項）。

書式88　補助開始審判申立て及び代理権付与審判申書

後見・保佐・(補助) 開始申立書

受付印

(収入印紙欄)
開始申立てのみは、800円(補助開始のみの申立てはできません。)
保佐開始申立て＋代理権付与のときは1600円分
補助開始申立て＋代理権付与＋同意権付与のときは2,400円分
※はった印紙に押印しないでください。

収入印紙（申立費用）	1,600円
収入印紙（登記費用）	円
予納郵便切手	円

準口頭　関連事件番号平成　年（家　）第　号

○○家庭裁判所　御中
平成○○年○○月○○日

申立人の記名押印　甲野太郎　㊞

添付書類　本人・成年後見人等候補者の戸籍謄本（全部事項証明書），本人・成年後見人等候補者の住民票　本人の登記されていないことの証明書，診断書

申立人

住所　〒○○○－○○○○
○○県○○市○○町○丁目○番○号
電話　×××（×××）××××
携帯電話　×××（×××）××××
FAX　×××（×××）××××
（　　方）

フリガナ　コウノ　タロウ
氏名　甲野太郎
大正・昭和・平成　○○年○○月○○日生

本人との関係　1 配偶者　2 父母　③ 子（長男）　4 兄弟姉妹甥姪　5 本人　6 市区町村長　7 その他（　　）

本人

本籍　○○都道府(県)○○市○○町○丁目○番○号

住民票の住所　☑申立人と同じ　〒　－　電話（　　）（　　方）

施設・病院の入所先　施設・病院名等　☑入所等していない　〒　　　電話（　　）

フリガナ　コウノ　イチロウ
氏名　甲野一郎　(男)・女　明治・大正・昭和・平成　○○年○○月○○日生

成年後見人等候補者

☑申立人と同じ

住所　〒　－　電話（　　）携帯電話（　　）FAX（　　）

フリガナ
氏名　　昭和・平成　年　月　日生

本人との関係　1 配偶者　2 父母　3 子（　）　4 兄弟姉妹甥姪　5 その他（　）

(注)　太わくの中だけ記入してください。
※　申立人と成年後見人等候補者が同一の場合は、□にチェックをしてください。その場合は、成年後見人等候補者欄の記載は省略して構いません。

申立ての趣旨

●1、2、3いずれかを○で囲んでください。
●保佐申立ての場合は必要とする場合に限り、当てはまる番号（1）、（2）も○で囲んでください。
●補助申立ての場合は必ず当てはまる番号（1）、（2）を○で囲んでください。

1　本人について後見を開始するとの審判を求める。

2　本人について保佐を開始するとの審判を求める。
　(1)　本人のために別紙代理行為目録記載の行為について保佐人に代理権を付与するとの審判を求める。
　(2)　本人は、民法第13条1項に規定されている行為の他に、下記の行為（日用品の購入その他日常生活に関する行為を除く。）をするにも、その保佐人の同意を得なければならないとの審判を求める

記

③　本人について補助を開始するとの審判を求める。
　①　本人のために別紙代理行為目録記載の行為について補助人に代理権を付与するとの審判を求める。
　(2)　本人が別紙同意行為目録記載の行為（日用品の購入その他日常生活に関する行為を除く。）をするには、その補助人の同意を得なければならないとの審判を求める。

申立ての理由

本人は、☑認知症　□知的障害　□統合失調症　□その他（　　）により判断能力が低下しているため、□保険金受領　☑遺産分割　□相続放棄　□財産管理　□不動産処分　□施設入所　□訴訟・調停　□その他（　　）の必要が生じた。

※　詳しい実情は、申立事情説明書に記入してください。

（特記事項）

（別紙）【保佐・補助開始申立用】

代 理 行 為 目 録

作成者　甲　野　太　郎

必要な代理行為をチェックしてください（例＝☑）。
内容については，本人の同意を踏まえた上で，最終的に裁判所が決めます。

1　財産管理関係
　(1)　不動産関係
　　□①本人の不動産に関する取引（□売却，□担保権設定，□賃貸，□　　　　　　　　　）
　　□②他人の不動産に関する（□購入，□借地，□借家）契約の締結・変更・解除
　　□③住居等の新築・増改築・修繕に関する請負契約の締結・変更・解除
　(2)　預貯金等金融関係
　　□①預貯金に関する金融機関等との一切の取引（解約・新規口座の開設を含む。）
　　□②その他の本人と金融機関との取引（□貸金庫取引，□保護預かり取引，□証券取引，□為
　　　　替取引，□信託取引，□　　　　　　　　　　　　　　）
　(3)　保険に関する事項
　　□①保険契約の締結・変更・解除
　　□②保険金の請求及び受領
　(4)　その他
　　□①定期的な収入の受領及びこれに関する諸手続（□家賃・地代，□年金・障害手当金その他
　　　　の社会保障給付，□その他　　　　　　　　　　　　　　　）
　　□②定期的な支出を要する費用の支払及びこれに関する諸手続（□家賃・地代，□公共料金，
　　　　□保険料，□ローンの返済金，□その他　　　　　　　　　　　　　　　）
　　□③本人の負担している債務の弁済及びその処理
2　相続関係
　　□①相続の承認・放棄
　　□②贈与，遺贈の受諾
　　☑③遺産分割又は単独相続に関する諸手続
　　□④遺留分減殺の請求
3　身上監護関係
　　□①介護契約その他の福祉サービス契約の締結・変更・解除及び費用の支払
　　□②要介護認定の申請及び認定に関する不服申立て
　　□③福祉関係施設への入所に関する契約（有料老人ホームの入居契約等を含む。）の締結・変
　　　　更・解除及び費用の支払
　　□④医療契約及び病院への入院に関する契約の締結・変更・解除及び費用の支払
4　登記・税金・訴訟
　　□①税金の申告・納付
　　□②登記・登録の申請
　　□③本人に帰属する財産に関して生ずる紛争についての訴訟行為（民事訴訟法５５条２項の特
　　　　別授権事項を含む。）（保佐人又は補助人が当該訴訟行為について訴訟代理人となる資格を有する者で
　　　　あるとき。）
　　□④訴訟行為（民事訴訟法５５条２項の特別授権事項を含む。）について，当該行為につき訴
　　　　訟代理人となる資格を有する者に対し授権をすること
5　その他
　　☑①以上の各事務の処理に必要な費用の支払
　　☑②以上の各事務に関連する一切の事項
※民法上，代理行為を特定するべきことになっていますので，「本人の不動産，動産等に関する管理・処分」と
いった**包括的代理権の付与**は許されません。

【備考】

1. 申立権者

    本人，配偶者，4親等内の親族，後見人，後見監督人，保佐人，保佐監督人，検察官（民15条），市町村長（精保51条の11の2，老福32条，知障28条），任意後見受任者，任意後見人，任意後見監督人（任意後見10条2項）。

2. 管轄裁判所

    本人の住所地を管轄する家庭裁判所（家手136条1項）。

    住所地とは，生活の本拠（民22条）をいい，必ずしも住民登録地と一致するものではない。しかし，東京家庭裁判所のように住所地を住民登録地と解している家庭裁判所もあるので，申立先の家庭裁判所に取扱いを照会する。

3. 申立手続費用

    (1) 申立手数料　補助開始の審判申立てとして収入印紙800円，代理権付与審判の申立てとして収入印紙800円，合計1600円（民訴費3条1項・別表第1の15項）。

    (2) 予納郵便切手　家庭裁判所により取扱いが異なるので，申立先の家庭裁判所に照会する必要がある。東京家庭裁判所の場合，4100円である（平成28年5月1日現在）。

    (3) 後見登記用の予納登記印紙　2600円（登記手数料令14条1項3号）。

4. 申立書及び添付書類

    (1) 申立書　申立書の書式は，各家庭裁判所が定型書式を用意しているので，それを使用する。本記載例は，東京家庭裁判所の書式である。

    (2) 添付書類　家庭裁判所により取扱いが異なるので，申立先の家庭裁判所に照会する必要がある。

    東京家庭裁判所の場合，①親族関係図，②本人の診断書及び付票，③本人の戸籍謄本（全部事項証明書），④本人の住民票，⑤本人の登記されていないことの証明書，⑥補助人候補者の戸籍謄本（全部事項証明書），⑦補助人候補者の住民票（②から⑦は申立日から3ヵ月以内のもの），⑧申立事情説明書，⑨同意書，⑩補助人候補者事情説明書，⑪本人の財産目録，⑫本人の収支状況報告書，⑬本人の財産及び収支に関する資料が必要となる（平成28年5月1日現在）。

5. 審判手続

    (1) 申立ての際，予約が必要となる裁判所があるので，申立先の裁判所に取扱いを照会する必要がある。

    (2) 申立後，家庭裁判所は，必要に応じて，本人から意見を聴取する本人調査，親族に対する意向照会を実施する。本人以外の者が申立てを行った場合，家庭裁判所が補助開始の審判をなすには本人が補助開始に同意することが必要であり（民15条2項），代理権の付与の審判についても，本人が同意することが必要である（民876条の9第2項・876条の4第2項）。

    (3) 補助開始の場合，後見や保佐と異なり精神鑑定の実施を原則としておらず，本人の精神状況について医師等の意見を聴取することとされており（家手138条），実務上，診断書に基づいて判断がなされることが多い。

    (4) 家庭裁判所は申立てを相当と認めると，補助開始の審判をし，併せて，最も適任である者を補助人に選任する。

    (5) 審判は，申立人，本人及び補助人候補者に対し告知される（家手74条1項・140条1項1号）。審判は，本人及び補助人候補者が審判の告知を受けた日のうち最も遅い

日から2週間の経過で確定する（家手86条1項・141条2項）。
(6)　補助開始の審判について，即時抗告期間中であれば，民法15条に掲げる者及び任意後見契約に関する法律10条2項に掲げる者は，即時抗告を行うことができる（家手141条1項）。なお，補助人選任審判について，即時抗告を行うことはできない（家手85条1項）。
(7)　審判確定後，裁判所書記官は登記所（東京法務局）に対して，登記嘱託を行う（家手116条1号，家手規77条1項1号）。

書式89 臨時補助人の選任審判申立書

臨時補助人選任申立書

（この欄に収入印紙800円を貼る。）
（貼った印紙に押印しないでください。）

受付印	
収入印紙　800円	
予納郵便切手　　円	

準口頭　　基本事件番号　平成○○年（家　）第○○○○○号

○○家庭裁判所　御中 平成○○年○○月○○日	申立人の 記名押印	甲野太郎　㊞

添付書類	☑臨時補助人候補者の住民票写し，☑遺産分割協議書案，☑被補助人の法定相続分が確保されていることがわかる書面，□抵当権設定契約書案，□金銭消費貸借契約書案（□保証委託契約書案），□不動産の全部事項証明書 ※後見登記事項に変更がある場合は補助人，被補助人の□住民票の写し，□戸籍謄本（全部事項証明書）

申立人

住所	〒○○○-○○○○　　　　電話　×××（×××）×××× ○○県○○市○○町○丁目○番○号　携帯　×××（××××）×××× （　　　　　　方）
フリガナ 氏名	コウノ　タロウ 甲野　太郎　　大正・昭和・平成○○年○○月○○日生　職業　会社員
被補助人 との関係	① 補助人　　　2　利害関係人

被補助人

本籍	○○　都道府㊥県　　○○市○○町○丁目○番○号
住所	〒○○○-○○○○　　　　電話　×××（×××）×××× ○○県○○市○○町○丁目○番○号　（　　　　　　方）
フリガナ 氏名	コウノ　イチロウ 甲野　一郎

申立ての趣旨

臨時補助人の選任を求める。

申立ての理由

利益相反する者	利益相反行為の内容
※ ① 補助人と被補助人との間で利益相反する。 2　その他（　　　　　　　　）	※ ① 被相続人亡　甲野華子　の遺産を分割するため 2　被相続人亡　　　　　　の相続を放棄するため 3　身分関係存否確定の調停・訴訟の申立てをするため 4　被補助人の所有する物件に（根）抵当権を設定するため 5　その他（　　　　　　　　　　　　　　　　　　） （その詳細） 1　被相続人甲野華子は平成○○年○○月○○日に死亡した。 2　申立人，被補助人らの共同相続人は，別紙遺産分割協議書案のとおり亡甲野華子の遺産を分割することとなった。

臨時補助人候補者

住所	〒○○○-○○○○　　　　×××（×××）×××× ○○県○○市○○町○丁目○番○号　（　　　　　　方）
フリガナ 氏名	オツヤマ　トモコ 乙山　とも子　　昭和・平成○○年○○月○○日生　職業　会社員
被補助人 との関係	姪

（注）太枠の中だけ記入してください。　※の部分については，当てはまる番号を○で囲み，利益相反する者欄の2及び利益相反行為の内容欄の5を選んだ場合には，（　）内に具体的に記入してください。

【備考】

1. 申立権者

    補助人（民876条の7第3項本文）。

    被補助人，その親族，その他利害関係人も申立てをすることができると考えられている（最高裁事務総局家庭局監修『改正成年後見制度関係執務資料』（家裁資料175号）154頁）。

2. 管轄裁判所

    補助開始の審判をした家庭裁判所（家手136条2項）。

    抗告裁判所が補助開始の審判をした場合には，その第一審判所である家庭裁判所（家手136条2項）。

3. 申立手続費用

    (1) 申立手数料　　収入印紙800円（民訴費3条1項・別表第1の15項）。

    (2) 予納郵便切手　　家庭裁判所により取扱いが異なる。東京家庭裁判所の場合，818円である（平成28年5月1日現在）。

4. 申立書及び添付書類

    (1) 申立書　　申立先の家庭裁判所が定型書式を用意している場合は，それを使用する。本記載例は，東京家庭裁判所の書式である。

    (2) 添付書類　　家庭裁判所により取扱いが異なるので，申立先の家庭裁判所に照会する必要がある。東京家庭裁判所の場合，①臨時補助人候補者の住民票の写し，②遺産分割協議書（案），③被補助人の法定相続分が確保されていることがわかる書面（遺産目録，遺産の評価額及び被補助人の取得額の一覧表），④後見登記事項に変更がある場合に，申立人及び被補助人の住民票の写し，戸籍謄本（全部事項証明書）（平成28年5月1日現在）。

5. 審判手続

    (1) 申立後，家庭裁判所は，利益相反性の確認，遺産分割協議書案の相当性，臨時補助人候補者の意向聴取及び適格性の審査等を行う。

    (2) 家庭裁判所が申立てを相当と認めた場合には，臨時補助人選任の審判をする。

    (3) 審判は，申立人及び臨時補助人に対し告知する（家手74条1項）。

第5 事理を弁識する能力が不十分な相続人が相続に関し任意後見人に代理権を付与する任意後見契約を締結していた場合

解 説

(1) 任意後見人

任意後見人とは，任意後見契約の受任者であり，任意後見監督人が選任され，任意後見契約が発効した後にそう呼ばれる（任意後見2条4号）。

任意後見契約は委任契約であり，公証役場で公正証書を作成することにより契約を行う（任意後見3条）。契約の効力を生じさせるためには，申立てにより家庭裁判所が任意後見監督人を選任することが必要である（任意後見2条1号）。精神上の障害により，本人の判断能力が不十分，少なくとも補助程度までは落ちていることが要件となる（任意後見4条1項）。

任意後見人は，あくまでも任意後見契約に定めた範囲内でしか代理権をもちえず，遺産分割を行おうとしたがそこまで代理権が及ばない場合は，任意後見契約に関する法律10条1項の「本人の利益のため特に必要があると認めるとき」として，法定後見等の申立てを検討する必要がある。また，本人の判断能力の程度によっては（おおよそ補助程度以上ある場合），従来の任意後見契約を解除した上（任意後見9条。契約の発効後は家裁の許可を得て行う），再度代理権のある任意後見契約を締結することも考えられる。

(2) 任意後見人と本人が利益相反の場合の任意後見監督人

任意後見監督人は，任意後見人と本人が利益相反する場合，任意後見人に代わり本人を代表する（任意後見7条1項4号）。任意後見契約が本人の意思に基づくものであっても，利益が相反する場合にまで任意後見人にその事務を行わせることは，あまりにも本人保護に欠けるからである。

遺産分割においては，受任者を近い親族として任意後見契約を締結していた場合，任意後見人と本人が共同相続人となってしまい，任意後見監督人が本人を代表する場合が想定される。任意後見監督人選任に当たっても重要な事項となるため，任意後見監督人選任を申し立てる際，相続が発生しそうであることを（又はしたことを）しっかり伝えておくことが重要である。ただし，そもそも任意後見契約に遺産分割についての代理権がなければ，上記(1)のとおり，法定後見や任意後見契約の見直しが必要となる。

【石倉　航】

第5　事理を弁識する能力が不十分な相続人が相続に関し任意後見人に代理権を付与する任意後見契約を締結していた場合

書式90　任意後見監督人選任審判申立書

任意後見監督人選任申立書

（注意）登記手数料としての収入印紙は，貼らずにそのまま提出してください。
この欄に申立手数料としての収入印紙800円分を貼ってください（貼った印紙に押印しないでください。）

貼用収入印紙	800円
予納郵便切手	円
予納収入印紙	円

準口頭　関連事件番号　平成　　年（家）第　　　　号

○○家庭裁判所　御中
平成○○年○月○日

申立人の記名押印　甲野三郎　㊞

添付書類（審理のために必要な場合は，追加書類の提出をお願いすることがあります。）
☑本人の戸籍謄本（全部事項証明書）
☑本人の後見登記事項証明書
☑本人の財産に関する資料
☑任意後見契約公正証書の写し
☑本人の診断書（家庭裁判所が定める様式のもの）
□任意後見監督人候補者の住民票又は戸籍附票
（候補者を立てていただく取扱いの場合のみ必要です。）

申立人
- 住所：〒○○○-○○○○　○○県○○市○○町○丁目○番○号　電話×××（×××）××××（　　　方）
- フリガナ：コウノ　サブロウ
- 氏名：甲野三郎　　大正・昭和・平成○○年○月○日生（○○歳）
- 職業：
- 本人との関係：※　1 本人　2 配偶者　3 四親等内の親族（　）　④ 任意後見受任者　5 その他（　　）

本人
- 本籍（国籍）：○○都道府県　○○市○○町○丁目○番地
- 住所：〒○○○-○○○○　○○県○○市○○町○丁目○番○号　電話（　　　方）
- フリガナ：オツノ　サクラコ
- 氏名：乙野桜子　　明治・大正・昭和・平成○○年○月○日生（○○歳）
- 職業：無職

（注）太わくの中だけ記入してください。　※の部分は，当てはまる番号を○で囲み，3又は5を選んだ場合には，（　）内に具体的に記入してください。

申立ての趣旨
任意後見監督人の選任を求める。

申立ての理由
（申立ての動機，本人の生活状況などを具体的に記入してください。）
1　申立人は本人の長男であり，申立人の家族とともに本人と同居しています。
2　申立人は，本人と平成○○年○月○日に任意後見契約を締結しました。
3　その後，本人の認知症が徐々に進行し，添付の診断書のとおり，保佐程度まで判断能力が落ちました。本人には財産目録記載の財産がありますが，管理は難しい状態です。
4　以上の事情で，本人も監督人選任に同意していることから，申立ての趣旨記載の審判を求めます。

任意後見契約
公正証書を作成した公証人の所属	○○法務局　証書番号　平成○○年　第○○○○号
証書作成年月日	平成○○年○月○日　登記番号　第○○○○-○○号

任意後見受任者
- 住所：〒○○○-○○○○　○○県○○市○○町○丁目○番○号　電話×××（×××）××××（　　　方）
- フリガナ：コウノ　サブロウ
- 氏名：甲野三郎　　大正・昭和・平成○○年○月○日生（○○歳）
- 職業：会社員
- 本人との関係：長男
- 勤務先：（株）○○商事　電話×××（×××）××××

（注）太わくの中だけ記入してください。

【備考】
 1．申立権者
　　本人，配偶者，4親等内の親族又は任意後見受任者（任意後見4条1項本文）。
 2．管轄裁判所
　　本人の住所地を管轄する家庭裁判所（家手217条1項）。
 3．申立手続費用
　　収入印紙800円（民訴費3条1項・別表第1の15項），予納郵便切手約4000円，予納収入印紙1400円（登記用）。
 4．添付書類
　　①本人の戸籍謄本（全部事項証明書），住民票又は戸籍附票，後見登記事項証明書，診断書，財産に関する資料，任意後見契約公正証書の写し，②任意後見監督人候補者を挙げる場合，任意後見監督人候補者の住民票又は戸籍附票等。

第6 特別代理人等

解　説

〔1〕 親権者と未成年者あるいは同一親権に服する複数の未成年者が共同相続人の場合

(1) 根拠条文及び法制度趣旨

(a) 根拠条文　親権に服する子と親権者との間，又は，親権者の親権に服する一方の子と他方の子との間で利益が相反する場合の処理については，民法826条が定める。その具体的な手続基準については，家事事件手続法に各種の規定があり，その手続費用については，民事訴訟費用等に関する法律が定める各種の規定による。具体的には，【書式91】の注釈等を参照されたい。

(b) 制度趣旨　親権に服する子と親権者との間，又は，親権者の親権に服する一方の子と他方の子との間で利益が衝突する場合には，親権者に公正な親権の行使を期待することができない。

そこで，かかる利益相反行為については，裁判所が選任した特別代理人が，親権者に代わって手続を代理することとして利益相反状況を解消し，もって未成年者の保護を図ろうとすることが民法826条の趣旨である（於保不二雄＝中川淳編『新版注釈民法(25)』〔改訂版〕137頁〔中川淳〕，青山修『利益相反行為の登記実務』9頁）。

(2) 利益相反性の判断基準

(a) 定　義　利益相反行為とは，親権者のために利益であり未成年者の子のために不利益な行為，又は，親権に服する子の一方のために利益であり他方のために不利益な行為をいう（中川・前掲137頁・138頁）。なお，親権者が未成年者を代理する場面のみならず，親権者と利益相反する行為を未成年者が自らなすに当たり，親権者が与える同意についても，利益相反に関する条文の適用があるものと解されている（中川・前掲153頁，青山・前掲9頁・10頁）。

(b) 判断基準

(イ) 判例・通説　判例及び通説は，形式的判断説を採用しているとされる。すなわち，親権者と未成年の子との間の利益相反行為の判断基準とし

ては，もっぱら行為自体又は行為の外形からのみ判断すべきであるとする立場である。その趣旨は，利益相反行為か否かを行為の外形からのみ判断し，当該行為の動機や目的などを考慮しない点であり，いわば取引安全の要請を尊重することにある（中川・前掲138頁，青山・前掲11頁）。なお，登記実務も形式的判断説を採用しているという（青山・前掲11頁・15頁以下）。

　(ロ)　有力説　これに対して，利益相反行為は実質的に判断すべきであるとする実質的判断説も有力に主張されている。外部行為だけからは判明しない親権者の動機，目的，必要性などを考慮して個別の事案に応じて利益相反性の有無を判断すべきとする立場であって，行為の実質面に着目して利益相反性を検討する立場といえる（中川・前掲138頁，青山・前掲14頁・15頁）。

(3)　特別代理人の資格，権限，責任

(a)　資　　格　　特別代理人の資格について制限はない。申立人である親権者が推薦する者の中から特別代理人が選任される実情につき，選任された特別代理人が親権者の身代りや影武者にすぎないのではないか，との批判もある（中川・前掲148頁・149頁）。

　特別代理人としての任務が終了した場合，特別代理人の資格は消滅する。このほか，特別代理人として不適任とされれば解任される余地があるほか，特別代理人自らが辞任する余地もあり，任務が終了する以前でも特別代理人としての資格が消滅する場合があり得る（中川・前掲151頁・152頁，青山・前掲48〜50頁）。

(b)　権　　限　　特別代理人は特定の行為について個別的に選任され，その権限は，家庭裁判所の選任申立てに対する判断が記載された審判書によって定まる。

　もっとも，審判書上，審判後の協議で想定される多様な可能性に耐え得る表現を実現することは非常に困難であり，特別代理人の権限の範囲が問題となる。

　この点，かつての判例は特別代理人の権限を広く認めていたが，現在は限定的に解釈する立場を採用していると考えられている。しかしながら，判断の余地がないほどにまで権限を特定することは特別代理人の権限を硬直化させかねないし，行為の相手方が存在する以上，ある程度の融通性や弾力性をもたせる必要があるのではないか等の議論がある（中川・前掲150頁・151頁，青山・前掲41〜44頁）。

実務上，審判書では，例えば「被相続人亡Ａの遺産を別紙遺産分割協議書（案）のとおり分割するにつき，未成年者Ｂの特別代理人として，以下の者を選任する。」等といった主文を採用して，特別代理人の住所及び氏名を記載することが多いものと考えられるが，この場合，特別代理人が，別紙として添付した遺産分割協議書（案）の実現に向けて，どこまで遺産分割協議の内容に関与できるかについては，裁判所の判断のみならず，行為の相手方（金融機関，不動産業者，相続登記に係る法務局等）が定める個々の基準，評価及び価値観にも左右されることになり，一意に定めることは困難であって，ある程度包括的な表現を採用せざるを得ないものと思われる。

(c) 責　　任　　特別代理人は親権者に代わって未成年者保護のために活動することから，後見人に類似する立場を有すると考えられている（中川・前掲151頁）。

そして，民法869条は，民法644条（委任者の，受任者に対する善管注意義務）の規定を後見についても準用していることにも鑑みると，特別代理人にも未成年者に対する善管注意義務が課せられているものとみるべきである。

この点につき，未成年後見の事例ではあるが，未成年者のために選任された特別代理人（弁護士）の善管注意義務が問われた近時の高裁判例が注目される（広島高判平23・8・25判時2146号53頁）。

(4) 違反の効果

民法826条に違反した行為の効果について，条文上規定がなく，その解釈が問題となる。

この点につき，判例は変遷し，現在では無権代理行為と解されている（最判昭48・4・24裁判集民事109号183頁，最判昭49・7・22裁判集民事112号389頁など。中川・前掲153頁，青山・前掲46頁・47頁）。すなわち，未成年者が成年に達した後，当該行為を追認するまでは効力を生じない行為とされる。

(5) 手続の流れ・審査

(a) 申立て

(イ) 申立権者は，申立費用及び各種疎明資料を添付した申立書一式を管轄裁判所に提出する。

(ロ) 疎明資料　　とりわけ，相続・遺産分割に関して利益相反行為が生じる事案における疎明資料として想定されるのは，遺産分割協議書（案）である。このほか，遺留分減殺請求に関して利益相反状況が生じている場合は，

遺言書のほか，遺留分減殺請求に関する共同相続人間の合意書（案）又は契約書（案），遺産分割の協議がまとまらず遺産分割調停の申立てを考えている場合は遺産分割調停の申立書等を添付することが考えられる。

このほか，遺産に不動産が含まれる場合には，不動産登記簿謄本（登記事項証明書）及び当該不動産に関する評価証明書を添付し，不動産に関する権利関係及び評価価値を疎明する。また，遺産に預貯金や有価証券が含まれる場合は，当該預金に関する通帳のコピーや有価証券の評価価値が判明する資料を添付する。

また，身分関係の資料としては，相続が発生していることを裏付ける被相続人に関する資料（被相続人が死亡した記載のある戸籍謄本（全部事項証明書）など）のほか，未成年者の戸籍謄本（全部事項証明書），未成年者の住民票，申立段階で特別代理人候補者が決まっている場合は，当該候補者の住民票の添付を求めることが多い。加えて，裁判所によっては，特別代理人候補者に対する照会書の回答を求めることもある。

(b) 審　　査　審査に当たっては，遺産分割協議書（案）その他各種の資料に現れている遺産の評価価値を計算し，未成年者の利益が保護されているかどうかを審査する。具体的には，まず，未成年者の法定相続分が確保されている内容かどうかを確認する。

原則的には未成年者の法定相続分が確保されているべきであるが，事案によっては，原則的な処理を求めることが却って未成年者の利益を害する場合もあると考えられる。そのような場合には，申立人に対し，あえて法定相続分を確保しない内容で遺産分割をすることが，未成年者の利益の保護に資すると考える事情や理由等を記載した，遺産分割に関する上申書の作成及び提出を求める等して，裁判官が個別的な判断を行う。

かかる審査の結果を踏まえて，審判がなされる。

【西山　正一】

第6　特別代理人等　〔1〕親権者と未成年者あるいは同一親権に服する複数の未成年者が共同相続人の場合　　301

書式91　特別代理人選任申立書(1)──親権者と未成年者との間で利益が相反する場合

特別代理人選任申立書

受付印

（この欄に収入印紙800円を貼ってください。）
（貼った印紙に押印しないでください。）

収入印紙　800円
予納郵便切手　　円

準口頭　関連事件番号　平成　　年（家）第　　　　　号

　　○○家庭裁判所　御中
平成○○年○○月○○日

申立人の記名押印　　甲野花子　㊞

添付書類	(同じ書類は1通で足ります。審理のために必要な場合は、追加書類の提出をお願いすることがあります。) ☑未成年者の戸籍謄本（全部事項証明書）　☑親権者又は未成年後見人の戸籍謄本（全部事項証明書） ☑特別代理人候補者の住民票又は戸籍附票　☑利害相反に関する資料（遺産分割協議書案、契約書案等） □（利害関係人からの申立ての場合）利害関係を証する資料

申立人

住所	〒○○○-○○○○　○○県○○市○○町○丁目○番○号　電話 ×××(×××)××××　（　　方）
フリガナ 氏名	コウノ　ハナコ 甲野　花子	大正・昭和・平成○○年○○月○○日生（　　歳）　職業　無職
フリガナ 氏名		大正・昭和・平成　年　月　日生（　　歳）　職業
未成年者との関係	※　①父母　2　父　3　母　4　後見人　5　利害関係人

未成年者

本籍（国籍）	○○都道府県　○○市○○町○丁目○番地
住所	〒○○○-○○○○　○○県○○市○○町○丁目○番○号　電話 ×××(×××)××××　（　　方）
フリガナ 氏名	コウノ　コタロウ 甲野　子太郎	平成○年○月○日生（○○歳）
職業又は在校名	

（注）太枠の中だけ記入してください。　※の部分は、当てはまる番号を○で囲んでください。

申立ての趣旨

特別代理人の選任を求める。

申立ての理由

利益相反する者	利益相反行為の内容
※ ①　親権者と未成年者との間で利益相反する。 2　同一親権に服する他の子と未成年者との間で利益相反する。 3　後見人と未成年者との間で利益相反する。 4　その他（　　　　）	※ ①　被相続人亡　甲野太郎　の遺産を分割するため 2　被相続人亡　　　　　　　の相続を放棄するため 3　身分関係存否確定の調停・訴訟の申立てをするため 4　未成年者の所有する物件に　1　抵当権　2　根抵当権　を設定するため 5　その他（　　　　　　　　　　　　　　　　） （その詳細） 1　被相続人は平成○年○月○日、死亡しました。 2　被相続人の相続人は、申立人及び未成年者の2名です。 3　しかしながら、申立人は未成年者の親権者であり、被相続人の遺産分割について、未成年者と利益が相反する関係にあります。 4　そこで、本件申立てを行います。

特別代理人候補者

住所	〒○○○-○○○○　○○県○○市○○町○丁目○番○号　電話（　　）　（　　方）
フリガナ 氏名	コウノ　イチロウ 甲野　一郎	大正・昭和・平成○年○月○日生（　　歳）　職業　自営業
未成年者との関係	未成年者の父方祖父

（注）太枠の中だけ記入してください。　※の部分については、当てはまる番号を○で囲み、利益相反する者欄の4及び利益相反行為の内容欄の5を選んだ場合には、（　　）内に具体的に記入してください。

【備考】
 1．申立権者
　　申立権者は条文上，親権者となっているが，利害関係人にも申立権があるものと解されている（昭37・2・28法曹界決議。なお，学説の状況については，於保不二雄＝中川淳編『新版注釈民法(25)』〔改訂版〕148頁〔中川淳〕）。
 2．管　　轄
　　管轄は，子の住所地を管轄する家庭裁判所である（家手167条）。
 3．申立手続費用
　　収入印紙は，未成年者1名につき800円である（民訴費3条1項・別表第1の15項）。
　　予納郵便切手の内訳は，各庁によって取扱いが異なるので，事前に照会されたい。なお，ウェブサイトによると，東京家庭裁判所では，未成年者が15歳未満の場合，82円切手を6枚，10円切手を3枚求めている。

解　説

〔2〕　後見人と本人が共同相続人の場合――特別代理人

(1)　**根拠条文及び法制度趣旨**

(a)　**根拠条文**　民法860条は，親権者と未成年者との間の利益相反行為と特別代理人選任に関する民法826条を後見人にも準用している。なお，民法860条ただし書は，後見監督人が選任されている場合はこの限りでないと定めているところ，後見監督人との関係については後記（本章第6〔3〕）の記載を参照されたい。

(b)　**制度趣旨**　民法860条の趣旨は成年被後見人を保護するという点にあり，民法108条を排除する特別規定と考えられている（於保不二雄＝中川淳編『新版注釈民法(25)』〔改訂版〕429頁〔中川淳〕）。

(2)　**利益相反性について**

利益相反行為の判断基準としては，既に記載したように（本章第6〔1〕(2)参照），もっぱら行為の外形から利益相反性を判断すべきとする形式的判断説が判例の立場であるが，上記(1)(b)記載のように成年被後見人の利益を保護する本条固有の制度趣旨を考えれば，本条にいう利益相反行為とは，後見人（又は後見人が代表する者）に利益であり，成年被後見人にとって不利益である一切の行為をいうものと解するべきである（中川・前掲430頁）。

(3)　**特別代理人の資格・権限・責任・違反の効果**

特別代理人の資格及び権限，資格，そして違反した行為の効果等については，未成年者の利益相反行為について述べたところがあてはまるので，当該記載箇所（本章第6〔1〕(3)及び(4)）を参照されたい。

(4)　**審　査**

手続の流れや審査についても，概ね未成年者の利益相反行為について述べた部分の記載があてはまるが（本章第6〔1〕(5)参照），以下，後見制度特有の事情について，検討する。

(a)　**家庭裁判所等による監督との関係**　家庭裁判所は，いつでも，後見人に対して後見事務の報告等を求めることができ（民863条1項），申立又は職権によって後見事務等に必要な処分を命ずることができる（民863条2項）ところ，後見人は，後見事務報告の一環として，遺産分割協議が成立した場

合には，遺産分割が終了したこと等に関する報告を家庭裁判所に行うことになる。

特別代理人制度との関係では，後見人は，特別代理人選任申立てに当たって申立書に添付し，また，その内容で認容審判がなされた遺産分割協議書（案）を前提に，特別代理人を通じて遺産分割の手続を進める。

協議書案のとおり遺産分割協議が成立した後は，共同相続人の署名押印がなされた遺産分割協議書のコピーと，遺産分割協議書（案）どおりに成年被後見人の利益が確保された内容の遺産を取得したことが判明する裏付け資料（不動産があれば，相続登記の反映された不動産登記簿謄本（登記事項証明書）。預貯金があれば，成年被後見人への入金が確認できる履歴の印字された預金通帳のコピー等）を家庭裁判所に提出し，遺産分割が確かになされたことの報告を行う。

この点，認容審判において，認容の前提とされた遺産分割協議書（案）と，実際の遺産分割協議の内容に齟齬が生じた場合の取扱いが問題となる。

原則論からいえば，認容審判の前提となった遺産分割の内容と齟齬が生じている以上，新しい遺産分割の内容を基に特別代理人選任の申立てを改めて行う必要がある。一方で，非常に軽微で形式的な齟齬の場合にまで再度の申立てを行う必要があるかどうかは検討の余地があるところであり，監督裁判所の監督方針にも関わるところであるので，認容審判後に遺産分割協議の内容が変更となった後見人は，速やかに監督裁判所（後見監督人が選任されている場合は，当該監督人に対して）に照会を行う等して，再度の申立ての要否につき方針を協議することが相当であるものと考えられる。

(b) 遺産分割に当たっての留意点

(イ) 後見人が遺産分割協議の要否を検討するに当たっては，成年被後見人の状況に鑑みた個別の判断が求められる。具体的には，成年被後見人の財産状況（不動産の所有状況，流動資産額等）や年間収支の見込み（黒字見込みか赤字見込みか等），生活環境や年齢等，さまざまな事情を考慮することになると思われる（片岡武ほか『家庭裁判所における成年後見・財産管理の実務』〔第2版〕72頁。同頁の設例「3－1」も併せて参照されたい）。

(ロ) また，実際に遺産分割協議を進めるに当たっては，未成年者と親権者との利益相反行為に係る記載において述べたように（本章第6〔1〕(5)(b)），成年被後見人の法定相続分を確保することが成年被後見人の利益保護を実現するためにも大原則の要請であることを念頭に，協議を進めるべきである。

とはいえ，上記(イ)でも触れたように，成年被後見人の財産状況や生活環境，今後の収支の見込み等は千差万別であるから，形式的に法定相続分を確保するだけではなく，成年被後見人の将来的な生活も踏まえて遺産の範囲を協議する必要がある（生活の本拠である住居を確保するために不動産中心とするか，預貯金等の流動資産を中心とするか等）（片岡・前掲74頁。同頁の設例「3－2」も併せて参照されたい）。

　ところで，成年被後見人の状況によっては，法定相続分を確保することが難しい事案，あるいは法定相続分を確保することが却って成年被後見人の利益を損なう事案も想定され得るところ，このような事案の場合は，遺産分割協議書案及び遺産を疎明する添付資料といった原則的な必要書類に加えて，成年被後見人の形式的な法定相続分が確保できない例外的事情を説明する後見人作成の上申書又は報告書，そして，かかる例外的事情を疎明する資料等も添えて監督裁判所に提出し，法定相続分を確保できない遺産分割協議書案で遺産分割協議を進めることが成年被後見人の利益保護の観点からみて相当かどうか，個別的判断を求めることになるものと思われる。

　(c)　民法上の規定の類推可能性　　利益相反時に成年被後見人を代理する特別代理人に対して，民法上の後見に関する規定を用いることができるか否か。成年後見監督人に対する民法852条のような準用条文がないことから問題となる。

　これについては，その性質上，適用可能性がない場合を除いて，基本的には成年後見人に関する規定が類推適用されるとの解釈が前提とされている（小林昭彦ほか『新成年後見制度の解説』〔第2版〕196頁）。

　また，上記した民法852条の規定も，成年後見監督人のみならず，その性質上，類推適用可能性がないものを除いて，基本的には特別代理人にも類推適用されるものと解される（小林ほか・前掲197頁）。

　したがって，善管注意義務に関する規定や，成年後見人に対する報酬付与の規定等，成年後見人に対する各種の規定も，特別代理人に類推適用されると解されている。

【西山　正一】

書式 92 特別代理人選任申立書(2)——後見人と被後見人との間で利益が相反する場合

特 別 代 理 人 選 任 申 立 書

(この欄に収入印紙800円を貼ってください。)
(貼った印紙に押印しないでください。)

受付印	
収入印紙　　　800円	
予納郵便切手　　　円	

準口頭　　関連事件番号　平成○○年（家　　）第　○○○○　号

○○　家庭裁判所　御中
平成○○年○○月○○日

申立人の記名押印　　乙野太郎　㊞

| 添付書類 | (同じ書類は1通で足ります。審理のために必要な場合は，追加書類の提出をお願いすることがあります。)
☑未成年者の戸籍謄本（全部事項証明書）　　☑親権者又は未成年後見人の戸籍謄本（全部事項証明書）
☑特別代理人候補者の住民票又は戸籍附票　　☑利益相反に関する資料（遺産分割協議書案，契約書案等）
□（利害関係人からの申立ての場合）利害関係を証する資料
□ |

申立人

住　所	〒○○○-○○○○　　　　　　　　　　電話　×××（×××）×××× ○○県○○市○○町○丁目○番○号　　　　　　（　　　　　方）
フリガナ 氏　名	オツノ　タロウ 乙野　太郎	大正 昭和○○年○○月○○日生 平成　　　（　　○○　歳）	職業	会社員
フリガナ 氏　名		大正 昭和　年　月　日生 平成　　　（　　　歳）	職業	
未成年者との関係	※　1　父母　　2　父　　3　母　　4　後見人　　5　利害関係人

未成年者 / 被後見人

本　籍 (国　籍)	○○　都道 府㋴	○○市○○町○丁目○番地
住　所	〒○○○-○○○○　　　　　　　　　　電話　×××（×××）×××× ○○県○○市○○町○丁目○番○号　　　　　　（　　　　　方）
フリガナ 氏　名	オツノ　ハナコ 乙野　花子	~~昭和~~ ○○年○○月○○日生 （　○○　歳）
職業又は在校名	

(注)　太枠の中だけ記入してください。　※の部分は，当てはまる番号を○で囲んでください。

申 立 て の 趣 旨

特　別　代　理　人　の　選　任　を　求　め　る　。

申 立 て の 理 由

利益相反する者	利　益　相　反　行　為　の　内　容
※ 1　親権者と未成年者との間で利益相反する。 2　同一親権に服する他の子と未成年者との間で利益相反する。 3　後見人と未成年者との間で利益相反する。 ④　その他（後見人と被後見人との間で利益相反する。）	※ ① 被相続人亡　　乙野一郎　　　の遺産を分割するため 2　被相続人亡　　　　　　　　　の相続を放棄するため 3　身分関係存否確定の調停・訴訟の申立てをするため 4　未成年者の所有する物件に　1 抵当権 　　　　　　　　　　　　　　　2 根抵当権　を設定するため 5　その他（　　　　　　　　　　　　　　　　　　　　） (その詳細) 1　被相続人は平成○年○月○日，死亡しました。 2　被相続人の遺産分割に係る相続人は，配偶者である被後見人，長男である申立人，そして，被相続人の長女の3名です。 3　しかしながら，被相続人の長男である申立人は被後見人の成年後見人であり，被相続人の遺産分割について，被後見人と利益が相反する関係にあります。 4　そこで，本件申立てを行います。

特別代理人候補者

住　所	〒○○○-○○○○　　　　　　　　　　電話　　　（　　　） ○○県○○市○○町○丁目○番○号　　　　　　（　　　　　方）
フリガナ 氏　名	オツノ　ジロウ 乙野　二郎	大正 昭和○○年○○月○○日生 平成　　　（　○○　歳）	職業	会社役員
~~未成年者~~ 被後見人 との関係	被相続人の弟

(注)　太枠の中だけ記入してください。　※の部分については，当てはまる番号を○で囲み，利益相反する者欄の4及び利益相反行為の内容欄の5を選んだ場合には，（　　）内に具体的に記入してください。

【備考】

1. 申立権者

　申立権は後見人に属する。もっとも，利害関係人にも申立権があるものと解されている（昭37・2・28法曹界決議。片岡武ほか『家庭裁判所における成年後見・財産管理の実務』〔第2版〕86頁）。

2. 管　　轄

　管轄は，後見開始の審判をした家庭裁判所の管轄に属する（家手117条2項）。

3. 申立手続費用

　収入印紙は，成年被後見人1名につき800円である（民訴費3条1項・別表第1の15項）。

　予納郵便切手の内訳は，各庁によって取扱いが異なるので，事前に照会されたい。なお，横浜家庭裁判所本庁後見係では，82円切手を5枚，10円切手を5枚求めている。

解　説

〔3〕 後見人と本人が共同相続人の場合──後見監督人

(1) 利益相反と後見監督人

　被後見人と後見人との間で利益相反がある場合，既に後見監督人が選任されていれば，その後見監督人が，利益相反行為について被後見人を代表する（民851条4号）。後見監督人は，家庭裁判所が職権で選任するほか，被後見人，その親族又は後見人の請求により，家庭裁判所が選任する（民849条）。

　特別代理人は，ある特定の事項についてのみ代理権を有し，遺産分割についての代理権を付与された場合は，その遺産分割手続が終了すれば，特別代理人としての職務は終了する。これに対し，後見監督人の職務としては，前述した被後見人との「利益が相反する行為について被後見人を代表すること」（民851条4号）のほか，「後見人の事務を監督すること」（同条1号），「後見人が欠けた場合に，遅滞なくその選任を家庭裁判所に請求すること」（同条2号），「急迫の事情がある場合に，必要な処分をすること」（同条3号）の4つが定められており，その任務は継続的である。

(2) 後見監督人制度の理念

　後見人に対し，家庭裁判所の監督に加えてさらに後見監督人の制度を設けたのは，「家庭裁判所による監督能力には限界があ」り，「後見人による権限濫用や任務懈怠を防止するため，実効性のある後見監督制度の実現」を期待してのことであった（髙村浩「成年後見監督人の改正」同『Q＆A成年後見制度の解説』248頁）。これにより，後見事務に遺漏のないようにする趣旨である。

　利益相反行為についても，このような理念から，後見監督人が関与すれば，より充実した本人保護に資すると考えられてきたようである。「後見監督人のない場合においても，もし利益相反行為を行う必要が生じたときには，後見人としては後見監督人の選任を請求することもできると解され」ている（於保不二雄＝中川淳編『新版注釈民法(25)』〔改訂版〕363頁）。制度として想定されている申立てなので，その申立書を【書式93】として掲げておく。

　しかし，後見監督人をめぐる家庭裁判所の現在の実情は次に述べるとおりである。

(3) 後見監督人選任の現状

後見監督人の職務のうち最も重要なものは，民法851条1号に掲げる「後見人の事務の監督」である。現状の家庭裁判所の後見実務では，後見監督人を選任するのは，財産管理と不正防止の観点から，家庭裁判所としては専門職後見人を選任するほうが望ましいと考えるが，親族後見人を選任せざるを得ない何らかの事情がある場合と，被後見人の財産が多額で後見制度支援信託の利用相当事案であるが，親族後見人が信託制度の利用を希望しない場合の2つにほぼ大別できると思われる。

　後見監督人には，弁護士や司法書士などの専門職を選任するのが通常であり，後見監督人に対して報酬を支払う必要がある。申立時に，この人の選任を希望すると自推があっても，第三者性確保の見地から，家庭裁判所は，専門職団体に推薦を依頼する。

(4) **特別代理人選任申立てと後見監督人申立ての選択**

　利益相反行為について被後見人を代表する目的で新たに後見監督人が選任された事例は承知していないが，現在の家庭裁判所の後見監督人をめぐる実務では，いったん後見監督人が選任されたら，おそらく，特に多額の遺産を相続した場合など，遺産分割手続が終わったからというだけでは辞任は認められず，さらに相応の事情が必要なのではないかと思われる。後見監督人の職務は，被後見人の死亡など，後見自体が終了するまで続くことになる。弁護士・司法書士等の専門職を特別代理人に選任した場合でも特別代理人報酬は発生するが，その支払は一回的であるのに対し，後見監督人の報酬は，後見監督が続いている間は発生する。

　そのため，利益相反行為への対処以外に何か後見人の事務を常時監督する必要がある事案であればともかく，遺産分割手続のみへの対処であれば，特別代理人の選任で十分にまかなえる。利益相反行為について後見人等から家庭裁判所に相談があった場合には，家庭裁判所では，まず，特別代理人の選任申立てを案内している。もっとも，特別代理人を選任して遺産分割を行った結果，被後見人の財産が増加したような場合には，後見監督人を選任したり，後見制度支援信託を利用する場合もある。

【野地　一雄】

書式93 後見監督人選任審判申立書

後見監督人選任申立書

受付印	（この欄に収入印紙をはる。）

収入印紙　800円
予納郵便切手　　　円

（はった印紙に押印しないでください。）

準口頭	基本事件番号　平成○○年（家）第○○○○号

○○家庭裁判所　御中
平成○○年○○月○○日

申立人の署名押印又は記名押印　○○○○㊞

添付書類	□申立人の住民票又は戸籍の附票　☑被相続人の除籍謄本（全部事項証明書） □本人の戸籍謄本（全部事項証明書）　□本人の住民票又は戸籍附票 ※既に提出してあり，記載内容に変更がない場合は，上記書類の添付は不要です。 □　　　　　　　　　　　　　　□

申立人

住所	〒○○○-○○○○　電話・携帯×××（×××）×××× ○○県○○市○○町1丁目2番3号　（　　　　方）
フリガナ 氏名	コウノ　イチロウ 甲野　一郎　（大正・昭和・平成）○○年○○月○○日生（○○歳）
職業	会社員

被後見人

本籍	○○都道府県　○○市○○町1丁目2番地
住所	〒○○○-○○○○　電話×××（×××）×××× ○○県××市××町2丁目3番4号　特別養護老人ホーム○○の郷　（　　　方）
フリガナ 氏名	コウノ　ハナコ 甲野　花子　（明治・大正・昭和・平成）○○年○○月○○日生

（注）太枠の中だけ記入してください。

申立ての趣旨

後見監督人の選任を求めます。

申立ての実情

利益相反する者	利益相反する行為の内容
①　後見人と被後見人との間で利益が相反する。 2　その他 [　　　　　　　]	①　被相続人　亡甲野太郎　の遺産を分割するため 2　被相続人　亡　　　　の相続を放棄するため 3　被後見人の所有する物件に｛1　抵当権／2　根抵当権｝を設定するため 4　その他

（利益相反する行為の内容の詳細）
先日亡くなった亡甲野太郎の相続について，申立人（後見人）は，遺産分割に関し，被後見人と利益相反の関係にあります。そのため，遺産分割手続において被後見人を代表するため，後見監督人を選任してください。

（注）太枠の中だけ記載してください。当てはまる番号を○で囲み，具体的な事情を記入してください。

【備考】
 1．管　　轄
    後見開始の審判をした家庭裁判所（家手117条2項本文）。
 2．申立手数料
    800円（家手別表第1，民訴費3条1項・別表第1の15項）。
 3．予納郵便切手
    3500円程度。
 4．添付書類
    被相続人の除籍謄本（全部事項証明書），申立人の住民票，被後見人の戸籍謄本（全部事項証明書），被後見人及び後見人の住民票（後見開始時と記載事項に変更がなかったり，既に提出済みの場合には不要）。必要に応じ，遺産関係の資料。
 5．申立ての実情欄は，利益相反を理由に後見監督人選任の申立てをする場合の記載例である。

解 説

〔4〕 家事事件手続法19条による特別代理人の場合

(1) 根拠条文及び法制度趣旨

(a) 根拠条文　家事事件手続法19条1項は，未成年者又は成年被後見人を対象に，これらの者に法定代理人がない場合や，法定代理人が代理権を行うことができない場合で，家事事件の手続が遅滞することにより損害が生じるおそれがあるときは，利害関係人の申立て又は職権によって，裁判長が特別代理人を選任することができる旨を規定している。

(b) 制度趣旨　未成年者又は成年被後見人に法定代理人がない等の事由があり，法定代理人の選任を待っていては未成年者又は成年被後見人に損害が生じるような場合にまで，やはり当該法定代理人の選任を要するとすると，未成年者や成年被後見人の利益を損なうことになりかねず，また，仮に審判等の判断に至ったとしても，これを告知することができず，家事事件の判断を告知すべき当事者等に損害が生じるおそれがある。

そこで，このような場合には，民事訴訟法上の特別代理人の制度を参考にして，家事事件手続法上でも，特別代理人を選任することを認めたものである。かかる特別代理人の規定は，家事事件手続法の制定に当たって設けられたものである（金子修『逐条解説・家事事件手続法』61～63頁）。

上記のような制度趣旨等に鑑み，特別代理人の申立人は広く解されており，加えて，申立てによらない職権に基づく選任も認められているし（家手19条1項），選任の裁判に当たっても，証明までは要せず疎明で足りるものと規定されている（家手19条2項）。

(2) 民法上の特別代理人との比較

未成年者と親権者との間で利益が相反する場合に選任する特別代理人，及び成年後見人と成年被後見人との間で利益が相反する場合に選任する特別代理人の申立て等については，その根拠が民法という実体法にあるのに対して（本章第6〔1〕及び〔2〕の記載も併せて参照されたい），本件申立ては，家事事件の手続遅滞を避けるために家事事件手続法に基づいて選任される特別代理人である。

「特別代理人」という文言は同じであっても，根拠条文や用いる場面は異

なる制度であることに注意されたい。

【西山　正一】

書式94　特別代理人選任申立書(3)――家事事件手続の遅滞を避ける場合

受付印	

収入印紙　500　円
予納郵便切手　　　　円
予納収入印紙　　　　円

準口頭　　関連事件番号　平成　　年（家　）第　　　　　　　　　　　　号

〇〇　家庭裁判所
　　　　　御中
平成〇〇年〇〇月〇〇日

申　立　人
（又は法定代理人など）
の記名押印

特別代理人選任申立書
~~家事審判申立書~~　事件名（　　　　　　　　　　）

（この欄に申立手数料として1件について800円分の収入印紙を貼ってください。）
　　　　　　　　（貼った印紙に押印しないでください。）
（注意）登記手数料としての収入印紙を納付する場合は、登記手数料としての収入印紙は貼らずにそのまま提出してください。

甲　山　太　郎　　㊞

添付書類　（審理のために必要な場合は、追加書類の提出をお願いすることがあります。）
申立人・相手方の戸籍謄本（全部事項証明書）・住民票　各1通　相手方の診断書写し　1通

申立人

本　籍（国　籍）	（戸籍の添付が必要とされていない申立ての場合は、記入する必要はありません。） 〇〇　都　道 　　　府　県
住　所	〒〇〇〇－〇〇〇〇　　　　　　　　　電話　×××（×××）×××× 〇〇県〇〇市〇〇町〇丁目〇番〇号　　　　（　　　　　　　　　方）
連絡先	〒　　－　　　　　　　　　　　　　　電話　（　　　） 　　　　　　　　　　　　　　　　　　　　（　　　　　　　　　方）
フリガナ 氏　名	コウ　ヤマ　タ　ロウ 甲　山　太　郎	昭和 平成　〇〇年〇〇月〇〇日生 　　　　　　（〇〇歳）
職　業	会　社　員	

※相手方

本　籍（国　籍）	（戸籍の添付が必要とされていない申立ての場合は、記入する必要はありません。） 〇〇　都　道 　　　府　県　〇〇市〇〇町〇丁目〇番地
最後の住　所	〒〇〇〇－〇〇〇〇　　　　　　　　　電話　×××（×××）×××× 〇〇県〇〇市〇〇町〇丁目〇番〇号　　　　（　　　　　　　　　方）
連絡先	〒　　－　　　　　　　　　　　　　　電話　（　　　） 　　　　　　　　　　　　　　　　　　　　（　　　　　　　　　方）
フリガナ 氏　名	オツ　カワ　ハナ　コ 乙　川　花　子	昭和 平成　〇〇年〇〇月〇〇日生 　　　　　　（〇〇歳）
職　業		

（注）太枠の中だけ記入してください。
※の部分は、申立人、法定代理人、成年被後見人となるべき者、不在者、共同相続人、被相続人等の区別を記入してください。

申　立　て　の　趣　旨

特別代理人の選任を求めます。

申　立　て　の　理　由

1　申立人は相手方に対し、申立人の父を被相続人とする遺産分割調停を申し立て、平成〇年（家イ）第〇号として御庁に係属しています。
2　1の調停事件は調停条項案もまとまり、次回期日で調停が成立する見込みでした。
3　相手方も2の調停条項案に納得しておりましたが、次回期日である〇月〇日の1週間前に交通事故に遭い、脳に重い障害を負って判断能力を欠いております。このため、1の調停事件も進行できない状況です。
4　そこで、1の調停事件の手続遅滞を避けるために本申立てを行います。
5　なお、特別代理人候補者としては、申立人の知人である丙田次郎を選任されたく希望します。
〔特別代理人候補者〕
　・住　所：〒〇〇〇－〇〇〇〇　　××県××市××町×丁目×番地×号
　　　　　　（電話）×××（×××）××××
　・氏　名：丙　田　次　郎　昭和△年△月△日生
　・職　業：会社役員

【備考】
 1．申立権者
    申立権者は，利害関係人である（家手19条1項）。
 2．管　　轄
    管轄は，本件申立ての前提となる本案が継続している家庭裁判所となる。
 3．申立手続費用
    申立手数料としての収入印紙は，500円である（民訴費3条1項・別表第1の17項イ(ハ)）。予納郵便切手額は各庁によって異なるので，事前に照会されたい。

第7　相続人に不在者がいる場合の法定代理人

解　説

(1)　不在者財産管理人の選任申立てについて

不在者とは，従来の住所又は居所を去り，容易に帰来する見込みがない者をいう。必ずしも生死不明であることを要しない。

不在者の財産管理人は，①不在者が予め委任した場合と，②不在者が委任しなかったため，申立てにより家庭裁判所が管理人を選任する場合があり，①の場合は，不在者が管理人を監督できなくなった場合にのみ家庭裁判所が介入する。

なお，不在者に成年後見人がある場合は成年後見人が，未成年後見人がある場合は未成年後見人が法定代理人として財産管理を行うため，不在者財産管理人の選任は必要ない。

(2)　不在者財産管理人の権限外行為許可申立て

不在者財産管理人は権限の定めのない代理人であり，その権限は保存・改良行為等に限られる（民103条）。これを超える行為は，不在者の利益を守るため，家庭裁判所の許可を得て行わなければならない（民28条，家手145条）。

遺産分割も権限外行為許可を得て行わなければならず，その内容の相当性が家庭裁判所において審査される。特に法定相続分が確保されているかが1つの基準となるが，不在者の帰来可能性が少ない場合，共同相続人の支払能力も考慮して，不在者が帰来したときに不在者に対する代償金の支払を約する債務負担方式の「帰来時弁済型」の遺産分割協議を検討することも考えられる。これにより，管理財産消滅として財産管理人選任を取り消し（家手147条），事件をいわゆる「管理終了」に向かわせることができる。

債務負担方式でなく実際の財産を相続した場合は，財産がなくなるか，失踪宣告等まで不在者の財産を管理しなければならず，管理人は1年に一度程度は家庭裁判所に報告を挙げ続けることとなる。

【石倉　　航】

書式 95　不在者財産管理人選任審判申立書

受付印	家事審判申立書　事件名（不在者財産管理人選任）
収入印紙　　800 円 予納郵便切手　　　円 予納収入印紙　　　円	（この欄に申立手数料として1件について800円分の収入印紙を貼ってください。）　　　　（貼った印紙に押印しないでください。） （注意）登記手数料としての収入印紙を納付する場合は、登記手数料としての収入印紙は貼らずにそのまま提出してください。

準口頭　　　関連事件番号　平成　　年（家　　）第　　　　　　　号

○○　家庭裁判所　御中 平成○○年○月○日	申　立　人 （又は法定代理人など） の記名押印	甲　野　一　郎　　㊞

添付書類	（審理のために必要な場合は，追加書類の提出をお願いすることがあります。） 申立人の戸籍謄本（全部事項証明書），不在者の戸籍謄本（全部事項証明書）・戸籍の附票謄本，財産管理人候補者の住民票，不在の事実の疎明資料，財産目録・資料，相続関係図戸籍一式

申立人	本　籍 （国　籍）	（戸籍の添付が必要とされていない申立ての場合は，記入する必要はありません。） ○○　都道府県　○○市○○町○丁目○番地		
	住　所	〒○○○－○○○○ ○○県○○市○○町○丁目○番○号	電話　×××（×××）×××× （　　　　　　　　　方）	
	連絡先	〒　　－	電話　　（　　） （　　　　　　　　　方）	
	フリガナ 氏　名	コウ　ノ　イチ　ロウ 甲　野　一　郎	大正 昭和　○○年○月○日 生 平成　（　○○　歳）	
	職　業	会社員		

※不在者	本　籍 （国　籍）	（戸籍の添付が必要とされていない申立ての場合は，記入する必要はありません。） ○○　都道府県　○○市○○町○丁目○番地	
	最後の住所	〒○○○－○○○○ ○○県○○市○○町○丁目○番○号	電話　　（　　） （　　　　　　　　　方）
	連絡先	〒　　－	電話　　（　　） （　　　　　　　　　方）
	フリガナ 氏　名	コウ　ノ　ジ　ロウ 甲　野　二　郎	大正 昭和　○○年○○月○○日 生 平成　（　○○　歳）
	職　業	無職	

（注）太枠の中だけ記入してください。
※の部分は，申立人，法定代理人，成年被後見人となるべき者，不在者，共同相続人，被相続人等の区別を記入してください。

申　立　て　の　趣　旨

不在者の財産管理人を選任するとの審判を求めます。

申　立　て　の　理　由

1　申立人は不在者の実兄です。
2　不在者は平成○○年○月頃から行方不明となりました。借金を苦に失踪したものと考えられます。
3　申立人らの父，甲野一平は平成○○年○月○日に死亡し，遺産分割の必要が生じましたが，不在者と連絡がとれないため協議ができません。
4　よって，申立ての趣旨記載の審判を経て，遺産分割をまとめたいと考えています。なお，財産管理人としては，以前から相談をし，本件の事情に詳しい次の者を選任していただきたいです。
　　財産管理人候補者
　　　住所　○○市○○町○○番○○号
　　　　　　司法書士　○　○　○　○

財　産　目　録（土地）

番号	所　　　在	地　番	地　目	面　積	備　考
1	○○市○○町○丁目	○番○	宅地	平方メートル 100　00	法定相続分 6分の1

財　産　目　録（建物）

番号	所　　　在	家屋番号	種類	構造	床面積	備　考
1	○○市○○町○丁目	○番○	居宅	木造瓦葺平家建	平方メートル 90　00	法定相続分 6分の1

財　産　目　録（現金，預・貯金，株券等）

番号	品　　　目	単　位	数　量（金額）	備　考
1	○○銀行○○支店 普通預金		1,000,000円	法定相続分6分の1

相続関係図

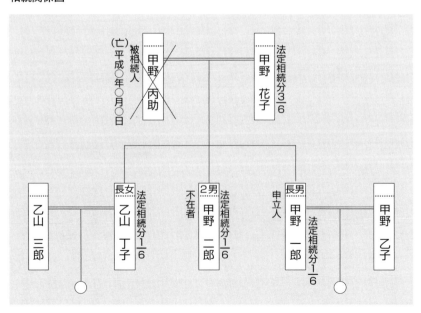

【備考】
 1．申立権者
　　利害関係人又は検察官（民25条1項）。利害関係人は不在者財産の保存管理について法律上の利害関係を有する者である（不在者とともに共同相続人となっている者，債権者，債務者，境界確定を求める隣接地の所有者，不在者所有地を買収しようとする国，都道府県等）。
 2．管轄裁判所
　　不在者の従来の住所地又は居所地を管轄する家庭裁判所（家手145条）。
 3．申立手続費用
　　収入印紙800円（民訴費3条1項・別表第1の15項），予納郵便切手約1000円。また，管理人の報酬等が不在者財産から支出できない見込みの場合，別途予納金を納める必要がある。
 4．添付書類
　　①申立人の戸籍謄本（全部事項証明書），住民票又は戸籍附票（法人の場合は資格証明書）。②不在者の戸籍謄本（全部事項証明書），戸籍附票（最後の住所地が職権消除となっている場合には不在を証する資料とされる），不在者の財産目録その疎明資料（登記全部事項証明書，預金通帳等）。③財産管理人候補者の戸籍謄本（全部事項証明書），住民票。④遺産分割を目的とする場合，相続関係図，相続関係を証する戸籍謄本（全部事項証明書）。⑤その他，法律上の利害関係を疎明する資料等。

書式96 不在者財産管理人の権限外行為許可審判申立書

受付印	家事審判申立書　事件名（不在者の財産管理人に対する権限外行為許可）
収入印紙　　800円 予納郵便切手　　　円 予納収入印紙　　　円	（この欄に申立手数料として1件について800円分の収入印紙を貼ってください。） （貼った印紙に押印しないでください。） （注意）登記手数料としての収入印紙を納付する場合は、登記手数料としての収入印紙は貼らずにそのまま提出してください。

準口頭　　関連事件番号　平成○○年（家　）第○○○○号

| ○○家庭裁判所　御中
平成○○年○月○日 | 申立人
（又は法定代理人など）
の記名押印 | 丙川一郎　㊞ |

添付書類　（審理のために必要な場合は、追加書類の提出をお願いすることがあります。）
遺産分割協議書案，不動産の価額を示す資料

申立人

本籍（国籍）	（戸籍の添付が必要とされていない申立ての場合は、記入する必要はありません。） ○○　都道府県　○○市○○町○丁目○番地
住所	〒○○○-○○○○　○○県○○市○○町○丁目○番○号　電話　×××（×××）××××（　　方）
連絡先	〒　　-　　　　　　　電話　（　　）（　　方）
フリガナ 氏名	ヘイ　カワ　イチ　ロウ 丙川一郎	大正・昭和・平成　○○年○月○日生（○○歳）
職業	自営業

※不在者

本籍（国籍）	（戸籍の添付が必要とされていない申立ての場合は、記入する必要はありません。） ○○　都道府県　○○市○○町○丁目○番地
従前の住所	〒○○○-○○○○　○○県○○市○○町○丁目○番○号　電話　（　　）（　　方）
連絡先	〒　　-　　　　　　　電話　（　　）（　　方）
フリガナ 氏名	コウ　ノ　ジ　ロウ 甲野二郎	大正・昭和・平成　○○年○月○日生（○○歳）
職業	無職

（注）太枠の中だけ記入してください。
※の部分は，申立人，法定代理人，成年被後見人となるべき者，不在者，共同相続人，被相続人等の区別を記入してください。

申立ての趣旨

不在者財産管理人である申立人が，被相続人亡甲野一平の遺産につき，別紙遺産分割協議書（案）のとおり，共同相続人と遺産分割協議をすることを許可する旨の審判を求める。

申立ての理由

1　申立人は，平成○○年○月○日○○家庭裁判所より不在者財産管理人として選任を受け，現在その職務を執行中である。
2　申立人は，不在者の消息について調査するとともに，本件選任の目的である遺産分割について共同相続人と協議を進めてきた。その状況については提出の管理状況報告のとおりである。
3　今般遺産分割につき共同相続人間で協議が成し，不在者の取得分も相続分に近いものであるので，相当と考えられることから本申立てに及んだ次第である。

【備考】
1. 申立権者
   財産管理人。
2. 管轄裁判所
   財産管理人を選任した家庭裁判所。
3. 申立手続費用
   収入印紙800円（民訴費3条1項・別表第1の15項），予納郵便切手約92円程度。
4. 添付書類
   権限外行為の必要性，処分行為の内容を証する資料。遺産分割の場合は遺産分割協議書案，遺産の価格がわかる資料，関係人の戸籍謄本（全部事項証明書）。

第11章

遺産分割の対象財産

第1　遺産分割の対象財産

解　説

　民法の原則は，被相続人が相続開始時に有していた権利義務を，一身専属的なものを除いてすべて相続人に承継させるというものである（民896条）。すなわち，被相続人の死亡時の財産は，所有権などの物権だけでなく，債権，債務，無体財産権その他財産上の法的地位といえるものは，一身専属的なものでなければすべて相続の対象となる。しかし，相続の対象となる財産がすべて遺産分割の対象となるわけではない。

　遺産分割は，いうまでもなく，相続人が複数いる場合に，相続人らの共有となっている相続財産を，共同相続人間で分けることである（民898条参照）。通常は，共同相続人間で協議して遺産の分割方法を決める。協議が調わないとき，又は協議ができないときには，その分割を家庭裁判所に請求することができる（民907条1項・2項）。

　家庭裁判所に遺産分割を求める方法として，調停申立てと審判申立てがある。遺産分割は一般に紛争性があり，当事者間の話し合いによって解決することが望ましいことから，通常は，まず遺産分割調停の申立てがなされる。調停においては，被相続人の積極財産の分配ばかりでなく，債務の負担，葬儀費用，相続開始後の賃料，管理費用の精算など，相続を機に問題となるさまざまなテーマが話し合われる。しかしながら，調停が不成立になれば当然に審判に移行することから（家手272条4項），遺産分割の対象財産，すなわち，何が遺産分割審判の対象となるかを整理しておく必要がある。

　遺産分割の対象となるのは，相続開始時に存在し，遺産分割時にも存在する被相続人の積極財産である物又は権利である。債務は分割の対象とならな

い。可分債権は相続開始により当然に分割されて法定相続分に応じて共同相続人に帰属するので、金銭債権は遺産分割の対象とならない（最判昭29・4・8民集8巻4号819頁）が、当事者全員の合意によって遺産分割の対象とすることができる。他方、性質上も手続上も遺産分割の対象にできないものもある。以下、遺産分割の対象とすることに問題がない財産（A）、当事者全員の合意があれば遺産分割の対象にできる財産（B）、遺産分割の対象とはなり得ない財産（C）に振り分ける。

(1) 不動産の所有権——（A）

土地・建物その他の定着物である不動産は、いずれも遺産分割の対象となる

(2) 不動産の賃借権——（A）

不動産の賃借権は借主の死亡によっても消滅せず、可分債権でもなく、財産的価値があることから、原則として遺産分割の対象となる。

(3) 公営住宅を使用する権利——（C）

公営住宅を使用する権利については、遺産分割の対象とならない（最判平2・10・18民集44巻7号1021頁）。

(4) 不動産の使用借権——（C）［土地は（B）］

使用貸借は借主の死亡で終了する（民599条）が、建物所有目的の土地の使用借権については、建物の使用が終わらない間に借主が死亡しても土地の使用貸借が当然に終了するものではないという裁判例がある（東京地判昭56・3・12判時1016号76頁等）。よって、不動産の使用借権は原則として遺産分割の対象とならないが、土地の使用借権については例外があり得る。

(5) 不動産の占有権——（B）

占有権は事実的支配に基づく権利であり、相続の対象となるかどうかも議論があるが、被相続人が、相続開始時、占有の訴えの原告であったとか、所有権に基づく妨害排除請求の被告になっていたというケースにおいて、相続人間で訴訟を受継する当事者を特定するため便宜的に当該不動産の占有権について遺産分割を行うことは可能である。

(6) 現　　金——（A）

現金が遺産分割の対象となることに問題はない。

相続開始時に存在していた現金を保管するため、相続人の1人が銀行預金に預け入れたとしても、金銭債権に転じることはない。遺産分割に際しては、

当該相続人が保管する現金として扱う。

(7) 預貯金――（B）

　預貯金は，被相続人が生前金融機関に対して有していた金銭債権（預金払戻請求権）であるから，相続開始とともに当然分割され，各相続人に法定相続分に応じて帰属するので，性質上，遺産分割の対象とならない。しかしながら，預貯金が遺産分割の対象とならないのは共同相続人らの期待にそぐわないことから，家庭裁判所では，相続人全員の合意があれば，遺産分割の対象となるという扱いが確立している。当事者全員の合意により可分債権が不可分債権に転化する，あるいは，いったん自己に確定的に帰属した権利を全相続人が持ち寄っての交換と説明されることもあるが，いずれにしても，預貯金を遺産分割の対象とする実務の知恵である。

　遺産分割調停申立ての遺産目録に記載されている預貯金については，特に合意を確認することなく，推定的合意があるものとして手続を進めることが通例である。他方，遺産分割審判手続においては，預金債権を分割の対象に含めるには，改めて当事者全員による明示の合意が求められる（片岡武＝菅野眞一編著『家庭裁判所における遺産分割・遺留分の実務』〔新版〕139頁）。

(8) 旧郵便局の定額郵便貯金――（A）

　平成19年10月1日の民営化より前に預け入れられた旧郵便局の定額郵便貯金は，「一定の据置期間を定め，分割払戻しをしない条件で一定の金額を一時に預入れする」貯金であるが，事務の定型化，簡素化を図る趣旨から法令によって分割払戻しが制限されている不可分債権であり，遺産分割の対象となる（最判平22・10・8家月63巻4号122頁）。

(9) 国　債――（A）

　個人向け国債は，法令上，一定額をもって権利の単位が定められ，1単位未満での権利行使が予定されていない不可分性があり，遺産分割の対象となる（最判平26・2・25民集68巻2号73頁）。

(10) 株　式――（A）

　株式は，株式会社における社員権であり，自益権と共益権を含む社員の会社に対する法的地位であるから，不可分であり，遺産分割の対象となる（最判昭45・7・15民集24巻7号804頁参照）。

(11) 投資信託受益権――（A）

　投資信託受益権の相続開始時の扱いについて，可分債権とするか，準共有

として遺産分割の対象とするか，下級審の裁判例は分かれていたが，最高裁判所は，委託者指図型投資信託の受益権について，準共有説すなわち遺産分割の対象となるという立場を明確にした（最判平26・2・25民集68巻2号73頁）。相続開始後に元本償還金又は収益分配金が発生し，預り金として上記受益権の販売会社における被相続人名義の口座に入金された場合にも同様に遺産分割の対象となるとの判断を示した（最判平26・12・12金法2014号104頁）。

よって，投資信託受益権は，相続開始とともに当然に分割されることはなく，相続開始後の元本償還金，収益分配金も含めて遺産分割の対象となる。

⑿ 社　　債——（A）

社債については，株式より早くペーパーレス化が進んでいることから金銭債権と同じという考え方もあり得るが，社債券が発行される場合があること，会社は社債原簿を作成するなどの規制があること，社債権者の請求による社債原簿への変更等の請求は相続人らが共同してしなければならないこと（会691条2項）などを理由に，社債を有する被相続人について相続が開始し，相続人が数人ある場合，共同相続人は社債を準共有すると解されている（片岡＝菅野編著・前掲165頁）。

⒀ 協同組合の出資金——（B）

協同組合は団体と組合員の結びつきが強く，組合員の地位は定款等に特別の定めがない限り相続されない。しかしながら，脱退した組合員には持分の払戻しが認められていることから（民681条），出資金払戻請求権は相続の対象となる。

そして，出資金の払戻請求権は出資金額に応じて払戻額が決まる単純な金銭債権であるから，預貯金と同様，遺産分割前に当然に相続分に応じて分割される。本来遺産分割の対象ではないが，合意によって遺産分割の対象となし得る。

⒁ 遺産から生じた果実（相続開始後の賃料など）——（B）

相続開始後遺産分割までの間，遺産共有状態にある不動産を使用管理した結果生じる金銭債権たる賃料債権は，遺産とは別個の財産というべきであって，当該不動産を共有する相続人が各相続分に応じて分割単独債権として取得する（最判平17・9・8民集59巻7号1931頁）。したがって，性質上は遺産分割の対象ではないが，当事者全員の合意により遺産分割の対象に含めることが可能であり，実務ではそのように扱われることも多い。

(15) **代償財産**――（Ｂ）

相続開始後，遺産が滅失した場合の保険金請求権，相続人によって遺産が処分された場合の売却代金，損害賠償請求権などが想定される。これらは，相続開始時に存在しなかった財産であるから，本来遺産分割の対象とはならないが，当事者全員が合意すれば遺産分割の対象となし得る（最判昭52・9・19家月30巻2号110頁，最判昭54・2・22家月32巻1号149頁）。

(16) **生命保険金**

(a) 被相続人が保険契約者となっている生命保険契約の保険金請求権――（Ｃ）

(イ) 保険契約者が自己を被保険者，受取人を相続人の特定の者と指定していた場合　指定された者が固有の権利として保険金請求権を取得するので，そもそも相続の対象にならず，当然に遺産分割の対象にもならない（大判昭11・5・13民集15巻11号877頁）。

(ロ) 被保険者死亡の場合の保険金受取人が単に「相続人」と指定されていた場合　被保険者死亡の時における相続人たるべき者を受取人として指定した，いわゆる「他人のための保険契約」と解される（最判昭40・2・2民集19巻1号1頁）。

また，定期保険普通保険約款に「死亡保険金受取人の死亡時以後，死亡保険金受取人が変更されていないときは，死亡保険金受取人は，その死亡した死亡保険金受取人の死亡時の法定相続人に変更されたものとします」との条項の趣旨について，その当時において指定受取人の法定相続人又は順次の法定相続人で生存する者を保険金受取人とすることにあるとし（最判平4・3・13判時1419号108頁），いずれも保険金受取人の固有の財産としていることから，遺産分割の対象とならない。

(ハ) 受取人を指定しなかった場合　この場合も，保険約款の「被保険者の相続人に支払います」との条項の適用を受けるので，保険金受取人を指定したのと同じである（最判昭48・6・29民集27巻6号737頁）。

(b) 保険契約者が被保険者及び受取人を兼ねている場合の満期保険金請求権――（Ｂ）

保険契約の効力発生と同時に被相続人の固有財産となるから，満期後被相続人が死亡すれば相続の対象となる。そして金銭債権であるから，相続開始と同時に法定相続分の割合で各相続人に帰属するが，全員の合意があれば遺

産分割の対象となし得る。

⒄　死亡退職金──（C）

　個々の退職金支給規程等の解釈によるが，遺族の生活保障の意味合いがある死亡退職金については，受給者固有の権利とされる例が多い（特殊法人職員について最判昭55・11・27民集34巻6号815頁，県立学校職員について最判昭58・10・14判時1124号186頁，私立学校職員について最判昭60・1・31家月37巻8号39頁）。死亡退職金支給規程がない財団法人が，死亡した理事長の配偶者に死亡退職金の支給決定をして支払った場合にも，受給者固有の権利とされた（最判昭62・3・3家月39巻10号61頁）。

⒅　遺族年金──（C）

　遺族年金は，遺族の生活保障を目的として社会保障関係の特別法によって死者と一定の関係にある親族に対してなされるものである。

　厚生年金保険法の定める遺族年金は，受取人の遺族の範囲及び順位が民法の定める相続人の範囲及び順位と異なっていること，受給権の消滅事由，各種の支給停止事由があること（厚年58条・59条・63条ないし68条）に照らし，同年金が専ら被保険者又は被保険者であった者の収入に依拠していた遺族の生活保障を目的とするものであると解されるので，遺産性は否定される。国家公務員共済組合法89条以下の遺族共済年金等も同様である。

⒆　香　　典──（C）

　被相続人の死亡後に死者の供養あるいは遺族に対する慰謝のために贈られるものであるから，その本質は葬式費用の儀礼的分担の意味で贈与である。遺産分割の対象とはならない。

⒇　葬式費用──（C）

　相応の葬式費用は，葬式方法を決定するなど実質的に葬式を主宰した者（喪主）が負担すべき債務である（東京地判昭61・1・28家月39巻8号48頁）。なお，主宰者がいないときは，相続人全員が主宰者であり，葬式費用は共同相続人全員の負担となる。葬式費用は，遺産分割審判の対象とはならないが，調停では遺産分割の付随問題として協議され，香典を超える金額を相続財産から控除する形で精算されることが少なくない。

㉑　相続債務──（C）

　可分債務は法定相続分に従って当然に分割承継され，不可分債務は分割しても債務引受として債権者が承諾しない限り債権者に対抗できないから，遺

産分割の対象とはならない。なお，調停では，債権者に対抗できないことを前提としつつ，共同相続人間で債務の負担を合意することは行われている。

【今村　和彦】

第2　遺産の評価

解　説

　遺産には，不動産，株式その他さまざまな財産が含まれるが，これらを各相続人に適正かつ公平に分配するには，それらに共通する一定の量的尺度が必要となる。個別主観的な価値から離れ，客観的に共通する交換価値に引き直して，分配が可能になるようにしなければならない。そのためには，遺産を構成するすべての財産を交換価値に引き直す作業が前提となる。これが遺産の評価の意義である（梶村太市＝貴島慶四郎『遺産分割のための相続分算定方法』69頁以下参照）。

　遺産の評価は，特別受益又は寄与分という相続分の修正要素がない場合には，遺産分割時の評価のみで足りる。他方，特別受益又は寄与分があるときは，相続開始時における特別受益又は寄与分の価格による修正を行って具体的相続分を算定したうえ，現実に遺産を分割する場合の評価は分割時の評価によるため，相続開始時の評価と分割時の評価の双方が求められる。

〔1〕　不動産の評価

(1)　不動産鑑定士による評価

　鑑定では不動産鑑定士による評価が用いられる。その場合は，①原価法（その不動産がどの程度の費用で造成，建築されるかという原価から価格を算定する方法），②取引事例比較法（当該不動産と同じような物件がどれほどの値段で取引されているかとの比較で価格を算出する方法），③収益還元法（その不動産を賃貸で利用することによりどれほど収益を得られるかという視点から価格を算定する方法）の3種類の手法を総合的に用い，当該不動産の特性に応じて時価の評価が行われる。例えば，同じ農地であっても，近い将来宅地化の可能性の高い農地は，周辺の宅地の売買事例を参考に取引事例比較法により評価し，その可能性の低い農地は，そこから得られる農産物につき収益還元法により評価するなどである（梶村＝貴島・前掲74頁）。

(2)　土地の評価

　(a)　地価公示価格　　国土交通省の土地鑑定委員会が，毎年1月1日現在の都市及びその周辺の地域の標準値として発表するものである。

(b) 相続税路線価　　贈与税及び相続税の課税のため，市街地にある街路に付設された価格で，地価公示価格の8割を目途に，各国税局において毎年定められる。この路線価方式及び倍率方式などの税務上の方式で金銭評価される。必ずしも時価と一致するとは限らないが，相続税がかからない場合でもすべての土地について数値が出るので，遺産分割の目安として多く利用されている。

　(c) 固定資産税評価　　固定資産税の課税のため街路に付設された路線価格で，地価公示価格の7割を目途に市町村において3年ごとに定められるものである。被相続人名義あてに届いた課税通知書が届けられるので，遺産分割の目安として広く利用されている。

(3) 借地権の評価

　土地賃貸借契約に基づく借地権については，相続税評価の際における路線価図に記載されている借地権割合が参考になる。しかしながら，バブル期に設定された借地権割合を今日そのまま適用することに対する慎重意見もある（片岡武＝管野眞一編著『家庭裁判所における遺産分割・遺留分の実務』〔新版〕197頁）。

(4) 建物の評価

　固定資産税評価額が目安となる。不動産鑑定士による鑑定においては，再調達原価（現在築造したらいくらかかるかという建築費）を求め，経年減価，観察減価を行う原価法によって評価するのが一般である。

　被相続人が他人の土地上に建物を所有しており，その占有権原が使用借権であった場合，使用借権が遺産分割の対象となり得るのは前記のとおりであるが，使用借権を遺産分割の対象とせずとも，建物の評価に際し，事実上使用借権相当分が加味される場合がある。

〔2〕 株式の評価

(1) 相場のある株式

　上場されている株式や店頭登録銘柄など証券取引の対象となっている株式については，客観的な時価が日々明らかにされている。したがって，分割時に最も近いところの価格，あるいは，その一定期間をとった平均値によって算定される。

(2) 非上場株式

取引相場のない株式の評価は，会社法上の株式買取請求における価格の算定や税務上の財産評価基本通達においてとられている方式が参考になる。しかし，その評価は，株主構成，会社の規模によって大きく影響されることから，当事者間で価格の合意が成立しない場合には，公認会計士などの専門家の鑑定を必要とする場合が多い。

〔3〕 そ の 他

(1) 高価な動産

　金塊や宝石などの貴金属，書画，絵画，刀剣類などの高価な動産については，まず本物かどうか，次に相場があるかどうか，相場がなければどのようにして評価するかが問題となる。付属の鑑定書なり保証書があれば，本物であることが推認される。来歴の不確かなものは真偽の鑑定が必要となる。
　相場を示す資料が入手できるもの（金塊や宝石等）であれば，資料をもとに評価できるが，相場がなければ，美術品商（画商，古美術商），書画クラブなどの意見，オークションの落札額，各種の美術年鑑記載の評価額などを参考に評価する。あるいは，相続人全員の合意のもとに一括売却した代金を分割対象に含める合意をする方法もある。

(2) 営業権

　営業権は，営業用財産を構成している動産，不動産，債権，無体財産権などの権利とは評価し尽くせない得意先関係，仕入先関係，営業の名声，地理的関係，営業上の秘訣，経営の組織，販売の機会など営業に固有の事実関係であって財産的価値のあるものをいう。「のれん」ともいわれる。営業権自体は，事実関係の総体であるから遺産分割の対象とならないが，特定の相続人が被相続人の営業を引き継ぐ場合に，当該相続人は，営業用財産を一括して相続し，それとともに事実関係である営業権をも事実上継承する。このような場合，営業権が相当な価格と評価されるときは，これを営業用財産の評価に加味して考慮される可能性がある（片岡＝管野編著・前掲179頁）。

【今村　和彦】

第12章

相　続　分

第1　法定相続分と指定相続分

解　説

(1)　法定相続分

　被相続人の遺言による相続分の指定がない限り，共同相続人の相続分（遺産総額に対する持分の割合）は，民法の定めによることとなる。この民法の規定する相続分（の割合）を「法定相続分」という。

　法定相続分は，配偶相続人（被相続人の配偶者）及び血族相続人（被相続人と血のつながりのある者）によって受けられる（民900条）。配偶相続人及び血族相続人は本位相続人ともよばれるが，本位相続人が受ける法定相続分を「本位相続分」という。これに対し，血族相続人となるべき者が被相続人よりも先に死亡していた場合には一定の代襲相続人も法定相続分を受けることができる。代襲相続人が受ける法定相続分は「代襲相続分」という。

　本位相続人の法定相続分（＝本位相続分）は，配偶相続人と血族相続人の組み合わせによってそれぞれの割合（率）が異なってくる。その組み合わせは次の4つに分けられる。

　①　配偶者と子

　配偶者と子が相続人であるとき，それぞれの法定相続分は，次のように同等となる（民900条1号）。

本位相続人	法定相続分の割合（率）
配　偶　者	1/2
子（のグループ）	1/2

〔注〕
1．子が数人ある場合，嫡出子（婚姻関係にある男女から生まれた子）であると，非嫡出子（認知された婚外子）であるとを問わず，子の人数の頭割りで等分する（民900条4号本文）。
2．養子は，縁組の日から養親（養子縁組による親）の嫡出子としての地位を取得する（民809条）。したがって，子が数人あり，その中に養子がいても，それぞれの子の法定相続分は均等となる。
3．相続人となるべき子が，相続開始前に死亡した場合，又は相続欠格・廃除により相続権を喪失している場合には，その子の直系卑属（被相続人の孫・曾孫など）が代襲相続人となり，その子の法定相続分を相続する（代襲相続。民901条1項本文）。

② 配偶者と直系尊属

配偶者と直系尊属が相続人であるとき，それぞれの法定相続分は，次のとおりである（民900条2号）。

本位相続人	法定相続分の割合（率）
配　偶　者	2/3
直系尊属（のグループ）	1/3

〔注〕
1．被相続人が普通養子である場合，その直系尊属には養親だけでなく実親も含まれる。
2．直系尊属が数人あるときは，それぞれの相続分は均等とされている（民900条4号）。したがって，同世代の尊属が数人あるときの各相続分は，「1/3」をさらにその頭数で等分したものとなり，その結果，直系尊属の法定相続分は，実父母，養父母の別なく平等の割合となる。
3．1親等である父母にも，2親等である祖父母にも固有の相続権が与えられている。しかし，直系尊属の中では，親等の近い者が遠い者に優先して相続するから（民889条1項1号ただし書），より近い親等の直系尊属が1人でもいれば，それより遠い親等の直系尊属は相続人にはなれない。親等の同じ実父母と養父母，父方の祖父母と母方の祖父母が数人あるときは，同順位の相続人となる。この直系尊属は血族に限るのであって，姻族は含まれない（大判昭12・8・3民集16巻1312頁）。

③ 配偶者と兄弟姉妹

配偶者と兄弟姉妹が相続人であるとき，それぞれの法定相続分は，次のとおりである（民900条3号）。

本位相続人	法定相続分の割合（率）
配偶者	3/4
兄弟姉妹（のグループ）	1/4

〔注〕
1. 兄弟姉妹が数人あるときは、それぞれの相続分は均等とされている（民900条4号）。したがって、同世代の兄弟姉妹が数人あるときの各相続分は、「1/4」をさらにその頭数で等分する。
2. ただし、上記1については例外があり、父母の一方のみを同じくする兄弟姉妹（半血の兄弟姉妹）の相続分は、父母の双方を同じくする兄弟姉妹（全血の兄弟姉妹）の1/2になるとされている。
3. 相続人となるべき兄弟姉妹が、相続開始前に死亡した場合、又は相続欠格・廃除により相続権を喪失している場合には、その兄弟姉妹の子（被相続人の甥・姪）が代襲相続人となり、その兄弟姉妹の法定相続分を相続する（代襲相続。民901条1項本文）。

④ 単独相続の場合

配偶者だけが相続人となる場合には、配偶者が被相続人の全遺産を単独相続するので、相続分の問題は生じない。被相続人に伯叔父母、従兄弟姉妹がいても、これらの者は相続人とはならない。

配偶者がない場合には、血族相続人が相続するが、いずれの血族グループであっても、ただ1人の者だけが単独相続人となる場合には、相続分の問題は生じない。

(2) 指定相続分

被相続人は、遺言で、共同相続人の相続分を指定し、又は、相続分を指定することを第三者に委託することができる（民902条1項）。このように、被相続人の意思に基づいて、共同相続人の全員あるいは一定の者の相続分について法定相続分と異なった割合を定めることを「相続分の指定」といい、これにより指定された相続分の割合（ふつう分数値）のことを「指定相続分」という。

相続分を指定する遺言書の記載例が【書式97】である。遺言書作成に当たっては、民法の規定が適用され（民960条）、自筆証書遺言では全文自筆で作成し、日付、署名押印も必要である。被相続人は遺留分に関する規定に違反することはできないが（民902条）、遺留分が侵害された相続人は遺留分減殺

請求（民1031条）ができる。遺言は相続の開始（遺言者の死亡）によって効力が発生する。

　相続分の指定を第三者に委託する遺言書の記載例は【書式98】である。委託をする第三者は利害関係を有する相続人を指定すると指定が無効であるとの判例があるので，注意を要する。遺言書で委託を受けた第三者は，委託に応じるかどうかは自由であるが，遺言執行者の指定（民1006条）と同様，委託に応じないときには遅滞なく相続人にその旨を通知すべきである。

　相続分の指定の委託を受けた第三者が，相続分の指定をしたときに作成する指定書の記載例が【書式99】である。第三者が共同相続人の相続分を指定する場合の方式を定めた規定はないが，指定された事実を証するためにこのような指定書を作成して，共同相続人らに交付するべきである。

(3)　**本来的相続分**

　法定相続分と指定相続分のことを本来的相続分という。本来的相続分は法律の規定又は遺言により，例えば「子Ａの相続分は1/4である」などと客観的な遺産に対する持分割合で画一的に確認することができるものである。このような権利は「実体法上の権利」とよばれる。この本来的相続分は，遺産分割のために手続法上のものとして定められる具体的相続分の前提とされるものである。

【貴島　慶四郎＝中村　彰朗】

書式 97　相続分を指定する遺言

遺　言　書

　遺言者甲野二郎（昭和○年○月○日生）は，相続人各人の遺留分の侵害をしない範囲で，次のとおり各相続人の相続分を指定する。

1　妻　　甲野花子　12分の6
2　長男　甲野三郎　12分の4
3　二男　甲野五郎　12分の2

　　　　　平成○年○月○日
　　　　　　　　遺言者　甲野　二郎　㊞

書式 98　相続分の指定を委託する遺言

遺　言　書

　遺言者乙野太郎（昭和○年○月○日生）は，次の者に相続人全員の相続分を指定することを委託する。

　　住所　　東京都○○区○○三丁目2番1号
　　氏名　　丙山　五郎
　　生年月日　昭和○○年○○月○○日生
　　職業　　司法書士

　　　　　平成○年○月○日
　　　　　　　　遺言者　乙野　太郎　㊞

書式 99　相続分の指定書

相続分の指定書

　被相続人甲野二郎（平成○年○月○日亡）の相続分指定の受託者丙山五郎は次のとおり被相続人甲野二郎の共同相続人の相続分を指定する。

　　1　相続人（妻）　　甲野花子　　12分の6
　　2　相続人（長男）　甲野三郎　　12分の4
　　3　相続人（二男）　甲野五郎　　12分の2

被相続人の表示
　　　本　　籍　　○○県○○市○○町○丁目○○○番地
　　　最後の住所　○○県○○市○○町○丁目○番○号
　　　被相続人　　甲野五郎（平成○年○月○日亡）

　　　　平成○○年○○月○○日
　　　　　　東京都○○区○○三丁目2番1号
　　　　　　　　遺言者　丙野　五郎　㊞

第2　相続分の譲渡

解　説
(1) 意　義

相続人は，遺産分割が行われるまでに自己の相続分をまとめて譲渡することができる。このように相続開始によって承継取得している自己の相続分（消極財産をも含めて）を他の者に包括的に譲渡することを「相続分の譲渡」という（民905条参照）。

相続分の譲渡ができる者は，現に相続分を有する相続人は当然として，遺産の一部又は全部を包括的に遺贈された包括受遺者も，相続人と同一の権利義務を有するとされているので（民990条），相続人と同様に，遺贈を受けた相続分を譲渡できる。

相続分の譲渡の相手方は，他の相続人でもよいし，第三者でもよい。相続分は相続財産に対する一定の割合であるが，相続人の地位に等しく，その譲受人は譲渡人の相続人としての地位をそのまま承継する。

相続分の一部譲渡が認められるか否かについては見解が分かれる。相続分は遺産全体に対する一定の割合であるから，さらなる細分化は可能であるとするのが登記実務である（平4・3・18民三1404民事局第三課長回答・先例集追Ⅷ268頁）。

＊「持分権の譲渡」と「相続分の譲渡」の異同

「持分権の譲渡」とは，遺産の中のある特定財産における自己の持分権を譲渡することである。ある特定の財産に占める自己の共有持分を譲渡の対象としている点で，遺産全体にかかる自己の持分を対象とする「相続分の譲渡」とは異なる。

持分権の譲渡がされた場合，譲受人がその特定財産における共有関係を解消するには，遺産分割手続ではなく，共有物分割手続によらなければならない。

この持分権の譲渡と相続分の譲渡とは似て非なる関係にあり，その異同には留意する必要がある。例えば，相続財産が甲宅地1筆だけであり，それについて相続人の1人が相続登記を経由して登記された自己の持分を第三者に譲渡したような場合である。この場合は紛らわしいが，甲宅地という特定物に着眼しての権利（共有持分）の譲渡であって，包括的な地位に着眼してのものではないから，相続分の譲渡ではない。したがって，相続債務がある場合は，相続分譲渡とは異なり，その分担は譲渡相続人に残されたままとなる。

(2) 相続分の譲渡の方式

相続分の譲渡は，有償，無償を問わず，何ら特別の方式を必要としない。ただし，遺産分割事件の係属中に期日外で，相続人の間で相続分譲渡の合意がなされた場合には，後日の紛争を避けるために，譲渡人と譲受人の間で「相続分譲渡証書」を作成し，相続分譲渡届出書に添付して裁判所に提出するのが実務の扱いである（【書式100】参照）。

　この相続分の譲渡によって，譲渡人は遺産分割における分割請求権ないし当事者適格を喪失するとされる。この場合，手続保障を及ぼす必要のない者が当事者の地位に残ることの弊害をなくすために，家庭裁判所は職権によりその譲渡人を家事審判・調停の手続から「廃除」できることが明文化された（審判につき家手43条，調停につき家手258条）。そのため，譲渡人から家庭裁判所に対し，相続分譲渡により相続人の地位を喪失したので遺産分割手続から脱退したいことを理由として，職権発動を促すための「排除申立書」を提出することになる。

(3) 相続分譲渡の効果

　相続分の譲渡がなされると，譲渡した相続人の相続分が全部譲渡の場合は消滅し，一部譲渡の場合は減少し，その消滅・減少の分はそのまま譲受人に移転する。ここで移転するのは，遺産に含まれる個々の財産の共有持分ではなく，積極財産と消極財産を包括した遺産全体に対する相続人の割合的な持分（相続分）である。

　相続分の譲渡によって，債権債務は譲渡人である相続人から譲受人に移転するものの，それはあくまでも譲渡人と譲受人との間の関係であるから，譲渡の対象に債務が含まれている場合には，それを債権者に対抗することはできないと解される。すなわち，債権者に対抗するには債権者の同意を得なければならず，それがない限り，債権者は譲渡人である相続人に債務の履行を請求することができる。

　民法905条は，相続分の譲渡の相手方が第三者であるか，他の相続人であるかによる効果の違いを規定している。以下，譲渡の相手方が第三者であるか共同相続人であるかに分けてその内容を見ていこう。

　(a) 第三者に対する相続分の譲渡　　相続分が第三者に譲渡されると，相続人でない者が遺産分割に介入することになり望ましくない。遺産管理の面でもトラブルとなるおそれがある。

　そこで，民法は，他の共同相続人の一方的な意思表示によって譲渡された

相続分を取り戻す権利を認めた。すなわち，「共同相続人の1人が遺産の分割前にその相続分を第三者に譲り渡したときは，他の共同相続人は，その価額及び費用を償還して，その相続分を譲り受けることができる。」（民905条1項）。これを「（相続分の）取戻権」という。この権利は，譲渡の時から1ヵ月以内に行使しなければならない（同条2項）。

(イ) 取戻権の要件　　取戻権は，相続人以外の者が持分をもつことによる，遺産の管理や遺産分割上の不便を避けるための制度であるから，他の共同相続人への相続分の譲渡には適用されない。

(ロ) 取戻権の行使　　相続分を取り戻すには，相続分の価額と譲受人である第三者が支出した調査等の費用（償還金）を提供して，取戻しの意思表示をするだけでよい。この場合に償還しなければならない「価額」とは，譲渡された「取戻し時における相続分の価額」であって，譲渡の対価のことではない。形成権であるから相手方の承諾を必要とせず，相手方が反対しても取戻しの効果が発生する。取り戻された相続分は，取戻権を行使した共同相続人に属すると考えられる。

(ハ) 取戻権者　　取戻権をもつ者は相続分を譲渡した相続人以外の共同相続人である。包括受遺者については，取戻権を有しないとする見解もあるが，通説は，包括受遺者は相続人と同一の権利義務を有し，遺産分割に関与することになるとして，取戻権を有するとする。

(b) 相続人に対する相続分の譲渡　　相続人が他の共同相続人（又は包括受遺者）に相続分を譲渡したときは，民法905条の反対解釈により，取戻しは認められない。譲渡された相続分は譲受人の相続分に加えられ，逆に譲渡人の相続分からは控除される。つまり，相続人間において相続分の譲渡がなされた場合，譲渡に関係した相続人の相続分は変動するものの，その総額は変わらないのである。

相続分の譲渡の対象が農地であるときは，農地法3条1項の許可を要する物権変動かが問題となる。判例は，共同相続人間で相続分の譲渡がなされても，持分割合が変化するだけであり，譲受人たる相続人の地位は相続によって取得した地位と本質的に異ならないことなどから，農地法3条1項の許可を要しないとした（最判平13・7・10民集55巻5号955頁）。

【貴島　慶四郎＝中村　彰朗】

書式 100　相続分の譲渡証書

相続分譲渡証書

本籍　〇〇県〇〇市〇〇町〇〇番地
住所　〇〇県〇〇市〇〇町〇丁目〇番〇号
　　　　譲渡人　乙田　花子（以下甲と称する）
本籍　〇〇県〇〇市〇〇町〇〇番地
住所　〇〇県〇〇市〇〇町〇丁目〇番〇号
　　　　譲受人　乙田　三郎（以下乙と称する）

　甲は，乙に対し，本日，本籍〇〇県〇〇市〇〇町〇〇番地　被相続人亡乙田太郎（平成〇年〇月〇日死亡）の相続に関する相続分全部を無償譲渡し，乙は，これを譲り受けた。

　　平成〇〇年〇〇月〇〇日
　　　　甲　　　　　　　　　㊞
　　　　乙　　　　　　　　　㊞

【備考】
1. 相続人のうちの1名が他の共同相続人（又は第三者）に相続分全部を無償譲渡するときの記載例である。特段の方式はなく，口頭でもよいが，譲渡人と譲受人との間で譲渡契約が成立したことを証明するために，このような書面を作成する。譲渡人は，実印を押印して，印鑑証明書を添付する。

第3 相続分の放棄

解　説
(1) 意　義

　相続分の放棄とは，相続人が個々の具体的遺産に対して有する共有持分権の放棄の意思表示，あるいは遺産分割に当たって自己の相続分を「0」とする意思表示と解されている。いずれにしてもその性質は，実体法上の権利放棄である。

　＊「相続の放棄」と「相続分の放棄」との異同

　　「相続の放棄」とは，相続が開始した後3ヵ月以内に，相続人が相続の効果を拒否する意思表示で，家庭裁判所への申述によって成立する（民938条～940条・915条1項）。家庭裁判所を通じての手続を要することから，手続上の地位放棄ということができる。相続放棄をした者は，初めから相続人とならなかったものとみなされる。すなわち，相続の放棄をした者は，被相続人の積極財産・消極財産のいずれをも承継しないことになる。

　　このように，相続の放棄は，相続の承認・放棄の熟慮期間中，すなわち未だに「推定相続人」の段階にあることを前提としてのものであり，これに対し，相続分の放棄は，その者が既に「確定相続人」となっていることを前提とするものであり，事実上の地位放棄ということができる。

　　つまり，相続の放棄は相続分の変動の問題ではなく，相続人という地位を自らの自由意思で選択することができるとする「相続人の確定」に関わるものであり，むしろ，相続の放棄は相続人という「地位」への就任を拒否することと捉えることができる。これに対し，相続分の放棄は，自己の相続分を「0」とする意思の表明であり，そのことにより他の相続分に変動を及ぼすから，まさに「相続分の確定」に関わるものである。

　＊「持分権の放棄」と「相続分の放棄」との異同

　　「持分権の放棄」とは，遺産中のある特定財産を対象に，自己の持分権を放棄することであり，目的物の滅失などと同様，目的物上に有する具体的な権利に対する（実体法上の）権利消滅事由の1つである。これに対し，「相続分の放棄」とは，包括的な相続財産の全体を対象に，自己の持分権を放棄することであり，相続分の譲渡と同様，相続財産上に有する抽象的な権利に対する（実体法上の）権利消滅事由の1つである。

　　いずれも権利消滅事由という点では共通するが，放棄の対象が「特定財産」か，それを取り込んだ「包括財産」か，という点で異なる。前述の「持分権の譲渡と相続分の譲渡の異同」の関係に対応して考えればよい。

(2) 相続分放棄の方式

　相続分の放棄は，相続を承認して確定相続人となってから遺産分割までの間であればいつでもすることができる。方式については特に定めがない。ただし，遺産分割事件（調停・審判）が係属中のときには，放棄書を裁判所に提出することとなる（【書式101】参照）。協議分割の場合は，遺産分割協議書に相続分を放棄する旨を明記して行われる。

　なお，登記実務では，放棄者作成の特別受益証明書（相続分なきことの証明書）を添付することにより，特定相続人に単独取得させる旨の相続登記も認められる。

(3) 相続分放棄の効果

　相続分の放棄の効果として，実体法上は，遺産分割請求権の喪失の効果が生じることである。そのため，遺産分割事件が係属中であれば，放棄者は遺産分割手続における当事者適格性を喪失してその手続から排除される。

　相続分の放棄をしても，相続人としての地位は依然として放棄者に残ったままとなる。よって，積極財産に対する権利は「0」になっても，相続債務がある場合にはその負担責任を免れることはできない。この点が家庭裁判所を通じてなす相続放棄と異なる。

(4) 放棄された相続分の帰属

　相続人の一部が相続分の放棄をした場合，その放棄された相続分はどうなるか。この点，民法255条は「共有者の1人が，その持分を放棄したとき，その持分は，他の共有者に帰属する。」と定める。その趣旨は，共有はそれぞれ弾力性のある数個の持分が互いに圧縮して存在すると考えられるので，その1つについて主体がなくなれば，他の持分が拡張してその間隙を埋めるとする譬えが共有の性質に合っている。放棄された持分が他の共有者に帰属する大きさは，他の共有者の持分割合の大きさに按分してそれぞれ帰属することになる。

【貴島　慶四郎＝中村　彰朗】

書式 101　相続分の放棄書

相続分の放棄書

本籍　〇〇県〇〇市〇〇町〇〇番地
住所　〇〇県〇〇市〇〇町〇丁目〇番〇号
　　　氏名　丙野　花子

　私は，本日，本籍〇〇県〇〇市〇〇町〇丁目〇〇番地　被相続人甲野三郎（平成〇年〇月〇日死亡）の相続について，私の相続分を全部放棄します。

平成〇年〇月〇日
　　　丙野　花子　㊞

【備考】
1．家庭裁判所に申立てをする相続放棄申述と異なり，相続人が自らの相続分を放棄する意思表示により自己の相続分を「0」にする手続である。実務上相続分の放棄者が放棄書を作成し，実印を押印して印鑑証明書と合わせて使用する。相続分の放棄をすると，遺産分割では「0」取得となるが，債務は債権者に対しては法定相続分で相続することは変わらない。

第4　特別受益の持戻し

解　説

(1)　具体的相続分の算定

(a)　本来的相続分の修正要素——特別受益と寄与分　　遺産の範囲が確定すると，その価額に本来的相続分の「率」を乗じれば，各相続人の相続分が「額」として算定される。しかし，特定の相続人に特別受益や寄与分がある場合には，それを修正してより実質的で公平な相続分である「具体的相続分」を算定しなければならない。

「特別受益」とは，特定の相続人が被相続人から受けていた特別の利益をいい，具体的には「贈与」（＝被相続人が生前に自らの意思で譲与した財産）と「遺贈」（＝遺言により無償又は負担付きで譲与した財産）を指す。

一方，「寄与分」とは，特定の相続人が被相続人の事業や財産などの維持・増加について特別の貢献をしていながら，被相続人の生存中にその対価や補償等を得ていなかった場合に認められる相続分の増加額をいう（後述本章第5参照）。

特別受益と寄与分は「(本来的)相続分の修正要素」などとよばれる。本来的相続分は，これらの特別受益や寄与分があれば，それらを加味して修正されることになる。修正後の相続分を「具体的相続分」という。したがって，具体的相続分とは，本来的相続分の存在を前提として，より実質的で公平な分配のために個々の事案の実情に応じて共同相続人の協議や家庭裁判所の審判によって修正された相続分であるといえる。

(b)　具体的相続分の算定方法　　ある特定の相続人に贈与や寄与分があるときは，「みなし相続財産」（＝相続開始時の遺産＋贈与−寄与分）を設定し，それに本来的相続分率を乗じて，各相続人の「一応の相続分」を出す。この一応の相続分をもとに，一方では（遺産の前渡しとされる）遺贈と贈与の価額を控除し，他方では（その者の特有財産とでもいうべき）寄与分の価額を加算したものが個々の具体的相続分であって，原則としてそれが最終的な分配取得額となる（具体的相続分算定のプロセスについて詳しくは梶村太市＝貴島慶四郎『遺産分割のための相続分算定方法』183頁以下参照）。

ただし，特別受益（遺贈・贈与）が一応の相続分を超えるときには，各相続人の具体的相続分の合計と残余遺産の価額とが一致しなくなる（超過分が捨象

されて「0」となり，それによって各相続人の具体的相続分の合計が残余遺産の価額より超過分だけ多くなるために生じる）ので，各相続人の具体的相続分の大きさに応じた按分割合（＝分配取得率）を出し，それを残余遺産の価額に乗じることによって，実際の分配取得額を算定することになる。これは見方を変えれば，超過受益者を除外した他の相続人の本来的相続分の大きさに応じた按分割合によって，残余遺産を分配することでもある。

遺贈・贈与・寄与分は，いずれも本来的相続分の修正要素と位置づけられるので，いずれかが1つでも含まれる事案においては，本来的相続分は必ず修正されることになる。

(2) 特別受益の持戻し

上述のとおり，特定の相続人に特別受益がある場合の相続分（具体的相続分）の算定は，①まず，相続開始時の遺産に特別受益である贈与を持ち戻して加算して「みなし相続財産」とし，それに各相続人の本来的相続分率を乗じて各々の「一応の相続分」を出す，②その上で，特別受益を受けた者（特別受益者）はそこから贈与や遺贈の額を控除して自己の相続分を確定する，というプロセスを経ることになる。このように特別受益を遺産の前渡しとみなして相続分算定の基礎に組み入れる計算上の扱いを「特別受益の持戻し」という。

特別受益の持戻しの詳しい内容については，梶村＝貴島・前掲197頁以下参照。

(3) 持戻し免除の意思表示

(a) 意　　義　　被相続人は，意思表示によって特別受益者（生前贈与の場合だけではなく遺贈の場合も含む）の持戻しを免除することができる（民903条3項）。生前贈与や遺贈をその者の特別な取り分として与えようとする被相続人の意思を尊重して，持戻しの免除（もともと計算上持戻し不要の遺贈も含めてこう呼ぶ）が認められるのである。

被相続人に持戻し免除の意思が認められるときには，特別受益たる生前贈与は相続開始時の遺産に加算しない処理となる。その意味で，民法903条1項及び2項は，当事者の自由処分が可能で，一種の任意規定ということができる。

(b) 持戻し免除の意思表示の方式　　持戻し免除の意思表示については，その方式に制限はなく，明示であると黙示であるとを問わない。生前にされ

る場合もあれば，遺言による場合もある。贈与をした経緯，趣旨などを総合的に考慮して，被相続人が相続分のほかに特に与えたいという趣旨に基づくものであり，またそのことに合理的な事情があれば，黙示の意思表示でも認められることになる。ただし，相続人間の公平に影響を及ぼすから，その認定には慎重な対処が必要とされよう。なお，遺贈についての持戻し免除の意思表示は，遺贈が要式行為である関係から遺言によって行われる必要があるとする見解もあるが，民法903条3項はそのような制限的規定とはなっていない。

なお，遺言による持戻し免除の記載例については【書式102】，相続分がないことの証明書の記載例については【書式103】を参照。

(c) 持戻し免除の意思表示が認定される場合　家業承継の必要がある場合，相続分以上の財産を必要とする特別な事情がある場合，被相続人が利益を得たことの見返りとして生前贈与がされた場合などがある（詳しくは梶村＝貴島・前掲200頁以下参照）。

(d) 持戻し免除の意思表示が遺留分規定に反する場合の扱い　相続人の1人に対して持戻し免除付きで特別受益が与えられた結果，他の共同相続人の遺留分権が侵害され減殺請求権が行使されると，遺留分の計算においては，当該遺留分の侵害を生じさせている限度で持戻し免除は働かなくなる（民1044条による民903条3項準用）。つまり，特別受益の持戻し計算は，遺留分侵害を阻止し得る限度において機能を回復し，その結果，遺留分減殺請求権の範囲で相続分権が保障されることになるわけである。

裁判例（大阪高判平11・6・8判時1704号80頁）は，遺留分算定の基礎財産の確定方法に関して，「被相続人が，共同相続人に対する贈与（特別受益）につき，持戻し免除の意思表示をしている場合であっても，これを無視し，民法903条1項に定める贈与の価額は民法1030条に定める制限なしに遺留分算定の基礎財産に算入すべきである」と判示した。このことから，持戻し免除の意思表示があったと認定されても，遺留分侵害が発生して減殺請求がされた場合には，遺留分算定との関係では，持戻し免除の意思表示は無効ということになる。

また，最高裁は，この場合における遺留分侵害額の回復の方法を明確に示した（最決平24・1・26裁時1548号1頁・家月64巻7号100頁）。すなわち，減殺される対象を持戻し免除の意思表示とした上で，「遺留分減殺請求により特別受

益に当たる贈与についてされた持戻し免除の意思表示が減殺された場合，持戻し免除の意思表示は，遺留分を侵害する限度で失効し，当該贈与に係る財産の価額は，上記の限度で，遺留分権利者である相続人の相続分に加算され，当該贈与を受けた相続人の相続分から控除されるものとするのが相当である」と判示した。

【貴島　慶四郎＝中村　彰朗】

書式 102　特別受益の持戻し免除を定める遺言書

遺　言　書

1　遺言者甲野二郎（平成〇年〇月〇日生）は，長男甲野三郎に対し，現金〇〇万円を遺贈する。
2　遺言者甲野二郎の相続に関し，共同相続人の相続分を算定する場合，上記遺贈の持戻しを免除する。

平成〇年〇月〇日

遺言者　　甲野　二郎　㊞

【備考】
1．共同相続人中に，被相続人から，遺贈を受け，又は婚姻若しくは生計の資本として贈与を受けた者があるときには，被相続人が相続開始の時において有した財産の価額にその贈与の価額を加えたものを相続財産とみなし，これに法定相続分，指定相続分を算定した相続分の中からその遺贈又は贈与の価額を控除した残額をもってその者の相続分とする（民903条1項）。被相続人は，意思表示によって特別受益者（生前贈与の場合だけでなく遺贈の場合も含む）の持戻しを免除することができる（民903条3項）。

書式103　相続分のないことの証明書

相続分のないことの証明書

　私は，被相続人から生計の資本として，既に相続分以上の贈与を受けているので，被相続人の相続については，受けるべき相続分のないことを証明します。

　　　　平成〇年〇月〇日
　　　　　　本　　　籍　　〇〇県〇〇市〇〇町〇丁目〇番地
　　　　　　最後の住所　　同県同市〇〇町〇丁目〇番〇号

　　　　　　被相続人　　甲野　三郎
　　　　　　　　　　　（平成〇年〇月〇日死亡）

　　　　　　住　　　所　　〇〇県〇〇市〇〇町〇丁目〇番〇号
　　　　　　亡甲野三郎相続人　長女　丙野　花子　㊞

【備考】
1. 共同相続人間で一部の相続人に不動産を取得させる便法として古くから利用されているものである。主に相続登記申請をする際に多く利用されているようで，作成には，作成者が署名，押印（実印）し，印鑑証明書を添付（昭30・4・23民事甲742号法務省民事局長通達）する取扱いである。

第5 寄与分がある場合の算定方法

解　説

(1) 寄与分が定められた場合の具体的相続分

　寄与分が定められた場合における具体的相続分の算出方法について，民法は以下のように定める（前述本章第4参照）。被相続人が相続開始時において有した財産の価額から寄与分を控除したものをみなし相続財産として，そこから導かれる一応の相続分に寄与分を加えた額をもってその寄与者の具体的相続分とする（民904条の2第1項）。寄与分の協議が調わないとき又はできないときは，家庭裁判所に寄与分を定める処分の申立てをすることになる（同条2項）。これは家事事件手続法別表第2の14項の審判事項であり，この形成的処分の審判によってはじめて，遺産分割の前提としての寄与分の権利性が創設されることになる。

　このように，寄与分は特別受益と同様に，当初の本来的相続分（率）の修正要素として位置づけられる。この点，贈与や遺贈の特別受益を受けた相続人の具体的相続分の算出方法（民903条1項）によると，みなし相続財産については，特別受益は相続開始時の遺産に加算する扱いであるが，逆に，寄与分は相続開始時の遺産から控除する扱いとなる。そもそも，特別受益が加算されるのはそれが遺産の前渡しとしての前提判断からであり，寄与分が控除されるのは，その部分はむしろ寄与者の特有財産に属するとの前提判断がある。

　この特別受益と比較した場合さらに大きな違いがある。つまり，特別受益の有無判断はもっぱら事実認定の問題とされるが，寄与分の有無判断は単にそれにとどまらない点（有無の判断＋強弱の判断）である。つまり，寄与の時期・方法・程度・相続財産の額その他一切の事情を斟酌して，後見的立場からの形成的な裁量判断によって，（相続財産全体に対する持分としての）寄与分が確定されることになる。

(2) 寄与分確定の方法

　寄与分を定める方法としては，①共同相続人間での協議による方法，②調停申立て，③審判申立てがあるが，原則としては相続人間の協議による。

　なお，①の方法による場合の協議書の作成例については【書式104】，②の方法による場合の調停申立書の作成例については【書式105】を参照。

【貴島　慶四郎＝中村　彰朗】

書式 104　寄与分を定める協議書

寄与分を定める協議書

　平成○年○月○日，被相続人甲野二郎死亡により，相続人甲野花子，同甲野三郎，及び同甲野五郎は，被相続人甲野二郎の遺産分割をするにあたり共同相続人3名の寄与分を定めるために，協議を行い，次のとおり合意した。

1　被相続人甲野二郎の遺産は，別紙遺産目録記載のとおりであることを確認した。
2　相続人甲野花子は，被相続人の事業に対し，労務を提供したことによる寄与分を金○○円と定める。
3　相続人甲野三郎及び同甲野五郎は，寄与分を請求しない。
4　共同相続人全員は，今後，本相続の寄与行為に関する財産上の請求を互いにしない。

　　　平成○○年○○月○○　日
　　　　　　○○県○○市○○町○丁目○番○号
　　　　　　　　　相続人　甲野　花子　㊞
　　　　　　○○県○○市○○町○丁目○番○号
　　　　　　　　　相続人　甲野　三郎　㊞
　　　　　　○○県○○市○○町○丁目○番○号
　　　　　　　　　相続人　甲野　五郎　㊞

【備考】
1．共同相続人中に，被相続人の事業に関する労務の提供又は財産上の給付，被相続人の療養看護その他の方法により被相続人の財産の維持又は増加について特別の寄与をした者があるときは，被相続人が相続開始の時において有した財産の価額から共同相続人の協議で定めた者の寄与分を控除したものを相続財産とみなし，相続分を修正した額をもってその者の相続分とする（民904条の2参照）。寄与分を定める方法としては，①共同相続人間での協議による方法，②調停申立て，③審判申立てがあるが，原則としては相続人間の協議による。

書式 105　寄与分を定める調停（審判）申立書

	受付印

寄与分を定める処分	☑ 調停　□ 審判	申立書

（この欄に申立て1件あたり収入印紙1,200円分を貼ってください。）

収入印紙　1,200円
予納郵便切手　　　円

（貼った印紙に押印しないでください。）

○○ 家庭裁判所　御中	申立人（又は法定代理人など）の記名押印	乙山一郎　㊞
平成 ○年 ○月 ○日		

平成 ○年 ○月 ○日

添付書類	（審理のために必要な場合は，追加書類の提出をお願いすることがあります。） □ 戸籍（除籍・改製原戸籍）謄本（全部事項証明書）　　合計　　通 □ 住民票又は戸籍附票　　　　　　　　　　　　　　　　合計　　通	準口頭

被相続人	本　籍（国　籍）	○○ 都道府県 ○○市○○町○○番地	
	最後の住　所	○○ 都道府県 ○○市○○町○丁目○番○号	
	フリガナ 氏　名	オツヤマ　タロウ 乙山太郎	平成 ○年 ○月 ○日死亡

申立人	本　籍（国　籍）	○○ 都道府県 ○○市○○町○○番地	
	住　所	〒 ○○○ － ○○○○ ○○県○○市○○町○丁目○番○号　　　　（　　　　方）	
	フリガナ 氏　名	オツヤマ　イチロウ 乙山一郎	大正・昭和・平成 ○年 ○月 ○日生（　○　歳）
	被相続人との続柄	長男	

（注）　太枠の中だけ記入してください。
　　　　□の部分は該当するものにチェックしてください。

※ 相手方	本　籍	（戸籍の添付が必要とされていない申立ての場合は，記入する必要はありません。） ○○　都道府県　○○市○○町○○番地	
	住　所	〒○○○ － ○○○○ ○○県○○市○町○丁目○番○号	（　　　　　方）
	フリガナ 氏　名	オツ ヤマ ゴ ロウ 乙 山 五 郎	大正 昭和 平成　○年○月○日生 （　　○　　歳）
※ 相手方	本　籍	（戸籍の添付が必要とされていない申立ての場合は，記入する必要はありません。） ○○　都道府県　○○市○○町○○番地	
	住　所	〒○○○ － ○○○○ ○○県○○市○○町○番○号	（　　　　　方）
	フリガナ 氏　名	テイ カワ ハナ コ 丁 川 花 子	大正 昭和 平成　○年○月○日生 （　　○　　歳）

(注)　太枠の中だけ記入してください。※の部分は，申立人，相手方，法定代理人，不在者，共同相続人，被相続人等の区別を記入してください。

申　立　て　の　趣　旨

申立人の寄与分を定めるとの調停を求める。

申　立　て　の　理　由

1　被相続人は最後の住所地において青果業を営んでいました。

2　申立人は昭和○年3月に高校を卒業して以来，被相続人の求めに応じて青果業を手伝うようになりました。以来，被相続人から小遣い程度の金銭を受け取っていましたが，給料として報酬を受け取らずに働いてきました。

3　青果業は現在では，申立人が働きだした頃より事業を拡大して使用人を使うまでになっています。

4　申立人は，被相続人の遺産分割の際，申立人の労務の提供による被相続人の財産の増加，維持に対する寄与分を定めることを相手方らに求めましたが，相手方らは反対しています。

5　貴庁に遺産分割の調停事件が係属しましたので申立人の寄与分を定めることを求めて，本調停の申立てをします。

【備考】
1. 制度の趣旨

 共同相続人間で寄与分を定める協議が調わなかったとき，又は協議をすることができないときは，家庭裁判所は，寄与をした者の請求により，寄与の時期，方法，程度，相続財産の額その他一切の事情を考慮して寄与分を定める（民904条の2第2項参照）。

2. 申立手続
  (1) 申立人

   共同相続人のうち，被相続人の事業に関する労務の提供又は財産上の給付，被相続人の療養看護その他の方法により被相続人の財産の維持又は増加について特別の寄与をした者（民904条の2第1項）。代襲相続人は被代襲者及び代襲者の寄与を主張できる。申立人以外の共同相続人全員が調停・審判の相手方となる。

  (2) 管轄裁判所
   (a) 調停申立て　相手方の住所地を管轄する家庭裁判所又は当事者が合意で定める家庭裁判所（家手245条1項）。ただし，遺産分割調停事件が係属している場合には，当該遺産分割調停事件が係属している家庭裁判所（家手245条3項・191条2項）。
   (b) 審判申立て　相続開始地を管轄する家庭裁判所（家手191条1項）又は当事者が合意で定める家庭裁判所（家手66条1項）。ただし，遺産分割審判事件が係属している場合は，当該遺産分割審判事件が係属している家庭裁判所（家手191条2項）。

  (3) 申立ての方法
   (a) 調停，審判の申立てともに申立書を作成して管轄のある家庭裁判所へ提出する（家手49条・255条）。
   (b) 記載内容　①寄与の時期，方法及び程度その他の寄与の実情，②遺産分割の審判又は調停の申立てがあったときは，当該事件の表示，③民法910条に規定する場合にあっては，共同相続人及び相続財産の表示，認知された日並びに既にされた遺産の分割その他の処分の内容（家手規102条2項・127条）。
   (c) 申立手数料　申立人1名につき収入印紙1200円（民訴費3条1項・別表第1の15項の2）。
   (d) 予納郵便切手966円（当事者の数によっては増額する・裁判所による）。

  (4) 添付書類

   寄与分を定める処分は，本来的相続分の修正要素として位置づけられているので，多くは遺産分割調停・審判申立後又は同時に申し立てられる。審判の申立ては，遺産分割審判と同時か申立後でないと申立てができない（民904条の2第4項）。添付書類としては，遺産分割調停・審判と同じものであるので，重複して添付する必要はない。遺産分割調停の申立前に寄与分を定める処分の申立てをする場合には，遺産分割調停と同じ添付書類が必要である。

3. 申立後の審理手続

 法は，遺産分割事件を遅延させないために次の手続を用意した。
  (1) 事件の併合

   遺産分割審判事件と寄与分を定める処分の審判事件が係属するときは，これらの審判の手続及び審判は併合しなければならない。数人からの寄与分を定める処分の審判事件が係属するときも，同様である（家手192条）。調停事件についても同様で

ある（家手245条3項・192条）。
(2) 寄与分を定める審判の申立期間の制限
　　家庭裁判所は，遺産分割の審判手続において，1ヵ月を下らない範囲内で，当事者が寄与分を定める処分の審判の申立てをすべき期間を定めることができる（家手193条1項）。家庭裁判所は，同申立てが，この期間を経過した後にされたときは，当該申立てを却下することができる（家手193条2項）。
(3) 手続遅延のための申立却下
　　家庭裁判所は，(2)の期間を定めなかった場合においても，当事者が時機に後れて寄与分を定める処分の申立てをしたことにつき，申立人の責めに帰すべき事由があり，かつ，申立てに係る寄与分を定める処分の審判の手続を併合することにより，遺産分割の審判の手続が著しく遅滞することとなるときは，その申立てを却下することができる（家手193条3項）。

4．審判に対する不服申立て
(1) 寄与分を定める審判について即時抗告の申立てをすることができる者，できない者は，次のとおりである（家手198条）。
　① 寄与分を定める処分の審判に対しては，相続人から即時抗告の申立てができる。
　② 寄与分を定める処分の申立てを却下する審判に対しては，申立人から即時抗告の申立てができる。
　③ 遺産分割審判と寄与分を定める処分審判が併合されているときは，遺産分割の審判に対しては独立して即時抗告の申立てができるが，寄与分を定める処分の審判又はその申立てを却下する審判に対しては独立して即時抗告の申立てをすることができない。
　④ 数人からの寄与分を定める処分の審判事件が併合されたときは，申立人の1人がした即時抗告は，申立人の全員にその効力が生じる。
(2) 即時抗告申立ての手続
　(a) 即時抗告期間　　即時抗告期間は，特別の定めのある場合を除き，2週間の不変期間にしなければならない（家手86条）。
　(b) 審判の確定遮断　　即時抗告提起により，当事者全員について審判の確定の遮断効が生じる（家手74条5項・198条3項）。
　(c) 即時抗告手数料　　申立人ごとに収入印紙1800円（民訴費3条1項・別表第1の15項の2・18項(1)）。
　(d) 提出裁判所　　即時抗告の提起は，審判をした家庭裁判所に提出してしなければならない（家手87条1項）。ただし，抗告裁判所は，原審を管轄する高等裁判所になるので（裁16条2号），抗告状の宛先は管轄する高等裁判所となる。
　(e) 抗告状の記載　　抗告状には，①当事者及び法定代理人，②原審判の表示及びその審判に対して即時抗告をする旨を記載しなければならない（家手87条2項）。抗告状に原審判の取消し又は変更を求める事由の具体的な記載がないときには，抗告人は，即時抗告提起後14日以内にこれらを記載した書面を当事者及び利害関係参加人の数と同数のその写しを添付して，原裁判所に提出しなければならない（家手規55条・54条）。

第13章

遺産分割の実行

第1　遺産分割の方法を指定する遺言

解　説

　民法は，遺産分割方法の指定を規定している（民908条）。これは，被相続人が共同相続人の個々の事情を考慮して具体的に公平な相続分を定めることが期待できる点にあることを目的とする制度である。

(1)　**純　粋　型**

　遺産分割協議の方法をあらかじめ遺言者が遺言で指定するものをいう。相続人は，かかる指定を受け，被相続人の遺言を尊重し遺産分割協議をすることになる。もっとも，当該被相続人の指定は「甲土地を売却して金銭で分けよ」といったものにすぎず，当該指定によって権利変動等の具体的効力が生じるわけではない。後に相続人間で遺産分割協議が行われることが前提となっており，あくまで相続人間での遺産分割協議がされることで初めて遺産分割の効果が生じることになる。また，被相続人の指定と異なった遺産分割協議を相続人間で成立させることも有効であると解されている。

　これらは後述する「相続させる遺言」とは法的効果が異なる点があるので，この類型を本稿では「純粋型」という[1]。

　なお，後述の【書式106】は現物分割の方法を指定したものであるが，換価分割や代償分割の方法により遺産分割方法を指定することも当然可能である。

　　[1]　遺産分割方法の指定の効果として「共同相続人は，遺言者の指示に従わなければならない」と説明し具体的効力を付与するとの見解もある（例えば，浦川登志夫＝岡本和雄『遺言に関する文例書式と解説』〔新版〕（新日本法規）182頁等）。もっとも，このように解すると，相続分の指定を定めた902条とは別に908条を民

法が定めた意味がなくなってしまうのではないかと思われる。そのため上記「純粋型」には権利移転効力のあるものは含まないものと解すべきである。民法902条の相続分の指定は，各相続人に相続分がどのように配分されるかという「始点」の問題である（被相続人Ａに対し相続人がＡの子ＸＹ２名のみの場合において，相続分はＸＹ各２分の１ずつになるのか，それとも特別受益や寄与分等がありそれ以外の割合になるのか）のに対し，民法908条の遺産分割方法の指定は，各相続人に対する具体的相続分が決定された上で当該遺産をどのように分割するかという「終点」の問題である（Ａの遺産が土地甲のみであり特別受益等もなくＸＹの具体的相続分が各２分の１であることが決まった上で，甲を現物分割するか換価分割するか）と解すべきである（梶村太市＝貴島慶四郎『遺産分割のための相続分算定方法』131頁等参照）。そのため，「純粋型」においては具体的相続分を決定するための遺産分割協議等が必要なのである。

　なお，「財産甲を売却して，その代金をＡＢＣＤ４人で均等に分けよ」のように，遺産分割方法の指定と個々の財産処分とが不可分一体になっている遺言については，当該遺産分割方法の指定は民法902条に定める相続分の指定も含むものとして解釈することになる。後述の「相続させる遺言」もこれと同様の解釈によるものと思われる（後記最判平３・４・19参照）。

(2)　遺産分割方法の指定の委託

　被相続人は，自ら遺産分割の方法を指定することができるほか，第三者に遺産分割方法の指定を委託することができる（民908条，【書式107】）。

　被相続人による遺産分割方法の指定（民908条）とは異なり，民法上委託を受けた第三者の指定方法につき定めはない。そのため，指定を受けた第三者は指定書を作成する等の方法により被相続人の遺産の分割方法の指定をすればよい（【書式108】）。

(3)　いわゆる「相続させる遺言」について

(a)　上記純粋型の遺産分割協議はさほど多くはない。被相続人は，自身の死後に相続人が自身の遺産を巡って「骨肉の争い」をすることを避けたいと思い遺言書を作成することが多いからである。そのため，特定財産の帰属先を指定し，後の相続人間の遺産分割協議を前提としない遺言を記載するケースが極めて多い。特に，このケースの遺言は，「相続させる」という表現での遺言がなされることが多い。

　判例は，「相続させる」という表現の遺言につき，①その趣旨が遺贈であることが明らかであるか又は遺贈であると解釈すべき特段の事情のない限り，当該遺産を当該相続人に単独で相続させる遺産分割の方法の指定がされたも

のと解すべきである，②当該遺言において相続による承継を当該相続人の意思表示にかからせた等の特段の事情のない限り，遺産分割協議を経るまでもなく相続開始と同時に当該遺産は当該相続人に帰属するという判断を示した（最判平3・4・19民集45巻4号477頁。この点で「相続させる」遺言は，遺言による財産承継の態様が包括承継の側面がある反面，遺産分割を不要とする指定分割の側面も有する（梶村ほか・前掲133頁））。

　(b)　遺贈との差異　　現在，被相続人が遺産をいずれかの相続人に帰属させようとして遺言を作成する場合，「遺贈する」という文言ではなく，「相続させる」という文言を用いるのが通常である（ただし，「相続させる」遺言は，相続（被相続人の死亡による相続人への権利義務の承継すなわち相続）により権利を移転させるという被相続人の意思を示すものであるため，その文言の使用は相続人に遺産を帰属させたい場合に限定される。したがって，相続人以外に遺産を帰属させたい場合には「遺贈する」という文言を使うことになる）。その理由として，「相続させる」遺言と遺贈との間に以下の点で効力に差異があるからであると一般的に理解されている（本稿で記載した点以外の相違点について，梶村ほか・前掲134頁参照）。

　(イ)　登記申請　　遺贈の場合は，受遺者と登記義務者たる相続人との共同申請になり，相続人間で相続につき争いとなった際，他の相続人の協力が得られず登記移転手続を容易に行うことができないおそれがある。これに対し，「相続させる」遺言の場合は，受益を受ける相続人の単独申請で移転登記が可能となる（最判平7・1・24判時1523号81頁）。

　(ロ)　農地法上の許可の要否　　相続人以外に特定遺贈の方法で農地を遺贈した場合，登記の移転には農業委員会等の許可（農地法3条）を要する（なお，平成24年度の農地法施行規則の改正により，相続人に対する農地の特定遺贈についても許可が不要となった（農地法3条1項16号，同法施行規則15条5号））。これに対し，「相続させる」遺言の場合，農地法3条1項の許可は不要である（農地法3条1項12号）。

　(ハ)　権利移転による対抗関係具備の要否　　遺贈の場合，不動産の二重譲渡等における場合と同様，登記をもって物権変動の対抗要件とするものと解されている（最判昭39・3・6民集18巻3号437頁）。その理由として，遺贈は被相続人の意思表示によって物権変動の効果を生じる点で生前贈与と異なるところはないからである（当該判例は特定遺贈についての判示であるが，包括遺贈についても，特定遺贈と同様に受遺者と第三者の関係は対抗関係となるとする裁判例がある

（大阪高判平18・8・29判時1963号77頁）。同裁判例はその理由として「被相続人の意思に基づく財産の処分である点で，包括遺贈は，特定遺贈と同じである」点を挙げていることから，上記昭和39年判例と同様の理解に基づくものであると考えられる）。

　これに対し，「相続させる」遺言の場合，特段の事情がない限り，何らの行為を要せずに，被相続人の死亡時に直ちに当該遺産が当該相続人に承継されるとした上で，「相続させる」遺言による権利の移転は，法定相続分又は指定相続分の相続による場合と本質において異なるところはないから，これらの場合と同様，受益を受けた相続人は登記なくして第三者に対抗できる（最判平14・6・10家月55巻1号77頁）。

　相続財産に属する不動産につき遺産の分割前に（自己の法定相続分を超えた）単独所有権移転の登記をした共同相続人中のある者及びその者から移転の登記を受けた第三者に対し，他の共同相続人は自己の持分につき登記なくして対抗し得ると解されている（最判昭38・2・22民集17巻1号235頁）。また，遺言により法定相続分を下回る相続分の指定を受けた相続人につき，法定相続分に応じた共同登記がされたことを奇貨として，第三者に法定相続分を譲渡し移転登記した場合も同様である（最判平5・7・9家月46巻5号33頁）。上記平成14年判例は，これら共同相続人の1人が法定ないし指定相続分を超えて移転登記をした場合の処理を巡る一連の最高裁判例を踏襲したものであると思われる。

【芝口　祥史】

書式106　遺産分割方法を指定する遺言（純粋型）

遺　言　書

　遺言者は，相続人らが遺産分割協議をする際の分割方法を以下のとおり指定する。

第1条　遺言者が有する下記の不動産は，売却した上で当該売却代金を分割せよ。

記

　　　所在　〇〇県〇〇市〇〇町〇丁目
　　　地番　〇番〇〇号
　　　地目　宅地
　　　地積　〇〇.〇〇㎡

第2条　遺言者が有するその余の動産等は，現物をもって分割せよ。

以上

書式107　遺産分割の方法の指定を委託する遺言

遺　言　書

　遺言者は，下記の者に遺言者の遺産分割方法を指定することを委託する。

記

　　　住所　〇〇県〇〇市〇〇町〇丁目〇番〇号
　　　　　　〇〇ビル〇階
　　　職業　弁護士
　　　氏名　甲野太郎
　　　　　　昭和〇〇年〇月〇日生

以上

書式108 遺産分割の方法の指定書

遺産分割の方法の指定書

最後の住所　〇〇県〇〇市〇〇町〇丁目〇番〇号

被相続人　甲野太郎

　上記被相続人甲野太郎の平成〇年〇月〇日付自筆証書遺言による委託に基づき，私は被相続人甲野太郎の遺産を下記のとおり指定する。

記

　遺言者が有する下記の不動産は，売却した上で当該売却代金を分割せよ。

記

　　　所在　〇〇県〇〇市〇〇町〇丁目
　　　地番　〇番〇号
　　　地目　宅地
　　　地積　〇〇．〇〇㎡

以上

第2　協議による遺産分割

解　説

　被相続人が死亡し相続が開始されると，各相続人は各自の相続分に応じて相続財産を共有する（民898条）。このような共有を「遺産共有」という*1。遺産分割は，かかる遺産共有状態を解消し，個々の遺産を各相続人の単独所有とすることを目的とする*2。

　遺産分割の手続は，協議による分割，調停による分割，審判による分割がある。本稿では協議による分割についての基本的な点を触れた上，実務上問題になり得る点につき検討する。

> ＊1　判例上，相続財産の共有は民法249条以下に規定する「共有」とその性質を異にするものではないとされている（最判昭30・5・31民集9巻6号793頁）。もっとも，物権法上の共有についての共有物分割訴訟は通常裁判所での訴訟事項であるのに対し，民法898条の共有に対する遺産分割は家庭裁判所での審判事項である等，両者はまったく同質の共有であるとはいえないであろう。そこで，多くの文献では民法898条に基づく共有を「遺産共有」と呼んでおり，本稿でもかかる名称を用いた。

> ＊2　もちろん遺産分割の結果，特定の遺産につき共有状態を維持することも可能である（共有分割）。もっとも，特別の事情がない限り共有分割は行われないであろう（第15章第2の＊1参照）。
> 　なお，共有分割が成立した後に当該財産の分割を行いたい場合は，遺産分割審判ではなく共有物分割訴訟によることになる（第15章第2，【書式130】参照）。

(1)　総　論

　協議による遺産分割は，①相続人全員，②包括遺贈があった場合は包括受遺者全員（相続人と同一の権利義務を有するため，民990条），③相続分の譲渡があった場合はその譲受人全員を参加させなければならず，また①から③以外の者を参加させてはならない。これらに違反した遺産分割協議は無効となる（第15章第2参照）。

　協議書の作成方法については特に定めはないため，公正証書によっても私署証書によっても問題はない。後々相続人間で起こる可能性のある紛争を防止したい，協議書で定めた債務の履行につき強制執行受諾文言を付したいと考えるのであれば公正証書により作成する。

　遺産分割協議書の書式例として，【書式109】【書式110】を後掲する。【書

式109】は私署文書による場合で，【書式110】は公正証書による場合である。

(2) 分割対象，特に金銭債権等可分債権の取扱い

遺産分割は，上記のとおり遺産共有状態を解消し，個々の遺産を各相続人の単独所有とすることを目的とする。そのため，遺産分割の対象は，分割の困難な共有状態とされる不可分物であることが多い。具体的には，不動産，動産，現金等の所有権のほか，賃借権，地上権などの権利も含まれる。

これに対し，金銭債権等の可分債権や被相続人が負っていた可分債務については，民法427条が適用される結果，相続開始時に各相続人はその相続分に応じて分割取得することとなる。すなわち，遺産分割を待つまでもなく分割単独債権（債務）として各相続人に直接帰属することになる（可分債権につき最判昭29・4・8民集8巻4号819頁，可分債務につき最判昭34・6・19民集13巻6号757頁）。

もっとも，当事者の合意があれば，分割対象に取り込んで不可分物とともに遺産分割を行うことができる[*3,*4]。

なお，遺産分割の対象となる財産は相続開始時に被相続人に属しているのみならず，遺産分割時にも残余している財産である必要がある（前掲[*4]，東京家審昭44・2・24家月21巻8号107頁参照）。例えば，被相続人の遺産として現金が遺されていたが，遺産分割協議成立前に相続人の1人がすべて費消してしまった場合，当該現金についてはもはや遺産分割を行うことはできず，別途不当利得ないし不法行為として訴訟等を行う必要がある。

> [*3] 遺産分割調停等を申し立てる際に遺産目録を作成するが，遺産目録には被相続人名義の預貯金口座及び額を記載するのが一般的であると思われる。東京家庭裁判所のホームページ（http://www.courts.go.jp/saiban/syosiki_kazityoutei/syosiki_01_34/index.html，平成27年10月現在）に掲載されている遺産分割申立書の書式にも，遺産目録として【現金，預・貯金，株式等】を記載する欄がある。
>
> [*4] もっとも，分割債務につき相続分と異なる合意を成立させた場合，相続分と異なる部分は免責的債務引受がされたことになるため，債権者の承諾がなければ対抗することができない（最判平21・3・24民集63巻3号427頁）点に注意を要する。

(3) 遺産の一部分割

遺産に関する問題を一挙的に解決するためには，遺産分割は原則としてすべての遺産を対象として行われるべきものである。しかし，すべての遺産の

分割を協議しようとすると長期間協議が成立しないであろう場合（例えば一部の遺産につき遺産確認訴訟が提起されている場合）や，一部の遺産につき早急に分割する必要がある場合（例えば相続税の支払期限が近く被相続人の預貯金や現金から支出する必要がある場合）には，被相続人の遺産の一部のみ分割の対象として協議をすることも可能である（東京家審昭47・11・15家月25巻9号107頁，東京高判昭57・5・31判時1049号41頁など）。また，遺産分割協議書に「本遺産分割協議後新たに被相続人の遺産が発見された場合，改めて相続人間で協議，分割を行う」という条項を入れる場合があるが，かかる場合において協議後に新たな遺産が発見された場合も，先に行われた分割協議は一部分割であると解される。

もっとも，分割協議の目的とする一部の相続財産と残余財産との区別が不十分であると，かかる協議は無効であるとされるおそれがある（大阪家審昭40・6・28家月17巻11号125頁など）。また，一部分割により相続人間の具体的相続分に大きな差が生じ，残余財産の分割をもってしてもこの差が是正できないときは，先行する一部分割が無効とされる可能性もあることに注意を要する（上記東京家審昭47・11・15参照）。

一部分割の協議書については【書式111】を参照されたい。

(4) 協議による遺産分割に生ずる瑕疵

遺産分割協議につき，ある相続人を除外して遺産分割がなされた等，瑕疵が生ずることがある。これらの場合，遺産分割協議無効確認の訴え等を提起することになる（具体的な瑕疵の事由等については，第15章第2参照）。

また，当該遺産分割が詐害行為に該当する場合，詐害行為取消権の行使に基づく訴訟を提起することもできる（最判平11・6・11民集53巻5号898頁）。

【芝口　祥史】

書式 109　遺産分割協議書

（甲野太郎が死亡し，相続人2名（妻甲野花子，長男甲野一郎）で遺産分割をする場合）

　本　　籍　　〇〇県〇〇市〇〇町〇丁目〇番〇号
　最後の住所　〇〇県〇〇市〇〇町〇丁目〇番〇号
　被相続人　　甲野太郎（平成〇〇年〇月〇日死亡）

　上記の者の相続人全員は，被相続人の相続財産について協議を行い，次のとおり分割することに同意した。

1．相続人甲野花子は，次の不動産を取得する。
　(1)
　　　所在　　〇〇県〇〇市〇〇町〇丁目
　　　地番　　〇番〇号
　　　地目　　宅地
　　　地積　　〇〇.〇〇㎡
　(2)
　　　所在　　　東京都〇〇区〇〇町〇丁目
　　　家屋番号　〇番地〇
　　　種類　　　居宅
　　　構造　　　木造亜鉛メッキ鋼板葺2階建
　　　床面積　　1階　〇〇.〇〇㎡
　　　　　　　　2階　〇〇.〇〇㎡
2．相続人甲野一郎は，次の預貯金を取得する。
　(1)　〇〇銀行〇〇支店　普通預金（口座番号1234567）
　(2)　〇〇銀行〇〇支店　定期預金（口座番号7654321）
3．相続人甲野花子は，第1項記載の遺産を取得する代償として，甲野一郎に金〇〇万円を平成〇〇年〇〇月〇〇日までに支払う。

　以上のとおり相続人全員による遺産分割協議が成立したので，これを証するため本協議書を2通作成し，署名押印のうえ各自1通ずつ所持する。

平成〇〇年〇〇月〇〇日

　住所　〇〇県〇〇市〇〇町〇丁目〇番〇号
　氏名　甲　野　花　子　㊞

　住所　〇〇県〇〇市〇〇町〇丁目〇番〇号
　氏名　甲　野　一　郎　㊞

書式 110　遺産分割協議公正証書

平成○○年○○○号

遺産分割協議公正証書

　本公証人は，当事者甲野花子，甲野一郎の嘱託に基づいて，平成○○年○○月○○日，以下の法律行為に関する陳述の趣旨の口述を筆記し，この証書を作成する。
　被相続人甲野太郎（平成○○年○月○日死亡）の共同相続人である妻・甲野花子，長男甲野一郎の2名は，甲野太郎の相続財産について協議を行い，次のとおり分割することに合意した。

第1条　相続人甲野花子は，次の不動産を取得する。
　1．
　　　所在　　　　○○県○○市○○町○丁目
　　　地番　　　　○番○号
　　　地目　　　　宅地
　　　地積　　　　○○．○○㎡
　2．
　　　所在　　　　○○県○○市○○町○丁目
　　　家屋番号　　○番地○
　　　種類　　　　居宅
　　　構造　　　　木造亜鉛メッキ鋼板葺2階建
　　　床面積　　　1階　　○○．○○㎡
　　　　　　　　　2階　　○○．○○㎡
第2条　相続人甲野一郎は，次の預貯金を取得する。
　1．○○銀行○○支店　普通預金（口座番号1234567）
　2．○○銀行○○支店　定期預金（口座番号7654321）
第3条　相続人甲野花子は，第1項記載の遺産を取得する代償として，甲野一郎に金○○万円を平成○○年○○月○○日までに支払う。
第4条　各相続人においては，本件甲野太郎の相続に関し，本公正証書に定めたもののほか何ら債権債務がないことを相互に確認する。
第5条　甲野花子は，第　条に定める金銭債務を履行しないときは，直ちに強制執行に服する旨陳述した。

　　本旨外要件
○○県○○市○○町○丁目○番○号
　　共同相続人　　　無職　　甲野花子（昭和○○年○月○日生）
　上記の者は，印鑑証明書の提出により人違いのないことを証明させた。

○○県○○市○○町○丁目○番○号
　　共同相続人　　　会社員　甲野一郎（昭和○○年○月○日生）
　上記の者は，印鑑証明書の提出により人違いのないことを証明させた。

【備考】
 1．公正証書作成の際の手続等を簡略的に説明すると，以下のとおりである。
  ①　まず公証役場に問い合わせを行い，どのような公正証書を作成したいのかを相談する（弁護士や司法書士等が代理人となっている場合は，一般的にこれら代理人から協議書案を公証役場に送り，公証人等に内容等のチェックを受けるという方法をとることが多いように思われる）。
  ②　公証役場の者から必要書類を送るように依頼される。書式例でも記載したが，本人確認のため印鑑登録証明書は必要になることが多い。他にも，不動産を対象とする協議案であれば登記事項証明書や固定資産税評価証明書など，預貯金の場合は通帳の写しなどが求められるであろう。そのため，提出を求められるであろう書類は事前に収集しておくことが望ましい。
  ③　公証人や相続人と日程調整をしたうえで作成日時を決め，当日作成する。

書式 111　遺産の一部分割に関する協議書

```
本　　　籍　　○○県○○市○○町○丁目○番○号
最後の住所　　○○県○○市○○町○丁目○番○号
被 相 続 人　　甲野太郎（平成○○年○月○日死亡）
```

　上記の者の相続人全員は，被相続人の相続財産について協議を行い，次のとおり分割することに同意した。

１．相続人甲野花子及び相続人甲野一郎は，次の財産をそれぞれ２分の１ずつの割合で取得する。
　⑴　○○銀行○○支店　普通預金（口座番号1234567）
　⑵　○○銀行○○支店　定期預金（口座番号7654321）
　⑶　現金　　○○万円
２．前項に記載する財産以外の財産については，改めて相続人間で協議した上で，その分割を行う。

　以上のとおり相続人全員による遺産分割協議が成立したので，これを証するため本協議書を２通作成し，署名押印のうえ各自１通ずつ所持する。

平成○○年○○月○○日

住所　○○県○○市○○町○丁目○番○号
氏名　甲　野　花　子　㊞

住所　○○県○○市○○町○丁目○番○号
氏名　甲　野　一　郎　㊞

【備考】
　１．相続税の支払を行うために，預貯金のみ分割の対象とする場合を想定した。

第3　調停による遺産分割

解　説

〔1〕　遺産分割調停申立て

　遺産分割は，本書の構成の流れのように，遺言があればそれに従ってその内容を実現し（民908条），共同相続人間で協議が調えば，その協議結果に従って分割を進めていく（民907条1項）。「共同相続人間に協議が調わないとき，又は協議をすることができないときは，各共同相続人は，家庭裁判所に」遺産分割の調停又は審判の申立てをすることになる（民907条2項）。

(1)　調停と審判の選択

　遺産分割は，家事事件手続法別表第2の12項に，「遺産の分割」として掲げられている。同法39条により審判事項とされているが，同法244条に定める「その他家庭に関する事項」として，調停をすることもできる。審判と調停のいずれの申立てをするかは，申立てをする者が選択してよい。しかし，裁判所の実務としては，審判で申立てがあった場合でも，特別の事情がない限りは，まずはこれを職権で調停に付す（家手274条1項）ことが多い。事前の協議段階で対立が激しかったから調停での解決は困難であるとして，審判で申立てがなされることもあるが，調停委員会の関与によって協議が調うことも経験上少なくないし，協議が調わずに審判移行する場合であっても，論点の整理や当事者の感情の把握など，その後の審判の進行に資することになるからである。

(2)　管　轄

　調停の申立ては，相手方の住所地を管轄する家庭裁判所にするのを原則とするが，当事者全員で管轄に関する合意ができれば，合意で定める家庭裁判所でもよい（家手245条1項）。後者の場合は，裁判所あてに合意書を提出する（家手245条2項，民訴11条3項）。

　相手方が複数で，それぞれ管轄の異なる場所に住んでいる場合には，そのうち1名に管轄があればよい。通常は，申立人にとって一番便利な家庭裁判所を選択することが多い。

　遺産分割の審判の管轄は相続が開始した地，すなわち被相続人の最後の住

所地を管轄する家庭裁判所であるから（家手19条1項），まず審判の申立てがされ，それが調停に付された場合，相手方の住所地によっては，審判を管轄する裁判所と調停を管轄する裁判所が異なることがある。この場合，付調停後に，調停を管轄する裁判所に移送するのが条文上の原則であるが（家手274条1項），審判を管轄する裁判所が，調停を自ら処理することもできる（いわゆる自庁調停）（同条3項）。移送したほうが望ましい事情があれば別として，実際には，調停がまとまらず再び審判手続に戻ったときのことを考慮すると，調停と審判で管轄が異なる場合であっても，自庁で調停をすることが多いと思われる。

(3) 当事者

(a) 申立人　「各共同相続人は，その分割を家庭裁判所に請求できる」（民907条2項）。申立人は，相続人のうち1人であってもよいし，共同で申し立ててもよい。申立てができる者には，相続人のほか，包括受遺者（民法990条により，相続人と同一の権利義務を有するとされている）も含まれ，相続分の譲受人も申立権を有する（判例）。

相続開始後，遺産分割前に相続人の1人が破産手続開始決定を受けて破産管財人が選任され（例えば，町工場が先代名義のままの土地建物で操業を続けていたようなケースなど），共同相続人間で遺産分割協議が調わない場合，破産管財人が遺産分割の申立てができるかは，積極，消極両方の考え方があるが，裁判所の実務は肯定説に立っており，実際，年に何件かは，破産管財人が申し立てた事例もあるようである（肯定説に立つ解説として蓬田勝美「相続人の破産管財人の遺産分割協議への参加の可否」全国倒産処理弁護士ネットワーク編『破産実務Q＆A200問』94頁）。

(b) 相手方　申立人以外の共同相続人ら全員を相手方とする。

これらの者のうちに当事者能力，手続行為能力を欠く者がある場合は，第10章を参照されたい。

問題は，代襲相続などがあり，遠縁で会ったこともない当事者が相手方に含まれるような場合である。申立後，期日通知が相手方に届かず，その時点で初めて所在不明などが判明した場合や，相手方には届いたが，実は後見を要する状態であることが判明したような場合が時たまある。前者であれば不在者財産管理人の選任で対処することもできるが（遺産分割の申立人は，民法25条の定める「利害関係人」として，申立権を有すると考えられる），後見の場合には，

遺産分割の申立人が，後見の申立権を有する4親等以内の親族（民7条）であるとしても，遠縁の親戚では，後見を受けるべき者の心身の状態もわからず，申立てに必要な資料をそろえることもままならず，事実上後見の申立てが困難であることも多い。身近な親族が後見の申立てに協力してくれればよいが，すべての場合に協力が得られるとも限らず，親族がいない場合も少なくない。そのような場合，市区町村の福祉担当部署や社会福祉協議会，地域包括支援センターでは実情を把握しているはずなので，まずこれらに照会し，最終的には市区町村長に後見等の申立てをしてもらうほかはないケースも出てくると思われる。市区町村長は，特別法に基づき，後見等の申立てをすることができる（例えば老人福祉法32条など）。

(4) 申 立 書（【書式112】）

調停の申立てをするときは，申立書を裁判所に提出する（家手255条1項）。申立書は，その写しを相手方に送付する必要上（家手256条1項本文），正本のほか，相手方の人数分の写しを提出する必要がある。

申立書には，当事者名及び法定代理人，申立ての趣旨及び理由を記載し（家手255条2項），さらに，事件の実情を記載する（家手規127条・37条1項）ほか，遺産目録を添付する（家手規127条・102条1項）。遺産目録には，相続開始時の積極財産を記載するが，財産の管理者，管理状況（通帳は誰々が保管しているなど）等，調停の進行の参考になる事項を記載することが望ましい（最高裁判所事務総局家庭局監修『条解家事事件手続規則』258頁）。

なお，申立書及び添付書類は，裁判所にどのような書類を提出したのかが後でわからなくなり困ることのないよう，すべて，自分の手元にコピーをとっておくようにされたい。

(5) 戸籍，住民票とマイナンバー

遺産分割調停申立書には，添付する戸籍謄本（全部事項証明書）や住民票等が多数にのぼるが，それらは3ヵ月以内に発行されたものを求めている庁がほとんどと思われる。

戸籍謄本（全部事項証明書）等の取得について，弁護士や司法書士に依頼する場合には問題はないが，本人で申立てをする場合，裁判所では，申立書に記入をした上で，それを市役所の戸籍窓口で示し，裁判所に提出する申立書に添付すると説明すれば，戸籍謄本（全部事項証明書）や住民票を発行してもらえると案内しており，実際に市役所もそのような運用をしているようであ

る。戸籍法10条の2第1項2号に該当するケースであり，申請者が，必要となる理由を明らかにすれば足りる。時々，市役所から裁判所に対し，裁判所からの依頼があれば戸籍謄本（全部事項証明書）や住民票を交付できると言ってくる例があるが，申立前に裁判所がそのような依頼を市役所にする根拠はない。

なお，申立人が自分の住民票を取得する際には，マイナンバーの記載のないものの交付を申請されたい。住民票にマイナンバーを記載するかは申請時に選択できる。提出された書類は閲覧対象となる可能性があるため，マイナンバーの記載がある住民票は，裁判所では絶対に受け取らない。

弁護士や司法書士等の第三者が住民票を職務上請求する場合は，マイナンバーは記載されない。

(6) 非開示の申出をする場合

夫婦関係や子の監護に関する処分の事件とは異なり，遺産分割の場合には，相手方に秘匿にしなければならない事項はあまりないとは思うが，相手方と対立が激しく，連絡先など知られたくない事項がある場合には，裁判所に対し，非開示の申出をすることができ，各庁で非開示申出書を用意している。

【野地　一雄】

書式 112　遺産分割調停申立書

受付印	遺産分割	☑ 調停 ☐ 審判	申立書

（この欄に申立て1件あたり収入印紙1,200円分を貼ってください。）

収入印紙　1,200円
予納郵便切手　　　円

（貼った印紙に押印しないでください。）

横浜家庭裁判所　御中 平成 ○○ 年 ○○ 月 ○○ 日	申立人（又は法定代理人など）の記名押印	甲 野 一 郎　㊞

添付書類	（審理のために必要な場合は，追加書類の提出をお願いすることがあります。） ☑戸籍（除籍・改製原戸籍）謄本（全部事項証明書）　合計 ○通 ☑住民票又は戸籍附票　合計 ○通　　☑不動産登記事項証明書　合計 ○通 ☑固定資産評価証明書　合計 ○通　　☑預貯金通帳写し又は残高証明書　合計 ○通 ☐有価証券写し　合計 ○通　　☑相手方用申立書の写し　2通	準口頭

当事者	別紙当事者等目録記載のとおり		
被相続人	本　籍	神奈川　都道府県	××市××町1丁目2番地
	最後の住　所	神奈川　都道府県	××市××町1丁目2番3号
	フリガナ 氏　名	コウノ　タロウ 甲 野 太 郎	平成○○年○○月○○日 死亡

申　立　て　の　趣　旨

被相続人の遺産の分割の　（ ☑ 調停 ／ ☐ 審判 ）　を求める。

申　立　て　の　理　由

遺産の種類及び内容	別紙遺産目録記載のとおり		
被相続人の債務	☑ 有	☐ 無	☐ 不明
☆　特別受益	☐ 有	☑ 無	☐ 不明
遺　　言	☐ 有	☑ 無	☐ 不明
遺産分割協議書	☐ 有	☑ 無	☐ 不明
申立ての動機	☑ 分割の方法が決まらない。 ☐ 相続人の資格に争いがある。 ☑ 遺産の範囲に争いがある。 ☐ その他（　　　　　　　　　　　　　　　　　　　　　　）		

（注）太枠の中だけ記入してください。
　　　☐の部分は該当するものにチェックしてください。
　　　☆の部分は，相続人から生前に贈与を受けている等特別な利益を受けている者の有無を選択してください。
　　　「有」を選択した場合には，遺産目録のほかに，特別受益目録を作成の上，別紙として添付してください。

第3 調停による遺産分割 〔1〕遺産分割調停申立て　375

当事者目録

	本　籍 （国籍）	神奈川　都道 　　　　府㊣　××市××町1丁目2番地		
☑□ 申相 立手 人方	住　所	〒○○○-○○○○ 神奈川県××市××町1丁目2番3号　　　　（　　　　　方）		
	フリガナ 氏　名	コウノ　イチロウ 甲　野　一　郎	大正 昭和 平成	○○年○○月○○日 生 （　○○　歳）
	被相続人 との続柄	長男		

	本　籍 （国籍）	神奈川　都道 　　　　府㊣　××市××町1丁目2番地		
□☑ 申相 立手 人方	住　所	〒○○○-○○○○ 神奈川県××市××町1丁目2番3号　　　　（　　　　　方）		
	フリガナ 氏　名	コウノ　ハナコ 甲　野　花　子	大正 昭和 平成	○○年○○月○○日 生 （　○○　歳）
	被相続人 との続柄	妻		

	本　籍 （国籍）	東京　㊣道 　　　府県　△△市△△34番地		
□☑ 申相 立手 人方	住　所	〒○○○-○○○○ 東京都△△市△△3丁目4番5号　　　　（　　　　　方）		
	フリガナ 氏　名	オツノ　ジロウ 乙　野　二　郎	大正 昭和 平成	○○年○○月○○日 生 （　○○　歳）
	被相続人 との続柄	二男		

	本　籍 （国籍）	都　道 　府　県		
□□ 申相 立手 人方	住　所	〒　－ （　　　　　方）		
	フリガナ 氏　名		大正 昭和 平成	年　月　日 生 （　　　歳）
	被相続人 との続柄			

	本　籍 （国籍）	都　道 　府　県		
□□ 申相 立手 人方	住　所	〒　－ （　　　　　方）		
	フリガナ 氏　名		大正 昭和 平成	年　月　日 生 （　　　歳）
	被相続人 との続柄			

（注）□の部分は該当するものにチェックしてください。

遺　産　目　録　（☐特別受益目録）

【土　地】

番号	所　　　　在	地　番	地　目	地　積		備　考
				平方メートル		
1	××市××町1丁目	2番地　3	宅地	○○	○○	建物1の敷地

（注）この目録を特別受益目録として使用する場合には，（☐特別受益目録）の☐の部分にチェックしてください。
　　　また，備考欄には，被相続人から生前に贈与を受けた相続人の氏名を記載してください。

遺　産　目　録　（☐特別受益目録）

【建　物】

番号	所　　　　在	家屋番号	種類	構造	床面積		備　考
					平方メートル		
1	××市××町1丁目2番地の3	2番	居宅	木造瓦葺2階建	1階 ○○ 2階 ○○	○○	申立人が居住
2	（区分所有建物）□□市□□町3丁目4番地　○○ハイツ	203	居宅	鉄筋コンクリート造1階建	2階部分 ○○	○○	ワンルームマンションとして賃貸中

（注）この目録を特別受益目録として使用する場合には，（☐特別受益目録）の☐の部分にチェックしてください。
　　　また，備考欄には，被相続人から生前に贈与を受けた相続人の氏名を記載してください。

遺　産　目　録　（☐特別受益目録）

【現金，預・貯金，株式等】

番号	品　　　　　目	単位	数量（金額）	備　考
1	現金		100万0000円	相手方花子が保管
2	A銀行B支店　普通預金（口座番号　○○○○○○）		100万0000円	通帳は申立人が保管
3	B銀行C支店　定期預金（口座番号　○○○○○○）		100万0000円	通帳は申立人が保管
4	D株式会社株式		1000株（10万5000円）	E証券会社F支店扱い相続開始日の終値
5	（負債）○○市立病院未払診療費		20万0000円	申立人が立て替えて支払済み

（注）この目録を特別受益目録として使用する場合には，（☐特別受益目録）の☐の部分にチェックしてください。
　　　また，備考欄には，被相続人から生前に贈与を受けた相続人の氏名を記載してください。

【備考】
1．申立人が複数のときは，申立人の記名押印欄に連名で記名（署名）押印する。
2．当事者目録は，【書式119】の事案の申立時を想定した。遺産目録は，同事案を基本に，改変した。
3．遺産目録に土地や建物を記載するときは，基本的に登記事項証明書の表題部欄の各項目を書き写せばよい。
　　区分所有建物で，建物の名称があり，土地が敷地権になっているものは，種類，構造，床面積の記載は不要である。登記事項証明書も，土地について別途とる必要はない。
4．申立手続費用
　(1)　収入印紙　　　被相続人1人につき1200円分の収入印紙（民訴費3条1項・別表第1の15項の2）。
　(2)　予納郵便切手　　3000円〜3500円程度。相手方の人数が増えると，必要な切手の額も増える。
5．添付書類
　(1)　戸籍・住民票関連で共通に必要なもの
　　①　被相続人の出生から死亡までのすべての連続した戸籍謄本（全部事項証明書），除籍謄本（全部事項証明書），改製原戸籍謄本　　複数の当事者が共通の戸籍や住民票に記載されている場合は，1通でよい。震災や空襲等で古い戸籍が滅失している場合には，その旨の証明書が発行される。
　　②　被相続人の住民票除票（戸籍附票）
　　③　相続人全員の戸籍謄本（全部事項証明書）
　　④　相続人全員の住民票（戸籍附票）
　　⑤　被相続人の子（及びその代襲者）で死亡している者がいる場合は，その子（及びその代襲者）の出生から死亡までのすべての連続した戸籍謄本（全部事項証明書），除籍謄本（全部事項証明書），改製原戸籍謄本
　(2)　相続人に第2順位の相続人（直系尊属）が含まれる場合
　　①　死亡している直系尊属がある場合には，その直系尊属の死亡の記載のある戸籍謄本（全部事項証明書），除籍謄本（全部事項証明書），改製原戸籍謄本
　(3)　相続人に第3順位の相続人（兄弟姉妹及びその子）が含まれる場合
　　①　被相続人の父母の出生から死亡までの連続した戸籍謄本（全部事項証明書），除籍謄本（全部事項証明書），改製原戸籍謄本
　　②　被相続人の直系尊属の死亡の記載のある戸籍謄本（全部事項証明書），除籍謄本（全部事項証明書），改製原戸籍謄本
　　③　死亡している兄弟姉妹がある場合，その兄弟姉妹の出生から死亡までの連続した戸籍謄本（全部事項証明書），除籍謄本（全部事項証明書），改製原戸籍謄本
　　④　代襲者としての甥姪で死亡している者がある場合，その甥姪の死亡の記載のある戸籍謄本（全部事項証明書），除籍謄本（全部事項証明書），改製原戸籍謄本
　(4)　遺産に関する書類
　　①　不動産登記簿謄本（登記事項証明書）及び固定資産評価証明書
　　②　預金通帳写し（相続開始時の残高まで記帳）又は相続開始時の残高証明書
　　③　有価証券につき，証券会社が発行する取引残高証明書など
　　④　不動産について賃貸借契約がある場合には，その契約書の写し

⑤ 遺言書や遺産分割協議書がある場合には，その写し　遺産に関する資料については，相手方にもその写しを送付するため，相手方の人数分の写しを提出する。

(5) その他　相続関係図，進行に関する照会書など，条文上求められてはいないが，事案の理解や進行方針の検討に必要なものについて，各庁で定めている。

〔2〕 遺産分割調停の手続のフローチャート

解　説

　遺産分割調停の申立てについては〔1〕で既に触れたが，本節〔2〕ではその申立てから始まる遺産分割調停の手続の流れをフローチャートにしてまとめた。

■遺産分割調停の手続の流れ

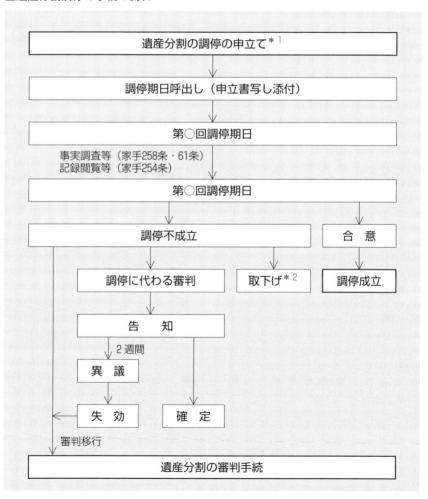

【備考】
＊1　この申立てが遺産分割の基本事件である（民907条2項。家手別表第2の12項審判事件）。これに関連する事件としては，次のようなものがある。
　①　遺産分割の禁止調停の申立て（民907条3項。家手別表第2の13項審判事件）
　②　寄与分を定める調停の申立て（民904条の2第2項。家手別表第2の14項審判事件）
　　　裁判所は，寄与分を定める処分審判の申立ての期間を指定できる（家手193条1項）。
　③　審判前の保全処分の申立て（家手200条。家事雑事件）
　　　調停の申立てがあれば，遺産分割の審判事件を本案とする審判前の保全処分が可能である。
＊2　取下げは，本案について答弁があった後は，相手方の同意が必要である（家手199条による153条準用）。

【貴島　慶四郎】

〔3〕 事件係属中の当事者の死亡や資格喪失その他の事由による手続の受継

解　説

　例えば，被相続人H所有の遺産である甲土地について，相続人である長男Aを申立人，長女Bを相手方とする遺産分割の調停事件が係属中に，申立人である長男Aが死亡したときに，同人の（再転）相続人である妻AWと長男aの2人が，Aの申立人としての地位を手続上受継する場合が本項の例である。

(1) 手続受継の趣旨

　遺産分割事件の当事者（申立人あるいは相手方）が死亡により手続を続行することができなくなった場合は，家事事件の簡易迅速処理の要請から，遺産分割調停の事件は中断するとはされていない。この点，訴訟手続において定める手続保障上の観点からの（受継手続があるまでの間は）訴訟手続は中断する（民訴124条），という扱いとは異なることになる。

　手続中断はないものの，当事者が死亡，資格の喪失その他の事由によって遺産分割調停事件の手続を続行することができない場合において，法令により当事者の地位を承継する者があるときは，その当事者に代わって，その地位を承継する者が新たな当事者として，遺産分割調停事件の手続を引き継がなければならないとされる（家手44条1項，258条で調停手続に準用）。

(2) 当事者が手続を続行することができない場合

　当事者が手続を続行することができない場合とは，遺産分割事件の当事者が死亡により（一般的な資格としての）当事者能力を失ったとき（民訴124条1項1号参照），あるいは，（破産管財人のように訴訟担当者としての）資格に基づく当事者が職務の辞任・解任による資格喪失があったとき（同項5号参照）が典型である。その他の事由として，遺産分割事件の係属中の当事者が破産手続開始の決定を受けた場合（破44条参照）等がある。

(3) 法令により手続を続行すべき者

　「法令により当事者の地位を承継する者」の例としては，当事者死亡の場合は相続人であり（民898条〜899条），当事者が破産手続開始の決定を受けた場合は破産管財人である（破80条参照）。

　冒頭のA死亡の例において手続を続行すべき者は，AWとaの2人である。

つまり，当事者Aの死亡により，AがH遺産の甲土地に有していた持分権1/2は，実体法上当然にAの相続人に再転承継される。したがって，Aが死亡した後は，甲土地は，(Aの)再転相続人AWとa，それに(Hの)本位相続人Bの3人が甲土地を実体法上共有しており(AW：a：B＝1/4：1/4：2/4＝1：1：2)，このことを前提に，新たな3人を当事者としての遺産分割手続が続行される。

(4) 手続代理人がある場合と受継

手続を続行できなくなった当事者に手続代理人がいる場合には，当事者が死亡しても，手続代理人の代理権は消滅せず(家手26条において準用する民訴58条1項1号)，当該手続代理人は手続続行者の代理人として活動することとなるが，このような場合においても，誰が受継するのかを明確にし，手続の円滑な進行を図るため，手続代理人がいない場合と同様に，裁判所は受継決定をする必要がある。この点，訴訟法上の規律とは異なる(民訴124条2項参照)。

(5) 受継の申立てと受継決定との関係

冒頭設例で，申立人Aが死亡した場合，実質的には，その推定相続人が当該調停事件の当事者の地位に就くといえる。しかし，被相続人Aの相続人が確定するまでには相続放棄等の熟慮期間の点もあり，一定の空白期間を要するのが通常である。そのため，A死亡時から相続人となった者が当該手続を受継するまでの間について見ると，形式的には，当該手続は当事者不在の状態となる。この場合，「受継」はこのような状態を解消するために，受継すべき者を確認し，形式的に当事者の地位に就くことを認める手続であって，まさにこの点に意味があるとされる(金子修編著『逐条解説・家事事件手続法』152頁参照)。

裁判所は，受継の申立てに理由があれば受継決定をし，その申立てに理由がなければ，その申立てを却下することになる。この申立てを却下する裁判は，その申立人の遺産分割手続に対する関与の機会を奪うものであるから，却下の裁判に対しては即時抗告をすることができる(家手44条2項)。

(6) 申立手続

(a) 申立権者　　受継の申立てをする資格のある者。

(b) 管　　轄　　遺産分割調停事件の係属裁判所。

(c) 申立手続費用　　申立手数料不要。予納郵便切手は裁判所の指示による。

(d) 添付書類　　受継原因，その資格を証する資料（戸籍謄本（全部事項証明書）等）。

【貴島　慶四郎】

書式 113　受継申立書(1)──当事者の死亡による相続人の受継

受 継 申 立 書

　　　　　　　　　　　　　　　　　　　　申立人　甲　野　太　郎
　　　　　　　　　　　　　　　　　　　　相手方　乙　山　花　子

　上記当事者間の平成〇〇年（家イ）第〇〇号遺産分割調停事件の申立人甲野太郎は平成〇年〇月〇日に死亡した。
　同人の相続人は下記の２人であり，本件手続を受継したくこの申立てをする。

記

　　本籍　横浜市中区〇〇町〇丁目〇番地
　　住所　横浜市中区〇〇町〇丁目〇番〇号
　　　　　氏名　（甲野太郎の妻）甲野桃子
　　本籍　横浜市中区〇〇町〇丁目〇番地
　　住所　横浜市中区〇〇町〇丁目〇番〇号
　　　　　氏名　（甲野太郎の長男）甲野一郎

添付書類
　亡甲野太郎の戸籍謄本（全部事項証明書）１通
　上記相続人両名の戸籍謄本（全部事項証明書）２通，住民票２通

　　　　　　　　　　　　　　　　　　平成〇〇年〇〇月〇〇日
　　　　　　　　　　　　　　　　　　　受継者　甲　野　桃　子　㊞
　　　　　　　　　　　　　　　　　　　受継者　甲　野　一　郎　㊞

〇〇家庭裁判所　御中

書式 114 受継申立書(2)——破産手続開始決定による破産管財人の受継

受 継 申 立 書

申立人　甲　野　太　郎
相手方　乙　山　花　子

　上記当事者間の平成○○年（家イ）第○○号遺産分割調停事件の申立人甲野太郎については，平成○年○月○日，○○地方裁判所において同人を破産者として破産手続開始決定がされて，下記の者が破産管財人に選任された。
　ついては，当職が本件手続を受継したく，本申立てをする。

記

　　事務所（送達場所）
　　　　　横浜市中区○○町○丁目○番地　　○○法律事務所
　　電話番号　　○○○（○○○）○○○○
　　氏名　　　　　　　　　　　　　　○　○　○　○

添付書類
　破産手続開始決定写し１通

平成○○年○○月○○日
（破産管財人弁護士）　○　○　○　○　㊞

○○家庭裁判所　御中

【備考】
1．破産財団に関する訴訟手続の中断
　　［破産法44条１項］破産手続開始の決定があったときは，破産者を当事者とする破産財団に関する訴訟手続は，中断する。
2．破産財団に関する訴えの当事者適格
　　［破産法80条］破産財団に関する訴えについては，破産管財人を原告又は被告とする。

〔4〕 手続からの排除

解　説

　例えば，被相続人Hの相続人が妻W，長男A，長女Bの3人のとき，被相続人H所有の遺産である甲土地について，Aが申立人，WとBを相手方とする遺産分割の調停事件が係属中に，調停期日外でBから母Wに対し相続分全部の譲渡をしたことから，遺産に対する持分権が「0」となり，遺産との関係で利害関係のなくなったBが遺産分割の調停手続から排除される場合がそうである。

(1) 排除の趣旨

　家庭裁判所は，当事者となる資格を有しない者及び当事者である資格を喪失した者を家庭裁判所の手続から排除することができ（家手258条1項による43条1項準用），排除の審判に対しては即時抗告が可能である（家手43条2項）。

(2) 排除の効果

　家事事件は，その公益性及び実体的真実の要請から，個人の私生活上の秘密を扱うことになり，手続保障を及ぼす必要のない者が当事者としての地位に残ることの弊害が考慮されたものである。ここでいう「手続からの排除」とは，「当事者」から当事者としての地位を喪失させることを意味し，例えば，それまで当事者として記録の閲覧等を行うことができた者も「廃除」により当事者として記録の閲覧等ができなくなる（金子修編著『逐条解説・家事事件手続法』147頁）。

　冒頭の相続分譲渡の例では，その母Wへの相続分譲渡によって，自己の相続分が「0」となった長女Bは，実体法上，父Hの遺産である甲土地の共有持分者から外れ，したがって分割請求権もないことから，遺産分割の調停手続に関わる意味はないことになる。相続分全部の放棄がされた場合でも同様である。ただし，譲渡人や放棄者に登記義務や占有移転義務がある場合には，なお利害関係者であるとして，遺産分割の当事者となり得ると解される余地はある。

(3) 排除の手続

　当事者には申立権が認められていないので，手続からの排除を望む当事者あるいは排除させたいと思う当事者は，その旨の職権発動を促す申出書を提

出することになる。家庭裁判所が手続から排除する際には，その旨の裁判（決定）をすることになる。この裁判は，家事事件手続法81条に規定する審判以外の裁判に当たる。

【貴島　慶四郎】

書式 115　排除の申出書

排除の裁判を求める申出書

申立人　丙野一郎
相手方　丙野桃子　ほか1名

　上記当事者間の平成○○年（家イ）第○○号遺産分割調停事件について，私は，別添の「相続分譲渡証書（譲渡人の印鑑証明書付き）」にあるとおり，自己の相続分の全部を譲渡しましたので，本件手続から排除されたく，申し出いたします。

　　　　平成○○年○○月○○日
　　　　　　　　申出人（相手方）　丙野花子　㊞

○○家庭裁判所　御中

（別添）

相続分譲渡証書

　　　住所　○○県○○市○○町○丁目○番○号
　　　　譲渡人（甲と称す）　丙野花子
　　　住所　○○県○○市○○町○丁目○番○号
　　　　譲受人（乙と称す）　丙野桃子

　甲は乙に対し，本日，被相続人亡丙野太郎（本籍○○県○○市○○町○丁目○番○号）の相続について，甲の相続分全部を無償で譲渡し，乙はこれを譲り受けた。

　　　　平成○○年○○月○○日
　　　　　　　　甲　丙野花子　実印
　　　　　　　　乙　丙野桃子　認印

解説

〔5〕 証拠等の申出書

(1) 職権探知主義

　家事事件手続法56条1項は，「家庭裁判所は，職権で事実の調査をし，かつ，申立てにより又は職権で，必要と認める証拠調べをしなければならない」と定める。本条は，同法258条で，調停にも準用されている。

　家事審判事件の審理には，民事訴訟法における弁論主義とは異なり，基本的には職権探知主義が適用され，家庭裁判所は，後見的立場から裁量的に審理を進め，当事者に，必要な資料の提出を求めることができるとされている。

　そして，原則としての職権探知主義を維持しつつも，証拠調べについては当事者に申立権を与えてもいる。当事者は，「適切かつ迅速な審理及び審判の実現のため」に，これらの手続に協力することを求められている（家手56条2項）。遺産分割に当たっては，資料が一部の当事者に偏在していることが少なくないので，この規定の意味は大きい。

(2) 事実の調査

　職権探知主義の原則から，「裁判資料の収集について，当事者の申立ての有無等，その手続上の姿勢や態度により影響されることなく，広範な裁量の下，裁判所が適宜適切な方法により裁判資料を収集することができる」とされている（金子修編著『逐条解説家事事件手続法』197頁）。このための方法としては，当事者に資料の提出を求めたり，裁判官が審問をしたり，官公署等に照会をする方法（調査嘱託）などがある。条文上は「家庭裁判所調査官に事実の調査をさせることができる」（家手58条）とあるが，遺産分割の場合には，寄与分の調査以外にはあまり事例はないのではないかと思われる。

　事実の調査として調査嘱託を求める場合には，証拠申出書ではなく，裁判所の職権発動を求める上申書の形をとることになる。

　審判事件で事実の調査をしたときは，別表第2審判事件の場合には，家庭裁判所は，「特に必要がないと認める場合を除き，その旨を当事者及び利害関係人に通知しなければならない」と定められている（家手63条の特則としての70条）。これに対し，調停手続において事実の調査をした場合には，家事事件手続法258条では63条の準用が除外されているので，事実の調査をした旨

の通知をする必要はない。これは，調停が話し合いによる紛争解決の手続であるとされているからであるが，遺産分割調停が不成立により審判移行した場合には，実務上，「第○○号遺産分割調停事件記録について事実の調査をした」と通知されている。

これらの通知は，相当と認める方法によればよいとされているので（家手規5条，民訴規4条1項），当該資料の写しの交付や通知書の送付などの方法によりなされることが多い。

(3) 証拠調べ

証拠調べにより審判の資料収集を行う場合には，準用を除外されているものを除き，民事訴訟法の規定を準用する（家手64条1項）。ただし，家事事件手続法33条本文により，原則非公開で行われる。

別表第2事件，特に遺産分割事件では，訴訟類似の当事者間の対立構造が見られることもあり，必要な資料の収集について当事者が積極的に申し出ることが多い。ここでは，その代表例として，調査嘱託の申出と鑑定の申出を取り上げて説明する。

(a) 調査嘱託の申出書（【書式116】）　遺産分割手続では，具体的な遺産の割付作業の前に，前提として遺産の範囲の確定をする（本章第3〔2〕「遺産分割調停の手続のフローチャート」参照）。家事事件手続法56条2項で当事者の協力義務を定めてはいるものの，調査嘱託により資料を収集しなければならない場面は多いと思われる。調査嘱託は，官公庁，団体，会社などを対象とし，実例としておそらく銀行が一番多く，次いで，証券会社，信販会社などが多いと思われる。実際の嘱託手続は裁判所書記官が行う（家手規45条）。

(b) 鑑定の申出書（【書式117】）

(イ) 鑑定の実施　遺産の範囲の確定が済んだら，次にその遺産の評価額を確定することになる。鑑定の対象となるのはほとんどが不動産なので，不動産鑑定の場合を例に説明する。

遺産に多くの不動産が含まれる事案などでは，住宅を相続人の1人が取得し，代償金を支払う場合など，各当事者の思惑が交錯し，鑑定をせざるを得ない場合が少なからずある。

調停委員には不動産鑑定士の資格を有する者もあり，紛争性が低く，調停委員会の提案を受け入れる素地がある事案などでは，それらの専門家委員から意見を述べてもらい（家手264条1項），それをベースにその後の遺産分割調

停を進める場合もあるが，紛争が激化していたり，対象物件が多数であり，評価額の合意を得るのが困難であるような場合には，鑑定によらざるを得ない。

　㈡　鑑定費用　　不動産鑑定は，通常は，相続開始時と鑑定時の2時点の評価額を求めるため，1時点の評価額を求める場合よりも若干費用が高くなる。

　実際に鑑定をすることになったら，依頼予定の不動産鑑定士に見積もりを出してもらい，その金額を当事者に予納してもらってから，正式に鑑定依頼をする。その費用は，調停段階では，法定相続分の割合に応じて，分担して予納してもらう傾向にある。鑑定には相応の費用を要するので，調停が成立した場合には，調停費用は各自の負担とするという家事事件手続法28条1項の規定にかかわらず，調停条項でその負担について定めることもある。審判に移行した場合には，審判主文でその費用の負担割合について定める（家手29条1項）。

　鑑定人には，鑑定に着手する前に，宣誓をしてもらう（家手規46条，民訴規131条）。宣誓は，ほとんどの場合，宣誓書を裁判所に提出する方法で行われている。

　(c)　証拠説明書（【書式118】）　　遺産分割の場合には，証拠として提出する書面が多岐にわたる場合が多いので，書証として文書を提出するときには，「文書の記載から明らかな場合を除き，文書の標目，作成者及び立証趣旨を明らかにした証拠説明書」を提出しなければならないとされている（家手規46条1項，民訴規137条1項）。

　証拠説明書は，これまで必ずしも作成されない場合もあったが，関係者全員の理解に役立つので，できるだけ作成するようにされたい。

【野地　一雄】

書式 116　調査嘱託申出書

平成27年（家イ）第〇〇〇〇号　遺産分割調停事件
　　申　立　人　〇　〇　〇　〇
　　相　手　方　〇　〇　〇　〇
　　被相続人　　〇　〇　〇　〇

　　　　　　　調　査　嘱　託　申　出　書*1

　　　　　　　　　　　　　　　　　　　平成〇〇年〇〇月〇〇日

〇〇家庭裁判所　御中

　　　　　　　　　　　　　　　　　申立人　〇　〇　〇　〇　㊞

　　次のとおり調査嘱託の申出をします。
１　嘱託先
　　〒〇〇〇－〇〇〇〇
　　　〇〇県〇〇市〇〇町１丁目２番３号
　　　株式会社Ａ銀行Ｂ支店
２　証明すべき事実
　　本件被相続人の相続開始時における被相続人の資産状況及び相続開始時の１年前から相続開始時までの取引状況*2
３　調査事項
　　　最後の住所〇〇市〇〇町１番地　被相続人　亡〇〇〇〇について，
　(1)　被相続人の預金等の有無
　(2)　被相続人の預金等が存在した場合は，相続開始時の１年前から相続開始時までの取引状況及び平成〇〇年〇〇月〇〇日における預金等の種類，口座番号及びその残高

【備考】
１．（*１）事実の調査としての調査嘱託の職権発動を求める場合には，タイトルを，「上申書」とし，本文の「調査嘱託の証拠申出をする。」を，「調査嘱託を求める。」とすればよい。
２．（*２）証明すべき事実や調査事項，対象期間は例示である。
３．証拠申出や職権発動を促す上申に手数料としての収入印紙は不要だが，嘱託先への往復相当額の郵便切手が必要となる。

書式 117　鑑定申出書

平成27年（家イ）第〇〇〇〇号　遺産分割調停事件
　　申　立　人　〇　〇　〇　〇
　　相　手　方　〇　〇　〇　〇
　　被相続人　　〇　〇　〇　〇

　　　　　　　　鑑　定　申　出　書

　　　　　　　　　　　　　　　　　　　平成〇〇年〇〇月〇〇日

〇〇家庭裁判所　御中

　　　　　　　　　　　　　　　　　　　申立人　〇　〇　〇　〇　㊞

　　次のとおり鑑定の申出をします。
　1　鑑定事項
　　(1)　別紙物件目録記載の不動産の相続開始時の市場価格
　　(2)　上記不動産の平成〇〇年〇〇月〇〇日時点の市場価格
　2　証明すべき事実
　　　上記不動産の市場価格
　3　鑑定人
　　　御庁において不動産鑑定士を選任されたい。*1

【備考】
1.（*1）鑑定の申出をする際に，鑑定人に心当たりがあればその氏名を記載してもよいが，反対当事者の同意が得られない等，必ずしも希望のとおりにいかないこともある。
2.申出のための手数料は不要である。なお，鑑定人のための資料として，不動産登記簿謄本（登記事項証明書），土地公図などのほか，不動産業者の査定書などがあれば，それらの写しを用意されたい。

書式 118 証拠説明書

平成27年（家イ）第○○号　遺産分割調停事件

　　申　立　人　○　○　○　○
　　相　手　方　○　○　○　○
　　被相続人　　○　○　○　○

　　　　　　　　証　拠　説　明　書

　　　　　　　　　　　　　　　　　　　平成○○年○○月○○日

○○家庭裁判所　御中

　　　　　　　　　　　　　　　　　　　申立人　○　○　○　○　㊞

符号番号	標　目 （原本・写しの別）	作成年月日	作成者	立証趣旨	備考
甲1	遺言書（写し）	平成○○年○月○日	被相続人	被相続人が遺言を行った事実	
甲2の1～2	内容証明郵便（原本）配達証明書（原本）	平成○○年○月○日	申立人 ○○郵便局	申立人が相手方に対し遺留分減殺の意思表示を行った事実	
甲3	診断書（原本）			被相続人の遺言書作成時の病状等	
	（以下省略）				

〔6〕 遺産の評価の合意

解　説

　例えば、被相続人Hの相続人は妻W、長男A、長女Bの3人であり、被相続人H所有の財産が元々4000万円であったところ、Hは死亡する直前に、長女Bに1600万円の預金を贈与した。そのため、相続開始時の遺産は甲土地2400万円だけとなった。数年後、Wは相続で3人が共有する甲土地について、その単独取得を希望して遺産分割の調停申立てをした。この申立ての時点では、近隣に高層の商業施設ビルの建築予定が持ち上がり、その影響により甲土地の評価は高騰している。その評価がいくらかをめぐって相続人間で争いがある。本項ではこのような例を念頭において「遺産の評価の合意」の問題を考えることとしたい。

(1) 遺産の評価

　遺産には不動産、動産、株式、預貯金、現金などさまざまな財産が含まれる。これらを各相続人に適正かつ公平に分配するには、それらに共通する一定の量的尺度が必要となる。個別的な主観価値から離れ、客観的に共通する交換価値に引き直して、分配が可能になるようにしなければならない。そのためには、遺産を構成するすべての財産を交換価値に引き直す作業が前提となる。これが「遺産の評価」である。

　遺産が預貯金、現金だけの場合は、交換価値としての金額がはっきりしているので、その評価は格別必要とならない。すべての財産を競売のうえ売却代金を分配する場合も、競落価格として交換価値が明示されるから、評価の必要はなくなる。また、遺産を法定相続分に応じた共有とする場合も同様に評価の必要はない。これらの場合を除き、通常は遺産の評価が必要となる。

　遺産が甲土地の1つだけである上記の例において、Wだけがそれを単独取得し、他の者に代償金を支払う旨の分割方針が決まった場合、次に、その甲土地の価額をどう評価するかが問題となる。代償金の多寡をめぐり各相続人の思惑が交錯することから深刻である。

　この分野も職権探知主義の支配する領域であるが（家手56条1項）、いわゆる当事者主義的運用が許容される分野でもある。手続運営上は当事者に積極的な関与を求め、時には評価額、評価方法等につき合意を成立させるなどし

て，実質的な争点をより少なくすることが望まれる。
(2) 遺産評価の方法
(a) 基本的態度　遺産の評価は，客観的な方法によって適正にされることが必要である。一般に市場が形成され，客観的な相場が存在する場合には，その相場に基づいて判断することができる。上場株式などはその典型である。ただし，評価方法を何にするかの判断は，上述のとおり，相続人が任意処分できる事項であり，当事者主義的運用が許される領域である。したがって，相続人間で評価方法についての合意を成立させ，その合意した方法によって評価を行うことが有益である。

(b) 鑑　　定　評価方法について相続人間で合意が得られない場合は，最も精度が高いとされる鑑定による評価を行うのが一般的である。遺産の中で重要な地位を占める不動産などの評価は，当事者間で深刻に争われることが多いので，最終的には鑑定によるほかなく，そのほうが結局は当事者の納得も得やすい。

(c) 鑑定以外の方法　鑑定以外による方法としては，不動産であれば，固定資産評価額・路線価（相続税申告価格）を利用する方法，当事者双方が提出した不動産業者等の意見をもとに評価額を合意する方法等がある。

　原理的には，相続開始時ないし遺産分割時の実勢価格が基準とされるべきである。簡易な方法としては次のような試算がある。実勢価格の8割を目処としている路線価は0.8で除し，7割を目処とする固定資産評価額は0.7で除す。このようにすると，実勢価格のおおよその近似値が出る。

(3) 評価方法の合意の必要性
(a) 評価方法の一般論　冒頭例示の場合において，争点となっているのは，分割対象である甲土地の遺産分割の時点における評価の問題である。甲土地単独取得を望むWとしては，自己が支出する代償金を少なくしたい方向で考えるし，逆に，遺産取得のないAはもらえる代償金を多くする方向で考える。分配取得が「0」の超過受益者Bは，自己にも支出負担を求められるかもしれない鑑定を避けようとする。思惑がそれぞれ異なる。

　遺産の評価は，相続が開始してから実際に遺産分割を実行するまで2つの段階で問題となる。

　まず，特定の相続人に特別受益や寄与分がある場合には，「みなし相続財産」（＝相続開始時の遺産＋贈与（遺贈は含まない）−寄与分）を設定して具体的相

続分を算定しなければならないが（第12章第5参照），そのみなし相続分の価額について，審判例・学説の多くは相続開始時を基準として評価するとしている。

次に，このようにして算出した具体的相続分の割合（＝「具体的相続分率」又は「分配取得率」という）に従って遺産を分割することになるが，その対象となる遺産は遺産分割時に現存する残余遺産であり，その時点での実勢価格（時価）を基準として評価するのが実務の扱いである。

（b）相続開始時と遺産分割時における遺産の価額が変動している場合の評価方法　上記の例のように，相続が開始した後，事情変更により遺産の価額が変動している場合が問題となる。分割対象となる遺産の評価方法をめぐって相続人の間で対立が続き，調停期日が空転することがある。事件処理遅延の一因ともなっている。

上記の例では，相続開始時の遺産の評価額を基準として各相続人の分配取得率は，次のように算定される（民903条）。

① みなし相続財産
　　→　2400万円（相続開始時の甲土地）＋1600万円（Bへの生前贈与）
　　　　＝4000万円
② 上記①のみなし相続財産をもとに，各相続人の「一応の相続分」を出す。
　（「一応の相続分」は「みなし相続財産×本来的相続分（率）」で算出する。）
　　・W→　4000万円×1/2＝2000万円
　　・A→　4000万円×1/2×1/2＝1000万円
　　・B→　4000万円×1/2×1/2＝1000万円
③ 上記②の一応の相続分を基礎として，各相続人の「具体的相続分」を算定する。
　（「具体的相続分」は「一応の相続分－特別受益（贈与・遺贈）＋寄与分」で算出する。）
　　・W→　2000万円
　　　　Wには特別受益（や寄与分）はないので，上記②の額がWの具体的相続分となる。
　　・A→　1000万円
　　　　Aには特別受益（や寄与分）はないので，上記②の額がAの具体的相続分となる。
　　・B→　1000万円－1600万円（Bへの生前贈与）＝－600万円

Bへの生前贈与1600万円はBの一応の相続分1000万円より大きいので、Bの具体的相続分はマイナスになる。

民法903条2項は、「遺贈又は贈与の価額が、相続分の価額に等しく、又はこれを超えるときは、受遺者又は受贈者は、その相続分を受けることができない。」と規定している。遺贈額又は贈与額が法定相続分を超えるとき、被相続人の意思は受遺者又は受贈者にはそれだけ余分に与えるということであるから、遺贈又は贈与の分だけは確保するにとどめ、残余遺産からの具体的相続分は「0」となる。いわば、遺産の先取り的な譲与があったものとしての処理となる。よって、具体的相続分がマイナスとなるときは「0」とする。

④ よって、W、A、Bの具体的相続分の合計は次のようになる。
→ 2000万円＋1000万円＋0円＝3000万円

⑤ 上記③、④より、W、A、Bの分配取得率（具体的相続分率）は次のとおりとなる。
・Wの分配取得率→　2000万円÷3000万円＝2/3
・Aの分配取得率→　1000万円÷3000万円＝1/3
・Bの分配取得率→　　0円÷3000万円＝0

遺産分割時における甲土地の価額に上記の分配取得率を乗じれば、各相続人の分配取得額は定まる。したがって、遺産範囲の確定に続き、遺産分割時における甲土地の評価額を早期に確定する必要がある。各相続人の分配取得額が確定しない限り、分割方法の選択とそれに伴う過不足の調整もできず、遺産分割の最終目的である遺産の割付けまで進むことができない。

そこで、遺産分割調停の初期の段階で、このような遺産の評価方法について早期に確定することが重要であることを当事者に説明する必要がある。また、合意ができない場合は審判手続において不動産鑑定の採用が検討されることになること、不動産鑑定を採用するとなると鑑定費用の負担（予納）の問題も派生的に発生することも十分に理解させる。鑑定をする場合には、その費用の予納金額を法定相続分の割合により全員で負担するのか、分配取得額の大きさの割合で負担するのかなど、費用対効果の点までも視野に入れ、評価方法の選択についても認識を求めることが肝要となる。

(4) 合意内容の事実上の拘束力

上述のとおり、遺産分割事件は職権探知主義が支配する非訟手続であるか

ら，当事者間で合意があっても，その合意した内容に法的な拘束力が直ちに生ずるものではない。しかし，その合意の内容が不相当でない限りは，その合意を尊重し，合意した内容を前提にして審判がされることになる。

　遺産評価の合意を前提にした遺産分割の審判手続において，自己の意に沿わない審判がされたとして即時抗告をした当事者が，抗告審においてその合意を撤回した上で，価格は不動産鑑定によるべきだと追加主張をした事案がある。東京高裁は，当事者の主張は裁判所の審判権を後退させることとなり，かつ，1つの手続協力義務ないし事案解明義務違反であるとして，信義則上の理由により，原審で成立した合意の撤回を否定した（東京高決昭63・5・11家月41巻4号51頁）。この裁判例によれば，当該合意は，事実上当事者を拘束することとなり，合意ができればそれに基づいた調停，審判ができ，費用負担もかからずに済むことになる。

　遺産分割は，相続人全員がこれまで共有してきた相続財産を，全員の合意により特定の相続人に単独所有化させる手続であるから，被相続人の意思や法の意思を尊重しつつも，まずは相続人全員の合意が優先する。その意味では，遺産分割，すなわち相続分の算定は，任意規定である（民903条3項参照）。

　したがって，遺産分割調停においては，可能な限り，遺産の評価にとどまらず，当事者間で合意できる事項については，合意をするよう働きかけることが望ましい。合意事項が積み重なることで，解決に向けた当事者のモチベーションが高まり，審理の対象も単純化される。遺産分割事件において「合意は黄金の架け橋である。」（梶村太市『家事調停の現代的課題』で謳われた警句）などといわれる所以である（髙山浩平ほか『ＬＰ遺産分割』88〜89頁参照）。

　上記の例において合意を働きかける方法としては，当事者がそれぞれ不動産仲介業者の査定を持ち寄り，その平均値をもって甲土地の遺産分割時の価額を決めることなどが考えられよう。

(5) **一部当事者を除外した合意の効力**

　合意は当事者全員によることを原則とするが，一部の当事者を除外した合意であってもその合意に相当性があり，一部の当事者が合意内容を認識する機会が与えられているにもかかわらず，その非合理性や不当性を主張・立証せず，非協力的な態度を続ける限りは，不利益を受けてもやむを得ないというのが大方の実務の扱いのようである。

　例えば上記の例において，超過受益となる生前贈与を受けて分配取得額が

「0」である長女Bが，調停期日に出頭せず，手続にも非協力・無関心な態度を続けているとすれば，遺産評価や鑑定費用の分担に関して利害関係のあるWとAの2人だけで合意をしたとしても，その合意事項は利害関係が薄いBに対しては何らかの不意打ちを与えるものではないので，Bを外した合意には相当性があるものとして扱ってよい。

(6) 合意内容の記録化の効用

　合意ができた場合，その合意内容を調書に記録しておくことの効用は大きい。当事者に対して一定の心理的拘束をもたせることによって，以後，問題の蒸し返しを防止することができる。また，調停委員会にとっても，合意した部分とそうでない部分とが明確に区別でき，解決に向けた新たな提案が切り開かれることもある。合意成立が不奏功で，審判に移行した場合の当該審判における争点整理に役立つこととなり，さらには抗告審における原審判断の相当性の審査もより容易になるものと考えられる（高山ほか・前掲90頁参照）。

【貴島　慶四郎】

解　説

〔7〕　遺産分割の調停成立

I　調停の成立

(1)　調停の成立

　調停は，「当事者間に合意が成立し，これを調書に記載したとき」に成立する。遺産分割は家事事件手続法別表第2に掲げる事項であるから，その記載は，確定した審判と同一の効力を有する。調停条項中の給付条項は，民事執行法22条7号に掲げる債務名義となり，執行力を有するので，執行文（単純執行文）の付与を受けずに強制執行が可能となる（家手268条1項・75条）。ただし，損害賠償の定めなど，審判事項（家手39条）以外の事項についての条項は，強制執行をする場合には執行文の付与を受ける必要がある。

　なお，遺産分割調停の成立に際し，遺産の有効性や遺産の範囲など訴訟事項に関する合意をした場合には，その合意の記載は既判力を有するとされている（大阪高判昭54・1・23家月32巻2号70頁）。

(2)　中間合意

　遺産分割の調停は論点が多岐にわたり，期日を重ねる場合も少なくない。こうした場合，中間的に合意をして，期日調書にその旨の記載をすることがある。遺産の土地を分割して相続する前提で調停を成立させる方向で進んでいる事案で，不動産の測量費用や分筆登記費用の負担について合意するような事例である。また，遺産分割のおおよその方向性が固まったときに，例えば，不動産は相続人A，預貯金は相続人B，差額は代償金で最終的に調整といったように，確認的に記載することもある。

　中間合意は，このように，進行面についての合意もあれば，遺言の有効性や遺産の範囲など，前提問題についての合意をする場合も考えられる。ただし，その合意は，当該調停手続内で当事者を拘束することはあっても，調停成立調書ではないので，既判力はないし，合意の撤回もできる。

(3)　一部成立調書

　遺産分割は，すべての財産について一括して，一度で解決することが望ましいが，当面の生活費や相続税納付のため，預貯金のみでも早急に分割した

いというケースも考えられる。このような場合，一部であることを明示して，当該遺産についてのみ調停を成立させることができる（家手268条2項）。その遺産については具体的な分割方法を定めたことになるので，確定した審判と同一の効力を有することになるのは同様である。

(4) 当事者の不出頭と成立

(a) 電話会議・テレビ会議　調停は，当事者が遠隔地に住んでいる等の事情のある場合には，当事者の意見を聴いた上，「家庭裁判所及び当事者双方が音声の送受信により同時に通話をすることができる方法」（いわゆる電話会議）によって行うことができる（家手258条1項・54条1項）。そして，この期日において協議が調ったときは，遺産分割調停を成立させることができる（家手268条3項）。民事訴訟法170条3項但書のような「当事者の一方がその期日に出頭した場合に限る」との規定が家事事件手続法にはないため，家事調停の場合には，当事者双方が家庭裁判所に出向かなくとも，調停期日を開き，成立させることは条文上は可能である。

なお，電話会議の場合は，話している相手が当事者本人かどうか，非公開の原則から，他の誰かが通話先に同席していないかが裁判所には直接見て確認できないので，電話会議による期日の実施には慎重にならざるを得ない場合もある。場合により，最寄りの家庭裁判所に出向いてもらい，家庭裁判所同士で電話会議機器を用いて，調停を実施することもある。

すべての裁判所に設置されているわけではないが，テレビ会議システムを利用して調停期日を開くこともできる。条文上は明示されていないが，「音声の送受信により同時に通話をすることができる方法」（家手54条1項）には，「映像機能が付加されているもの（いわゆるテレビ会議システム）も含まれる。」とされている（金子修編著『逐条解説家事事件手続法』191頁）。テレビ会議システムを利用する場合には，当事者には，機器が設置されている最寄りの家庭裁判所に出向いてもらい，調停期日を開くことになる（裁判所ホームページの説明を参照。トップページ＞裁判手続の案内＞裁判手続＞家事事件Q＆A）。

テレビ会議の場合でも，当事者の意見を聴く必要があることは，電話会議と同様である（家手54条1項）。ただし，電話会議，テレビ会議いずれの場合も，当事者の意見を聴取すれば足り，同意までは不要である（金子・前掲192頁）。

(b) 受諾書面の提出　遺産分割調停は，期日に出頭困難な当事者に対しあらかじめ調停条項を提示し，その当事者が「提示された調停条項案を受諾

する旨の書面を提出し，他の当事者が家事調停の手続の期日に出頭して当該調停条項案を受諾したとき」にも，成立させることができる（家手270条1項，いわゆる受諾調停）。電話会議の場合と同様，遠隔地居住等の事由が必要だが，電話会議の場合にはその期日の時間帯に当事者が拘束されるのに対し，受諾調停の場合には時間帯の拘束がない。出頭できない事情は，仕事が多忙とか，病気が重いなど柔軟に認める扱いが多いと思われるので，条項の内容は合意が得られているが，当事者が多数で，全員の日程を合わせるのが困難な場合に利用価値が高い。

　受諾調停を行うときは，調停委員会があらかじめ調停条項案を作成し，それを欠席予定の当事者にあらかじめ裁判所から郵送し内容を確認してもらった上，欠席当事者がそれを受諾する書面を，期日に間に合うように裁判所あてに提出する。受諾書は通常は裁判所で用意するのでそれに署名押印をすればよいが，同意が真実であることの確認のため，同意者の印鑑証明書を添付してもらう扱いの庁が多いと思われる。

　なお，電話会議の場合は，裁判所に出頭せず電話で調停期日に参加した者は，出頭したものとみなされるのに対し（家手54条2項），受諾書面を提出し，期日当日に欠席した者は，不出頭とされる。ただし，調停が成立した場合の調停調書の当事者の表示欄には，「不出頭・受諾書面提出」と記載されて，受諾書面を提出した者には，成立の旨が通知される（家手規130条1項）。

(5) **双方代理と代理人**

　申立人側であれ相手方側であれ，複数の当事者に代理人弁護士が共通で就く場合がある。相続人1人1人について利害が異なるはずなので，厳密にいうと，複数の当事者を同一の弁護士が代理している場合には，理論上は利益相反になる。実務上は，通常の調停期日はそのまま進め，調停を成立させる期日で，全員が出頭していれば，1人の当事者のみの代理人として残り，他の当事者の代理人を辞任する場合もあれば，辞任しないで成立させる場合もある。しかし，不出頭当事者がいる場合には，複数当事者の代理は認めていない扱いである。

(6) **調停成立後の手続**

　調停調書は，判決や審判とは異なり，裁判所から当然に送達されるものではなく，交付又は送達の申請が必要である。

　(a) 調書正本，謄本の交付　　調停が成立したら，当事者は，裁判所書記

官に対し，その調書の正本，謄本等の交付を請求することができる（家手254条4項2号）。金銭債権などの強制執行が予想されないようなケースでは，強制執行の前提として送達申請をするまでのことはなく，交付で足りるものと思われる。調停条項中に登記条項が含まれている場合には，登記申請書に添付するために，調書正本の交付が必要になる。

　交付申請に際して必要となる手数料は，調書1枚につき150円分の収入印紙で納付する（民訴費3条1項・別表第2の2項）。

　(b) 交付後の流れ　　遺産の不動産がまだ被相続人名義のままである場合には，その不動産を取得した相続人が単独で，相続を登記原因，相続開始の日を原因日付として，所有権移転登記手続をすることができる（不登63条2項）。

　何らかの事情で既に共同相続登記がされている場合は，その不動産を取得した相続人を登記権利者，他の相続人を登記義務者とし，遺産分割を登記原因，遺産分割の調停成立日を原因日付として，共同申請により持分移転の手続をすることになるが（不登60条），調停調書正本を添付することにより，登記権利者が単独で申請をすることができる（不登63条1項，不登令7条1項5号ロ(1)，家手75条・268条1項・287条，民執174条）。

　銀行で預金の払戻しを受ける場合などは謄本でよい。なお，遺産分割が成立し，それを調停調書という公文書にしたのだから，その預金を取得した当事者のみが銀行に申請すればよいはずと考えるが，その場合でも，相続人全員の同意を別途求める銀行があるようである。しかし，そのような扱いには疑問がある。

Ⅱ　調停条項

　当事者間に合意が成立したときは，調停調書を作成する（家手268条1項）。本節では，調停成立調書を2通，例として掲げ，調書の記載事項と調停条項について解説する（【書式119】，【書式120】）。調停のときだけでなく，相続人間で遺産分割協議をする際の参考にもなると思う。

　(1)　当事者等の表示

　(a)　当事者は，住所，氏名を記載する。以前は，当事者の特定の際の便宜のため，本籍も記載していたが，遺産分割は身分関係に変動を及ぼす事件ではないため，現在では，申立人や相手方については，本籍の記載はしない扱いが主流になりつつある。ただし，本章第3〔1〕の【書式112】にあるよ

うに，遺産分割調停申立書の当事者欄には，本籍も記載するようになっている。現在，家庭裁判所では，戸籍謄本（全部事項証明書）の添付を求めていない申立てについては，申立書には本籍の記載は不要としている。遺産分割は，身分事項に関する申立てではないが，相続人の確認のために戸籍が必要なので，それに合わせて申立書にも本籍の記載欄を設けている。

　被相続人については，本籍，最後の住所，氏名及び死亡年月日を記載する。

　不動産登記簿に記載されている住所が旧住所のままで，現在の（最後の）住民票上の住所と異なる場合がしばしばあるが，その場合は，住民票上の住所と不動産登記簿上の住所を併記しているのが通例である。

(b)　寄与分や祭祀承継の申立てがなされ，その事件を併合した場合は（審判の場合は必ず併合しなければならないが（家手192条），調停にはそのような規定がないため，複数の事件を同一期日で並行して進め，成立時に併合する場合が多い），次のように各事件での立場を記載する。事件名は，調書の事件名の欄に記載するので，当事者の表記中では省略してかまわない。

```
　　〇〇号遺産分割調停事件申立人（●●号祭祀承継調停事件相手方）
　　　　　　　　　　　　　　　　　　　　〇　〇　〇　〇
```

(c)　未成年者，成年被後見人など，法定代理権を有する者がいる場合には，次のように記載する。

```
　　　　　相　　手　　方　　　〇　〇　〇　〇
　　　　　同法定代理人親権者母　●　●　●　●
　　　　　相　　手　　方　　　〇　〇　〇　〇
　　　　　同法定代理人成年後見人　●　●　●　●
```

(d)　遺産分割調停の進行中に相続人が死亡し，代襲相続が生じた場合には，次のように記載する。申立時には直接の相手方ではなかったため，必ず承継関係がわかるようにする。

```
　　　　　相手方亡〇〇〇〇承継人　●　●　●　●
```

(e) 相続分を譲渡又は放棄し，手続から排除された場合の記載方法については，いくつか考え方があるようだが，次のように記載していることが多い。

```
      排除前相手方（相続分譲渡人）　○　○　○　○
```

遺産の譲渡を受けた者については，次のように記載する。

```
      相手方兼相手方○○○○相続分譲受人　●　●　●　●
```

(2) 前提問題についての条項

(a) 相続人の範囲　　調停条項を作成する際には，まず，前提問題についての合意内容を条項として記載する。第1項として，相続人の範囲についての確認条項を設ける。

(b) 遺産の範囲　　次に，確認条項として，遺産の範囲について記載する。【書式119】の調停条項第2項の【備考】4のように，どの遺産を誰が取得するかという具体的な分割方法（遺産の割付け）についての条項（後記(3)）と合わせて，1つの条項にしてもよい。

遺産性について争われていた財産が特定の相続人の固有財産であることの合意ができた場合も，確認条項としてここに記載する。

(c) 遺産分割協議や遺言の有効性　　遺言書の有効性について疑義があり，遺言が無効であることの合意ができた場合は，「当事者全員は，被相続人が○年○月○日に作成した自筆証書による遺言が無効であることを確認し，本調停条項に定めるとおり遺産を分割することに合意する。」などと記載する。

遺言は有効としつつ，当事者全員で別の内容で遺産分割することの合意ができた場合には，「当事者全員は，被相続人が○年○月○日に作成した自筆証書遺言にかかわらず，本調停条項に定めるとおり遺産を分割することに合意する。」などと記載する。

(3) 具体的な分割方法についての条項など

(a) 現物分割　　被相続人の財産は，相続の発生により，相続人の共有となる（民898条）。そのため，遺産は，共有物の分割と同様，現物で分割するのが原則である（民258条2項）。【書式119】の調停条項第3項の例のように，現物を各相続人に割り付けていく条項を作成する。

(b) 債務分割（代償金）と換価分割　　遺産が不動産とわずかな預金のみといったような場合には，居住している相続人にその不動産を取得させ，代償金で各相続人間の公平を図るのが合理的である。しかし，昨今の経済事情では，代償金の負担が困難な場合も多い。調停委員会はできる限り調整を図るが，今後は，代償金についての合意ができずに審判移行したり，最終的に不動産を売却して，その代金を分けざるを得ない場合が増えてくるのではないかと思われる。

　財産（特に不動産）を売却して，その代金を分割する方法が換価分割である。もう誰も住まなくなった不動産が遺産に含まれる場合には，換価分割が合理的解決方法である。

(c) 可分債権　　相続の発生により，別段の意思表示がないときは可分債権は当然に分割され（民427条），理論上は，各共同相続人が，相続分に応じて預金の払戻しを請求できるとされている（下級審ではあるが，確定した判決として，東京地判平15・1・17（金判1170号49頁）がある。ただし，判決理由中に，「相続人の一部の者が，遺産分割の協議はもとより……預金等（可分債権）の払い出しに対する協力を一切拒否しているような場合には」と限定がある）。銀行は通常そのような取扱いには応じていないが，近時，払戻しに応じなかった場合の訴訟リスクも考慮し，一定の場合には預金の払戻しに応じる場合も出てきているようである。銀行関係者によるものとして，意見にわたる部分は私見と断りつつも，「法定相続分を前提とすれば，相続人の一部への法定相続分の払戻しにあたり，他の相続人の同意・承諾は不要であ」り，「遺言の有無等は，当該相続人に対して口頭で確認するが，それに加えて，相続手続に関する書類において当該相続人に，遺言がないことや遺産分割協議が進行中でないことおよび成立していないことを表明してもらうほか，他の相続人に対して法定相続分に従って払い戻す旨の通知書を送付し，一定期間内に法的根拠に基づく異議がないことを確認した上で払戻しを行う金融機関もある」とのことである（薫貞明「銀行が共同相続人の1人からの預金払戻請求を拒否したことによる不法行為責任と実務対応」金法2033号63頁）。

　可分債権について合意が得られたら，その合意を調停条項に定めること自体に支障はないが，遺産が可分債権である預金のみの場合，裁判所の実務では，遺産分割事件の対象とはしていない。銀行の実務がそれに対応していない以上，遺産が預金のみだからといって遺産分割の対象にせず，調停は行わ

ないということを貫くのは，円滑な紛争解決の視点から，大きな疑問が残る。

現在，法制審議会では可分債権の遺産分割における取扱いが審議されており，甲乙2つの案が提示されているようであるが，両案とも，可分債権を遺産分割の対象とする方向性に異論はないとのことなので，いずれは立法的解決がなされるものと期待している（法制審ニュース・金法2028号44頁）。

（なお，預貯金（定期預金，定額貯金等も含む）については，平成28年12月19日の最高裁大法廷決定などを受けて，調停及び審判手続について，遺産分割の対象とするように扱いが変わっている）。

　（d）債　　務　　消極財産は遺産分割調停では対象に含めないのが通常であるが，被相続人の債務の処理について合意ができれば，その負担について条項を設けてよい。ただし，債権者を拘束するものではない。

　（e）登記に関する条項　　不動産を取得した相続人は，遺産分割調停調書正本をもって，単独で所有権移転登記申請ができる（上記Ⅰ(6)(b)参照）。

既に共同相続登記がされている不動産を相続人の1人が単独で相続した場合は，次のように登記条項を作成する。

　○○（注・遺産を単独で取得した者）を除く当事者全員は，○○に対し，別紙物件目録記載の土地の別紙共有持分一覧表記載の各共有持分について，本日付遺産分割を原因とする持分全部移転登記手続をする。その登記手続費用は○○の負担とする。

遺産である不動産について，相続人の1人への贈与登記がなされている場合には，次のように登記条項を作成する。

　○○（注・贈与を受けた者）は，○○を除く当事者全員に対し，別紙物件目録記載の土地について，××地方法務局△△支局平成○年○月○日受付第○○号をもってなされた被相続人から○○に対する贈与を原因とする所有権移転登記手続につき，錯誤を原因とする抹消登記手続をする。その登記手続費用は，●●の負担とする。

錯誤を原因とする場合は，「○年○月○日付け錯誤」というような記載はしない。

(f) 協力条項　登記申請や預金の払戻しについて、相互に協力する旨の条項を設けることがある。金融機関では、預金を単独取得した場合でも、相続人全員に書面を要求するところがあり、そのような場合のため、法律的な効力はないが、道義条項として記載している。

(g) 祭祀承継など　遺産分割調停の進行中、祭祀承継の調停申立てがなされることがある。祭祀財産は遺産分割の対象ではないが、祭祀承継について合意が成立したときは、前述のように事件を併合の上、条項を設ける。

(h) 寄与分　金額で定める場合と、割合で定める場合の両方がある。

金額で定める場合は、

> 当事者全員は、別紙遺産目録記載の遺産につき、本件相続開始時における価額を〇〇万円と評価した上、申立人Aの寄与分を〇〇万円と定める。
> 申立人Aは、同人を除く当事者全員に対し、前記寄与行為について、前項の寄与分のほかに不当利得返還請求権その他の財産上の請求をしない。

などと記載する。

割合で定める場合は、

> 当事者全員は、別紙遺産目録記載の遺産につき、本件相続開始時における価額を〇〇万円と評価した上、申立人Aの寄与分を遺産の〇分の〇と定める。
> 申立人Aは、同人を除く当事者全員に対し、前記寄与行為について、前項の寄与分のほかに不当利得返還請求権その他の財産上の請求をしない。

などと記載する。

(i) 将来発見された遺産の処理　将来、新たに遺産が発見されたときのため、「別途協議する」という条項を作る場合と、「将来発見された財産は〇〇が取得する。」という条項を作る場合の2通りがある。どちらを採るかは、事案と当事者の考えによる。

将来、新たに債務が判明したときも、考え方は同様である。

(j) 清算条項　最後に確認条項として記載する。

(k) 費用負担　家事審判法時代には、調停条項に費用負担の定めがないときは各自負担とされていたので（旧家審規138条の3）、あえて費用負担の条

項を書くことはあまりなかったが、現行の家事事件手続法では、法律レベルで調停費用は各自負担が原則とされるとともに（家手28条1項）、審判の場合には必ず費用負担についても判断することになった（家手29条1項）。

別表第2調停は、調停だけで事件が完結する場合もあれば、審判移行後にさらに話し合いで合意が成立し、再度調停に付して成立するというように、付調停と審判移行を行き来するような場合もある。そのため、現行法でも、調停が成立し、調停（審判段階での費用も含め）費用の負担についての定めをしなかったときは各自の負担とするという規定はあるものの（家手29条3項）、調停条項中に、調停費用の負担に関する条項を設けるのが主流となっている。

鑑定費用など大きな額の負担を一部の当事者がしている場合には、その費用負担の割合について別途定めることもある。

(1) 別紙遺産目録　不動産の例を、【書式119】、【書式120】の遺産目録中に、一戸建てとマンションに分けて掲げる。

(4) **遺産分割と相続税**

平成27年1月1日以降に相続が発生したケースでは、平成26年改正の相続税法が適用になり、相続税の非課税限度額が低くなる。これにより、特に大都市部で、相続税を納税しなければならないケースが増えるのではないかといわれている。

相続税などの税金の負担については、調停委員会では聞かれても税法の詳細はわからないし、調停委員会として、あるいは家庭裁判所として相続税について何か述べるのは適切ではないと考えている。遺産分割と相続税に関する疑問を調停の席上でされたときは、税理士等に問い合わせるように案内している。

法律実務家のための遺産分割と相続税に関する手がかりとして、さしあたり、関理秀「相続をめぐる税務」高中正彦ほか4名『弁護士の周辺学』をあげておく。

【野地　一雄】

書式 119　調停成立調書(1)

被相続人は申立人の父親，申立人は2人の子のうちの1人，相手方は，母親ともう1人の子だったが，遺産分割調停手続中に死亡し，承継があったという設定である。遺産には，負債を含ませて想定した。

　　　　　　　　　　　調　　書（成　立）

事件の表示　　平成27年（家イ）第1000号　遺産分割調停申立事件
期　　　日　　平成27年○月○日　午後○時○分
場　所　等　　○○家庭裁判所調停室
裁　判　官　　○　○　○　○
家事調停委員　○　○　○　○
家事調停委員　○　○　○　○
当事者等及びその出頭状況
　　　　　　別紙当事者等目録記載のとおり

　　　　　　　　手　続　の　要　領　等

別紙調停条項のとおり調停が成立した。
　　　　　　○○家庭裁判所
　　　　　　　　裁判所書記官　○　○　○　○

（別紙）

　　　　　　　　　　　当事者等目録

住　　所　　神奈川県××市××町1丁目2番3号
　　申　立　人　　　　　甲　野　一　郎（出頭）
住　　所　　神奈川県××市××町1丁目2番3号
　　（不動産登記簿上の住所　　神奈川県××市××大字××12番地）*1
　　相　手　方　　　　　甲　野　花　子（出頭）

住　所　　東京都△△市△△3丁目4番5号*2
　　　相手方乙野二郎承継人　　乙　野　夢　子（出頭）
住　所　　北海道□□市□□町4丁目5番6号
　　　相手方乙野二郎承継人　　乙　野　宙　子（不出頭・受諾書面提出）*3
本　籍　　神奈川県××市××町1丁目2番地
最後の住所　神奈川県××市××町1丁目2番3号
　　　被相続人　　　　　　　亡　甲　野　太　郎
　　　　　　　　　　　　　　　平成○年○月○日死亡

調　停　条　項

1　当事者全員は，被相続人の相続人が，申立人並びに相手方甲野花子及び相手方乙野二郎承継人ら2名の計4名であることを確認する。
2　当事者全員は，別紙物件目録記載の財産が被相続人の遺産であることを確認する。*4
3　当事者全員は，前項の遺産を次のとおり分割する。
　(1)　申立人は，別紙遺産目録1及び2記載の不動産をすべて単独取得する。
　(2)　相手方甲野花子は，同目録3記載の預金を単独取得する。
　(3)　相手方乙野二郎承継人乙野夢子は，同目録4記載の預金を単独取得する。
　(4)　同乙野宙子は，何らの遺産も取得しない。*5
4　申立人は，相手方花子に対し，前項(1)の遺産を取得した代償として金500万円を支払うこととし，これを，平成○年○月○日限り，D銀行E支店の甲野花子名義の普通預金口座（口座番号123456）に振り込んで支払う。ただし，振込手数料は申立人の負担とする。*6
5　申立人は，相手方夢子に対し，第3項(1)の遺産を取得した代償として金200万円を支払うこととし，これを，平成○年○月○日限り，F銀行G支店の乙野夢子名義の普通預金口座（口座番号23456）に振り込んで支払う。ただし，振込手数料は申立人の負担とする。

6 別紙遺産目録5記載の未払債務は，申立人が相続し，申立人の責任においてこれを支払う。
7 当事者全員は，以上をもって被相続人甲野太郎の遺産に関する紛争をいっさい解決したものとして，本調停条項に定めるほか，何らの債権債務のないことをそれぞれ確認する。
8 調停費用は各自の負担とする。

遺 産 目 録

1 土地
　　所　　　在　　××市××町1丁目
　　地　　　番　　2番地の3
　　地　　　目　　宅地
　　地　　　積　　○○．○○平方メートル
2 建物
　　所　　　在　　××市××町1丁目2番地の3
　　家屋番号　　2番
　　種　　　類　　居宅
　　構　　　造　　木造瓦葺2階建
　　床 面 積　　1階　○○．○○平方メートル
　　　　　　　　　2階　○○．○○平方メートル
3 A銀行B支店　普通預金
　　口座番号　　○○○○[7]
4 B銀行C支店　定期預金
　　口座番号　　○○○○
5 未払債務
　　被相続人が××市立病院に対して負っている未払診療費○○円

以　上

【備考】
1．（＊1）不動産登記簿上の住所が，住居表示実施前の表記のままのため，併記した例。
2．（＊2）申立時，相手方の住所地が2都県にまたがっているが，そのうちの1つを管轄する家庭裁判所に申立てをした例。
3．（＊3）いわゆる受諾調停の記載例。本事例では，申立後に承継があり，承継人の1人が遠方で期日に出席できない事案を想定した。
4．（＊4）2項と3項をまとめて，「当事者全員は，別紙遺産目録記載の財産が被相続人の遺産であることを確認し，これを次のとおり分割する。」としてもよい。
5．（＊5）遺産を取得しない人についての条項は入れなくともよい。
6．（＊6）この表記を，「同人の指定する銀行口座に振り込んで支払う」としてもよいが，実際には，事前に口座番号を確認し，調書に記載することがほとんどである。単に「指定する口座」とすると，あらためて口座を通知する手間もかかるし，通知がなされないと支払う側が困ってしまう。
7．（＊7）ここで口座にある金額まで〇〇円と具体的に書いてしまうと，その後に生じた利息等が宙に浮いてしまうおそれもあるので，金額までは書かない扱いもある。特定は口座番号までで十分である。

第3　調停による遺産分割　〔7〕遺産分割の調停成立　415

書式120　調停成立調書(2)

　3人の兄弟のうち1人が死亡したが，子がなく，被相続人の配偶者と兄弟2人が相続人。両親は既に死亡し，相続は済んでいる。兄弟のうち1人が，もう1人の兄弟と被相続人の配偶者を相手方として申し立てたケースである。さらに，相手方となった長男が，祭祀承継の申立てをした。遺産は，居住用住宅，投資用ワンルームマンションと預金を想定した。

調　書（成　立）

事件の表示　　平成27年（家イ）第1000号　遺産分割調停申立事件
　　　　　　　平成27年（家イ）第2000号　祭祀承継調停申立事件
期　　　日　　平成27年○月○日　午後○時○分
場　所　等　　○○家庭裁判所調停室
裁　判　官　　○　○　○　○
家事調停委員　○　○　○　○
家事調停委員　○　○　○　○
当事者等及びその出頭状況
　　　　　　　別紙当事者等目録記載のとおり

手　続　の　要　領　等

　別紙調停条項のとおり調停が成立した。
　　　　　　　　○○家庭裁判所
　　　　　　　　　裁判所書記官　○　○　○　○

（別紙）

当事者等目録

住　　所　　○○県○○市○○町1丁目2番地
　　第1000号事件申立人（第2000号事件相手方）＊1

　　　　　　　　　　　　　　甲　野　二　郎（出頭）
住　所　　○○県○○市××町3丁目4番5号
　　　第1000号事件相手方（第2000号事件申立人）
　　　　　　　　　　　　　　甲　野　一　郎（出頭）
住　所　　○○県○○市△△町1丁目3番4号
　　　両事件相手方　　　　　甲　野　月　子（出頭）
本　籍　　○○県○○市△△町56番地
最後の住所　○○県○○市△△1丁目3番4号
　　　被相続人　　　　　　亡　甲　野　三　郎
　　　　　　　　　　　　　平成○年○月○日死亡

　　　　　　　　　　調　停　条　項

1　当事者全員は，被相続人の相続人が，1000号事件申立人（2000号事件相手方）甲野二郎（以下「申立人」という。），1000号事件相手方（2000号事件申立人）甲野一郎（以下「相手方一郎」という。）及び両事件相手方甲野月子（以下「相手方月子」という。）の計3名であることを確認する。
2　当事者全員は，別紙遺産目録記載の財産が被相続人の遺産であることを確認し，これを，第3項ないし第5項に定めるとおり分割する。*2
3　相手方月子は，別紙遺産目録1及び2記載の不動産を単独取得する。
4(1)　別紙遺産目録3記載の不動産は，これを売却し，その売却代金から売却に要した費用を除いた額のうち，8分の3を申立人，8分の3を相手方一郎，8分の2を相手方月子の割合で取得する。売却手続は，申立人が代表して行い，他の相続人はこれに協力する。
　(2)　相続開始時以降，本件不動産の売却までの間に本件不動産から生じる賃料についても，(1)と同様の割合で分割取得する。その分配手続は，申立人が行う。
5　別紙遺産目録4記載の預金は，申立人が4分の1，相手方一郎が4分の1，相手方月子が4分の2の割合で取得する。
　　なお，同預金の解約等の手続に関しては，相手方月子が相続人を代表し

て行い，金融機関から当事者全員の印鑑証明書等の提出を求められたときは，他の相続人らはこれらをすみやかに相手方月子に交付することを約束する。*3
6 当事者全員は，相手方月子が亡甲野三郎の祭祀を主宰することに合意する。
7 当事者全員は，以上をもって被相続人甲野三郎の遺産に関する紛争の一切を解決したものとして，本調停条項に定めるほか，何らの債権債務のないことをそれぞれ確認する。
8 調停費用は各自の負担とする。

遺 産 目 録

1 土地
　　所　　在　　〇〇市△△町字〇〇
　　地　　番　　５６番
　　地　　目　　宅地
　　地　　積　　〇〇．〇〇平方メートル
2 建物
　　所　　在　　〇〇市△△町字〇〇５６番地
　　家屋番号　　５６番
　　種　　類　　居宅
　　構　　造　　木造スレート葺２階建
　　床 面 積　　１階　〇〇．〇〇平方メートル
　　　　　　　　２階　〇〇．〇〇平方メートル
3 ワンルームマンション*4
　（一棟の建物の表示）
　　所　　在　　□□市□□町１丁目２番地３
　　建物の名称　　〇〇ハイツ
　（専有部分の建物の表示）
　　家屋番号　　□□町１丁目２番の３

　　　　建物の名称　　２０３
　　　　構　　　造　　鉄筋コンクリート造１階建
　　　　床　面　積　　２階部分　〇〇．〇〇平方メートル
　　（敷地権の表示）
　　　　土地の符号　　１
　　　　所在及び地番　　□□市□□町１丁目２番３
　　　　地　　　目　　宅地
　　　　地　　　積　　〇〇〇〇．〇〇平方メートル
　　　　敷地権の種類　　所有権
　　　　敷地権の割合　　〇〇〇〇〇〇分の〇〇
　４　預金
　　　　Ａ銀行Ｂ支店　普通預金口座
　　　　口座番号　　〇〇〇〇
　　　　　　　　　　　　　　　　　　　　　　　　　以　上

【備考】
１．（＊１）複数の事件を併合した場合の当事者の表示の記載例。
２．（＊２）遺産の割付けが，物件により現物を相続したり売却して分割したりといったように方法が異なる場合には，このように割付けの条項をそれぞれ別の項目にするほうがわかりやすい。
３．（＊３）協力条項の例。
４．（＊４）敷地権になっている場合には，このように記載する。なお，当事者目録や物件目録の記載方法は，佐藤裕義編著『裁判上の各種目録記載例集』（新日本法規）が詳しい。

〔8〕 調停に代わる審判（家事事件手続法284条審判）

解　説

(1) 調停に代わる審判の制度

調停に代わる審判の制度は，一部の当事者が手続追行の意欲を失うなどによって調停が成立しない場合に，当事者に異議申立権を保障しつつ，家庭裁判所がそれまでの調停手続において収集された資料に基づき具体的な解決案を提示する制度である。調停が不成立の場合，通常，独立の立件番号が付される審判事件に移行することになるが，当事者双方にとって早期の解決となるよう，不成立終了の措置をする前に，それまでの調停での経緯を基礎として，調停手続内において裁判所側としての（合意に代わる）解決案を提示しようとするものである。

旧家事審判法では，遺産分割事件については，調停に代わる審判ができないこととされていたが，家事事件手続法では，遺産分割事件を含む別表第2に掲げる事項についても，この制度が利用できることとなった。

(2) 調停に代わる審判の要件

(a) 調停が成立しないこと（家手284条1項）。

(b) 家庭裁判所が，当事者双方のために衡平に考慮し，一切の事情を考慮して，相当と認めること（同条1項）。

(c) 遺産分割の調停手続が調停委員会で行われている場合には，その調停委員会を組織している家事調停委員の意見を聴くこと（同条2項）。

調停に代わる審判の考慮事項である「当事者双方のための衡平」の趣旨は，およそそれまでの調停の経過からして当事者が想定できないような内容の調停に代わる審判は，この要件に照らして許容されないという趣旨である。そこで，調停委員会で行われている遺産分割の調停において調停に代わる審判をする場合には，その調停委員会を組織する一員としてそれまで携わってきた家事調停委員から参考意見を聴かなければならないことが付加的な要件として規定されている。

(d) 当事者全員が異議の申立てをしないこと。

調停に代わる審判をする場合，家庭裁判所は当事者双方のために衡平に考慮し，一切の事情を考慮して，相当と認められるか否かを判断することにな

る。しかし，手続の無駄を排するために，当事者は審判をすれば全員がこれを受け入れ，異議の申立てをしないことが必要になる。

そこで，当事者全員からその合意を取り付けるため，家事事件手続法286条8項に基づく共同の申出（調停に代わる審判に服する旨の共同申出。記載例は【書式121】参照）をするよう促すことになる。この共同の申出の趣旨は，異議申立権を事実上事前に放棄することによって，調停に代わる審判の早期確定が図れることにある。

(3) 調停に代わる審判の方式

調停に代わる審判は，家事調停に関する審判であるから，家事事件手続法258条1項により，次の規定が調停に代わる審判について準用される。すなわち，73条（審判），74条（審判の告知・効力の発生），76条（審判の方式・審判書），77条（更正決定）及び79条（審判に関する民事訴訟法の準用）である。

なお，調停に代わる審判書の記載例については，【書式122】を参照。

(4) 調停に代わる審判の効果

(a) 異議の申立てができること　当事者は，審判の告知を受けた日から2週間以内に，異議を申し立てることができる（家手286条1項・2項による279条2項・3項準用）。ただし，当事者は，調停に代わる審判に服する旨の共同の申出を書面でしたときは，異議の申立てができなくなるが，この申出は，調停に代わる審判の告知を受けるまでであれば，相手方の同意を得ることなく撤回することができる（家手286条8項〜10項）。また，異議の申立権の放棄もできることとされた（家手286条2項による279条4項準用）。

適法な異議の申立てがあった場合には，調停に代わる審判は効力を失い，家庭裁判所は，その旨を当事者に通知することになる（家手286条5項）。この場合において，当事者がその通知を受けた日から2週間以内に訴えを提起したときは，調停申立時に訴え提起があったものとみなされる（家手286条6項）。また，遺産分割など家事事件手続法別表第2に掲げる事項の調停については，調停申立時に審判の申立てがあったものとみなされる（家手286条7項）。

(b) 調停に代わる審判の確定時期とその効力　調停に代わる審判は，異議の申立てがないとき，又は異議の申立てを却下する審判が確定したときに確定する。すなわち，家事事件手続法別表第2に掲げる事項についての調停に代わる審判は確定した同法39条の規定による審判と同一の効力を，その余の調停に代わる審判は確定判決と同一の効力を有することとなる（家手287条

1項)。

(5) 調停の取下げの制限

調停の取下げは，原則として，事件の終了まではすることができるが（家手273条1項），調停に代わる審判がされた後は，することができなくなる（家手285条1項）。

(6) 調停に代わる審判の活用

遺産分割の当事者が高齢者であり，遠隔地に居住していることもあって，調停手続に協力しようともせず，調停期日に出席しない。また，電話会議システムも活用できない事情はあるものの，他の当事者が合意している遺産分割の内容に積極的に反対まではしないという場合などがよくある（ハンコはつかないが裁判所が決めてくれるのであればそれには従う）。このような場合に，調停に代わる審判の活用が期待できる。

【貴島　慶四郎】

書式 121　調停に代わる審判に服する旨の共同申出書

調停に代わる審判に服する旨の共同の申出書

申立人　甲　野　花　子
相手方　甲　野　一　郎

1　申出の趣旨

　上記当事者間の平成○○年（家イ）第○○号遺産分割調停事件について，当事者双方は，調停に代わる審判に服する旨の共同の申出をする。

2　申出の理由

　当事者両名は，現在，被相続人××××の遺産について，遺産分割の調停手続中であるが，主要な点で合意はできているがわずかな意見の相違により話し合いが進まず，調停が成立できない状況に至っている。両者とも紛争を円満に，早期に解決したいとの思いがあるが，話し合いによる解決は困難である。

　そこで，本件調停の手続における争点整理はほぼ尽くされていると考えられるので，これまでの調停の経緯を踏まえ，裁判所の合理的で具体的な解決案に従うこととしたく，本申出をする。

　　　　　平成○○年○○月○○日
　　　　　　申立人手続代理人弁護士　　○　○　○　○　㊞
　　　　　　相手方手続代理人弁護士　　○　○　○　○　㊞

○○家庭裁判所　御中

【備考】

1．申出権者は当事者双方であり，この申出は書面でする必要がある（家手286条9項）。例えば，多数当事者のうち一部の当事者が調停期日に出頭しないため共同での申出ができない場合には，先に，申立人だけからこの申出をしてもらい，申出書の副本に相手方が署名押印したものを裁判所に返送させて，共同の申出扱いとする活用が考えられる。

書式122　調停に代わる審判書――家事事件手続法284条審判（遺産の分割）

平成27年（家イ）第×××号　遺産分割申立事件

　　　　　　　　審　　　判

当事者の表示　　別紙当事者目録のとおり

　　　　　　　　主　　　文

1　当事者双方は，被相続人○○○○（平成○○年○月○日死亡）の相続人が，別紙当事者目録に記載のとおりであることを確認する。
2　当事者双方は，別紙遺産目録記載の財産が，被相続人○○○○の遺産であることを確認し，これを次のとおり分割する。
　(1)　申立人は，別紙遺産目録記載の財産をすべて単独取得する。
　(2)　相手方は，何らの遺産をも取得しない。
3　申立人は相手方に対し，前項の遺産を取得した代償として，金○○○万円を支払うこととし，これを，本審判確定の日から1ヵ月以内に，○○銀行○○支店の相手方名義の普通預金口座（口座番号○○○○）に振り込んで支払う。
4　当事者双方は，以上をもって被相続人○○○○の遺産に関する紛争を一切解決したものとして，本条項に定めるほか，何らの債権債務の存在しないことを相互に確認する。
5　調停審判の手続費用は各自の負担とする。

　　　　　　　　理　　　由

1　申立ての趣旨
　　被相続人○○○○の遺産分割の調停を求める。
2　相続人の範囲は別紙当事者目録に記載のとおりであり，遺産の範囲は別紙遺産目録に記載のとおりである。
3　本件について調停委員会による調停を試みたが相手方は調停期日に出席しない。そこで，当裁判所は本件の解決のため調停に代わる審判をすることが相当であると認め，当調停委員会を組織する家事調停委員の意見を聴き，当事者双方の衡平に配慮し，一切の事情を考慮して，家事事件手続法284条により主文のとおり審判する。

平成27年○月○○日

○○家庭裁判所

　　　　裁判官　○　○　○　○

【備考】
1．別紙の当事者目録と遺産目録は省略した。

第4　審判による遺産分割

解　説

(1)　申立手続

(a)　当事者

(イ)　申立人　　申立権者は，共同相続人（民907条1項），包括受遺者（民990条），相続分譲受人（民905条），遺言執行者（民1012条1項），相続人の代位債権者（民423条1項），破産管財人（破78条1項）などである。

(ロ)　相手方　　申立人以外の共同相続人，包括受遺者の全員。相続放棄等により相続資格を失った者は相手方にする必要がない。相続分の譲渡や放棄をした共同相続人については，申立書に相続分譲渡ないし放棄書と印鑑証明書を添付することにより当初から相手方にする必要がないという扱いと，その者にも念のため手続に関与する機会を与え，真意を確認する作業等を経た上で手続からの排除（家手43条1項）によって対応するという扱いがある（山田徹『家事事件手続事件のポイント』458頁）。

(ハ)　未成年者とその親権者が共同相続人であるとき，同一親権に服する数人の未成年の子が共同相続人であるとき，成年被後見人とその後見人が共同相続人であり後見監督人が選任されていないときには，未成年者及び被後見人について特別代理人を選任しなければならない（民826条・860条）。被保佐人が申立人となるには，保佐人の同意を要する（民13条1項6号）。また，不在者がいる場合には，不在者財産管理人が法定代理人となる。

(b)　管轄裁判所　　相続が開始した地を管轄する家庭裁判所（家手191条1項）又は当事者が合意で定める家庭裁判所（家手66条1項）である。

家事事件手続法別表第2事件については，訴訟と同様，当事者が書面又は電磁的記録でした合意により合意管轄が認められる（家手66条2項，民訴11条2項・3項）。

調停が相手方の住所地を管轄する家庭裁判所（家手245条1項）に申し立てられ，調停が不成立となって審判に移行すると審判の管轄がなくなることがある。その場合は，管轄裁判所に移送するか，自庁処理の裁判をするかのいずれかである（家手9条1項）。家庭裁判所が自庁処理の裁判をするときは，当事者及び利害関係参加人の意見を聴かなければならない（家手規8条1項）。

(c)　申立ての方式　　申立書を管轄の家庭裁判所に提出して行う（家手49

条1項）。

　申立書には，当事者及び法定代理人，申立ての趣旨，理由及び事件の実情を記載し，申立ての理由及び事件の実情について証拠書類があるときは，その写しを申立書に添付しなければならない（家手49条2項，家手規37条1項・2項）。その他，家庭裁判所は，当該申立てにかかる身分関係についての資料その他審判の手続の円滑な進行を図るために必要な資料の提出を求めることができる（家手規37条3項）。相続関係が複雑な事件については，身分関係図の提出を求められることも多い。

　さらに，申立書には，共同相続人，民法903条1項に規定する遺贈又は贈与の有無，これらがあるときはその内容を記載し，遺産目録を添付する（家手規102条1項）。

　(d)　申立手続費用
　　(イ)　収入印紙　　被相続人1名につき1200円（民訴費3条1項・別表第1の15項の2）。
　　(ロ)　予納郵便切手　　裁判所所定の額（各家庭裁判所によって若干異なる）。
　(e)　添付書類
　　(イ)　共　　通
　　①　被相続人の出生時から死亡時までのすべての戸籍（除籍，改製原戸籍）謄本（全部事項証明書）。
　　②　相続人全員の戸籍謄本（全部事項証明書）。
　　③　被相続人の子（及びその代襲者）で死亡している者がある場合，その子（及び代襲者）の出生時から死亡時までのすべての戸籍（除籍，改製原戸籍）謄本（全部事項証明書）。
　　④　被相続人及び相続人全員の住民票又は戸籍附票。
　　⑤　遺産に関する証明書（不動産登記事項証明書及び固定資産税評価証明書，預貯金通帳の写し（残高証明でも可），有価証券写し等）。
　　⑥　相手方の数の申立書写し。
　　(ロ)　相続人が（配偶者と）第2順位相続人（直系尊属）の場合
　　⑦　死亡している直系尊属（相続人と同じ代及び下の代の直系尊属に限る（例：相続人が祖母の場合，父母と祖父））がある場合，その直系尊属の死亡の記載のある戸籍（除籍，改製原戸籍）謄本（全部事項証明書）。
　　(ハ)　被相続人が配偶者のみの場合又は（配偶者と）第3順位相続人（兄弟

姉妹及びその代襲者としての甥姪）の場合

　⑧　被相続人の父母の出生から死亡時までのすべての戸籍（除籍，改製原戸籍）謄本（全部事項証明書）。

　⑨　被相続人の直系尊属の死亡の記載のある戸籍（除籍，改製原戸籍）謄本（全部事項証明書）。

　⑩　死亡している兄弟姉妹がある場合，その兄弟姉妹の出生時から死亡までのすべての戸籍（除籍，改製原戸籍）謄本（全部事項証明書）。

　⑪　代襲者としての甥姪で死亡している者がある場合，その甥姪の死亡の記載がある戸籍（除籍，改製原戸籍）謄本（全部事項証明書）。

　㈡　包括受遺者が相続人となる場合は，遺言書の写し

(2)　調停との関係

　遺産分割調停が先行し，当事者間で合意が成立する見込みがなく，調停に代わる審判（家手284条）もせずに調停が終了した場合（調停不成立，家手272条1項）には，調停申立ての時に遺産分割の審判の申立てがあったものとみなされ，遺産分割事件は審判手続に移行し，審判手続が開始する（家手272条4項）。

　他方，遺産分割審判が先に申し立てられても，家庭裁判所は，いつでも職権で当該事件を家事調停に付することができる（家手274条1項）。審判の申立後に，職権で調停に付された調停が不成立で終了した場合は，中止されていた審判手続は再開される（家手276条2項の反対解釈）。

　調停前置主義は，訴訟手続と調停手続との間の規律（家手257条1項・2項）であり，家事事件手続法別表第2事件の審判手続と調停手続にそのまま適用されるものではない。しかしながら，遺産分割は，当事者間の任意の協議により解決が図られることが原則であり（民907条1項），当事者らの分割意向等を含めた事実の調査をしていく上でも，まず調停委員において事情を聴取することが望ましいことなどから，先に審判の申立てをしても，特に調停に適さないとする事情がなければ，調停に付されることが多い。

(3)　審判の手続

　遺産分割審判の手続においても，遺産分割調停と同様，相続人，遺産の範囲，特別受益，寄与分，遺産の評価，分割方法等が検討される。裁判官が，原則として審判の期日を開き，当事者から陳述の聴取その他の事実の調査をしたうえ，裁判をするのに熟したときに審判する（家手73条）。一般に，当事

者の話し合いにより解決できない場合の最終的な紛争解決手段である。

　遺産分割は，一般に紛争性の高い事件類型であり，対立している当事者それぞれが，自主的に主張や裁判資料を提出することが期待されている。そのために，家事事件手続法では，以下の当事者の手続保障等の規定を設けている。

　(a)　申立書の写しの送付　　申立てがあった場合，家庭裁判所は，申立てが不適法であるとき又は申立てに理由がないことが明らかなときを除き，申立書の写しを相手方に送付しなければならない。ただし，家事審判の手続の円滑な進行を妨げるおそれがあると認められるときは，家事審判の申立てがあったことを通知することをもって，家事審判の申立書の写しの送付に代えることができる（家手67条1項）。

　(b)　陳述の聴取　　家庭裁判所は，原則として当事者からの陳述を聴かなければ審判することができない（家手68条1項）。陳述の録取とは，言語的表現による事実の調査の一形態であり，陳述録取の方法には，審問による方法，家庭裁判所の調査官による調査による方法，書面照会などがあり，方式に定めはない。

　また，当事者が直接裁判官に陳述したいと希望した場合には，審問を実施しなければならない（家手68条2項）。

　審問期日が開かれるときは，他の当事者も原則として立ち会うことができる（家手69条）。

　(c)　事実の調査　　家庭裁判所は，職権で審判に必要な資料を収集する事実の調査をする（家手56条1項）。家事事件手続法に申立て又は職権による証拠調べも規定されているが，まずは，自由な方式で，強制力を伴わずに行われる事実の調査が優先して行われている。調停が不成立になって審判に移行した場合には，家庭裁判所は当事者から提出されたさまざまな書面の中から，職権で審判に資すると思われる資料を選択し，事実の調査を行うことになる。

　事実の調査をしたときは，特に必要がないと認めるときを除き，当事者や参加人に通知しなければならない（家手70条）。

　(d)　取下げの制限　　遺産分割審判については，相手方が本案について書面を提出したり，期日において陳述した後は，相手方の同意がなければ申立てを取り下げることができない（家手199条・153条）。

　(e)　審理の終結　　当事者それぞれが審判に資すると考える資料を提出し，

双方当事者の攻撃防御が尽くされたと家庭裁判所が判断すれば，家庭裁判所は審理を終結する。当事者双方が立ち会うことができる審判期日，すなわち当事者全員に正式に呼び出しがされている場合には直ちに終結できるが，そうでない場合には，相当の猶予期間をおかなければならない（家手71条）。

　(f)　審判日の指定　　家庭裁判所は，審理を終結したときは審判日を定めなければならない（家手72条）。家事事件手続法が制定される前の家事審判法には，審判日の指定の規定がなかったことから，当事者は，いつ審判が出されるのかわからず長期間待たされることも少なからずあったようだが，今日ではそのようなことはない。

(4)　**審　　判**

　(a)　審判書の作成　　審判は，家庭裁判所が本案についてする終局的判断の裁判であり，遺産分割審判においては，被相続人の遺産を分割する方法を定めた審判書を作成する（家手76条）。

　家庭裁判所は，分割審判において，金銭の支払，物の引渡し，登記義務の履行その他の給付を命じることができる（家手196条）。

　(b)　審判の告知及び対象者　　審判の告知とは，内部的に成立した審判の内容を外部に了知させる行為であり，具体的には，審判書の記載内容を了知させることである。

　審判を受ける者（審判の名宛人）に加えて，当事者（家手41条1項又は2項により当事者として参加した者を含む）及び利害関係参加人（家手42条1項又は2項）にも告知しなければならない（家手74条1項）。家庭裁判所の実務では，告知の方法は，審判書の謄本を送達する方法によっている。送達の手続については，民事訴訟法が準用される（家手36条）。

　(c)　審判の効力発生時期　　審判は特別の定めがある場合を除き，審判を受ける者に告知することによって効力を生じるが，即時抗告できる審判は確定しなければ効力を生じない（家手74条2項）。遺産分割審判は，当事者が即時抗告権を有しており（家手198条1項1号），2週間の即時抗告期間（家手86条1項）の満了により確定する（家手74条4項）。

　他方，分割対象財産が皆無であるなどの理由で申立てを却下する審判については，申立人に告知することにより効力を生じる（家手74条3項）。

　(d)　審判の執行力　　金銭の支払，物の引渡し，登記義務の履行その他の給付を命ずる審判は，執行力のある債務名義と同一の効力を有する（家手75

(5) 不服申立て

(a) 審判に対する不服申立ては，即時抗告である（家手85条1項・198条）。

(b) 各相続人への審判の告知の日が異なる場合には，相続人ごとに即時抗告期間が起算される。しかしながら，最も遅い日から2週間が経過するまでの間は，審判は確定しないという実務上の扱いを信じて，告知の日から2週間経過後になされた即時抗告を適法とした判例がある（最〔1小〕決平15・11・13民集57巻10号1531頁）。

(c) 審判の確定は，2週間の期間内にした即時抗告の提起により遮断される（家手74条5項）。

【今村　和彦】

書式123　遺産分割を求める審判申立書

受付印	遺産分割 ☐調停 ☑審判 申立書
	（この欄に申立て1件あたり収入印紙1,200円分を貼ってください。）
収入印紙　1,200円 予納郵便切手　　　円	（貼った印紙に押印しないでください。）

東京　家庭裁判所 　　　　　　御中 平成○○年○月○○日	申立人 （又は法定代理人など） の記名押印	甲野太郎　　　　㊞

添付書類	（審理のために必要な場合は，追加書類の提出をお願いすることがあります。） ☑戸籍（除籍・改製原戸籍）謄本（全部事項証明書）　合計4通 ☑住民票又は戸籍附票　合計2通　☐不動産登記事項証明書　合計　通 ☐固定資産評価証明書　合計　通　☐預貯金通帳写し又は残高証明書　合計　通 ☑有価証券写し　合計　1通　☑申立書の写し　1通	準口頭

当事者	別紙当事者等目録記載のとおり		
被相続人	本籍	東京　㊞道 　　　　府県	千代田区○○町○丁目○番地
	最後の住所	東京　㊞道 　　　　府県	杉並区○○町○丁目○番○号
	フリガナ 氏名	コウノ　イチロウ 甲野一郎	平成○○年○月○日死亡

申立ての趣旨

被相続人の遺産の分割の審判を求める。

申立ての理由

1　被相続人は，平成○○年○月○日死亡し，相続人は別紙当事者目録記載のとおり，申立人と相手方のみである。
2　被相続人の遺産につき，御庁において平成○○年○月○日遺産分割審判がなされ，同審判は同年○月○日確定した（平成○○年（家）○○○○号）。
3　その後，新たに別紙遺産目録記載の遺産（投資信託償還金）の存在が判明した。
4　申立人と相手方はかねてより不仲で交流がなく，分割対象は投資信託が償還された現金のみであることから，速やかに法定相続分の割合で分割する旨の審判を求める。

当 事 者 目 録

	本 籍 (国籍)	東京 ㊞道 府県 千代田区〇〇町〇丁目〇番地	
☑□ 申相 立手 人方	住 所	〒〇〇〇-〇〇〇〇 東京都杉並区〇〇町〇丁目〇番〇号 （　　　　方）	
	フリガナ 氏 名	コウノ　タロウ 甲野　太郎	大正 ㊞昭和 〇〇年〇月〇〇日生 平成 （　〇〇　歳）
	被相続人 との続柄	長男	

	本 籍 (国籍)	東京 ㊞道 府県 台東区〇〇町〇丁目〇番地	
□☑ 申相 立手 人方	住 所	〒〇〇〇-〇〇〇〇 東京都台東区〇〇町〇丁目〇番地 （　　　　方）	
	フリガナ 氏 名	コウノ　ジロウ 甲野　次郎	大正 ㊞昭和 〇〇年〇月〇〇日生 平成 （　〇〇　歳）
	被相続人 との続柄	二男	

□□ 申相 立手 人方	住 所	〒　　-　　 （　　　　方）	
	フリガナ 氏 名		大正 昭和 　年　月　日生 平成 （　　　　歳）
	被相続人 との続柄		

（注）□の部分は該当するものにチェックしてください。

遺　産　目　録　（□特別受益目録）

【現金，預・貯金，株式等】

番号	品　　　　　　目	単　位	数量（金額）	備　　考
1	〇〇証券株式会社が保管する 平成〇〇年〇〇月〇〇日付 投資信託償還金 （口座番号〇〇〇〇〇〇）		〇〇〇万〇〇〇〇円	

（注）この目録を特別受益目録として使用する場合には，（□特別受益目録）の□の部分にチェックしてください。
　　　また，備考欄には，被相続人から生前に贈与を受けた相続人の氏名を記載してください。

第14章

遺産分割の禁止

第1 遺産分割の禁止

解　説

　民法は，遺産分割について共同相続人間で協議が調わないとき，又は協議をすることができないとき，共同相続人は遺産分割を家庭裁判所に請求することができると規定する（民907条2項）。この場合において「特別の事由」があるときは，家庭裁判所は，期間を定めて，遺産の一部又は全部についてその分割を禁止することができる（同条3項）。

　また，被相続人も，遺言で，相続開始の時から5年を超えない期間を定め，遺産分割の禁止を命ずることができる（民908条）。

(1) 家庭裁判所による遺産分割禁止の手続

　共同相続人からの遺産分割禁止の申立ては家事審判事項である（家手191条）。もっとも，当該審判は家事事件手続法別表第2に掲げる事項であるため（別表第2の13項），裁判所は，当事者の意見を聴いて，いつでも，職権で，事件を家事調停に付することができる（家手274条1項）。そのため，実務上は家事調停の申立てがなされることが通常である[1]。

　【書式124】において分割禁止を求める調停申立書を，【書式125】において分割禁止を求める審判申立書を記載したので参照されたい。

　　*1　梶村太市＝石田賢一＝石井久美子編『家事事件手続書式体系Ⅰ』478頁〔五十部鋭利〕。余談だが，遺産分割に関わる調停・審判は，調停の管轄と審判の管轄が異なることから申立人にとって有利な管轄地で審理を行うため，調停を経ずいきなり審判を申し立てるというケースがある。

　　　　もっとも，そのようなことを企図して最初から審判を申し立てたとしても，調停に付すべき事件であった場合は調停に付された上で，結局調停管轄地に移送さ

れることになる可能性があることを念頭に置いておくべきである。

(2) 民法907条3項の「特別の事由」

「特別の事由」とは、一定の事情があるために相続人全員にとって分割を禁止することが利益となる場合をいう。

具体的には、①相続人の範囲が確定していない場合（例えば、相続人になり得る胎児がいる場合は胎児が出生するか死産するかで相続人の範囲が異なるため「特別の事由」がある。その他の事例として、名古屋高決昭35・3・8高民集13巻2号194頁）、②相続財産の全部又は重要な部分につきその帰属等が別途訴訟で争われている場合（大阪家審平2・12・11家月44巻2号136頁など。なお、東京高決昭60・6・13家月37巻11号51頁も参照されたい）などがある。

(3) 禁止期間経過後の遺産分割

なお、禁止期間が経過した後の分割の性質につき、遺産分割と解するか、通常の共有物分割と解するかにつき、学説上解釈が分かれている。民法907条、908条は遺産分割を禁止しているにすぎず、遺産分割未了状態を継続させているにすぎないと解すべきである（島津一郎＝松川正毅編『基本法コンメンタール相続』93頁〔松川正毅〕）。

(4) 遺産分割禁止の取消し、変更（【書式126】）

上記のとおり、「特別の事由」（ないし被相続人の遺言）がある場合は遺産分割が禁止されるが、あくまで遺産分割禁止の状態は例外的なものである。そのため、「特別の事由」あるいは遺産分割禁止の状態を継続する必要がなくなった場合は、これを取り消すかあるいは変更するのが合理的である。

そこで、家事事件手続法197条において、家庭裁判所は相続人の申立てによって事情の変更があると認められるときは、遺産の分割禁止の審判を取り消し、又は変更することができると規定されている*2。

> *2 条文は遺産の分割の禁止の「審判」の取消し、変更のみ規定している（家手197条）が、調停において分割禁止の合意が成立している場合及び被相続人が遺言で分割を禁止している場合も同様の手続によると解される。梶村ほか・前掲482頁。

(5) 遺産分割の禁止を命ずる遺言

被相続人は、遺言で、相続開始の時から5年を超えない期間を定めて、遺産の分割を禁ずることができる（民908条）。分割禁止の遺言があった場合、共同相続人は、遺言で定められた期間内は遺産分割協議や遺産分割調停、審判の申立てをすることもできない。もっとも、事情の変更が認められる事情

が発生した場合，禁止の取消しを求める審判をすることができるものと解すべきである（前掲＊2参照）。ここからさらに進んで，分割禁止の遺言があるにもかかわらず，共同相続人の全員が分割を希望する場合，かかる分割協議は有効であるとする見解もある（谷口知平＝久貴忠彦編『新版注釈民法(27)』389頁〔伊藤昌司〕。私見としても，法律行為自由の原則に基づき被相続人の指定に反する遺産分割協議も有効であると解されていることからすると，分割禁止の遺言があるにもかかわらずなされた相続人全員による分割協議も有効と解することは可能であると思料する）。

【芝口　祥史】

書式124 遺産分割を禁止する調停申立書

受付印	家事 ☑調停 □審判 申立書　事件名（　遺産分割禁止　）
	（この欄に申立1件あたり収入印紙1,200円分を貼ってください。）
収入印紙　1,200円 予納郵便切手　　　円	（貼った印紙に押印しないでください。）

○　○　家庭裁判所 　　　　　　御中 平成○○年　○月　○日	申立人 （又は法定代理人など） の記名押印	甲　野　太　郎　㊞	

添付書類	（審理のために必要な場合は，追加書類の提出をお願いすることがあります。） 申立人の戸籍謄本（全部事項証明書）　1通　相手方の戸籍謄本（全部事項証明書）　1通 住民票（相続人全員分）各1通，被相続人の除籍謄本（全部事項証明書）　1通	準口頭

申立人	本籍 (国籍)	（戸籍の添付が必要とされていない申立ての場合は，記入する必要はありません。） ○　○　都道府県　○○市○○区○丁目○番地		
	住所	〒○○○-○○○○ ○○県○○市○○区○丁目○番○号	（　　　　方）	
	フリガナ 氏名	コウ　ノ　タ　ロウ 甲　野　太　郎	大正 昭和 平成	○○年○月○日生 （　○○　歳）

相手方	本籍 (国籍)	（戸籍の添付が必要とされていない申立ての場合は，記入する必要はありません。） ○　○　都道府県　○○市○○区○丁目○番地		
	住所	〒○○○-○○○○ ○○県○○市○○区○丁目○番○号	（　　　　方）	
	フリガナ 氏名	コウ　ノ　ジ　ロウ 甲　野　次　郎	大正 昭和 平成	○○年○月○日生 （　○○　歳）

（注）太枠の中だけ記入してください。

申立ての趣旨

当事者間において，被相続人甲野一郎の遺産全部につき，平成○○年○月○日まで分割を禁止することの調停を求める。

申立ての理由

1　申立人は，平成○○年○月○日に死亡した被相続人甲野一郎の遺産分割につき平成○○年○月○日に遺産分割調停の申立てをした（御庁平成○○年（家イ）第○○○○号）。
2　しかし，別紙物件目録記載の○○県○○市の土地建物（以下，本件不動産という。）につき，相手方は自身の出捐で本件不動産を購入し，登記名義のみ被相続人にしたものであると主張している。
3　そこで，申立人は，平成○○年○月○日，○○地方裁判所に対し，本件不動産が被相続人の遺産であることの確認訴訟を提起した（平成○○年（ワ）第○○○○○号）。しかし，本件訴訟による解決には相当の時間を要すること，本件不動産は被相続人の遺産の主要部分であることから，本件訴訟が終結するまでの間，被相続人の遺産分割調停ないし審判をすることは困難である。
4　よって，申立人は，本件不動産が遺産であるか否かが確定するまで遺産全部について分割を禁止し，その期間を訴訟の経過その他の事情を考慮して平成○○年○月○日までとすることの調停を求める。

【備考】──申立手続について
 1．申立権者
    相続人，受遺者。
 2．管　　轄
    相手方の住所地を管轄する家庭裁判所又は当事者が合意で定める家庭裁判所（家手245条1項）。
 3．申立手数料
    収入印紙1200円（民訴費3条1項・別表第1の15項の2）。
 4．予納郵便切手
    966円（100円×2枚，82円×8枚，10円×10枚，5円×2枚）。
 5．申立てに必要な書類
    申立書3通（裁判所用，相手方用，申立人控え），連絡先等の届出書1通，進行に関する照会回答書1通，申立人，相手方の戸籍謄本（全部事項証明書）1通，被相続人の戸籍（除籍）謄本（全部事項証明書）1通。
 6．そ の 他
    事件に応じて必要書類を提出する。

書式 125　遺産分割を禁止する審判申立書

受付印	家事　□調停　申立書　事件名（　遺産分割禁止　） 　　　　☑審判
	（この欄に申立1件あたり収入印紙1,200円分を貼ってください。） （貼った印紙に押印しないでください。）

収入印紙　1,200円
予納郵便切手　　　円

○○家庭裁判所　御中
平成○○年○月○日

申立人（又は法定代理人など）の記名押印　　甲 野 太 郎　㊞

| 添付書類 | （審理のために必要な場合は，追加書類の提出をお願いすることがあります。）
申立人の戸籍謄本（全部事項証明書）　1通　相手方の戸籍謄本（全部事項証明書）　1通
住民票（相続人全員分）各1通，被相続人の除籍謄本（全部事項証明書）　1通 | 準口頭 |

申立人	本籍（国籍）	（戸籍の添付が必要とされていない申立ての場合は，記入する必要はありません。） ○○都道府県　○○市○○区○丁目○番地
	住所	〒○○○-○○○○　○○県○○市○○区○丁目○番○号　（　　　方）
	フリガナ 氏名	コウノ タロウ 甲 野 太 郎	大正・昭和・平成　○○年○月○日生（○○歳）

相手方	本籍（国籍）	（戸籍の添付が必要とされていない申立ての場合は，記入する必要はありません。） ○○都道府県　○○市○○区○丁目○番地
	住所	〒○○○-○○○○　○○県○○市○○区○丁目○番○号　（　　　方）
	フリガナ 氏名	コウノ ジロウ 甲 野 次 郎	大正・昭和・平成　○○年○月○日生（○○歳）

（注）太枠の中だけ記入してください。

申立ての趣旨

　当事者間において，被相続人甲野一郎の遺産全部につき，平成○○年○月○日まで分割を禁止することの審判を求める。

申立ての理由

1　申立人は，平成○○年○月○日に死亡した被相続人甲野一郎の遺産分割につき平成○○年○月○日に遺産分割調停の申立てをした（御庁平成○○年（家イ）第○○○○号）。
2　しかし，別紙物件目録記載の○○県○○市の土地建物（以下，本件不動産という。）につき，相手方は自身の出捐で本件不動産を購入し，登記名義のみ被相続人にしたものであると当該調停で主張している。
3　そこで，申立人は，平成○○年○月○日，○○地方裁判所に対し，本件不動産が被相続人の遺産であることの確認訴訟を提起した（平成○○年（ワ）第○○○○○号）。しかし，本件訴訟による解決には相当の時間を要すること，本件不動産は被相続人の遺産の主要部分であることから，本件訴訟が終結するまでの間，被相続人の遺産分割調停ないし審判をすることは困難である。
4　よって，申立人は，本件不動産が遺産であるか否かが確定するまで遺産全部について分割を禁止し，その期間を訴訟の経過その他の事情を考慮して平成○○年○月○日までとすることの審判を求める。

【備考】──申立手続について
 1．申立権者
　　相続人，受遺者。
 2．管　　轄
　　相手方の住所地を管轄する家庭裁判所又は当事者が合意で定める家庭裁判所（家手245条1項）。
 3．申立手数料
　　収入印紙1200円（民訴費3条1項・別表第1の15項の2）。
 4．予納郵便切手
　　966円（100円×2枚，82円×8枚，10円×10枚，5円×2枚）。
 5．申立てに必要な書類
　　申立書3通（裁判所用，相手方用，申立人控え），連絡先等の届出書1通，進行に関する照会回答書1通，申立人，相手方の戸籍謄本（全部事項証明書）1通，被相続人の戸籍（除籍）謄本（全部事項証明書）1通。
 6．そ の 他
　　事件に応じて必要書類を提出する。

書式 126　遺産分割禁止に対する取消審判申立書

受付印	家事 □調停 ☑審判	申立書　事件名（遺産分割禁止取消し）

（この欄に申立て1件あたり収入印紙1,200円分を貼ってください。）

収入印紙　1,200円
予納郵便切手　　　円

（貼った印紙に押印しないでください。）

○○家庭裁判所　御中
平成○○年○月○日

申立人（又は法定代理人など）の記名押印　　甲　野　太　郎　㊞

準口頭

添付書類：（審理のために必要な場合は、追加書類の提出をお願いすることがあります。）
申立人の戸籍謄本（全部事項証明書）1通　相手方の戸籍謄本（全部事項証明書）1通
住民票（相続人全員分）各1通、被相続人の除籍謄本（全部事項証明書）1通
その他、判決書の写しなど

申立人

本籍（国籍）	（戸籍の添付が必要とされていない申立ての場合は、記入する必要はありません。） ○○都道府県　○○市○○区○丁目○番地
住所	〒○○○-○○○○ ○○県○○市○○区○丁目○番○号　　（　　　方）
フリガナ 氏名	コウノ　タロウ 甲　野　太　郎　　　大正・昭和・平成　○○年○月○日生（○○歳）

相手方

本籍（国籍）	（戸籍の添付が必要とされていない申立ての場合は、記入する必要はありません。） ○○都道府県　○○市○○区○丁目○番地
住所	〒○○○-○○○○ ○○県○○市○○区○丁目○番○号　　（　　　方）
フリガナ 氏名	コウノ　ジロウ 甲　野　次　郎　　　大正・昭和・平成　○○年○月○日生（○○歳）

（注）太枠の中だけ記入してください。

申立ての趣旨

被相続人甲野一郎の遺産全部につき平成○○年○月○日まで分割を禁止した平成○○年（家）第○○○○号審判を取り消すとの審判を求める。

申立ての理由

1　被相続人甲野一郎（平成○○年○月○日死亡）の相続人は、申立人と相手方のみである。
2　別紙物件目録記載の○○県○○市の土地建物（以下、本件不動産という。）につき、申立人と相手方との間で、本件不動産が亡一郎の遺産であるか否かが争われていたことから、亡一郎の遺産のすべての分割につきその分割を禁止する旨の審判がなされている（平成○○年（家）第○○○○号）。
3　申立人は、平成○○年○月○日、○○地方裁判所に対し、本件不動産が被相続人の遺産であることの確認訴訟を提起し（平成○○年（ワ）第○○○○○号）、平成○○年○月○日、本件不動産が亡一郎の遺産であることを確認する旨の判決が出された。同判決は、平成○○年○月○日に確定している。
4　よって、遺産分割を禁止すべき特別の事情がなくなったものとして、亡一郎の遺産全部につき分割を禁止する上記審判の取り消すとの審判を求める。

【備考】──申立手続について
 1．申立権者
　　相続人，受遺者。
 2．管　　轄
　　相手方の住所地を管轄する家庭裁判所又は当事者が合意で定める家庭裁判所（家手245条1項）。
 3．申立手数料
　　収入印紙　　1200円（民訴費3条1項・別表第1の15項の2）。
 4．予納郵便切手　　966円（100円×2枚，82円×8枚，10円×10枚，5円×2枚）。
 5．申立てに必要な書類
　　申立書3通（裁判所用，相手方用，申立人控え），連絡先等の届出書1通，進行に関する照会回答書1通，申立人，相手方の戸籍謄本（全部事項証明書）1通，被相続人の戸籍（除籍）謄本（全部事項証明書）1通。
 6．そ の 他
　　事件に応じて必要書類を提出する。例えば上記の例であれば判決書の写しなど。

第15章

遺産分割に関連する事件

第1　遺産分割調停・審判前の前提問題の紛争

解　説

　遺産分割は，①相続の開始，②相続人の範囲の確定，③遺産範囲の確定，④本来的相続分（民法900条ないし902条により決定される相続分）の確定，⑤具体的相続分（本来的相続分から特別受益，寄与分により修正された各相続人の相続分）の確定というプロセスを経て実行される（各用語の解説や上記の遺産分割の流れについては，梶村太市＝貴島慶四郎『遺産分割のための相続分算定方法』3～10頁参照）。家庭裁判所による調停ないし審判も，①から⑤につき確定されていなければ行い得ない。

　したがって，上記①から⑤につき争いがある場合には，遺産分割調停・審判の前に当該前提問題の解決が必要となる。例えば，②相続人の範囲につき争いがある場合として，相続人とされているある者につき欠格事由があると他の相続人が主張する場合がある。この場合は，相続人の地位の存否確認の訴えを提起することが考えられる。

　本稿では，対象財産が遺産か否かに争いがある場合及び被相続人作成の遺言の有効性につき争いがある場合につき検討する。

(1)　対象財産が遺産か否かに争いがある場合

　共同相続人間で，ある財産につき被相続人から遺贈を受けたか否か等，当該財産が遺産か否かが争いとなる場合がある。この場合，共同相続人は遺産確認の訴えを提起する。

　(a)　訴えの相手方は他の共同相続人のみである。相続人でない者に対する遺産確認の訴えは確認の利益がない（東京地判昭62・2・23判時1264号90頁など）。

　(b)　遺産確認の訴えは，「当該財産が現に被相続人の遺産に属すること，

換言すれば，当該財産が現に共同相続人による遺産分割前の共有関係にあることの確認を求める訴え」である（最判昭61・3・13民集40巻2号389頁）。

当該判例及び遺産共有の性質は，基本的に民法249条以下の共有と性質を異にするものではないという判例の理解（第13章第2参照）からすると，遺産確認の訴えの訴訟物は当該財産の共有持分権（の確認）である。

そのため，預金債権等の可分債権については被相続人の死亡と同時に当然に共同相続人に分割される（最判平17・9・8民集59巻7号1931頁）ことから，当該可分債権につき遺産確認の訴えを提起することはできないことになる（高松高判平18・6・16判時2015号60頁）。

(c) 訴状に記載すべき請求の趣旨及び請求原因事実等は【書式127】を参照されたい。上記昭和61年判例などのとおり，遺産確認の訴えは共有持分権確認訴訟と同じであるので，遺産分割訴訟の請求原因事実の記載は通常の所有権確認訴訟とパラレルに考えてよいと考えられる。すなわち，①原告による当該財産の（遺産）共有持分権の取得原因事実，②当該財産につき原告が共有持分権を有することについて（すなわち遺産か否かについて）争いがあること，が請求原因事実となる（各要件事実の解説については，岡口基一『要件事実マニュアル5』も参照されたい）。

(d) 確認の利益が問題となる事案

(イ) 上記のとおり，遺産中に存する金銭債権は相続開始とともに法律上当然に分割されるため，当該金銭債権が遺産に属することの確認を求めても，訴えの利益がない。

もっとも，共同相続人全員が金銭債権を遺産分割の対象とすることに合意している場合は，当該金銭債権も被相続人の遺産として遺産分割の対象になるとされている。その結果として，共同相続人全員が金銭債権を遺産分割の対象とすることに合意している場合は，当該金銭債権につき遺産確認の訴えの対象とすることも許される（京都地判平20・4・24LLI/DB判例秘書L06350087）。

なお，かかる裁判例とは別に，共同相続人間において定額郵便貯金債権が現に被相続人の遺産に属することの確認を求める訴えには，上記債権の帰属に争いがある限り，確認の利益があるとされている（最判平22・10・8民集64巻7号1719頁）。

(ロ) 遺産確認の訴えの被告が，当該財産につき遺産ではないと争っている必要がある。そのため，例えば，「被告が被相続人の財産を使い込んだ」

旨相続人である原告が主張し，被告が「当該財産は遺産ではあるが自身が使い込んだのではない」等と反論する場合は，遺産確認の訴えの確認の利益はない（傍論だが，東京地判平16・6・25LLI/DB判例秘書L05932673）。この場合，相続人たる原告は，別途不当利得返還請求などを提起することになる（第15章第2参照）。

(2) 被相続人作成の遺言の有効性につき争いがある場合

被相続人が作成した遺言書につき，その方式が民法とそぐわない，あるいは遺言書作成時に被相続人には遺言能力がなかったなど，被相続人作成の遺言の有効性が争われる場合がある。

この場合において，遺言の効力を争いたい相続人は，遺言無効確認の訴えを提起することになる。

(a) 訴訟物は，当該遺言の有効性である。被相続人による遺言作成は過去の法律行為であり，遺言の無効確認も形式上は過去の法律行為の確認である。しかし，遺言が有効であるとすれば，そこから生ずべき現在の特定の法律関係が存在しないことの確認を求める場合で，原告がかかる確認を求めるにつき法律上の利益を有するときは，遺言無効確認の訴えは適法であると解される（最判昭47・2・15民集26巻1号30頁）。

(b) 遺言無効確認の訴えは，遺言者が死亡した後，遺言の効力について利害関係のある者のみが提起することができる。すなわち，遺言者の生前における遺言無効確認の訴えは不適法である（最判昭31・10・4民集10巻10号1229頁など）。これは遺言者がたとえ心神喪失等の症状があり，これが回復する見込みがなく，生存中の遺言撤回の可能性がない場合であっても同様である（最判平11・6・11判タ1009号95頁）。

(c) 遺言無効確認訴訟の被告は，原則として相続人，受遺者及びこれらの承継人である（なお，遺言執行者が選任されている場合の判例については最判昭31・9・18民集10巻9号1160頁や最判昭51・7・19民集30巻7号706頁を参照されたい）。

(d) 遺言書の成立要件（民968条など）の主張立証責任は，遺言の有効性を主張する側にある（最判昭62・10・8民集10巻10号1229頁など）。そのため，遺言無効確認訴訟を提起する原告としては，確認の利益を基礎づける事実のみ主張立証すればよいとされる。

これに対し，遺言成立要件を具備していることが被告主張の抗弁となる。原告としては，自筆証書遺言が遺言者の自署ではない等抗弁事実の否認や，

遺言作成時に遺言者に遺言能力がなかったこと等の再抗弁の主張をする。

　もっとも，通常は訴状等の時点で被告からの主張を待たず，原告から当該遺言が無効である事由（遺言の成立要件を具備していないことや遺言作成当時遺言者に遺言能力がなかったこと等）を主張するであろう。むしろ，当該紛争の争点を明らかにするためには，訴状の段階で原告が主張しようとする遺言の無効原因を整理し，明らかにする必要性が高いといえる。したがって，原告が主張する遺言の無効原因も訴状に具体的に記載すべきである（畠山稔ほか「遺言無効確認請求を巡る諸問題」判タ1380号9頁）。**【書式128】**においても，原告から訴状において当該遺言が無効であることを主張した記載例とした。

(3)　**遺言能力の有無を争う場合**

　この場合，遺言者の病状や判断能力等の間接事実を基に，遺言作成当時遺言能力があったか否かの事実認定を裁判所が行うことになる。

　判断要素については，前掲第8章第5を参照されたい。

　　　　　　　　　　　　　　　　　　　　　　　　　　　【芝口　祥史】

書式 127 遺産の範囲確定を求める訴状

訴　　状

平成○○年○○月○○日

○○地方裁判所民事部　御中

原告訴訟代理人弁護士　乙　野　太　郎

〒○○○－○○○○　○○県○○市○○町○丁目○番○号
　　　　　　　　　原　　　告　　甲　野　太　郎
〒○○○－○○○○　○○県○○市○○町○丁目○番○号
　　　　　　　　　乙野法律事務所（送達場所）
　　　　　　　　　上記原告訴訟代理人弁護士　乙　野　太　郎
　　　　　　　　　　　電　話　○○○－○○○－○○○○
　　　　　　　　　　　ＦＡＸ　○○○－○○○－○○○×
〒○○○－○○○○　○○県○○市○○町○丁目○番○号
　　　　　　　　　被　　　告　　甲　野　次　郎

遺産確認請求事件
　訴訟物の価額　　　万　　円
　貼用印紙額　　　　万　　円

第1　請求の趣旨
　1　別紙物件目録記載の各不動産は被相続人丁の遺産であることを確認する
　2　訴訟費用は被告の負担とする
との判決を求める。
第2　請求の原因
　1　当事者等
　　　原告は，亡丁の二男であり，被告は亡丁の長男である。
　　　亡丁は平成○○年○月○日死亡した。亡丁の遺産としては，別紙物件

目録記載の土地建物(以下,それぞれ「本件土地」「本件建物」という。)及び○○銀行の預貯金等が存在する。
2 本件土地については,被告名義の所有権移転登記がなされている。しかし,以下の事情より,本件土地は亡丁が生前所有していたものであるため,亡丁の遺産である。
(1) 本件土地は昭和○○年頃に亡丁が購入したものであり,本件土地上にある本件建物は昭和○○年頃亡丁が出資し建築されたものである。
　本件建物の建築に際しては,亡丁が費用をすべて支出し,被告はまったく支出していない。亡丁は,被告が昭和○○年に結婚してから,被告を本件建物に住まわせた。亡丁は,長男である被告がいずれ自分と暮らし,自分を看護してくれるだろうなどと思っていたため,本件土地建物を被告名義にしたのである。
(2) 本件土地の所有権移転登記がされた昭和○○年頃,被告はまだ20代であり,本件土地を購入するための資力及び本件建物を建築するための資力があったとは到底考えられない。
　この点,被告は訴外において「当時自身が有していた株式等の金融資産を売却した」旨述べていた。しかし,これらを被告が売却したのは本件土地の所有権移転登記がされた昭和○○年よりも10年も後である昭和△△年頃である。そのため,株式等の売却代金が本件土地購入及び本件建物建築の費用になったとは到底考えられない。
3 結語
　よって,請求の趣旨記載のとおりの判決を求める。

以上

【備考】
1. 東京地判平19・6・7(判例秘書L06232512)を参照し作成した。
2. 管轄は,被告の普通裁判籍の所在地及び相続開始の時における被相続人の普通裁判籍の所在地(民訴4条1項・5条14号)。
3. 手数料として,貼用印紙額は,遺産確認の訴えで確認の対象とする財産の評価額に対応した額(民訴費3条・4条・別表第1)。
4. 予納郵便切手額は各裁判所の定めるところによる(東京地裁に対する訴訟の場合,原告,被告1名の場合6000円(内訳:500円×8枚,100円×6枚,82円×10枚,52円×5枚,20円×10枚,10円×10枚,1円×20枚),当事者が1名増えるごとに加算(納付方法により具体的な金額が異なる))。
5. 添付資料としては,主に被相続人の出生から死亡までのすべての戸籍,原告・被告の戸籍(除籍,改製原戸籍)謄本(全部事項証明書),不動産登記事項証明書・固定資産税評価証明書(不動産を対象とする場合)など。

書式128 遺言無効確認を求める訴状

訴　状

平成　年　月　日

○○地方裁判所民事部　御中

原告訴訟代理人弁護士　乙　野　太　郎

〒○○○-○○○○　○○県○○市○○町○丁目○番○号
　　　　原　　　告　甲　野　太　郎
〒○○○-○○○○　○○県○○市○○町○丁目○番○号
　　　　乙野法律事務所（送達場所）
　　上記原告訴訟代理人弁護士　乙　野　太　郎
　　　　　　　　　電　話　○○○-○○○-○○○○
　　　　　　　　　ＦＡＸ　○○○-○○○-○○○×
〒○○○-○○○○　○○県○○市○○町○丁目○番○号
　　　　被　　　告　甲　野　次　郎

遺言無効確認請求事件
　訴訟物の価額　　　万　円
　貼用印紙額　　　　万　円

第1　請求の趣旨
　1　原告と被告との間において，平成○○年○月○日作成の自筆証書による亡丁の遺言は無効であることを確認する
　2　訴訟費用は被告の負担とする
との判決を求める。

第2　請求の原因
　1　当事者等
　　原告は，亡丁の長男であり，被告は亡丁の二男である。

亡丁は平成26年○月○日死亡した。亡丁の遺産としては，A土地及び○○銀行の預貯金等が存在する。

亡丁は，平成21年○月○日に作成した自筆証書遺言（以下，「本件遺言」という）において，A土地を被告に相続させる，預貯金を原告に相続させる旨の遺言をした。

2　本件遺言の無効原因

しかし，以下述べるとおり本件遺言は無効である。

(1)　本件遺言は亡丁の自署ではないこと

自筆証書遺言が有効に成立するためには，遺言者が遺言の全文を自署する必要がある（民968条）。

しかし，本件遺言は亡丁が自署する際，被告の妻である訴外甲野花子の添え手を受けて記載されたものである。

しかも，第1項においては「私は，A土地を甲野次郎に相続させる」と記載されているところ，第2項においては「わたしは，わたし名義のよちょきんをすべて甲の太郎にそうぞくさせる」と記載されている。1項では「私」と亡丁自身が漢字で表記されているにもかかわらず，第2項では「わたし」と亡丁自身が平仮名で表記されているなど，明らかに第1項と第2項との間で文体が異なっている。そのため，添え手をした訴外甲野花子の意思が介入したものであると考えざるを得ない。

したがって，本件遺言は自書でなされたものとはいえず，遺言の成立要件を欠くため無効である。

(2)　当該自筆証書遺言作成当時亡丁には遺言能力がなかったこと

亡丁は，本件遺言を作成した平成○○年○月○日より前から認知症の症状を患っていた。

また亡丁が生前入所していたB施設の診療録には，亡丁は平成○○年当時「意思の疎通が困難であった」「施設内を頻繁に徘徊していた」等と記載されている。そのため，平成○○年当時亡丁の認知症の症状は相当程度進行していた。

したがって，平成○○年○月○日当時において，亡丁は遺言能力を欠いていたといえ，本件遺言は無効である。

3　結語

よって，原告は被告との間で，本件遺言による亡丁の遺言が無効であることの確認を求める。

以上

【備考】
1．最判昭62・10・8民集41巻7号1471頁の事案を基に作成した。
2．管轄は，被告の普通裁判籍の所在地及び相続開始の時における被相続人の普通裁判籍の所在地（民訴4条1項・5条14号）。
3．手数料として，貼用印紙額は，無効にすべき遺言書の内容による。例えば，財産処分（民964条）の場合，処分された財産の価額×原告の法定相続分になる。認知等被財産的な内容である場合，訴額160万円を基準とした額となる（民訴費3条・4条・別表第1）。
4．予納郵便切手額は各裁判所の定めるところによる（東京地裁に対する訴訟の場合，原告，被告1名の場合6000円（内訳：500円×8枚，100円×6枚，82円×10枚，52円×5枚，20円×10枚，10円×10枚，1円×20枚），当事者が1名増えるごとに加算（納付方法により具体的な加算金額が異なる））。
5．添付資料としては，主に被相続人の出生から死亡までのすべての戸籍，原告・被告の戸籍（除籍，改製原戸籍）謄本（全部事項証明書），遺言書，不動産登記事項証明書・固定資産税評価証明書（不動産が処分されている遺言の無効を争う場合）など。

第2 遺産分割後の紛争

解　説

　遺産分割の協議，調停又は審判が成立した以降も，遺産分割を巡って紛争が起こることがある。

　大別すると，(i)遺産分割の効力そのものについては争わない場合，(ii)遺産分割の効力そのものを争う場合，がある。

　本稿では，(i)の例として，①遺産分割に基づき特定の相続人が負った義務等を当該相続人が履行しない場合，②法定相続分で共有する旨の遺産分割が成立した後，共有状態を解消する場合[*1]，③相続開始後に認知された者の価額の支払請求（民910条）を行う場合，(ii)の例として，遺産分割協議の無効確認を行う場合，を取り扱う。

　また，厳密には遺産分割に関係する紛争ではないが，「相続人による遺産の使い込み，持ち出し」も，被相続人の遺産を巡る紛争の典型例であるため，本稿で若干触れることにする。

　　*1　通説上，遺産分割の方法として共有分割も可能であるとされている。しかし，もともと相続人は遺産については相続分に応じた持分を有しており，このことを前提として具体的な分割を求めているのであって，共有分割では根本的な解決にならず，問題を先送りにするだけである。したがって，現物分割が困難な場合等，特別の事情がある場合に限って共有分割も許されると解すべきである。東京高判平3・10・23判時1406号27頁では，かかる理解のもと，個々の遺産を特定の相続人に分与し，あるいは数個の物件を数人の共通する利害関係を有する相続人に分与する等の根本的かつ具体的な分割方法も十分考えられるはずであったのに，このような配慮を行わなかった原審判を取り消した。

　　　共有分割によるべき具体例としては，梶村太市＝貴島慶四郎『遺産分割のための相続分算定方法』290頁。【書式130】の事案はこの記載例をもとに改変したので，そちらも参照されたい。

(1)　遺産分割に基づき特定の相続人が負った義務等を当該相続人が履行しない場合──上記(i)①の場合

　例えば，被相続人が所有し相続人Aが居住していた建物甲につき，「相続人Bが甲を取得する」「Aは平成〇年〇月〇日までに甲を退去する」旨の遺産分割協議が成立したが，Aが上記期限までに甲から退去しない，という場合が考えられる。

この場合，BはAを相手に建物明渡請求訴訟を提起することが可能である。また，遺産分割後の紛争調整を求める調停申立てを提起することもできる。

建物明渡請求訴訟は通常の民事訴訟と同様であるため，【書式129】では遺産分割後の紛争調整を求める調停申立てについて掲載した。

(2) **法定相続分で共有する旨の遺産分割が成立した後，共有状態を解消する場合——上記(i)②の場合**

この場合は，共有物分割訴訟を提起する。あるいは，共有物分割調停申立てを提起することも可能である。

ちなみに，「共有分割」という方法で遺産の分割は完了している以上，かかる共有の法的性質はいわゆる「遺産共有」ではなく，通常の共有である。すなわち，調停以外でその分割を裁判所に申し立てる場合には，通常の民事訴訟を提起することになる（例えば，家庭裁判所での遺産分割審判により遺産の一部につき相続人間での共有分割とする審判が確定した後，原告らが被告との共有物分割の協議が調わないとして共有物分割を求めて訴えを提起した事案として，熊本地判平22・10・26金判1438号17頁参照）。

【書式130】では，共有物分割調停の書式を掲載する。

(3) **相続開始後に認知された者の価額の支払請求（民910条）——上記(i)③の場合**

本条は，相続開始後に認知された（死後認知や遺言により認知された場合など）非嫡出子が存在し，かつ既に遺産分割協議が終了していた場合，非嫡出子に価額による遺産の請求権を認めたものである。

認知の効力は遡及効である（民784条）ことからすると，相続開始時に被認知者も相続人であることになる。すると，被認知者を除いた遺産分割協議は相続人全員で行われたものではないとして無効とされる可能性がある（後掲(4)(b)参照）。他方，認知の効力は第三者が既に取得した権利を害することはできない（民784条ただし書）という規定を徹底すると，既に遺産分割が終了しているのであれば，被認知者は自らに相続権があるとは主張できないようにも思える。

そこで，本条において相続開始後に被認知者が認知された場合に被認知者に価額請求権を認めることで，遺産分割協議を再度やり直す必要がなく遺産分割の法的安定性を図るとともに，被認知者に対する救済を図っている（島津一郎＝松川正毅編『基本法コンメンタール相続』〔第5版〕103頁〔松川正毅〕）。

なお，本条は「相続の開始後認知によって相続人となった者」を請求権者とする規定である。そのため，母子関係（分娩により発生）につき，被相続人である母の遺産分割協議の後に非嫡出子の存在が明らかになった場合には本条を類推適用することはできない（最判昭54・3・23民集23巻2号249頁）。この場合は，遺産分割協議に無効事由があるとして再度遺産分割協議をしなければならないことになる。

本条に基づく請求は訴訟事項である。もっとも，調停申立てをすることも可能である。【書式131】では，本条に基づく調停申立書を掲載した[*2]。

なお，周知のとおり，かつて非嫡出子の相続分は嫡出子の2分の1とされていた（旧900条4号ただし書）が，最大判平25・9・4民集67巻6号1320頁において，旧900条4号ただし書は「遅くとも平成13年7月当時において」憲法14条1項に反する，「Aの相続の開始時から本決定までの間に開始された他の相続につき，本件規定を前提としてされた遺産の分割の審判その他の裁判，遺産の分割の協議その他の合意等により確定的なものとなった法律関係に影響を及ぼすものではないと解するのが相当である」という判断が下された。そこで，平成13年7月から旧民法900条4号ただし書が廃止されるまでの間に遺産分割協議が成立した場合において，被認知者が本条に基づく請求を行ったとき，非嫡出子たる被認知者の相続分をどのように考えるのかにつき，ここで若干触れておく。

この点につき，平成25年判例の上記判旨を引用していないものの，「本件規定（旧900条4号但し書き）は，本件被相続人の相続開始後においては，無効であったと解されるから，原告の法定相続分は，民法900条4号本文に従い，8分の1である」とした上で，被認知者が8分の1に当たる額の価額支払請求権を有すると判示した裁判例がある（東京地判平25・10・28金判1432号33頁）。そのため，民法910条による請求権が残されている状態は平成25年判例の上記判旨にいう「確定的なものとなった法律関係」ではないと解するのが自然であろう。

  [*2] 訴訟の場合には請求の趣旨として，「被告は，原告に対し，金○○万円を支払え」のように額を明確に記載するのが通常であるが，調停の場合は，【書式131】に記載するとおりの申立ての趣旨でも問題がないと思われる。

  なお，【書式131】では配偶者も相続人であるにもかかわらず，長男のみを相手方としており，被相続人の配偶者を相手方にしていない。これは，被相続人

の配偶者が相続開始前に死亡している場合はもとより，配偶者が相続人となっている場合においても，配偶者と子のみが相続人の場合，非嫡出子の人数が増えようが配偶者の相続分に変化がない（2分の1のまま）ためである。

(4) 遺産分割協議の無効確認——上記(ii)の場合

遺産分割協議につき，ある相続人を除外して遺産分割がなされた等，瑕疵が生ずることがある。以下，いくつかの事例を紹介する。

(a) まず，遺産分割協議を行うに際し，相続人には行為能力が必要となる。そのため相続人が未成年である場合や認知症等を患っている場合，遺産分割協議に先立って特別代理人選任や後見人選任等の手続を行う必要がある（これらの手続については，第10章参照）。

その他，遺産分割協議にも意思表示の規定（錯誤，詐欺等）は適用される。判例上，遺産分割協議成立後に協議内容と異なる被相続人作成の遺言書が発見された場合において，当該遺言の存在を知っていれば当該協議による遺産分割を行わなかった蓋然性が高いとして錯誤による遺産分割の無効を認めた例がある（最判平5・12・26判時1489号114頁）。

(b) 遺産分割協議は相続人全員が参加しなければならず，また相続人以外の者が遺産分割協議に参加することはできない。

もっとも，相続人全員が参加していない場合は遺産分割協議がすべて無効になるのに対し，相続人ではない者が参加している場合はその者の取得部分に関係する部分のみ無効となるのが原則である（この点に関連して，大阪地判平18・5・15判タ1234号162頁参照）。

なお例外として，遺産分割協議後に認知が認められた者がいる場合に被認知者が遺産分割協議に参加していないときには，被認知者は民法910条の請求ができるだけであり，遺産分割協議自体は有効であると解される（前記民法910条の趣旨参照）。

(c) 遺産分割協議の解除については，遺産分割協議に基づく債務が履行されないことを理由として，民法541条以下の解除をすることはできないとされる（最判平元・2・9民集43巻2号1頁）。

もっとも，遺産分割の合意解除は法律上当然には妨げられない（最判平2・9・27民集44巻6号995頁）。

そのため，両判例の整合性につき問題となるが，平成元年判例はその理由として「遺産分割はその性質上協議の成立とともに終了」し，それに基づく

債務の履行という過程を辿らず債務不履行の余地がないと述べるにすぎず，遺産分割協議の解除一般を制限するものではないこと，合意解除によっても第三者の権利を害することはできないため，対外的関係の安定も図られているということから説明することができる（水野紀子＝大村敦志編『民法判例百選Ⅲ親族・相続』141頁〔沖野眞已〕）。

　(d)　分割した財産に瑕疵がある場合は，民法911条の問題となるのみであり，遺産分割協議自体は有効である。

　この点に関連して，民法911条は「売主と同じく，……担保の責任を負う」と規定することから，民法560条以下の担保責任の規定と同様に遺産分割協議の解除が可能であるかという論点がある。判例（前記最判平元・2・9）は，遺産分割には権利移転的な性質はなく宣言的な性質を有したものであるという理解に基づくものであると思われる。かかる解釈からすれば民法911条に基づく解除の主張も認められないことになろう（島津一郎ほか編『基本法コンメンタール相続』104頁〔松川正毅〕）。

　これに対し，「遺産分割に売主の担保責任の規定が準用される結果」として遺産分割の解除をすることができるという見解（谷口知平＝久貴忠彦編『新版注釈民法(27)』417頁〔宮井忠夫＝佐藤義彦〕）や，「瑕疵の程度がひどくて分割の意味がない場合には，分割のやり直しもできるし（売主の担保責任の解除に相当する。）……」という見解（二宮周平『家族法』374頁）もある。

　(e)　ある財産が遺産であるとした上で遺産分割の審判がなされたが，その後当該財産が遺産に属しない旨の判決が確定した場合，当該審判全体の効力につき問題となる。この点について，最判昭41・3・2民集20巻3号360頁は，「判決によって右前提の権利の存在が否定されれば，分割の審判もその限度において効力を失うに至るものと解される」と述べるに止まり，当該審判全体の効力につき明言していないが，分割につき考慮すべき一切の事情のうち分割の仕方につき重大な影響を与える権利でない限り，審判全体の効力を否定するのではなく，損害賠償等による救済にとどめるべきであろう（谷口ほか・前掲321頁）。

　(f)　【書式132】では，遺産分割協議の無効確認を求める調停申立書を掲載したので参照されたい。

(5)　相続人による財産の使い込み，持ち出し

　ある相続人が被相続人の財産を他の相続人に無断で使い込んだ，あるいは

持ち出した等，他の相続人が主張することがよくある。かかる場合，不当利得返還訴訟や返還の調停を行うか，あるいは遺産分割の付随問題として遺産分割調停の場で使い込み等の事実を一方当事者が主張することがある（その他，そもそも遺産ではない債権債務についての清算や分配（例えば，葬儀費用の清算や相続開始後に遺産である不動産の賃料収入の分配など）についても遺産分割調停の付随問題であるとされる）。

　(a)　遺産分割の付随問題として扱う場合　　付随問題は，原則として遺産分割とは別個の問題であり，本来的には遺産分割調停とは別個の手続で解決されるべきものである。もっとも，紛争の一回的総合的解決の要請から，付随問題も遺産分割と同時に取り上げて協議の対象とされる（小圷眞史ほか「遺産分割事件処理の実情と課題」判タ1137号90頁。なお，同文献は遺産分割事件の処理について詳細に記載されており，一読することを勧める）。

　しかし，あくまで遺産分割をどのように行うかが遺産分割調停の主要なテーマである以上，付随問題で調停の場が紛糾，複雑化すべきではない。使い込み等が遺産分割の付随問題とされている場合，使い込みを指摘されている相続人がかかる事実を認めた上で，遺産分割協議のなかで使い込み等を清算することを当事者が了承している場合には同調停でかかる付随問題を審議しても差支えないであろう。しかし，指摘された相続人が使い込み等を否定する場合などは，遺産分割調停とは別に不当利得返還訴訟等を行うべきであろう（小圷ほか・前掲92頁・93頁）。

　(b)　不当利得返還訴訟や返還の調停申立てを行う場合　　上記のとおり，遺産分割の付随問題として解決できない場合，別途の訴訟又は調停による方法をとることになる。

　不当利得返還調停の申立ては【書式133】を参照されたい。以下，かかる訴訟又は調停における当事者の主張立証活動等につき簡潔に触れる。

　ある相続人が使い込みを行ったと主張する相続人が，まずはその裏付けとなる資料の収集・提出を行う。相続人であれば，単独で被相続人名義の預貯金につき，取引履歴や残高証明書等の開示を金融機関に求めることができる（最判平21・1・22民集63巻1号228頁）ため，かかる資料を収集し，証拠として裁判所に提出する。他にも，解約・払出請求書の写しを請求し，そこに記載された筆跡から解約者を推測する手段もある。被相続人名義の口座から出金があり，そこから同時期あるいは近い時期に相続人名義の口座に入金があっ

たことを立証するために，相続人名義の口座に対し，弁護士法23条の2に基づく照会や，裁判所からの調査嘱託を行うこともある（もっとも，口座名義人の同意がない場合，その旨をもって回答が拒否されることが多い。東京弁護士会「LIBRA」2011年6月号32頁）。

　これに対し，使い込みを指摘された相続人としては，指摘された使い込み等が被相続人の生前の行為である場合はかかる費消が被相続人に依頼された，あるいは被相続人の介護等のために用いたと主張する（他にも被相続人からの贈与であると主張する場合もある。もっとも，この場合，特別受益の問題も絡んでくるため，ここでは割愛する）。被相続人の死後の行為を指摘された場合，かかる費消が被相続人の葬儀費用や財産管理費用に用いたという主張をすることが多い。かかる場合は，領収書や伝票等を提出するのが典型例である。

【芝口　祥史】

書式129 遺産分割後の紛争調整を求める調停申立書

受付印	家事 ☑ 調停 / □ 審判　申立書　事件名（ 遺産分割後紛争調整 ）
	（この欄に申立1件あたり収入印紙1,200円分を貼ってください。） （貼った印紙に押印しないでください。）

収入印紙	1,200円
予納郵便切手	円

○○家庭裁判所　御中
平成○○年○月○日

申立人（又は法定代理人など）の記名押印　　甲野太郎　㊞

準口頭

添付書類	（審理のために必要な場合は，追加書類の提出をお願いすることがあります。） 申立人の戸籍謄本（全部事項証明書）　1通　相手方の戸籍謄本（全部事項証明書）　1通 被相続人の戸籍（除籍）謄本（全部事項証明書）　各1通 不動産登記事項証明書　1通

申立人

本籍（国籍）	（戸籍の添付が必要とされていない申立ての場合は，記入する必要はありません。） ○○都道府県　○○市○○区○丁目○番地
住所	〒○○○-○○○○　○○県○○市○○区○丁目○番○号　（　　　　方）
フリガナ 氏名	コウノ　タロウ 甲野　太郎
生年月日	大正・昭和・平成　○○年○月○日生（○○歳）

相手方

本籍（国籍）	（戸籍の添付が必要とされていない申立ての場合は，記入する必要はありません。） ○○都道府県　○○市○○区○丁目○番地
住所	〒○○○-○○○○　○○県○○市○○区○丁目○番○号　（　　　　方）
フリガナ 氏名	コウノ　ジロウ 甲野　次郎
生年月日	大正・昭和・平成　○○年○月○日生（○○歳）

（注）太枠の中だけ記入してください。

申立ての趣旨

申立人と相手方間の遺産分割後の紛争を調整する調停を求める。

申立ての理由

1　亡一郎は平成○○年○月○日に死亡し，相続が開始した。
　　亡一郎の相続人は，長男である申立人と次男である相手方のみである。
2　平成○○年○月○日に亡一郎の遺産の分割協議を行い，亡一郎の遺産である○○市○○区○○町○○の建物（以下，「本件建物」という。）につき申立人が取得し，申立人は相手方に対し代償金として金○○万円を平成○○年○月末日までに支払い，同日までに相手方は申立人に本件建物を明け渡すことになった。
　　かかる協議に基づき，申立人は相手方に金○○万円を平成○○年○月○日に支払った。しかし，平成○○年○月末日が経過したが，相手方は未だ本件建物を明け渡していない。
3　そのため，申立人は相手方に対し平成○○年○月○日及び同年○月○日頃に明け渡しを催促したが，相手方は申立人の催促を無視し続けている。
4　そこで，本件申立てに及んだ次第である。

【備考】──申立手続について
 1．申立権者
    相続人，受遺者。
 2．管　　轄
    相手方の住所地を管轄する家庭裁判所又は当事者が合意で定める家庭裁判所（家手245条1項）。
 3．申立手数料
    収入印紙1200円（民訴費3条1項・別表第1の15項の2）。
 4．予納郵便切手
    966円（100円×2枚，82円×8枚，10円×10枚，5円×2枚）。
 5．申立てに必要な書類
    申立書3通（裁判所用，相手方用，申立人控え），連絡先等の届出書1通，進行に関する照会回答書1通，申立人，相手方の戸籍謄本（全部事項証明書）1通，被相続人の戸籍（除籍）謄本（全部事項証明書）1通。
 6．その他
    事件に応じて必要書類を提出する。例えば遺産に不動産が含まれるときは，登記事項証明書を添付する。

書式130　共有物分割調停申立書

受付印	家事 ☑調停 □審判　申立書　事件名（　共有物分割　）	
	（この欄に申立て1件あたり収入印紙1,200円分を貼ってください。）	
収入印紙　1,200円 予納郵便切手　　　円	（貼った印紙に押印しないでください。）	

○○家庭裁判所　御中
平成○○年○月○日

申立人（又は法定代理人など）の記名押印　　甲野太郎　㊞

準口頭

添付書類：（審理のために必要な場合は，追加書類の提出をお願いすることがあります。）
申立人の戸籍謄本（全部事項証明書）　1通　相手方の戸籍謄本（全部事項証明書）　1通
被相続人の戸籍（除籍）謄本（全部事項証明書）　各1通
不動産登記事項証明書　1通　遺産分割協議書の写し　1通　等

申立人
- 本籍（国籍）：（戸籍の添付が必要とされていない申立ての場合は，記入する必要はありません。）○○都道府県　○○市○○区○丁目○番地
- 住所：〒○○○－○○○○　○○県○○市○○区○丁目○番○号　（　　方）
- フリガナ　氏名：コウノ タロウ　甲野太郎　大正・昭和・平成○○年○月○日生（○○歳）

相手方
- 本籍（国籍）：（戸籍の添付が必要とされていない申立ての場合は，記入する必要はありません。）○○都道府県　○○市○○区○丁目○番地
- 住所：〒○○○－○○○○　○○県○○市○○区○丁目○番○号　（　　方）
- フリガナ　氏名：コウノ ジロウ　甲野次郎　大正・昭和・平成○○年○月○日生（○○歳）

（注）太枠の中だけ記入してください。

申立ての趣旨
別紙物件目録記載の土地の借地権につき，次のとおり分割する旨の調停を求める。
1　別紙物件目録記載の土地の借地権につき，相手方の共有持分を申立人の帰属とする。
2　申立人は相手方に対し，価格賠償として相当の金員を支払う。

申立ての理由
1　亡一郎は平成○○年○月○日に死亡し，相続が開始した。
　　亡一郎の相続人は，長男である申立人と次男である相手方のみである。
2　亡一郎の遺産の1つに別紙物件目録記載の土地の借地権があった。平成○○年○月○日に申立人と相手方との間で遺産分割協議を行い，かかる借地権については申立人と相手方それぞれが2分の1ずつの持分割合により準共有する旨の合意が成立した。その理由として，本件土地上には，申立人名義の建物及び相手方名義の建物がそれぞれ存在し，各建物上に申立人，相手方それぞれの家族が居住していたからである。また，地主に対する地代の支払もこれまで被相続人が一括して支払っており，地主も管理上の便宜から借地権の分割を望んでいなかった。
3　しかし，その後申立人と相手方との間で感情的対立が起こり，相手方及びその家族は本件土地上の建物から転居することとなった。そのため，相手方が本件借地権の持分を保有し続ける理由はない。
4　そこで，本件申立てに及んだ次第である。

【備考】──申立手続について
 1．申立権者
    相続人，受遺者。
 2．管　　轄
    相手方の住所地を管轄する家庭裁判所又は当事者が合意で定める家庭裁判所（家手245条1項）。
 3．申立手数料
    収入印紙1200円（民訴費3条1項・別表第1の15項の2）。
 4．予納郵便切手
    966円（100円×2枚，82円×8枚，10円×10枚，5円×2枚）。
 5．申立てに必要な書類
    申立書3通（裁判所用，相手方用，申立人控え），連絡先等の届出書1通，進行に関する照会回答書1通，申立人，相手方の戸籍謄本（全部事項証明書）1通，被相続人の戸籍（除籍）謄本（全部事項証明書）1通。
 6．そ の 他
    事件に応じて必要書類を提出する。例えば遺産に不動産が含まれるときは，登記事項証明書を添付する。本件のように事前に遺産分割協議が成立している場合，遺産分割協議書の写しを提出する。

書式131　相続開始後に認知された相続人の価額弁償を求める調停申立書

受付印	家事 ☑調停 □審判　申立書　事件名（ 価額弁償請求 ）
	（この欄に申立て1件あたり収入印紙1,200円分を貼ってください。）
収入印紙　1,200円 予納郵便切手　　　円	（貼った印紙に押印しないでください。）

○○家庭裁判所　御中 平成○○年○月○日	申立人 （又は法定代理人など） の記名押印	甲野太郎　㊞

添付書類	（審理のために必要な場合は，追加書類の提出をお願いすることがあります。） 申立人の戸籍謄本（全部事項証明書）　1通　相手方の戸籍謄本（全部事項証明書）　1通 住民票（相続人全員分）各1通，被相続人の戸籍（除籍）謄本（全部事項証明書）　1通 遺言書の写し等	準口頭

申立人

本籍（国籍）	（戸籍の添付が必要とされていない申立ての場合は，記入する必要はありません。） ○○都道府県　○○市○○区○丁目○番地
住所	〒○○○-○○○○　○○県○○市○○区○丁目○番○号　（　　方）
フリガナ 氏名	コウノ　タロウ 甲野太郎	大正・昭和・平成　○○年○月○日生（○○歳）

相手方

本籍（国籍）	（戸籍の添付が必要とされていない申立ての場合は，記入する必要はありません。） ○○都道府県　○○市○○区○丁目○番地
住所	〒○○○-○○○○　○○県○○市○○区○丁目○番○号　（　　方）
フリガナ 氏名	コウノ　ジロウ 甲野次郎	大正・昭和・平成　○○年○月○日生（○○歳）

（注）太枠の中だけ記入してください。

申立ての趣旨

相手方は申立人に対し，被相続人甲野一郎の遺産のうち相手方取得分の2分の1に相当する価額を支払うとの調停を求める。

申立ての理由

1　亡一郎は平成○○年○月○日に死亡し，相続が開始した。相手方は，亡一郎の嫡出子である。
　　亡一郎の相続人は，相手方及び亡一郎の配偶者である甲野花子のみである。
2　相手方及び花子は，被相続人の遺産について平成○○年○月○日に遺産分割協議を成立させ，それぞれ亡一郎の遺産を取得した。
3　申立人は，平成○○年○月○日に申立人を亡一郎の子であるとする認知調停の申立てを提起した。平成○○年○月○日，申立人を亡一郎の子であるとする審判が下され，同審判が確定した。そのため，申立人は相手方と同順位である亡一郎の子の地位を取得した。
4　被相続人の遺産は別紙遺産目録記載のとおりである。
5　よって，亡一郎の遺産の総価額のうち相手方取得分の2分の1に相当する価額の支払を求め，本申立てに及んだ次第である。

第2　遺産分割後の紛争　　463

【備考】──申立手続について
 1．申立権者
　　相続人の開始後認知により相続人となった者。
 2．管　　轄
　　相手方の住所地を管轄する家庭裁判所又は当事者が合意で定める家庭裁判所（家手245条1項）。一般調停事項であるが，家庭裁判所での調停も可能である。
 3．申立手数料
　　収入印紙1200円（民訴費3条1項別表・第1の15項の2）。
 4．予納郵便切手
　　966円（100円×2枚，82円×8枚，10円×10枚，5円×2枚）。
 5．申立てに必要な書類
　　申立書3通（裁判所用，相手方用，申立人控え），連絡先等の届出書1通，進行に関する照会回答書1通，申立人，相手方の戸籍謄本（全部事項証明書）1通，被相続人の戸籍（除籍）謄本（全部事項証明書）1通。
 6．そ の 他
　　事件に応じて必要書類を提出する。例えば遺産に不動産が含まれるときは，登記事項証明書を添付する。本件のように遺産分割協議書の有効性を争う場合は，同協議書を添付する。

書式132　遺産分割協議の無効確認を求める調停申立書

受付印	家事 ☑調停 □審判　申立書　事件名（ 遺産分割協議無効確認 ）
	（この欄に申立て1件あたり収入印紙1,200円分を貼ってください。）
収入印紙　1,200円 予納郵便切手　　　円	（貼った印紙に押印しないでください。）

○○家庭裁判所　御中
平成○○年○月○日

申立人（又は法定代理人など）の記名押印　　甲野太郎　㊞

添付書類（審理のために必要な場合は、追加書類の提出をお願いすることがあります。）
申立人の戸籍謄本（全部事項証明書）　1通　相手方の戸籍謄本（全部事項証明書）　1通
被相続人の戸籍（除籍）謄本（全部事項証明書）　各1通
不動産登記事項証明書　1通　遺産分割協議書　1通

準口頭

申立人

本籍（国籍）	（戸籍の添付が必要とされていない申立ての場合は，記入する必要はありません。） ○○都道府県　○○市○○区○丁目○番地
住所	〒○○○-○○○○　○○県○○市○○区○丁目○番○号　（　　　方）
フリガナ 氏名	コウノ　タロウ 甲野　太郎
	大正・昭和・平成　○○年○月○日生（○○歳）

相手方

本籍（国籍）	（戸籍の添付が必要とされていない申立ての場合は，記入する必要はありません。） ○○都道府県　○○市○○区○丁目○番地
住所	〒○○○-○○○○　○○県○○市○○区○丁目○番○号　（　　　方）
フリガナ 氏名	コウノ　ジロウ 甲野　次郎
	大正・昭和・平成　○○年○月○日生（○○歳）

（注）太枠の中だけ記入してください。

申立ての趣旨

申立人と相手方間の別紙遺産分割協議書に基づく遺産分割協議は無効であるとの調停を求める。

（＊別紙遺産分割協議書省略）

申立ての理由

1　亡一郎は平成○○年○月○日に死亡し，相続が開始した。
　亡一郎の相続人は，長男である申立人と次男である相手方のみである。
2　平成○○年○月○日に作成されたとされる別紙遺産分割協議書では，亡一郎の遺産のうち，○○市○○区○○町○○の建物につき申立人が取得し，△△市△△区△△町△△の土地建物は相手方が取得することになっている。
3　しかし，申立人は亡一郎に関する一切の遺産分割協議書に署名押印した覚えはなく，かかる遺産分割協議をした覚えなどまったくない。
　別紙遺産分割協議書の「甲野太郎」の署名は申立人の筆跡とは明らかに異なるのであり，何者かによって申立人の氏名を冒用されたと思われる。
4　そこで，本件申立てに及んだ次第である。

【備考】——申立手続について
1．申立権者
　　相続人。
2．管　　轄
　　相手方の住所地を管轄する家庭裁判所又は当事者が合意で定める家庭裁判所（家手245条1項）。一般調停事項であるが，家庭裁判所での調停も可能である。
3．申立手数料
　　収入印紙1200円（民訴費3条1項・別表第1の15項の2）。
4．予納郵便切手
　　966円（100円×2枚，82円×8枚，10円×10枚，5円×2枚）。
5．申立てに必要な書類
　　申立書3通（裁判所用，相手方用，申立人控え），連絡先等の届出書1通，進行に関する照会回答書1通，申立人，相手方の戸籍謄本（全部事項証明書）1通，被相続人の戸籍（除籍）謄本（全部事項証明書）1通。
6．そ の 他
　　事件に応じて必要書類を提出する。例えば遺産に不動産が含まれるときは，登記事項証明書を添付する。本件のように遺産分割協議書の有効性を争う場合は，同協議書を添付する。

書式133　不当利得返還の調停申立書

受付印	家事 ☑調停 □審判　申立書　事件名（　不当利得返還　）
	（この欄に申立て1件あたり収入印紙1,200円分を貼ってください。）
収入印紙　1,200円 予納郵便切手　　　円	（貼った印紙に押印しないでください。）

○○家庭裁判所　御中 平成○○年○月○日	申立人 （又は法定代理人など） の記名押印	甲　野　太　郎　㊞

添付書類	（審理のために必要な場合は，追加書類の提出をお願いすることがあります。） 申立人の戸籍謄本（全部事項証明書）　1通　相手方の戸籍謄本（全部事項証明書）　1通 被相続人の戸籍（除籍）謄本（全部事項証明書）　各1通 残高証明書　1通　払戻請求書の写し　1通	準口頭

申立人	本籍 （国籍）	（戸籍の添付が必要とされていない申立ての場合は，記入する必要はありません。） ○　○　都道府県　○○市○○区○丁目○番地
	住所	〒○○○－○○○○ ○○県○○市○○区○丁目○番○号　　　　（　　　　　方）
	フリガナ 氏名	コウ ノ タ ロウ 甲　野　太　郎	大正 昭和 平成　○○年○月○日生 （　○○　歳）

相手方	本籍 （国籍）	（戸籍の添付が必要とされていない申立ての場合は，記入する必要はありません。） ○　○　都道府県　○○市○○区○丁目○番地
	住所	〒○○○－○○○○ ○○県○○市○○区○丁目○番○号　　　　（　　　　　方）
	フリガナ 氏名	コウ ノ ジ ロウ 甲　野　次　郎	大正 昭和 平成　○○年○月○日生 （　○○　歳）

（注）太枠の中だけ記入してください。

申立ての趣旨

相手方は申立人に対し，金○○万円を支払えとの調停を求める。

申立ての理由

1　亡一郎は平成○○年○月○日に死亡し，相続が開始した。
　亡一郎の相続人は，長男である申立人と次男である相手方のみである。
2　平成○○年○月○日，申立人が亡一郎の○○銀行○○支店の普通預金口座（口座番号1234567）の相続手続を行おうと同支店に行ったところ，同口座は亡一郎の生前である平成△△年△月△日時点で既に解約されているとのことであった。しかし，亡一郎は当時寝たきりであり，とても口座の解約を行ったとは考えられない。
　そこで解約時の払戻請求書の写しを請求したところ，確かに「甲野一郎」と署名がなされているものの，かかる署名は亡一郎の筆跡とは明らかに異なり，相手方の筆跡と酷似している。そのため，相手方が亡一郎らに無断で同口座の解約手続を行ったうえで亡一郎の預金を持ち出したと思われる。
3　よって，本件申立てに至った次第である。

【備考】──申立手続について
 1．申立権者
　　相続人。
 2．管　轄
　　相手方の住所地を管轄する家庭裁判所又は当事者が合意で定める家庭裁判所（家手245条1項）。一般調停事項であるが，家庭裁判所での調停も可能である。
 3．申立手数料
　　収入印紙1200円（民訴費3条1項・別表第1の15項の2）。
 4．予納郵便切手
　　966円（100円×2枚，82円×8枚，10円×10枚，5円×2枚）。
 5．申立てに必要な書類
　　申立書3通（裁判所用，相手方用，申立人控え），連絡先等の届出書1通，進行に関する照会回答書1通，申立人，相手方の戸籍謄本（全部事項証明書）1通，被相続人の戸籍（除籍）謄本（全部事項証明書）1通。
 6．そ の 他
　　事件に応じて必要書類を提出する。本件のように金融機関の預貯金口座が問題となる場合は，通帳の写しや残高証明書など。

第16章

遺産分割事件を本案とする保全処分

第1　遺産分割事件を本案とする保全処分

解説

　一般に審判前の保全処分の手続については，家事事件手続法105条に規定があり，「仮差押え，仮処分，財産の管理者の選任その他の必要な保全処分を命ずる審判」をすることができるとされる。この審判前の保全処分には4つの態様があり，①財産の管理者を選任し，又は事件の関係人に対し成年被後見人等の財産の管理若しくは成年被後見人等の監護に関する事項を指示することができるとする財産管理者の選任等の類型，②成年被後見人等の財産上の行為につき財産の管理者の後見を受けるべきことを命ずることができるものとする後見命令等の類型，③成年被後見人等の職務の執行の停止又は職務代行者の選任の類型，④仮差押え・仮処分その他の必要な保全処分の類型の4つである。

　そして，同法200条1項は，遺産の分割の審判事件を本案とする保全処分として，「財産の管理者を選任し，又は事件の関係人に対し，財産の管理に関する事項を指示することができる」として上記①の類型の保全処分を認め，同条2項は，「遺産の分割の審判を本案とする仮差押え，仮処分その他必要な保全処分を命ずることができる」として，上記④の類型の保全処分を認めている。

【梶村　太市】

第2　書式の保全処分の要件等

解　説

(1) 【書式134】の「財産管理者の選任申立書」

　これは，①の類型の保全処分である。財産管理者の職務・権限・担保提供・報酬等については，不在者の財産管理に関する民法27条から29条までが準用され，管理者の改任等や財産の状況の報告あるいは管理の計算等に関する家事事件手続法125条1項から6項までの規定が準用されている（家手200条3項）。

(2) 【書式135】の「財産管理者の権限外行為許可の申立書」

　審判前の保全処分により選任された財産管理者は，原則的に民法103条の管理行為である保存・利用・改良行為はできるが，それを超える処分権を伴う処分行為（売却・契約解除・訴訟等提起・和解等）は権限外であり，それをするためには裁判所の特別の許可が必要である（民28条前段）。もっとも，本人保護のための財産管理人が選任されても，本人（相続人）は，自ら財産の処分をする権限は留保されていると解されていることに注意する必要がある。この権限外許可申立ては，ここでいう審判前の保全処分の一種であり，家事雑事件として立件され，根拠規定は家事事件手続法200条3項，民法28条であるとされる（梶村太市＝石田賢一＝石井久美子編『家事事件手続書式体系Ⅱ』404頁〔貴島慶四郎〕）。

　この類型は本案との付随性が強いので，雑事件として立件され，申立手続費用は不要であるとされる（貴島・前掲368頁）。

(3) 【書式136】の「審判前の保全処分の執行停止申立書」

　これは，家事事件手続法110条に規定する審判前の保全処分を命ずる審判に対して即時抗告をした場合に認められる，同法111条に規定する原審判の執行停止等を求めるものである。審判前の保全処分は緊急性の要請から，その告知によって直ちに効力が生じ，これに対し即時抗告があったとしても当然には執行停止の効力はない。しかし，審判前の保全処分が命じられても，それに対して即時抗告がされた場合には，抗告審の裁判がされるまでには通常数ヵ月を要することが多いが，その抗告審の裁判が効力を生じるまでの間，保全処分の執行を停止する必要が生じることがある。そのため，保全処分を命じられた者が「原審判の取消しの原因となることが明らかな事情及び原審

判の執行により償うことができない損害が生ずるおそれがあることについて疎明」をしたときは、抗告裁判所は申立てにより、即時抗告についての裁判が効力を生ずるまでの間、担保を立てさせて、若しくは担保を立てることを条件として、若しくは担保を立てさせないで、原審判の執行の停止を命じ、又は担保を立てさせて、若しくは担保を立てることを条件として既にした執行処分の取消しを命ずることができるものとし、当該事件の記録が家庭裁判所に存する間は、家庭裁判所もこれらの処分を命ずることにしたものである(家手111条)。なお「事情変更によって保全処分を取り消した審判」に対して即時抗告された場合も同様である(家手113条2項)。

　申立権者は、審判前の保全処分に対する即時抗告の申立人である。全相続人を相手方とする。管轄裁判所は、抗告裁判所又は記録がある間の原裁判所である。申立手続費用は500円(民訴費3条1項・別表第1の17項ト)、予納郵便切手は2000円余である。添付書類としては、前記の疎明に必要な資料(陳述書等)がある。

(4) **【書式137】の「審判前の保全処分取消申立書」**

　これは、家事事件手続法112条に規定する前記類型④の審判前の保全処分(係争物に関する仮処分)の取消しを求めるものである。審判前の保全処分を命ずる審判が確定した後に、保全処分を求める事由が消滅し、その他の事情の変更があるときは、家庭裁判所は、即時抗告をすることができる者の申立て又は職権で、審判前の保全処分の取消しの審判をすることができる。本案審判の手続において、裁判所が消極の心証を形成するに至ったときは、これを迅速かつ的確に審判前の保全処分に反映させる必要があるからである。

　申立権者は、当該保全処分を命ずる審判に対して即時抗告をすることができる者である。相続人全員を相手とする。雑事件として処理され、申立手続費用は不要だが、予納郵便切手として2000円余が必要。添付資料として、保全の必要性が消滅したことを疎明する資料(陳述書等)が必要である。

【梶村　太市】

書式134　財産管理者の選任申立書

受付印	準口頭	
予納郵便切手　　　円	審判前の保全処分申立書(1)　事件名（財産管理者の選任）	
○○　家庭裁判所 平成○○年○○月○○日	申立人（又は法定代理人など）の署名押印又は記名押印	甲　野　一　郎　　　㊞
添付書類	財産の管理者の候補者の戸籍謄本（全部事項証明書）　1通　住民票　1通	

本案審判事件	平成　○○　号（家）第　○○○　号　後見開始　　　　事件
当　事　者	別紙当事者目録記載のとおり　　　（省略）
管理すべき財産又は遺産	別紙　⦅財産⦆　遺産　目録記載のとおり　（省略）

求　め　る　保　全　処　分

① ア　本　　人（　甲野太郎　）の財　　産
　イ　相　手　方（　　　　　　）の管理する財産　　の管理者を選任する審判を求める。
　ウ　被相続人（　　　　　　）の遺　　産

2　後記※印欄記載の者（　　　　　　）に対し，次の事項を指示する審判を求める。

3　本人（　　　　　　）の財産上の行為につき，財産管理者の　ア　後見／イ　保佐／ウ　補助　を受けるべきことを命ずる審判を求める。

保　全　処　分　を　求　め　る　理　由

（本案の申立てを相当とする事情及び緊急に保全処分を必要とする事情）

1　被相続人○○○○が平成○年○月○日死亡し，相続が開始した。

2　相続人は，申立人を含む別紙当事者目録記載の5名である。

3　相手方××××は，遺産である別紙物件目録記載の土地建物に居住しているが，これを第三者に売却する計画を立てて，既に売買交渉を進行させている。

4　そうなっては，遺産分割に支障をきたすので，財産の管理者選任が必要である。

5　第三者との紛争となるおそれがあるので，財産管理者には弁護士である下記候補者が適任である。

6　よって，申立ての趣旨のとおりの裁判を求める。

財　産　の　管　理　者　の　候　補　者

本　籍	○○県○○市○○町○丁目○番地		
住　所	〒　　○○県○○市○○町○丁目○番○号	電話×××（×××）××××	
連絡先	〒　　○○県○○市○○町○丁目○番○号　弁護士ビル103号	電話×××（×××）××××	
フリガナ 氏　名	ヘイ　　ノ　　イチロウ 丙　野　一　郎	昭和　○○年○○月○○日生	本人等との関係　他人
職　業	弁　護　士　　　勤務先　○○法律事務所		

※　財産の管理等に関し，指示を受けるべき者

本　籍			
住　所	〒	電話　　（　　）	
連絡先	〒	電話　　（　　）	
フリガナ 氏　名		昭和　　年　月　日生	本人等との関係
職　業	勤務先		

【備考】
1．本申立書は定型書式に基づくものではない。

書式 135 財産管理者の権限外許可申立書

	受付印	家事審判申立書　事件名（財産管理者の権限外行為許可）
収入印紙　　　　円 予納郵便切手　　円 予納収入印紙　　円		（この欄に申立手数料として1件について800円分の収入印紙を貼ってください。） 　　　　　　　　　（貼った印紙に押印しないでください。） （注意）登記手数料としての収入印紙を納付する場合は、登記手数料としての収入印紙は貼らずにそのまま提出してください。

準口頭　　関連事件番号　平成○○年（家ロ）第　　　　　号

○○家庭裁判所　御中 平成○○年○○月○○日	申立人（又は法定代理人など）の記名押印	被相続人丁野太郎 財産管理者　甲野乙郎　㊞

添付書類	（審理のために必要な場合は、追加書類の提出をお願いすることがあります。） 不動産鑑定評価書　　売買契約書等　　買主の住民票（写し）

申立人	本籍（国籍）	（戸籍の添付が必要とされていない申立ての場合は、記入する必要はありません。） ○○　都道府県　○○市○○町○丁目○番地
	住所	〒○○○－○○○○　○○県○○市○○町○丁目○番○号　電話 ×××（×××）××××　（　　方）
	連絡先	〒　－　　　　　　　　　　　　　　　電話　　　（　　　）　　　（　　方）
	フリガナ 氏名	コウノ　オツロウ 甲野　乙郎　　　　　　　大正・昭和・平成　○○年○○月○○日生（　○○歳）
	職業	弁護士

※被相続人	本籍（国籍）	（戸籍の添付が必要とされていない申立ての場合は、記入する必要はありません。） ○○　都道府県　○○市○○町○丁目○番地
	住所	〒○○○－○○○○　○○県○○市○○町○丁目○番○号　電話 ×××（×××）××××　（　　方）
	連絡先	〒　－　　　　　　　　　　　　　　　電話　　　（　　　）　　　（　　方）
	フリガナ 氏名	テイノ　タロウ 丁野　太郎　　　　　　　大正・昭和・平成　○○年○○月○○日亡（　○○歳）
	職業	会社役員

（注）太枠の中だけ記入してください。
※の部分は、申立人、法定代理人、成年被後見人となるべき者、不在者、共同相続人、被相続人等の区別を記入してください。

申立ての趣旨

財産の管理者である申立人が、被相続人○○○○の相続財産である別紙物件目録記載の本件土地建物を、代金3000万円で××××（住所：東京都○○区○○町○○）に売却することの許可を求める。

申立ての理由

1. 申立人は、本案である平成○年（家）第○号の被相続人に係る遺産分割のための保全処分として、財産の管理者に選任されている。
2. 遺産分割の審判手続は今後さらに相当期間を要する見込みであるが、相続税や固定資産税の納付等で多額の金銭が必要となるため、別紙物件目録記載の本件土地建物を売却して、この売却金をこれに充当することが相続人全員で合意している。
3. 不動産鑑定士○○○○の鑑定によれば、本件土地建物の適正価額は金3000万円である。
4. よって、申立ての趣旨記載のとおりの許可審判を求める。

書式136　審判前の保全処分執行停止申立書

受付印	家事 □調停　☑審判　申立書　事件名（保全処分の執行停止）
	（この欄に申立て1件あたり収入印紙 ~~1,200~~ 500 円分を貼ってください。）
収入印紙　　500　　円 予納郵便切手　　　　円	（貼った印紙に押印しないでください。）

○○ 家庭裁判所　御中 平成 ○○年 ○○月 ○○日	申立人 （又は法定代理人など） の記名押印	甲　野　太　郎　㊞

添付書類	（審理のために必要な場合は，追加書類の提出をお願いすることがあります。） 市内病院の領収書，市内施設の領収書　申立人の給与明細書　各1通	準口頭

申立人	本　籍 （国　籍）	（戸籍の添付が必要とされていない申立ての場合は，記入する必要はありません。） 　　　　　都　道 　　　　　府　県		
	住　所	〒○○○－○○○○ ○○県○○市○○町○丁目○番○号		（　　　　方）
	フリガナ 氏　名	コウ　ノ　タ　ロウ 甲　野　太　郎	大正 ~~昭和~~ 平成	○○年○○月○○日生 （　○○　歳）

相手方	本　籍 （国　籍）	（戸籍の添付が必要とされていない申立ての場合は，記入する必要はありません。） 　　　　　都　道 　　　　　府　県		
	住　所	〒○○○－○○○○ ○○県○○市○○町○丁目○番○号		（　　　　方）
	フリガナ 氏　名	コウ　ノ　ハナ　コ 甲　野　花　子	大正 ~~昭和~~ 平成	○○年○○月○○日生 （　○○　歳）

（注）　太枠の中だけ記入してください。

申　立　て　の　趣　旨
○○家庭裁判所平成○年（家口）第○号遺産の一部（A銀行○支店に対する被相続人名義の普通預金債権（口座番号○））仮分割仮処分事件の審判前の保全処分に対する即時抗告についての裁判が効力を生ずるまでの間，相手方に対する同審判の執行は停止する。

申　立　て　の　理　由
1　申立ての趣旨記載の預金債権仮払い仮処分により，相手方が預金債権の仮分割を受け，同預金から相手方に対し月額10万円の支払を命じられた。
2　しかし，相手方にはかなりの額の隠し預金があって，生活に十分な余裕があり，仮分割仮払いの必要性はまったくない。
3　仮分割仮処分の保全処分が効力を生じると，ただでさえ少ない被相続人○○○○の遺産は目減りするばかりで，適正な遺産分割に支障が生じ，回復困難な損害が生ずる。
4　よって，申立ての趣旨のとおりの裁判を求める。

書式 137　審判前の保全処分取消申立書

受付印	家事　□調停　申立書　事件名（保全処分の取消し） 　　　☑審判 （この欄に申立1件あたり収入印紙1,200円分を貼ってください。） （貼った印紙に押印しないでください。）

収入印紙　　　　円
予納郵便切手　　円

　　○○　家庭裁判所　　申立人
平成○○年○○月○○日　御中　（又は法定代理人など）の記名押印　　　　甲　野　太　郎　㊞

添付書類　（審理のために必要な場合は，追加書類の提出をお願いすることがあります。）
申立人及び相手方の戸籍謄本（全部事項証明書）　各1通

準口頭

申立人	本籍（国籍）	（戸籍の添付が必要とされていない申立ての場合は，記入する必要はありません。） 　　都　道 　　府　県		
	住所	〒○○○－○○○○ ○○県○○市○○町○丁目○番○号　　（　　　方）		
	フリガナ 氏名	コウ　ノ　タ　ロウ 甲　野　太　郎	大正 昭和 平成	○○年○○月○○日生 （　○○歳）

相手方	本籍（国籍）	（戸籍の添付が必要とされていない申立ての場合は，記入する必要はありません。） 　　都　道 　　府　県		
	住所	〒○○○－○○○○ ○○県○○市○○町○丁目○番○号　　（　　　方）		
	フリガナ 氏名	オツ　ヤマ　ハナ　コ 乙　山　花　子	大正 昭和 平成	○○年○○月○○日生 （　○○歳）

（注）　太枠の中だけ記入してください。

申　立　て　の　趣　旨

　○○家庭裁判所平成○年（家ロ）第○号審判前の保全処分事件においてした，被相続人○○○○の遺産である別紙物件目録記載の土地建物についての売却処分を命ずる仮処分を取り消すとの裁判を求める。

申　立　て　の　理　由

1　申立ての趣旨記載の本件土地建物について，相手方の申立てに基づき売却を命ずる係争物に関する本件仮処分が発令され，確定した。
2　しかし，本件仮処分前には，高額な買受人候補者がいたがその後買受けの意思を撤回し，またそれまでは相続人の大半が売却する意思を有していたが，その後相手方を含め全員が売却に反対するようになった。
3　本件仮処分の効力を生じると，ただでさえ少ない被相続人○○○○の遺産は目減りするばかりで，適正・妥当な遺産分割に支障が生じ，回復困難な損害が生じる。
4　よって，相続人の1人である申立人は，申立ての趣旨のとおりの裁判を求める。

書式索引

い

遺骨の引渡しを求める調停申立書〔書式56〕 …………………………… 154
遺言書の隠匿者に対する提示請求書〔書式60〕 ………………………… 168
遺言書の検認済証明申請書〔書式59〕 …………………………………… 168
遺言書の検認申立書〔書式58〕 …………………………………………… 166
遺言できる事項と遺言執行の要否一覧表〔書式67〕 …………………… 208
遺言の確認審判申立書〔書式57〕 ………………………………………… 160
遺言無効確認調停申立書〔書式66〕 ……………………………………… 187
遺言無効確認を求める訴状〔書式128〕 …………………………………… 448
遺産の一部分割に関する協議書〔書式111〕 ……………………………… 369
遺産の範囲確定を求める訴状〔書式127〕 ………………………………… 446
遺産分割協議公正証書〔書式110〕 ………………………………………… 367
遺産分割協議書〔書式109〕 ………………………………………………… 366
遺産分割協議の無効確認を求める調停申立書〔書式132〕 ……………… 464
遺産分割禁止に対する取消審判申立書〔書式126〕 ……………………… 440
遺産分割後の紛争調整を求める調停申立書〔書式129〕 ………………… 458
遺産分割調停申立書〔書式112〕 …………………………………………… 374
遺産分割の方法の指定書〔書式108〕 ……………………………………… 362
遺産分割の方法の指定を委託する遺言〔書式107〕 ……………………… 361
遺産分割方法を指定する遺言（純粋型）〔書式106〕 …………………… 361
遺産分割を禁止する審判申立書〔書式125〕 ……………………………… 438
遺産分割を禁止する調停申立書〔書式124〕 ……………………………… 436
遺産分割を求める審判申立書〔書式123〕 ………………………………… 431
遺留分減殺請求による価額弁償額の確定を求める調停申立書——遺留分義務者の申立て〔書式65〕 …………………………………………………… 182
遺留分減殺請求による物件返還請求調停申立書——遺留分権利者の申立て〔書式64〕 …………………………………………………………… 181
遺留分減殺通知書〔書式63〕 ……………………………………………… 180

お

親子関係存在確認調停申立書〔書式72〕 ………………………………… 230
親子関係不存在確認調停申立書〔書式71〕 ……………………………… 229

か

鑑定人の審判申立書(1)──限定承認における条件付債権評価の場合〔書式11〕……… 48
鑑定人の審判申立書(2)──限定承認における相続財産評価の場合〔書式12〕……… 49
鑑定申出書〔書式117〕……………………………………………………… 393
管理報告書〔書式36〕………………………………………………………… 113

き

共有物分割調停申立書〔書式130〕………………………………………… 460
寄与分を定める協議書〔書式104〕………………………………………… 352
寄与分を定める調停（審判）申立書〔書式105〕………………………… 353

け

限定承認公告〔書式8〕……………………………………………………… 46
限定承認の申述書〔書式6〕………………………………………………… 44
限定承認の取消申述書〔書式13〕…………………………………………… 50

こ

後見監督人選任審判申立書〔書式93〕……………………………………… 310
国庫引継ぎによる管理終了報告書〔書式50〕……………………………… 136

さ

債権申出書〔書式10〕………………………………………………………… 47
財産管理者の権限外許可申立書〔書式135〕……………………………… 472
財産管理者の選任申立書〔書式134〕……………………………………… 471
財産管理人の管理報告書（配当弁済計画について）〔書式41〕………… 122
財産目録〔書式7〕…………………………………………………………… 45
財産目録〔書式30〕…………………………………………………………… 107
祭祀承継者指定審判申立書〔書式55〕……………………………………… 152
祭祀承継者指定調停申立書〔書式54〕……………………………………… 151

し

失踪宣告(1)──普通失踪〔書式1〕………………………………………… 7
失踪宣告(2)──危難失踪〔書式2〕………………………………………… 9

死亡報告書〔書式3〕……………………………………………………………… *11*
受継申立書(1)——当事者の死亡による相続人の受継〔書式113〕…………… *384*
受継申立書(2)——破産手続開始決定による破産管財人の受継〔書式114〕… *385*
証拠説明書〔書式118〕…………………………………………………………… *394*
知れたる債権者に対する個別の申出催告書〔書式38〕………………………… *119*
知れたる債権者に対する催告書〔書式9〕……………………………………… *46*
親権者指定審判申立書〔書式78〕………………………………………………… *251*
親権者変更審判申立書——親権者死亡後の非親権者への変更〔書式79〕…… *253*
審判前の保全処分執行停止申立書〔書式136〕………………………………… *473*
審判前の保全処分取消申立書〔書式137〕……………………………………… *474*

す

推定相続人廃除審判申立書(1)〔書式74〕——生前の申立ての場合…………… *242*
推定相続人廃除審判申立書(2)〔書式75〕——遺言の場合……………………… *243*
推定相続人廃除取消審判申立書(1)〔書式76〕——生前の申立ての場合……… *244*
推定相続人廃除取消審判申立書(2)〔書式77〕——遺言の場合………………… *245*

せ

成年後見開始の審判申立書〔書式81〕…………………………………………… *260*
成年後見人選任の審判申立書——成年後見人の欠員の場合〔書式82〕……… *263*

そ

相続開始後に認知された相続人の価額弁償を求める調停申立書〔書式131〕…… *462*
相続回復請求書〔書式52〕………………………………………………………… *146*
相続回復請求に対する回答書〔書式53〕………………………………………… *147*
相続回復請求の調停申立書〔書式51〕…………………………………………… *145*
相続欠格事由のあることの証明書〔書式73〕…………………………………… *234*
相続債権者・受遺者に対する請求申出催告の公告〔書式37〕………………… *119*
相続財産管理人選任公告（官報の「公告」欄への掲載例）〔書式29〕……… *102*
相続財産管理人選任申立書〔書式28〕…………………………………………… *100*
相続財産管理人に対する報酬付与審判申立書〔書式47〕……………………… *133*
相続財産管理人の管理報告書〔書式48〕………………………………………… *134*
相続財産管理人の金融機関に対する通知書〔書式32〕………………………… *109*
相続財産管理人の権限外行為許可を求める審判申立書〔書式45〕…………… *128*
相続財産管理人の債務者に対する通知書〔書式34〕…………………………… *111*
相続財産管理人の地主に対する通知書〔書式33〕……………………………… *110*

相続財産管理人の相続を放棄した相続人に対する通知書〔書式35〕……………… 112
相続財産の管理人選任申立書（相続人による遺産の管理が困難な場合）〔書式19〕……… 66
相続財産の保存・管理処分審判申立書〔書式5〕……………………………………… 20
相続財産法人への登記申請書〔書式31〕……………………………………………… 108
相続人捜索の公告を求める申立書〔書式44〕………………………………………… 126
相続の限定承認・放棄の申述の有無についての照会書〔書式22〕………………… 72
相続の承認・放棄の期間伸長申立書〔書式4〕………………………………………… 16
相続分の指定書〔書式99〕……………………………………………………………… 337
相続分の指定を委託する遺言〔書式98〕……………………………………………… 336
相続分の譲渡証書〔書式100〕…………………………………………………………… 341
相続分のないことの証明書〔書式103〕………………………………………………… 350
相続分の放棄書〔書式101〕……………………………………………………………… 344
相続分を指定する遺言〔書式97〕……………………………………………………… 336
相続放棄申述受理証明書〔書式17〕…………………………………………………… 64
相続放棄申述受理証明書の交付申請用紙〔書式16〕………………………………… 63
相続放棄申述書〔書式14〕……………………………………………………………… 60
相続放棄申述書の訂正申立書〔書式15〕……………………………………………… 62
相続放棄申述の追認申述書〔書式18〕………………………………………………… 65
相続放棄取消申述書〔書式20〕………………………………………………………… 68
相続放棄を承認する申述書〔書式21〕………………………………………………… 70
存続期間の不確定な債権の評価のための鑑定人選任申立書〔書式39〕…………… 120

た

第一種財産分離公告〔書式25〕………………………………………………………… 86
第一種財産分離審判申立書〔書式24〕………………………………………………… 84
第二種財産分離公告〔書式27〕………………………………………………………… 91
第二種財産分離審判申立書〔書式26〕………………………………………………… 89
立替費用償還請求の調停申立書〔書式23〕…………………………………………… 78

ち

調査嘱託申出書〔書式116〕……………………………………………………………… 392
調停成立調書(1)〔書式119〕……………………………………………………………… 411
調停成立調書(2)〔書式120〕……………………………………………………………… 415
調停に代わる審判書——家事事件手続法284条審判（遺産の分割）〔書式122〕……… 423
調停に代わる審判に服する旨の共同申出書〔書式121〕……………………………… 422

と

特定遺贈の放棄書〔書式62〕……………………………………………… *174*
特別縁故者に対する相続財産の分与審判申立書〔書式46〕……………… *131*
特別縁故者への財産引継ぎによる管理終了報告書〔書式49〕…………… *136*
特別受益の持戻し免除を定める遺言書〔書式102〕……………………… *349*
特別代理人選任申立書(1)――親権者と未成年者との間で利益が相反する場合〔書式91〕………………………………………………………………… *301*
特別代理人選任申立書(2)――後見人と被後見人との間で利益が相反する場合〔書式92〕………………………………………………………………… *306*
特別代理人選任申立書(3)――家事事件手続の遅滞を避ける場合〔書式94〕…… *314*

に

任意後見監督人選任審判申立書〔書式90〕………………………………… *295*
認知調停申立書〔書式69〕…………………………………………………… *227*
認知無効調停申立書〔書式70〕……………………………………………… *228*

は

排除の申出書〔書式115〕……………………………………………………… *388*
配当終了通知書〔書式43〕…………………………………………………… *123*
配当通知に対する相続債権者の回答書〔書式42〕………………………… *122*
配当表〔書式40〕……………………………………………………………… *121*

ふ

不在者財産管理人選任審判申立書〔書式95〕……………………………… *317*
不在者財産管理人の権限外行為許可審判申立書〔書式96〕……………… *320*
不当利得返還の調停申立書〔書式133〕……………………………………… *466*

ほ

包括遺贈放棄の申述書〔書式61〕…………………………………………… *172*
保佐開始及び代理権付与申立書〔書式84〕………………………………… *271*
保佐開始審判申立書〔書式83〕……………………………………………… *268*
保佐人に対する代理権付与の審判申立書〔書式85〕……………………… *275*
補助開始審判申立て及び代理権付与申立書〔書式88〕…………………… *288*
補助開始審判申立て及び同意権付与審判申立書〔書式87〕……………… *284*

み

未成年後見人選任の審判申立書〔書式80〕……………………………………………… *255*

よ

養子縁組無効調停申立書〔書式68〕………………………………………………………… *226*

り

臨時保佐人選任審判申立書〔書式86〕……………………………………………………… *278*
臨時補助人の選任審判申立書〔書式89〕…………………………………………………… *292*

■編集者

梶村　太市（かじむら　たいち）
　　　常葉大学法学部教授・弁護士

石井　久美子（いしい　くみこ）
　　　元横浜家庭裁判所川崎支部上席主任書記官

貴島　慶四郎（きじま　けいしろう）
　　　元東京高等裁判所主任書記官

相続・遺言・遺産分割書式体系

2016年8月13日　初版第1刷発行
2018年3月20日　初版第2刷発行

編集者　梶　村　太　市
　　　　石　井　久美子
　　　　貴　島　慶四郎
発行者　逸　見　慎　一

発行所　東京都文京区本郷6丁目4－7　株式会社　青林書院
振替口座　00110-9-16920／電話03(3815)5897～8／郵便番号113-0033
ホームページ☞http://www.seirin.co.jp

印刷／藤原印刷　落丁・乱丁本はお取り替え致します。
Ⓒ2016　梶村＝石井＝貴島
Printed in Japan

ISBN978-4-417-01687-8

JCOPY 〈(社)出版者著作権管理機構　委託出版物〉
本書の無断複写は著作権法上での例外を除き禁じられています。複写される場合は，そのつど事前に，(社)出版者著作権管理機構（電話 03-3513-6969, FAX 03-3513-6979, e-mail: info@jcopy.or.jp）の許諾を得てください。